中华人民共和国
刑事诉讼法
逐条解读与适用指引

ZHONG HUA REN MIN GONG HE GUO XING SHI SU SONG FA
ZHU TIAO JIE DU YU SHI YONG ZHI YIN

主　编◎缪树权
副主编◎孙　锐

中国法制出版社
CHINA LEGAL PUBLISHING HOUSE

出版说明

2018年10月26日，第十三届全国人大常委会第六次会议表决通过了《全国人民代表大会常务委员会关于修改〈中华人民共和国刑事诉讼法〉的决定》。此次修改是在1979年制定以后，经过1996年和2012年的两次修改，再一次对刑事诉讼法作出的修改。党的十八大以来，以习近平同志为核心的党中央协调推进“四个全面”战略布局，在深化国家监察体制改革、反腐败国际追逃追赃以及深化司法体制改革等方面进行了一系列重大决策部署，并取得了重大的成果和进展。此次刑事诉讼法的修改就是为了紧密配合党中央的决策部署，及时固化改革成果，明确相关制度安排的重大举措。此次刑事诉讼法修改的主要内容包括三个方面：一是保障国家监察体制改革的顺利进行，完善监察与刑事诉讼的衔接；二是加强反腐败国际追逃追赃的工作力度，丰富反腐败和国际追逃追赃的手段，建立刑事缺席审判制度；三是与深化司法体制改革密切相关的内容，在总结认罪认罚从宽制度和速裁程序试点工作经验的基础上，将在实践中可复制、可推广、行之有效的经验上升为法律。此次刑事诉讼法修改对于贯彻落实习近平新时代中国特色社会主义思想和党的十九大精神，坚持中国特色社会主义法治道路，保障司法体制改革的顺利推进和进一步完善中国特色刑事诉讼制度具有十分重大的意义。

为了使广大基层司法工作人员和社会大众及时了解新修正的《刑事诉讼法》修改的目的、背景、主要内容，更好地满足其办案、学习的需要，我们认真组织编写了本书。本书完全按照修正后的《刑事诉讼法》的篇章结构进行编排，对每一个条文逐条解读、分析，便于读者查找和快速了解条文含义，具有工具书的特点。本书大体从三个方面对条文进行解读：

一是“法条主旨”，对条文规定的主要内容进行高度总结和归纳，使读者了解条文的归类和属性；二是“修改背景”，让读者快速了解该条文在本次刑事诉讼法修正中是否修改，如果是修改条款，则本书将进一步对“修改内容”用图表的形式直观地告诉读者修改前后条文的变化；三是“条文解读与适用指引”，这是本书的重点部分，对条文的含义、理论上存在的争议问题和司法适用中常见问题和指引作深入的阐述和说明。因此，本书还具有适用指引的性质，是很实用的司法办案、法律适用参考用书。由于写作时间有限，本书中难免会存在一些不足乃至错误，恳请读者不吝指正。

本书由国家检察官学院教研部的部分老师编写，缪树权教授担任主编、孙锐副教授担任副主编，具体写作分工如下（以撰写章节先后次序为序，各部分文责自负）：

赵培显：第一编第一章“任务和基本原则”第1～14条，第16条；第六章“强制措施”。

孙锐：第一编第一章“任务和基本原则”第15条、第17条、第18条；第二章“管辖”；第三章“回避”；第四章“辩护”；第五章“证据”；第八章“期间、送达”；第九章“其他规定”；“附则”。

薛向楠：第一编第七章“附带民事诉讼”；第二编第三章“提起公诉”；第三编第三章“第二审程序”；第四章“死刑复核程序”；第五章“审判监督程序”。

韩啸：第二编第一章“立案”；第三编第一章“审判组织”；第二章“第一审程序”。

宋京霖：第二编第二章“侦查”。

宋汶沙：第四编“执行”；第五编“特别程序”。

编　者

2019年6月

作者简介

缪树权：国家检察官学院教研部教授、法学博士

孙　锐：国家检察官学院刑事检察教研部副教授、法学博士

宋泬沙：国家检察官学院刑事检察教研部副教授、法学博士

韩　啸：国家检察官学院教研部副教授、法学博士

宋京霖：国家检察官学院行政检察教研部副教授、法学博士

赵培显：国家检察官学院刑事检察教研部讲师、法学博士

薛向楠：国家检察官学院刑事检察教研部讲师、法学博士

本书缩略语说明

1. 本书中的“《刑事诉讼法》”“刑事诉讼法”，均指“《中华人民共和国刑事诉讼法》”。

2. 本书中的“《宪法》”“宪法”，均指“《中华人民共和国宪法》”。

3. 本书中的“《刑法》”“刑法”，均指“《中华人民共和国刑法》”。

4. 本书中的“《国家安全法》”，指“《中华人民共和国国家安全法》”。

5. 本书中的“《监察法》”，指“《中华人民共和国监察法》”。

6. 本书中的“《未成年人保护法》”，指“《中华人民共和国未成年人保护法》”。

7. 本书中的“《人民法院组织法》”，指“《中华人民共和国人民法院组织法》”。

8. 本书中的“《人民检察院组织法》”，指“《中华人民共和国人民检察院组织法》”。

9. 本书中的“《人民陪审员法》”，指“《中华人民共和国人民陪审员法》”。

10. 本书中的“《公务员法》”，指“《中华人民共和国公务员法》”。

关于《中华人民共和国刑事诉讼法（修正草案）》的说明

——2018 年 4 月 25 日在第十三届全国人民代表大会常务委员会第二次会议上

全国人大常委会法制工作委员会主任　沈春耀[①]

委员长、各位副委员长、秘书长、各位委员：

我受委员长会议的委托，作关于《中华人民共和国刑事诉讼法（修正草案）》的说明。

一、修改刑事诉讼法的必要性

党的十八大以来，以习近平同志为核心的党中央协调推进“四个全面”战略布局，在深化国家监察体制改革、反腐败追逃追赃、深化司法体制改革等方面作出了一系列重大决策部署，取得了重大成果和进展。从刑事诉讼制度来看，应当及时调整跟进。一是为保障国家监察体制改革顺利进行，需要完善监察与刑事诉讼的衔接机制；二是为加强境外追逃工作力度和手段，需要建立刑事缺席审判制度；三是总结认罪认罚从宽制度、速裁程序试点工作经验，需要将可复制、可推广的行之有效做法上升为法律规范，在全国范围内实行。从上述三个方面，有针对性地对刑事诉讼法作出适当的修改补充，是必要的。

二、草案起草的工作过程和指导思想

刑事诉讼法（修改）已列入《全国人大常委会 2018 年立法工作计划》。

---

① 转引自全国人大网，http：//www.npc.gov.cn/npc/xinwen/2018－10/26/content_2064462.htm。

全国人大常委会高度重视刑事诉讼法修改工作，认真学习贯彻中央有关决策部署精神，明确了刑事诉讼法修改的思路和时间表。2015 年以来，法制工作委员会密切关注有关司法改革试点工作进展情况，及时总结试点经验；深入研究有关诉讼理论，借鉴国外法律规定和有益做法；广泛开展调研，深入听取各方面对修改刑事诉讼法的意见；加强沟通协调，会同中央纪委、中央政法委、最高人民法院、最高人民检察院、外交部、公安部、司法部有关方面在工作层面反复共同研究，并多次听取有关专家学者的意见，在各方面基本形成共识的基础上，形成了《中华人民共和国刑事诉讼法（修正草案）》。经委员长会议讨论，决定将刑事诉讼法（修正草案）提请本次常委会会议审议。

起草工作的指导思想是：深入学习贯彻习近平新时代中国特色社会主义思想和党的十九大精神，紧紧围绕推进全面深化改革、全面依法治国、全面从严治党、全面建成小康社会，坚决贯彻落实党中央关于深化国家监察体制改革、建立刑事缺席审判制度、实行认罪认罚从宽制度和速裁程序的决策部署，进一步完善中国特色刑事诉讼制度，深化司法体制改革，推进国家治理体系和治理能力现代化。

起草工作遵循以下原则：一是坚持法治思维，维护司法公正，遵循诉讼规律。二是坚持问题导向，总结实践经验，以立法形式巩固和推广实践证明行之有效的改革成果。三是注意处理好刑事诉讼法与监察法、刑法、律师法、公证法等法律的衔接，维护法律体系内部协调统一。四是，坚持立足国情和实际，合理借鉴国外相关制度有益经验。

三、草案的主要内容

草案共24 条，包括以下主要内容：

（一）完善与监察法的衔接机制，调整人民检察院侦查职权

深化国家监察体制改革是以习近平同志为核心的党中央作出的重大决策部署。全国人大常委会于 2016 年 12 月、2017 年 11 月先后作出在北京市、山西省、浙江省开展国家监察体制改革试点工作的决定和在全国各地推开国家监察体制改革试点工作的决定，暂时调整或者暂时停止适用刑事诉讼法关

于检察机关对直接受理的案件进行侦查的有关规定。2018 年 3 月，十三届全国人大一次会议审议通过了宪法修正案和监察法。为落实宪法有关规定，做好与监察法的衔接，保障国家监察体制改革顺利进行，拟对刑事诉讼法作以下修改补充：

1. 删去人民检察院对贪污贿赂等案件行使侦查权的规定，保留人民检察院在诉讼活动法律监督中发现司法工作人员利用职权实施的非法拘禁、刑讯逼供、非法搜查等侵犯公民权利、损害司法公正的犯罪的侦查权。

2. 相应修改有关程序规定，在刑事诉讼法关于侦查期间辩护律师会见经许可、指定居所监视居住、采取技术侦查措施的规定中，删去有关贪污贿赂犯罪的内容，并完善刑事诉讼法关于“侦查”定义的表述。

3. 对人民检察院审查起诉监察机关移送的案件、留置措施与刑事强制措施之间的衔接机制作出规定。明确人民检察院对于监察机关移送起诉的案件，依照刑事诉讼法和监察法的有关规定进行审查；认为需要补充核实的，应当退回监察机关补充调查，必要时可以自行补充侦查；对于监察机关采取留置措施的案件，人民检察院应当对犯罪嫌疑人先行拘留，留置措施自动解除，人民检察院应当在十日以内作出是否逮捕、取保候审或者监视居住的决定。在特殊情况下，决定的时间可以延长。

（二）建立刑事缺席审判制度

党中央高度重视反腐败和国际追逃追赃工作及相关法律制度建设。党的十八大以来，国际追逃追赃工作取得重大进展，得到人民群众的广泛拥护。根据中央统一部署，2016 年 7 月，法制工作委员会提出了关于建立刑事缺席审判制度的研究报告。中央纪委建议在配合监察体制改革修改刑事诉讼法时，对刑事缺席审判制度作出规定。拟在刑事诉讼法第五编特别程序中增设缺席审判程序一章，主要规定以下内容：

1. 建立犯罪嫌疑人、被告人潜逃境外的缺席审判程序，规定对于贪污贿赂等犯罪案件，犯罪嫌疑人、被告人潜逃境外，监察机关移送起诉，人民检察院认为犯罪事实已经查清，证据确实、充分，依法应当追究刑事责任的，可以向人民法院提起公诉。

2. 规定犯罪嫌疑人、被告人潜逃境外的缺席审判的具体程序。一是，明确由犯罪地或者被告人居住地的中级人民法院组成合议庭进行审理（必要时仍可以依照刑事诉讼法的规定指定管辖）。二是，规定人民法院通过司法协助方式或者受送达人所在地法律允许的其他方式，将传票和起诉书副本送达被告人。三是，规定被告人未按要求归案的，人民法院应当开庭审理，依法作出判决，并对违法所得及其他涉案财产作出处理。

3. 充分保障被告人的诉讼权利。一是，对委托辩护和提供法律援助作出规定。二是，赋予被告人的近亲属上诉权。三是，规定人民法院应当告知罪犯有权对判决、裁定提出异议。罪犯提出异议的，人民法院应当重新审理。这样规定，不违反刑事诉讼的公正审判和程序参与原则，也符合国际上通行的司法准则的要求。

4. 根据司法实践情况和需求，增加对被告人患有严重疾病中止审理和被告人死亡案件可以缺席审判的规定。

对刑事缺席审判适用的案件范围，将在下一步工作中继续深入研究。

（三）完善刑事案件认罪认罚从宽制度和增加速裁程序

党的十八届四中全会提出，完善刑事诉讼中认罪认罚从宽制度。2014年6月，全国人大常委会作出授权最高人民法院、最高人民检察院在部分地区开展刑事案件速裁程序试点工作的决定。2016年9月，又作出授权最高人民法院、最高人民检察院在部分地区开展刑事案件认罪认罚从宽制度试点工作的决定，速裁程序试点纳入新的试点继续进行。总结试点工作中行之有效的做法，拟对刑事诉讼法作以下修改补充：

1. 在刑事诉讼法第一编第一章中明确刑事案件认罪认罚可以依法从宽处理的原则。

2. 完善刑事案件认罪认罚从宽的程序规定。包括侦查机关告知诉讼权利和将认罪情况记录在案；人民检察院在审查起诉阶段就案件处理听取意见，犯罪嫌疑人认罪认罚的，签署认罪认罚具结书；人民检察院提出量刑建议和人民法院如何采纳量刑建议；人民法院审查认罪认罚自愿性和具结书真实性合法性等。并增加规定，犯罪嫌疑人认罪认罚，有重大立功或者案件涉及国家重大利益的，经最高人民检察院核准，可以不起诉或者撤销案件。

3. 增加速裁程序。适用于基层人民法院管辖的可能判处三年有期徒刑以下刑罚、被告人认罪认罚，民事赔偿问题已经解决的案件。规定速裁程序不受刑事诉讼法规定的送达期限的限制，不进行法庭调查、法庭辩论，但应当听取被告人的最后陈述意见；应当当庭宣判。同时，对办案期限和不宜适用速裁的程序转化作出规定。

4. 加强对当事人的权利保障。对诉讼权利告知、建立值班律师制度、明确将认罪认罚作为采取强制措施时判断社会危险性的考虑因素等作出规定。

此外，全国人大常委会已经通过的刑法修正案（九）对有关刑罚制度和刑罚执行程序作了修改；根据建立终身禁止从事法律职业制度的要求，对律师法、公证法等法律作了修改；并即将审议通过人民陪审员法。为与这些法律相衔接，拟对刑事诉讼法关于死缓执行、罚金执行、不得担任辩护人的情形、人民陪审员参加审判的有关规定作出相应修改。

还有一个问题需要报告。刑事诉讼法属于基本法律，于 1979 年制定，后分别于 1996 年和 2012 年作了两次较大的修改，都是由全国人民代表大会审议通过的。经研究，这次修改，指向明确、内容特定、幅度有限，不涉及对刑事诉讼法基本原则的修改，根据宪法和立法法有关规定，拟参照以往修改民事诉讼法、行政诉讼法的做法，由全国人大常委会对刑事诉讼法进行部分补充和修改，不需提请全国人民代表大会审议。

草案和以上说明是否妥当，请审议。

目　　录

第一编　总　　则

第二编　立案、侦查和提起公诉

第三编　审　　判

第五编 特别程序

附　则

附　录

第一编　总　　则

第一章　任务和基本原则

第一条　【立法目的】

为了保证刑法的正确实施，惩罚犯罪，保护人民，保障国家安全和社会公共安全，维护社会主义社会秩序，根据宪法，制定本法。

条文主旨

立法目的

修改内容

本条未作修改。

条文解读与适用指引

我国刑事诉讼法的立法目的包括以下三个方面：

其一，保证刑法的正确实施。刑事诉讼法与刑法之间是形式与内容的统一，也是方法与任务的统一。刑法所规定的内容，只有通过刑事诉讼程序才能得到正确实施；刑事诉讼法所规定的追究和惩治犯罪的程序，也是为了公正实现刑法内容。刑事诉讼法规定了参与刑事诉讼的专门机关及其职能分工、刑事诉讼制度、原则、规则，刑事证据适用规则、诉讼各个阶段及其任务等，从而保障刑法所规定的实体法效果得以实现。

其二，惩罚犯罪、保护人民。犯罪行为侵犯的客体不仅包括公民的人身权利、财产权利以及其他合法权利，也包括社会公共秩序、公共利益等。惩罚犯罪是国家维护公民法益和社会法益的重要途径。为了准确高效惩治犯罪，国家不仅需要刑事实体法以规定犯罪与刑罚，还需刑事诉讼法以保证惩治犯罪的程序正义。所以说，我国刑事诉讼法的重要目的之一是惩罚犯罪。刑事诉讼法的另一目的是保护人民。除了通过惩罚犯罪以保护公民人身、财产等合法权益免受犯罪侵害之外，“保护人民”的内涵还包括：保证犯罪嫌疑人、被告人、被害人等诉讼当事人及其他诉讼参与人充分行使诉讼权利；保证无罪的人不受刑事追究和惩罚；保证有罪的人得到公正惩罚等。公安司法机关因出于惩罚犯罪的目的，使得公民的合法权利在刑事诉讼中面临因国家权力滥用而遭受损害的危险，因此，保障公民合法权利免受不法侵害在刑事诉讼中显得尤为重要。

其三，保障国家安全和社会公共安全，维护社会主义社会秩序。犯罪行为都具有一定的社会危害性，具体表现为危害国家安全、社会公共安全、侵犯公民人身权利和民主权利、破坏社会主义社会经济秩序或者妨害社会管理秩序等。刑事诉讼法能够通过程序设置，保障刑法的准确实施，从而准确惩罚和预防犯罪，保障人权，维护国家安全和社会公共安全，保护公民合法权益不受侵犯，维护社会主义社会秩序，保持社会稳定，促进社会各方面有序发展。

宪法是国家的根本大法，规定了我国的社会制度、经济制度、政治制度、国家机构及其活动原则、公民基本权利和义务，具有至高无上的法律效力。其他法律的制定均需依据宪法，不得同宪法相抵触。“根据宪法，制定本法”表明刑事诉讼法的制定依据是宪法。根据我国宪法的规定及精神，刑事诉讼法规定了刑事诉讼的基本原则、诉讼制度和具体程序等，如根据《宪法》第37条第1款、第2款的规定，国家不得随意行使逮捕权，为了更好地体现宪法限制国家逮捕权的条款精神，刑事诉讼法规定了批准逮捕犯罪嫌疑人的条件、程序和具体手续，对宪法所规定的拘捕犯罪嫌疑人的原则加以具体化。

第二条　【刑事诉讼法的任务】

中华人民共和国刑事诉讼法的任务，是保证准确、及时地查明犯罪事实，正确应用法律，惩罚犯罪分子，保障无罪的人不受刑事

追究，教育公民自觉遵守法律，积极同犯罪行为作斗争，维护社会主义法制，尊重和保障人权，保护公民的人身权利、财产权利、民主权利和其他权利，保障社会主义建设事业的顺利进行。

条文主旨

刑事诉讼法的任务

修改内容

本条未作修改。

条文解读与适用指引

根据该条规定，刑事诉讼法的任务包括以下三个方面：

第一，我国刑事诉讼法的直接任务是保证准确、及时地查明犯罪事实，正确应用法律，惩罚犯罪分子，保障无罪的人不受刑事追究。刑事诉讼是依据法定程序查明案件事实，并依据事实惩罚犯罪的活动，查明案件事实是惩治犯罪的先决条件，也是刑事诉讼的首要步骤。“准确”要求查明事实的过程要依据有证据能力和证明力的证据，达到诉讼认识上的主客观相符合；“及时”要求在诉讼期限内尽早完成各个诉讼阶段的任务，使有罪之人及早定罪，无罪之人及早摆脱诉累。

第二，我国刑事诉讼法的重要任务是教育公民自觉遵守法律，积极同犯罪行为作斗争。法制宣传任务的实现需通过公正审判，宣扬刑法效果，让民众知晓违法必究，执法必严，同时用公正程序树立司法公信力，赢得民众对法治的信仰和支持。

第三，我国刑事诉讼法的根本任务是维护社会主义法制，尊重和保障人权，保护公民人身权利、财产权利、民主权利和其他权利，保障社会主义建设事业的顺利进行。尊重和保障人权是我国刑事诉讼法的重要任务之一，为此，刑事诉讼法在立法上明确规定了被追诉人的各项基本权利，并严禁国家专门机关违法侵犯人权，也赋予国家专门机关对公民基本人权的诉讼关照义务，并对公民合法权利遭受国家专门机关侵犯时，提供司法救济途径。刑事诉讼法通过程序的设置实现犯罪惩罚和人权保障，惩治违法，保护合法，逐渐形成信法、知法、守法的良好社会氛围，维护社会主义法制。

第三条　【职权分工与依法行使职权原则】

对刑事案件的侦查、拘留、执行逮捕、预审，由公安机关负责。检察、批准逮捕、检察机关直接受理的案件的侦查、提起公诉，由人民检察院负责。审判由人民法院负责。除法律特别规定的以外，其他任何机关、团体和个人都无权行使这些权力。

人民法院、人民检察院和公安机关进行刑事诉讼，必须严格遵守本法和其他法律的有关规定。

条文主旨

职权分工与依法行使职权原则

修改内容

本条未作修改。

条文解读与适用指引

本条分为两款。第1款规定了刑事诉讼中的职权分工。进行刑事诉讼的权力具有国家专属性，侦查权、检察权和审判权分别依法由公安机关、人民检察院、人民法院专门行使，其他机关、团体和个人都无权行使这些权力。侦查权由公安机关行使，具体是指公安机关负责依法收集证据、核实证据、揭露犯罪、查明犯罪人并实施拘留、执行逮捕等诉讼活动；检察权由人民检察院行使，作为国家法律监督机关，人民检察院在刑事诉讼中依法批准逮捕、对直接受理的案件进行侦查、提起公诉以及对刑事诉讼进行法律监督等工作。审判权由人民法院行使，作为国家审判机关，人民法院代表国家行使审判权，依法负责案件的审理与判决。国家刑罚权的实现有赖于侦查权、检察权、审判权的依法实现，只有这三种权力真正依法得到实施，国家刑罚权才能具体化为对犯罪分子的公正惩治。为了防止其他机关、团体和个人滥用国家刑罚权，侵犯公民合法权利，扰乱社会秩序，损害社会公共利益和国家利益，刑事诉讼法专门明确规定了侦查权、检察权、审判权的专门行使机关。除了公安机关，《刑事诉讼法》第4条和第308条规定了国家安全机关、军队保卫部门、中国海警局和监狱等对特定范围或特定性质的刑事案件，可以行使侦查权。公安机关、人民检察院、人民法院应严格依据法定的范围行使职权，不得超出法律的规定而自行其是。法律没有明确赋予的职权，公、检、法机关不得行使，法律明确禁止的行为，公、检、法机关也不得行使。

第2款规定了依法行权原则。公安机关、人民检察院、人民法院依照法律行使职权，必须遵循刑事诉讼法和其他法律规定的各项制度和程序，不得违反刑事诉讼法和其他法律的规定。违法行使职权的，将会引起实体法与程序法上的否定性评价。

第四条　【国家安全机关的管辖范围及职权】

国家安全机关依照法律规定，办理危害国家安全的刑事案件，行使与公安机关相同的职权。

条文主旨

国家安全机关管辖范围及职权

修改内容

本条未作修改。

条文解读与适用指引

依照本条规定，国家安全机关办理危害国家安全的刑事案件，可以行使法律赋予公安机关的相关职权。

为了明确国家安全机关办理危害国家安全犯罪时行使职权的具体范围，

《国家安全法》第42条第1款规定：“国家安全机关、公安机关依法搜集涉及国家安全的情报信息，在国家安全工作中依法行使侦查、拘留、预审和执行逮捕以及法律规定的其他职权。”据此，作为两个重要的侦查机关，国家安全机关和公安机关各自从不同的角度，实现对不同危害社会类型犯罪行为的打击，共同维护社会安全。

第五条　【人民法院、人民检察院独立行使职权原则】

人民法院依照法律规定独立行使审判权，人民检察院依照法律规定独立行使检察权，不受行政机关、社会团体和个人的干涉。

条文主旨

人民法院、人民检察院独立行使职权原则

修改内容

本条未作修改。

条文解读与适用指引

我国《宪法》第131条和第136条规定了人民法院依法独立行使审判权、人民检察院依法独立行使检察权，不受任何行政机关、社会团体和个人的干涉，这是一项重要司法原则。《人民法院组织法》第4条和《人民检察院组织法》第4条也分别对此原则进行了重述。对于这一原则可以从以下三方面理解：

其一，人民法院、人民检察院作为整体独立行使审判权和检察权，而不是法官、检察官个人独立行使两项职权。

其二，必须依法独立行使审判权和检察权，依法是独立行使的前提。即人民法院和人民检察院在进行刑事诉讼过程中，虽然不受任何行政机关、社会团体和个人的干涉，但必须服从刑事实体法和刑事程序法的要求，依法审查证据、认定事实、作出裁判。在具体案件的办理过程中，检察官、法官只能信仰法律，不能屈从权力的不法干预。

其三，人民法院、人民检察院独立行使审判权、检察权，不是不接受任何监督，而是需要接受党的领导，国家权力机关的监督。党从宏观方面对司法的方针、政策进行指导，但不替代司法机关办案或参与具体案件的办理。国家权力机关即各级人民代表大会是产生人民法院、人民检察院组成人员的机关，人民法院、人民检察院向同级人民代表大会及其常务委员会负责并报告工作，并接受其监督。各级人大不参与具体办案，不对具体案件作出指导，主要是通过审查人民检察院、人民法院工作报告、人员任免等形式实现监督。

第六条　【依靠群众原则；以事实为根据，以法律为准绳原则；法律面前人人平等原则】

人民法院、人民检察院和公安机关进行刑事诉讼，必须依靠群众，必须以事实为根据，以法律为准绳。对于一切公民，在适用法律上一律平等，在法律面前，不允许有任何特权。

条文主旨

依靠群众原则；以事实为根据，以法律为准绳原则；法律面前人人平等原则

修改内容

本条未作修改。

条文解读与适用指引

本条规定了刑事诉讼的三条基本原则：

其一，坚持依靠群众与专门机关相结合原则。人民法院、人民检察院和公安机关在刑事诉讼中，必须相信群众，依靠群众。我国《宪法》第 2 条第 3 款规定：人民依照法律规定，通过各种途径和形式，管理国家事务，管

理经济和文化事业，管理社会事务，依靠群众是宪法规定的重要原则，也是刑事诉讼的基本原则。司法机关仅仅依靠自身的力量，难以在有限的时间内侦破重大、复杂、疑难案件，利用群众的力量，弥补司法资源短缺的掣肘，能尽快发现犯罪线索，提高侦破案件效率。《刑事诉讼法》第 52 条规定，“必须保证一切与案件有关或者了解案情的公民，有客观地充分地提供证据的条件，除特殊情况外，可以吸收他们协助调查”。该条规定为人民群众参与诉讼提供了机会与条件，刑事诉讼法也规定了人民陪审员制度，公开审判制度，暂予监外执行、社区矫正等依靠群众监督的刑罚执行方式，贯彻群众路线原则，依靠群众包括三方面内容：一是依靠群众发现犯罪，二是依靠群众调查犯罪；三是依靠群众监督司法。

其二，刑事诉讼过程中必须以事实为根据、以法律为准绳原则。“以事实为根据”，即定案必须依据事实，不能无中生有。这就要求人民法院、人民检察院和公安机关要重证据、重调查研究，在作出各种诉讼决定、裁定、判决时，必须有充足的事实依据，严禁主观臆断。“以法律为准绳”，即必须依法裁判，不能违法办案。这就要求人民法院、人民检察院和公安机关应当以法律规定为准绳，裁判已经查明的案件事实，严格依法断案；同时也要求公安司法机关必须严格按照法定的原则、制度和程序办案。只有实现实体认定、程序遵循上的严格依法，才能真正贯彻以事实为依据、以法律为准绳。

其三，法律面前人人平等，不允许任何人有任何特权，也不允许对任何人进行任何歧视。我国宪法规定的“中华人民共和国公民在法律面前一律平等”原则，也是刑事诉讼的基本原则之一。刑事诉讼意义上的平等原则有两层含义：一是在刑事诉讼中，任何公民均依法享有一定的诉讼权利并承担相应的法律义务，不允许任何人只享受权利或者只承担义务；二是在办理刑事案件过程中，人民法院、人民检察院和公安机关对所有公民均应适用同样的刑事诉讼原则、制度和程序，任何人犯罪均应依法追究刑事责任，任何无罪之人，均不受刑事追究。需注意，在法律范围内的有条件的区别对待并不违反法律面前人人平等原则，如对未成年人适用特别程序、对特定人适用缺席审判程序等，但这种区别对待，必须根据案件的具体情况，严格依照法律规定进行。

第七条 【三机关分工负责，互相配合，互相制约原则】

人民法院、人民检察院和公安机关进行刑事诉讼，应当分工负责，互相配合，互相制约，以保证准确有效地执行法律。

条文主旨

三机关分工负责，互相配合，互相制约原则

修改内容

本条未作修改。

条文解读与适用指引

本条规定确立了公检法三机关分工负责、互相配合、互相制约原则，包含以下三方面的含义：

其一，进一步强调刑事诉讼中，公安、人民检察院、人民法院应该严格依据各自职权行事。《刑事诉讼法》第3条明确规定公安机关、人民检察院、人民法院在刑事诉讼中各自可以行使的职权范围，三机关必须依据刑事诉讼法对其规定的职权范围进行刑事诉讼活动，不得相互替代、相互推诿、滥用职权。

其二，人民法院、人民检察院和公安机关具有协调配合义务。三机关实现公平正义的目标是一致的，因而在刑事诉讼中应通力合作、协调一致，共同完成惩罚犯罪、保障人权的目的，不应各自为政、互相掣肘、相互推诿。需注意，三机关必须在分工负责的基础上实现互相配合，履职尽责是各机关首要的目标，相互配合的目的是更好地履行各自的职责，共同推动诉讼程序依次顺利进行，因而诉讼阶段不能混淆。

其三，在分工负责、互相配合的基础上，人民法院、人民检察院和公安机关互相制约。目的是防止和纠正可能出现的错误。通过刑事诉讼程序与制度的设计，三机关所实施的重要诉讼活动，有其他机关通过程序进行制约，实现互相约束、互相监督、防止权力滥用的目的。

三机关“分工负责、互相配合、互相制约”是辩证统一的。分工负责是互相配合、互相制约的前提，互相配合、互相制约则是分工负责的落实和保障。只有有了分工，公安、人民检察院、人民法院才有进行互相配合、互相制约的前提。只有互相配合，三机关才能进行有效协调，保障刑事诉讼路径不偏离。只有互相制约，才能及时发现、纠正错误，保证刑事诉讼的质量。要辩证地看待配合与制约，二者缺一不可，只强调配合，会导致三机关相互迁就而降低诉讼标准，易产生错误；只强调制约，则可能造成三机关相互对立，阻碍刑事诉讼的顺利进行。

第八条　【人民检察院依法对刑事诉讼实现法律监督原则】

人民检察院依法对刑事诉讼实行法律监督。

条文主旨

人民检察院依法对刑事诉讼实现法律监督原则

修改内容

本条未作修改。

条文解读与适用指引

我国《宪法》第134条规定：“中华人民共和国人民检察院是国家的法律监督机关。”《人民检察院组织法》第2条第1款也规定：“人民检察院是国家的法律监督机关。”人民检察院对刑事诉讼实行法律监督，是指人民检察院在刑事诉讼活动中，监督参加刑事诉讼的专门机关和诉讼参与人的诉讼活动是否合法，对发现的违法行为，依法定程序予以纠正的专门监督活动，主要包括：

其一，监督公安机关立案、侦查活动。人民检察院对公安机关立案监督体现在《刑事诉讼法》第113条规定的“人民检察院认为公安机关对应当立案侦查的案件而不立案侦查的，或者被害人认为公安机关对应当立案侦查的案件而不立案侦查，向人民检察院提出的，人民检察院应当要求公安机关说明不立案的理由。人民检察院认为公安机关不立案理由不能成立的，应当通知公安机关立案，公安机关接到通知后应当立案”。对侦查活动的监督则主要表现在审查批捕、监督逮捕执行、审查证据合法性和审查起诉等方面。公安机关逮捕犯罪嫌疑人、被告人，除由人民法院决定外，必须经人民检察院批准；人民检察院对公安机关提请批准逮捕的案件，在进行审查后，根据情况作出批准或者不批准的决定；对批准逮捕的，公安机关应立即执行，并将执行情况及时通知人民检察院，对不批准的，公安机关应在接到通知后立即释放犯罪嫌疑人并将执行情况及时通知人民检察院或变更强制措施；犯罪嫌疑人、被告人被逮捕后，人民检察院仍应当对羁押的必要性进行审查，对于不需要继续羁押的，应当建议予以释放或者变更强制措施。人民检察院接到报案、控告、举报或者发现侦查人员以非法方法收集证据的，应当进行调查核实。对于确有以非法方法收集证据情形的，应当提出纠正意见；构成犯罪的，依法追究刑事责任。人民检察院对公安机关侦查终结移送审查起诉的案件进行审查时，应当对侦查活动是否合法进行审查。

其二，监督人民法院的审判活动。人民检察院对人民法院审判活动的法律监督包括两方面：一是对人民法院的判决、裁定进行监督，即对一审法院作出的未生效判决、裁定提起抗诉，或对已生效但人民检察院认为认定事实或适用法律确有错误的提起审判监督程序中的抗诉；二是对人民法院审判活动本身进行监督，《刑事诉讼法》第209条规定：“人民检察院发现人民法院审理案件违反法律规定的诉讼程序，有权向人民法院提出纠正意见。”需注意，对人民法院审判活动本身的监督应当是事后监督，并且需以人民检察院的名义作出，而不是公诉人当庭监督。

其三，监督执行活动。《刑事诉讼法》第276条规定：“人民检察院对执行机关执行刑罚的活动是否合法实行监督。如果发现有违法的情况，应当通知执行机关纠正。”人民检察院对执行活动的监督包括：临场监督死刑执行、对人民法院不正当减刑假释裁定提出纠正意见、对暂予监外执行提出书面意见等。

第九条 【各民族公民有权使用本民族语言文字进行诉讼原则】

各民族公民都有用本民族语言文字进行诉讼的权利。人民法院、人民检察院和公安机关对于不通晓当地通用的语言文字的诉讼参与人，应当为他们翻译。

在少数民族聚居或者多民族杂居的地区，应当用当地通用的语言进行审讯，用当地通用的文字发布判决书、布告和其他文件。

条文主旨

各民族公民有权使用本民族语言文字进行诉讼原则

修改内容

本条未作修改。

条文解读与适用指引

本条分为两款。第1款规定了各民族公民均有权使用本民族的语言进行刑事诉讼。各民族公民，如果参加刑事诉讼，无论其身份是当事人还是其他诉讼参与人，都有权使用本民族语言发表意见、辩论等，都有权使用本民族的文字书写相关诉讼文书。我国《宪法》规定“中华人民共和国各民族一律平等”“各民族都有使用和发展自己的语言文字的自由”。刑事诉讼法赋予公民使用本民族语言文字进行诉讼的权利，是对宪法规定的贯彻和落实，有利于保障各民族公民有效参与诉讼，行使法定诉讼权利，维护自身合法利益。在刑事诉讼中，各民族用本民族语言和文字进行诉讼，有利于消减民族人员个人因语言转化上的障碍而形成的语言表达、理解上的错误，通过专业民族语言翻译人员的解释，有助于公安司法人员准确掌握涉案民族人员的真实意思表示，从而准确认定案件事实，正确处理案件。各民族公民均有使用本民族语言文字进行诉讼的权利，相对应的是人民法院、人民检察院和公安机关有义务为不通晓当地通用的语言文字的诉讼参与人提供翻译，从而保障各民族公民知情权的实现。

第 2 款规定了少数民族聚居或多民族杂居地审判的语言和文字使用。我国目前实行民族区域自治制度，在少数民族聚居地实行民族区域自治。由于作为当地多数居民的少数民族习惯使用本民族语言文字，为方便公民参加诉讼，少数民族聚居或多民族杂居地的公安司法机关有必要采用当地通用的语言进行审讯，并用当地通用的文字发布判决书、布告和其他文件。

第十条　【审级制度】

人民法院审判案件，实行两审终审制。

条文主旨

审级制度

修改内容

本条未作修改。

条文解读与适用指引

审级制度，是审判权运行的效力层级制度，是指刑事案件经过几级审判即告终结的制度。审级制度的作用有：一是可以防止诉讼无休止进行，及时终结诉讼；二是可以吸纳当事人对裁判的不满；三是可以促进对法律的统一理解与适用；四是可以提高法院裁判的准确性。

两审终审制是指刑事案件经过两级人民法院审判即告终结，对第二审人民法院作出的终审判决、裁定，当事人等不得再提出上诉，人民检察院不得按上诉程序提出抗诉的审级制度。我国人民法院的设置分为四级：最高人民法院、高级人民法院、中级人民法院和基层人民法院。根据两审终审制的要求，地方各级人民法院按照第一审程序审理案件所作的判决、裁定不立即发生法律效力，在法定期限内，公诉案件被告人和自诉案件当事人有权提出上诉、同级人民检察院有权提出抗诉，由上一级人民法院决定是否进行第二审。上一级人民法院审理第二审案件作出的判决、裁定，为终审判决、裁定，立即发生法律效力，不得再行上诉或抗诉。两审终审制存在以下例外：一是最高人民法院审理的第一审案件为一审终审；二是判处死刑的案件，必须依法经死刑复核程序核准后，该裁判才能生效；三是地方各级人民法院依照刑法规定在法定刑以下判处刑罚的案件，必须经最高人民法院核准，该判决、裁定才能生效。

我国实行两审终审制主要有三方面原因：一是两审终审制符合我国的国情。我国幅员辽阔，人口众多，刑事案件的流转时间成本高。刑事案件原则上由发案地基层人民法院第一审并由其上级人民法院第二审，有利于人民法院及时行使审判权、案发地群众参与诉讼，从而及时惩罚犯罪，教育公民。审级过多则会造成人力、物力浪费，增加诉累，既不利于及时发挥审判活动的惩罚、威慑、教育作用，也不利于保护犯罪嫌疑人、被告人及其他诉讼参与人的合法权利。二是两审终审制可以实现上级人民法院对下级人民法院审判工作的监督。我国实行二审全面审查原则，既审查一审的事实认定，也审查一审的法律适用。上级人民法院在第二审程序中能够了解下级人民法院的审判情况，发现问题并及时纠正，因而不需要设置更多的审级；三是两审终审制能够保证刑事案件得到正确处理。我国刑事诉讼中的许多制度，如级别管辖制度、审查起诉制度、死刑复核制度、人民检察院诉讼监督制度等，共同保障了两审终审制能够公正解决刑事案件矛盾。并且，我国还设有审判监督程序，对极少数已经生效的可能有错的判决，还可以通过审判监督程序纠错。

第十一条　【审判公开原则和被告人有权获得辩护原则】

人民法院审判案件，除本法另有规定的以外，一律公开进行。被告人有权获得辩护，人民法院有义务保证被告人获得辩护。

条文主旨

审判公开原则和被告人有权获得辩护原则

修改内容

本条未作修改。

条文解读与适用指引

本条包括两部分内容：一是审判公开原则。我国《宪法》第 130 条规定，人民法院审理案件，除法律规定的特别情况外，一律公开进行。本条是对刑事诉讼中的审判公开原则的确认。审判公开，包括审理公开和判决公开，既要允许公民到法庭旁听，又要允许记者采访和报道。审判公开的意义在于：一方面公众可以监督整个审判过程，既增加了诉讼透明度，又加强了社会监督，督促法院依法裁判；另一方面审判公开是有效的法制宣传途径，增加公众对审判的了解，能够增强社会公众的法治意识；再者对被告人判处严厉刑罚也能震慑潜在的危险分子从而起到预防犯罪的效果。刑事诉讼法的许多规定体现了审判公开原则，如要求公开审判的案件，应在开庭三日以前先期公布案由、被告人姓名、开庭时间和地点，以方便群众到庭旁听；定期宣判的案件，应先期公告宣判日期等。审判公开原则也存在例外情况，《刑事诉讼法》第 188 条规定了“有关国家秘密或者个人隐私的案件，不公开审理；涉及商业秘密的案件，当事人申请不公开审理的，可以不公开审理”。第 285 条规定了“审判的时候被告人不满十八周岁的案件，不公开审理……”需注意：第一，对于不公开审理的案件，应当当庭宣布不公开审理的理由；第二，未成年人案件不公开审理的，经未成年被告人及其法定代理人同意，未成年被告人所在学校和未成年人保护组织可以派代表到场；第三，无论是否公开审理，宣告判决一律公开；第四，无论是否公开审理，都应向当事人及其他诉讼参与人公开。

二是被告人有权获得辩护原则。《宪法》第 130 条规定，被告人有权获得辩护。犯罪嫌疑人、被告人有权获得辩护也是刑事诉讼的基本原则之一。所谓辩护，是指在刑事诉讼中犯罪嫌疑人、被告人及其辩护人从事实和法律上反驳控诉，提出有利于犯罪嫌疑人、被告人的材料和意见的诉讼活动。犯罪嫌疑人、被告人在刑事诉讼中既可以自行辩护，也可以委托辩护；在刑事诉讼的全程均有权辩护，有权获得法律援助。根据刑事诉讼法的规定，犯罪嫌疑人自被侦查机关第一次讯问或者采取强制措施之日起，有权委托辩护人（侦查阶段只能委托辩护律师），被告人有权随时委托辩护人。同时，对犯罪嫌疑人、被告人获得辩护的权利需要从制度和程序上予以保障，因此本条规定了“人民法院有义务保证被告人获得辩护”。根据刑事诉讼法的规定，人民法院自受理自诉案件之日起三日以内，应当告知被告人有权委托辩护人；被告人是盲、聋、哑人，或者是尚未完全丧失辨认或者控制自己行为能力的精神病人，没有委托辩护人的，人民法院应当通知法律援助机构指派律师为其提供辩护；被告人可能被判处无期徒刑、死刑而没有委托辩护人的，人民法院应当通知法律援助机构指派律师为其提供辩护。在审判阶段，人民法院有保障被告人辩护权充分行使的义务。

第十二条　【未经人民法院依法判决不得确定有罪原则】

未经人民法院依法判决，对任何人都不得确定有罪。

条文主旨

未经人民法院依法判决不得确定有罪原则

修改内容

本条未作修改。

条文解读与适用指引

本条确立了未经人民法院依法判决不得确定有罪原则，包含两层含义：其一，人民法院独占定罪权，即确定某个人有罪的权力只能由人民法院行使，其他任何机关都不能认定公民在法律上有罪。我国《宪法》对此也规定“中华人民共和国人民法院是国家的审判机关”，从宪法层面将定罪权分配给人民法院。因此，在人民法院依法判决某人有罪前，不论该人事实上是否实施了犯罪行为，在法律上都不得确定其有罪。

其二，人民法院应依法定罪。“依法判决”是指人民法院依照刑事程序法对被告人进行审理，依照刑事实体法规定作出判决。人民法院未依法定程序开庭审理，未依相关法律规定作出判决并正式宣判的，也不得确定任何人有罪。

其三，疑罪从无。当控方因为不能提供满足证明标准的证据证明被告人有罪时，应当作出无罪认定。具体来说，在审查起诉阶段，经过两次补充侦查的案件，人民检察院仍然认为证据不足的，应当作出不起诉决定；在审判阶段，对于证据不足、不能认定被告人有罪的，人民法院应当作出证据不足、指控罪名不能成立的无罪判决。

第十三条　【人民陪审员制度】

人民法院审判案件，依照本法实行人民陪审员陪审的制度。

条文主旨

人民陪审员制度

修改内容

本条未作修改。

条文解读与适用指引

本条包含两方面内容：第一，我国法院实行人民陪审员制度。陪审制度是吸收普通公民参加刑事审判的制度。我国《宪法》第 2 条第 3 款规定：“人民依照法律规定，通过各种途径和形式，管理国家事务，管理经济和文化事业，管理社会事务。”吸收人民陪审员参与刑事审判是人民参与管理国家事务的具体方式和重要途径。人民参加陪审，有利于实现司法民主，加强人民对司法的监督；有利于纠正职业法官因思维定式而造成的事实认知偏见；有利于司法吸纳公众良知，增强司法的社会认同。

第二，人民陪审员应依法参与审判。所谓依照本法，是指依照《刑事诉讼法》第183条规定，基层人民法院、中级人民法院审判第一审案件，应当由审判员三人或者由审判员和人民陪审员共三人或者七人组成合议庭进行，但是基层人民法院适用简易程序、速裁程序的案件可以由审判员一人独任审判。高级人民法院审判第一审案件，应当由审判员三人至七人或者由审判员和人民陪审员共三人或者七人组成合议庭进行。

第十四条　【保障诉讼参与人诉讼权利原则】

人民法院、人民检察院和公安机关应当保障犯罪嫌疑人、被告人和其他诉讼参与人依法享有的辩护权和其他诉讼权利。

诉讼参与人对于审判人员、检察人员和侦查人员侵犯公民诉讼权利和人身侮辱的行为，有权提出控告。

条文主旨

保障诉讼参与人诉讼权利原则

修改内容

本条未作修改。

条文解读与适用指引

本条分为两款。第1款规定了对诉讼权利的保障原则。该款规定与本法第2条刑事诉讼任务中的“尊重和保障人权”相呼应。诉讼权利是诉讼参与人在诉讼中享有的、受法律保护的法定权利。人民法院、人民检察院和公安机关不得以任何方式加以剥夺该权利，并且有责任采取相应措施保障诉讼参与人顺利行使其诉讼权利。在刑事诉讼中，辩护权是犯罪嫌疑人、被告人最核心的诉讼权利，对辩护权的保障是重点。《刑事诉讼法》第11条规定了被告人有权获得辩护，人民法院有义务保证被告人获得辩护。此处再次明确了人民法院、人民检察院和公安机关保障犯罪嫌疑人、被告人辩护权的义务，与第11条规定的辩护权利相呼应。刑事诉讼法具体规定了辩护权的行使阶段及保障措施：犯罪嫌疑人自被侦查机关第一次讯问或者采取强制措施之日起，有权委托辩护人；侦查机关在第一次讯问犯罪嫌疑人或者对犯罪嫌疑人采取强制措施时，应当告知犯罪嫌疑人有权委托辩护人；人民检察院自收到移送审查起诉的案件材料之日起三日以内，应当告知犯罪嫌疑人有权委托辩护人；犯罪嫌疑人、被告人是盲、聋、哑人，或者是尚未完全丧失辨认或者控制自己行为能力的精神病人，或可能被判处无期徒刑、死刑的，没有委托辩护人的，人民法院、人民检察院和公安机关应当通知法律援助机构指派律师为其提供辩护等，这些规定确定了人民检察院和公安机关对犯罪嫌疑人辩护权的保障义务。

第2款规定了诉讼参与人的控告权。诉讼参与人在其诉讼权利受到侵害或遭受人身侮辱时，有权使用法律手段维护自己的权利，控告权是宪法规定的公民权利，因而也当然可以作为诉讼参与人维护自身权利的法定手段。

第十五条 【认罪认罚可以依法从宽处理原则】

犯罪嫌疑人、被告人自愿如实供述自己的罪行，承认指控的犯罪事实，愿意接受处罚的，可以依法从宽处理。

条文主旨

认罪认罚可以依法从宽处理原则

修改内容

本条为新增条款。

修改背景

一、修改过程

2014年10月23日，党的十八届四中全会通过了《中共中央关于全面推进依法治国若干重大问题的决定》，明确指出要“完善刑事诉讼中认罪认罚从宽制度”。

此前，2014年6月27日，第十二届全国人大常委会第九次会议通过了《关于授权最高人民法院、最高人民检察院在部分地区开展刑事案件速裁程序试点工作的决定》。2014年8月22日，最高人民法院、最高人民检察院、公安部、司法部联合发布了《关于在部分地区开展刑事案件速裁程序试点工作的办法》。各试点地区开始了刑事案件速裁程序的试点工作。

2016年7月22日，在速裁程序试点工作的基础上，中央全面深化改革领导小组第二十六次会议审议通过了《关于认罪认罚从宽制度改革试点方案》，速裁程序纳入新的试点继续进行。2016年9月3日，第十二届全国人大常委会第二十二次会议通过了《关于授权最高人民法院、最高人民检察院在部分地区开展刑事案件认罪认罚从宽制度试点工作的决定》。2016年11月16日，最高人民法院、最高人民检察院、公安部、国家安全部、司法部联合发布《关于在部分地区开展刑事案件认罪认罚从宽制度试点工作的办法》。各试点地区开始了为期两年的认罪认罚从宽制度试点工作。

2018年10月26日，第十三届全国人大常委会第六次会议通过了《关于修改〈中华人民共和国刑事诉讼法〉的决定》，决定增加本条规定。

二、修改原因

从整体上看，增加有关认罪认罚从宽制度的相关规定是对认罪认罚从宽制度试点经验的总结。2016年8月29日，最高人民法院院长周强在第十二届全国人大常委会第二十二次会议上对《关于授权在部分地区开展刑事案件认罪认罚从宽制度试点工作的决定（草案）》予以了说明。该说明从四个方面指出了认罪认罚从宽制度试点的必要性，包括：一是及时有效惩罚犯罪，维护社会稳定的需要；二是落实宽严相济刑事政策，加强人权司法保障的需要；三是优化司法资源配置，提升司法公正效率的需要；四是深化刑事诉讼制度改革，构建科学刑事诉讼体系的需要。也正是出于这几方面必要性的考虑，需要将试点工作中探索、总结出来的相关内容上升至立法层面，规定在《刑事诉讼法》中。

单从本条来看，增加本条规定是对刑事诉讼法基本原则体系的补充和完善。本条增加规定在《刑事诉讼法》的第一章“任务及基本原则”中，确立了“认罪认罚依法可以依法从宽处理”的原则。此条之后的关于认罪认罚从宽的规定都是体现和落实这一原则的制度性规定。

条文解读与适用指引

本条确立了“认罪认罚可以依法从宽处理的原则”，也即认罪认罚从宽应当是贯穿于刑事诉讼始终的一条基本原则。该原则具体包括如下几方面含义：

首先，从可以从宽处理的对象和认罪认罚从宽制度的适用阶段来看，可以依法从宽处理的对象，包括犯罪嫌疑人和被告人，说明认罪认罚从宽制度在侦查、审查起诉和审判阶段均可适用。

其次，从可以从宽处理的条件来看，本条实际上为从宽处理规定了两个条件：一是犯罪嫌疑人、被告人自愿认罪认罚；二是依法。第一个条件又包括三方面的具体条件：一是犯罪嫌疑人、被告人如实供述自己的罪行，承认指控的犯罪事实。这一条件要求，犯罪嫌疑人、被告人不能只是简单承认指控的犯罪事实，还要供述自己的罪行，且该供述必须是真实的，以此防止犯罪嫌疑人、被告人违背事实承认指控罪行。二是犯罪嫌疑人、被告人愿意接受处罚。三是犯罪嫌疑人、被告人的认罪认罚是自愿的。第二个条件要求对犯罪嫌疑人、被告人的从宽处理必须依法进行，不能违背法律规定的条件和超越法律规定的范围对犯罪嫌疑人、被告人予以宽宥。这里的法律既包括刑事诉讼法，也包括刑法。

最后，从认罪认罚的后果来看，对于犯罪嫌疑人、被告人自愿如实供述自己的罪行，承认指控的犯罪事实愿意接受处罚的，是“可以”从宽处理，而不是“应当”从宽处理。当然，除了确实不宜从宽处理的情况以外，一般还是以从宽处理为宜。

第十六条 【具有法定情形不予追究刑事责任原则】

有下列情形之一的，不追究刑事责任，已经追究的，应当撤销案件，或者不起诉，或者终止审理，或者宣告无罪：

（一）情节显著轻微、危害不大，不认为是犯罪的；

（二）犯罪已过追诉时效期限的；

（三）经特赦令免除刑罚的；

（四）依照刑法告诉才处理的犯罪，没有告诉或者撤回告诉的；

（五）犯罪嫌疑人、被告人死亡的；

（六）其他法律规定免予追究刑事责任的。

条文主旨

具有法定情形不予追究刑事责任原则

修改内容

本条未作修改。

条文解读与适用指引

根据本条规定，不追究刑事责任的法定情形包括以下六种：

一是情节显著轻微、危害不大，不认为是犯罪的。刑事诉讼程序的启动是为了追究刑法认为属于犯罪的行为。刑法对犯罪界定的关键参考是社会危害性。根据刑法规定情节显著轻微、危害不大，不认为是犯罪的行为，也就没有必要启动刑事诉讼程序。

二是犯罪已过追诉时效期限的。追诉时效限制了侦查机关惩治犯罪的期限，超过法定追诉时效的犯罪行为，不能再被追究。我国刑法是根据法定刑来规定追诉时效的，具体而言：法定最高刑为不满5年有期徒刑的追诉时效是5年；法定最高刑为5年以上不满10年有期徒刑的追诉时效是10年；法定最高刑为10年以上有期徒刑的追诉时效是15年；法定最高刑为无期徒刑、死刑的追诉时效是20年（如20年后认为必须追诉的，应报请最高人民检察院核准）。但如果人民检察院、公安机关、国家安全机关已经立案侦查或在人民法院受理案件后，逃避侦查或审判的，或被害人在追诉期限内提出控告人民法院、人民检察院和公安机关应立案而不予立案的，不受追诉期限的限制。

三是经特赦令免除刑罚的。特赦令具有特别法的效力，对经特赦令免除刑罚之人不应再追究刑事责任，即不论其刑罚已经执行一部分还是完全未执行，只要被特赦令特赦，都等同于刑罚已经执行完毕。特赦之后，也不得以其刑罚未执行或没有执行完毕为由，再次启动刑事追诉或者刑事审判监督程序。根据我国《宪法》规定，特赦决定由全国人民代表大会常务委员会作出，并由国家主席签署主席令发布。

四是依照刑法告诉才处理的犯罪，没有告诉或者撤回告诉的。对于告诉才处理的犯罪，实行不告不理，有权告诉的人不告诉或者告诉后又撤回的，国家专门机关不应主动追究行为人的刑事责任。我国刑法规定侮辱罪、诽谤罪（严重危害社会秩序和国家利益的除外）、暴力干涉婚姻自由罪（致使被害人死亡的除外）、虐待罪（致使被害人重伤、死亡的除外）和侵占罪为告诉才处理的犯罪。这五种犯罪以被害人的告诉作为追究刑事责任的前提条件，被害人及其法定代理人没有告诉或者告诉后又撤回告诉的，不予追究刑事责任。

五是犯罪嫌疑人、被告人死亡的。我国刑法实行罪责自负原则，犯罪嫌疑人、被告人死亡后，其刑事责任即告消灭，不应再进行刑事诉讼，已经启动的刑事诉讼应当终结诉讼。

六是其他法律规定免于追究刑事责任的。例如，根据刑法规定应追究刑事责任，但由于某些情节或者特殊情况，其他法律规定免除刑事责任的，也不应追究其刑事责任。

具有上述六种法定情形，不追究刑事责任，具体而言是指：在立案阶段，应当不立案；在侦查阶段，应当撤销案件；在审查起诉阶段，应当作出不起诉决定；在审判阶段，应当根据具体情况裁定终止审理或者判决宣告无罪或者判决宣告不负刑事责任。

第十七条 【追究外国人刑事责任适用我国刑事诉讼法原则及其例外】

对于外国人犯罪应当追究刑事责任的，适用本法的规定。

对于享有外交特权和豁免权的外国人犯罪应当追究刑事责任的，通过外交途径解决。

条文主旨

追究外国人刑事责任适用我国刑事诉讼法原则及其例外

修改内容

本条未作修改。

条文解读与适用指引

本条分为两款。第 1 款规定了追究外国人刑事责任适用我国刑事诉讼法的原则。对于外国人在中华人民共和国领域内犯罪，或者外国人在中华人民共和国领域外对中华人民共和国国家或者公民犯罪，按照刑法规定的最低刑为三年以上有期徒刑等情形，根据我国刑法的规定应当追究刑事责任的，应当按照我国刑事诉讼法规定的程序予以追究，适用我国刑事诉讼法规定的原则和制度等。该原则体现和维护了我国的司法主权和法律尊严。

第 2 款规定了追究外国人刑事责任适用我国刑事诉讼法的例外。例外的对象是享有外交特权和豁免权的外国人，方式是通过外交途径解决。赋予具有特殊身份的外国人以外交特权和豁免权是各国交往中普遍遵循的国际惯例，对这部分具有外交特权和豁免权的外国人犯罪应当追究刑事责任的，出于国际惯例和对等原则，要通过外交途径解决，而不能通过我国刑事诉讼法规定的程序予以追究，也不能适用我国刑事诉讼法规定的原则和制度。

第十八条　【刑事司法协助】

根据中华人民共和国缔结或者参加的国际条约，或者按照互惠原则，我国司法机关和外国司法机关可以相互请求刑事司法协助。

条文主旨

刑事司法协助

修改内容

本条未作修改。

条文解读与适用指引

根据《中华人民共和国国际刑事司法协助法》的规定，刑事司法协助是指中华人民共和国和外国在刑事案件调查、侦查、起诉、审判和执行等活动中相互提供协助，包括送达文书，调查取证，安排证人作证或者协助调查，查封、扣押、冻结涉案财物，没收、返还违法所得及其他涉案财物，移管被判刑人以及其他协助。中华人民共和国和外国之间开展刑事司法协助，通过司法部等对外联系机关联系。国家监察委员会、最高人民法院、最高人民检察院、公安部、国家安全部等部门是开展国际刑事司法协助的主管机关，按照职责分工，审核向外国提出的刑事司法协助请求，审查处理对外联系机关转递的外国提出的刑事司法协助请求；承担其他与国际刑事司法协助相关的工作。在移管被判刑人案件中，司法部也承担相应的主管机关职责。办理刑事司法协助相关案件的办案机关，负责向所属主管机关提交需要向外国提出的刑事司法协助请求、执行所属主管机关交办的外国提出的刑事司法协助请求。

第二章　管　　辖

第十九条　【立案管辖】

刑事案件的侦查由公安机关进行，法律另有规定的除外。

人民检察院在对诉讼活动实行法律监督中发现的司法工作人员利用职权实施的非法拘禁、刑讯逼供、非法搜查等侵犯公民权利、损害司法公正的犯罪，可以由人民检察院立案侦查。对于公安机关管辖的国家机关工作人员利用职权实施的重大犯罪案件，需要由人民检察院直接受理的时候，经省级以上人民检察院决定，可以由人民检察院立案侦查。

自诉案件，由人民法院直接受理。

条文主旨

立案管辖

修改内容

原《刑事诉讼法》第 18 条第 2 款	新《刑事诉讼法》第 19 条第 2 款
贪污贿赂犯罪，国家工作人员的渎职犯罪，国家机关工作人员利用职权实施的非法拘禁、刑讯逼供、报复陷害、非法搜查的侵犯公民人身权利的犯罪以及侵犯公民民主权利的犯罪，由人民检察院立案侦查。对于国家机关工作人员利用职权实施的其他重大的犯罪案件，需要由人民检察院直接受理的时候，经省级以上人民检察院决定，可以由人民检察院立案侦查。	人民检察院在对诉讼活动实行法律监督中发现的司法工作人员利用职权实施的非法拘禁、刑讯逼供、非法搜查等侵犯公民权利、损害司法公正的犯罪，可以由人民检察院立案侦查。对于公安机关管辖的国家机关工作人员利用职权实施的重大犯罪案件，需要由人民检察院直接受理的时候，经省级以上人民检察院决定，可以由人民检察院立案侦查。

修改背景

2018年3月20日，第十三届全国人民代表大会第一次会议通过了《中华人民共和国监察法》。《监察法》第11条规定了监察委员会的职责，即"监察委员会依照本法和有关法律规定履行监督、调查、处置职责：（一）对公职人员开展廉政教育，对其依法履职、秉公用权、廉洁从政从业以及道德操守情况进行监督检查；（二）对涉嫌贪污贿赂、滥用职权、玩忽职守、权力寻租、利益输送、徇私舞弊以及浪费国家资财等职务违法和职务犯罪进行调查；（三）对违法的公职人员依法作出政务处分决定；对履行职责不力、失职失责的领导人员进行问责；对涉嫌职务犯罪的，将调查结果移送人民检察院依法审查、提起公诉；向监察对象所在单位提出监察建议。"同时，《监察法》第15条规定了监察对象的范围，即"监察机关对下列公职人员和有关人员进行监察：（一）中国共产党机关、人民代表大会及其常务委员会机关、人民政府、监察委员会、人民法院、人民检察院、中国人民政治协商会议各级委员会机关、民主党派机关和工商业联合会机关的公务员，以及参照《中华人民共和国公务员法》管理的人员；（二）法律、法规授权或者受国家机关依法委托管理公共事务的组织中从事公务的人员；（三）国有企业管理人员；（四）公办的教育、科研、文化、医疗卫生、体育等单位中从事管理的人员；（五）基层群众性自治组织中从事管理的人员；（六）其他依法履行公职的人员。"根据这两条规定，原来由人民检察院立案侦查的大部分职务犯罪均改由监察机关调查。因此，为与《监察法》中的相关规定相衔接，本次《刑事诉讼法》修改对人民检察院立案管辖的范围予以了大幅限缩。

条文解读与适用指引

本条分为三款。第1款规定了公安机关的管辖范围。除法律另有规定的情形外，刑事案件均由公安机关立案侦查。法律另有规定的情形主要包括：第一，本条第2款、第3款规定的由人民检察院侦查的案件和由人民法院直接受理的自诉案件；第二，《刑事诉讼法》第4条规定的由国家安全机关办理的危害国家安全的刑事案件；第三，《刑事诉讼法》第308条规定的由军队保卫部门侦查的军队内部发生的刑事案件、由中国海警局侦查的海上发生的刑事案件、由监狱侦查的罪犯在监狱内犯罪的案件；第四，《监察法》规定的由监察机关管辖的职务犯罪案件。

第2款规定了人民检察院的管辖范围。由人民检察院立案侦查的案件一般须符合以下条件：第一，犯罪主体为司法工作人员；第二，犯罪客体为公民权利、司法公正；第三，犯罪的客观方面表现为利用职权实施的非法拘禁、刑讯逼供、非法搜查等行为；第四，犯罪是人民检察院在对诉讼活动实行法律监督中发现的。其具体罪名包括：非法拘禁罪、非法搜查罪、刑讯逼供罪、暴力取证罪、虐待被监管人罪、司法人员的滥用职权罪、司法人员的玩忽职守罪、徇私枉法罪、民事、行政枉法裁判罪 、执行判决、裁定失职罪、执行判决、裁定滥用职权罪、私放在押人员罪、失职致使在押人员脱逃罪、徇私舞弊减刑、假释、暂予监外执行罪。此外，对于国家机关工作人员利用职权实施的犯罪，除由监察机关管辖的贪污贿赂、失职渎职等犯罪外，其他由公安机关管辖的国家机关工作人员利用职权实施的重大犯罪案件，人民检察院具有机动侦查权，也即对于这部分案件，经省级以上人民检察院决定，也可以由人民检察院立案侦查。这部分人民检察院可以行使机动侦查权的案件须符合以下条件：第一，是公安机关管辖的案件；第二，是国家机关工作人员利用职权实施的犯罪案件；第三，是重大犯罪案件。

第3款规定了人民法院的管辖范围。由人民法院直接受理的自诉案件可以分为三类：第一类，只能自诉不能公诉的案件，也即告诉才处理的案件。具体包括：1. 侮辱、诽谤案（但严重危害社会秩序和国家利益的除外）；2. 暴力干涉婚姻自由案（《刑法》第257条第1款规定的）；3. 虐待案（《刑法》第260条第1款规定的）；4. 侵占案（《刑法》第270条规定的）。第二类，可以公诉也可以自诉的案件，也即人民检察院没有起诉，被害人有证据证明的轻微刑事案件。具体包括：1. 故意伤害案（《刑法》第234条第1款规定的）；2. 非法侵入住宅案（《刑法》第245条规定的）；3. 侵犯通信自由案（《刑法》第 252 条规定的）；4. 重婚案（《刑法》第 258 条规定的）；5. 遗弃案（《刑法》第 261 条规定的）；6. 生产、销售伪劣商品案（《刑法》分则第三章第一节规定的，但严重危害社会秩序和国家利益的除外）；7. 侵犯知识产权案（《刑法》分则第三章第七节规定的，但严重危害社会秩序和国家利益的除外）；8.《刑法》分则第四章、第五章规定的，对被告人可能判处三年有期徒刑以下刑罚的案件。对于此类案件中证据不足、可以由公安机关受理的，或者认为对被告人可能判处三年有期徒刑以上刑罚的，应当告知被害人向公安机关报案，或者移送公安机关立案侦查。第三类，公诉转自诉的案件，也即被害人有证据证明对被告人侵犯自己人身、财产权利的行为应当依法追究刑事责任，且有证据证明曾经提出控告，而公安机关或者人民检察院不予追究被告人刑事责任的案件。

第二十条 【级别管辖之基层人民法院的管辖范围】

基层人民法院管辖第一审普通刑事案件，但是依照本法由上级人民法院管辖的除外。

条文主旨

级别管辖之基层人民法院的管辖范围

修改内容

本条未作修改。

条文解读与适用指引

人民法院共有最高人民法院、高级人民法院、中级人民法院、基层人民法院四级。基层人民法院包括：县、自治县人民法院；不设区的市人民法院；市辖区人民法院。

从审级上看，基层人民法院的管辖范围比较单一。基层人民法院只能管辖第一审案件，其他三级人民法院则既可管辖第一审案件，也可管辖第二审案件。

从案件范围上看，基层人民法院的管辖范围非常广泛。除刑诉法规定由上级人民法院管辖的刑事案件外，所有第一审刑事案件均由基层人民法院管辖。刑诉法规定由上级人民法院管辖的第一审刑事案件包括：由中级人民法院管辖的危害国家安全、恐怖活动案件及可能判处无期徒刑、死刑的案件；由高级人民法院管辖的全省（自治区、直辖市）性的重大刑事案件；由最高人民法院管辖的全国性的重大刑事案件。但这些由上级人民法院管辖的第一审刑事案件实际上只是很小部分的刑事案件，绝大部分的第一审刑事案件，也即第一审普通刑事案件，均由数量众多而职能相对单一的基层人民法院管辖。

第二十一条　【级别管辖之中级人民法院管辖的第一审刑事案件】

中级人民法院管辖下列第一审刑事案件：

（一）危害国家安全、恐怖活动案件；

（二）可能判处无期徒刑、死刑的案件。

条文主旨

级别管辖之中级人民法院管辖的第一审刑事案件

修改内容

本条未作修改。

条文解读与适用指引

中级人民法院包括：省、自治区、直辖市的中级人民法院；在直辖市内设立的中级人民法院；自治州中级人民法院；在省、自治区内按地区设立的中级人民法院。根据新修订的《人民法院组织法》第23条规定：“中级人民法院审理下列案件：（一）法律规定由其管辖的第一审案件；（二）基层人民法院报请审理的第一审案件；（三）上级人民法院指定管辖的第一审案件；（四）对基层人民法院判决和裁定的上诉、抗诉案件；（五）按照审判监督程序提起的再审案件。”

本条规定即属“法律规定由其管辖的第一审案件”。中级人民法院管辖的第一审刑事案件实际上可分为两大类，一是性质特殊，由中级人民法院管辖更为合适的；二是可能判处极重的刑罚，由中级人民法院管辖更为慎重的。

由中级人民法院管辖的性质特殊的案件包括两类：一是危害国家安全的案件，共涉及十二个罪名：背叛国家罪；分裂国家罪；煽动分裂国家罪；武装叛乱、暴乱罪；颠覆国家政权罪；煽动颠覆国家政权罪；资助危害国家安全犯罪活动罪；投敌叛变罪；叛逃罪；间谍罪；为境外窃取、刺探、收买、非法提供国家秘密、情报罪；资敌罪。二是恐怖活动案件，共涉及七个罪名：组织、领导、参加恐怖组织罪；帮助恐怖活动罪；准备实施恐怖活动罪；宣扬恐怖主义、极端主义、煽动实施恐怖活动罪；利用极端主义破坏法律实施罪；强制穿戴宣扬恐怖主义、极端主义服饰、标志罪；非法持有宣扬恐怖主义、极端主义物品罪。

由中级人民法院管辖的可能判处极重刑罚的案件是指可能判处无期徒刑、死刑的案件，对这部分案件进行审理的结果可能会无限期地剥夺被告人的自由甚至是剥夺其生命，因此慎重起见，需要采用提高审级的方式来由中级人民法院对这部分案件进行一审。

第二十二条　【级别管辖之高级人民法院管辖的第一审刑事案件】

高级人民法院管辖的第一审刑事案件，是全省（自治区、直辖市）性的重大刑事案件。

条文主旨

级别管辖之高级人民法院管辖的第一审刑事案件

修改内容

本条未作修改。

条文解读与适用指引

高级人民法院包括：省高级人民法院、自治区高级人民法院、直辖市高级人民法院。根据新修订的《人民法院组织法》第 21 条的规定："高级人民法院审理下列案件：（一）法律规定由其管辖的第一审案件；（二）下级人民法院报请审理的第一审案件；（三）最高人民法院指定管辖的第一审案件；（四）对中级人民法院判决和裁定的上诉、抗诉案件；（五）按照审判监督程序提起的再审案件。（六）中级人民法院报请复核的死刑案件。"

由于一个省（自治区、直辖市）只有一个高级人民法院，且除法律规定由其管辖的第一审案件外，高级人民法院还要审理其他五类案件。因此，法律规定由其管辖的第一审案件范围只能是一个非常有限的范围，只有那些非常有必要由高级人民法院进行一审的案件才能纳入这个范围。由高级人民法院管辖第一审刑事案件应符合两个要求：第一，是重大刑事案件，主要从案件性质和可能判处的刑罚等角度考虑；第二，是全省（自治区、直辖市）性的重大刑事案件，主要从案件本身的涉及面和影响力等角度考虑。

第二十三条　【级别管辖之最高人民法院管辖的第一审刑事案件】

最高人民法院管辖的第一审刑事案件，是全国性的重大刑事案件。

条文主旨

级别管辖之最高人民法院管辖的第一审刑事案件

修改内容

本条未作修改。

条文解读与适用指引

新修订的《人民法院组织法》第 16 条规定："最高人民法院审理下列

案件：（一）法律规定由其管辖的和其认为应当由自己管辖的第一审案件；（二）对高级人民法院判决和裁定的上诉、抗诉案件；（三）按照全国人民代表大会常务委员会的规定提起的上诉、抗诉案件；（四）按照审判监督程序提起的再审案件；（五）高级人民法院报请核准的死刑案件。”第 17 条规定：“死刑除依法由最高人民法院判决的以外，应当报请最高人民法院核准。”第 18 条规定：“最高人民法院可以对属于审判工作中具体应用法律的问题进行解释。最高人民法院可以发布指导性案例。”

可见，最高人民法院担负着非常多的职能，其中最主要的是对下级人民法院审判工作的监督和指导，因此，只有非常有必要由最高人民法院进行一审的刑事案件，才能够纳入最高人民法院管辖的第一审刑事案件的范围。由最高人民法院管辖的第一审刑事案件也应符合两个要求：第一，是重大刑事案件，主要从案件性质和可能判处的刑罚等角度考虑；第二，是全国性的重大刑事案件，主要从案件本身的涉及面和影响力等角度考虑。

第二十四条　【管辖权的上移】

上级人民法院在必要的时候，可以审判下级人民法院管辖的第一审刑事案件；下级人民法院认为案情重大、复杂需要由上级人民法院审判的第一审刑事案件，可以请求移送上一级人民法院审判。

条文主旨

管辖权的上移

修改内容

本条未作修改。

条文解读与适用指引

本条规定了管辖权的上移，根据原本对案件享有管辖权的下级人民法院是否提出了上移请求，可以将此种上移划分为被动上移和主动上移。

被动上移是指对案件享有管辖权的下级人民法院并未提出请求，但上级人民法院在必要的时候，可以审判下级人民法院管辖的第一审刑事案件。这里的“上级人民法院”可以是上一级人民法院，也可以是更高级别的人民法院。至于何为“必要的时候”，法律及司法解释均未作出规定，权由上级人民法院判断，如案件影响较大、涉及敏感问题、具有指导性意义等均可作为考虑的因素。

主动上移是指对案件享有管辖权的下级人民法院主动请求将案件移送上一级人民法院审判。主动上移只能向上一级人民法院移送，不能向更高级别的法院移送。根据本条的规定，主动上移的原因是下级人民法院认为案情重大、复杂，需要由上级人民法院审判。但根据相关司法解释的规定，除重大、复杂案件外，基层人民法院对于新类型的疑难案件、在法律适用上具有普遍指导意义的案件，也可以请求移送中级人民法院审判。此外，因案件涉及本院院长需要回避等原因，有管辖的人民法院不宜行使管辖权的，也可以请求移送上一级人民法院管辖。由于本条规定并未修改，因此在新的司法解释出台之前，相关解释仍可适用。

在刑事诉讼中，管辖权只能上移，不能下移，上级人民法院不能将法律规定应由本院管辖的案件交由下级人民法院审判。

第二十五条　【地域管辖】

刑事案件由犯罪地的人民法院管辖。如果由被告人居住地的人民法院审判更为适宜的，可以由被告人居住地的人民法院管辖。

条文主旨

地域管辖

修改内容

本条未作修改。

条文解读与适用指引

地域管辖是指同级人民法院之间，基于案件中的某些地域性因素与人民法院所在地的联系，在审理第一审刑事案件上的权限划分。本条规定为刑事案件的地域管辖确立了“以犯罪地人民法院管辖为主，以被告人居住地人民法院管辖”为辅的基本原则。

一般情况下，刑事案件由犯罪地人民法院管辖。犯罪地包括犯罪行为发生地和犯罪结果发生地。

但在由被告人居住地人民法院审判更为适宜的情况下，被告人居住地的人民法院也可以管辖。例如，对被告人流窜作案，难以确定主要犯罪地；被告人在居住地民愤极大，当地群众要求在当地审判；可能对被告人适用缓刑、管制或者单独适用剥夺政治权利等刑罚，需要在居住地执行等情况，均可由被告人居住地的人民法院管辖。根据相关司法解释，被告人的户籍地为其居住地。经常居住地与户籍地不一致的，经常居住地为其居住地。经常居住地为被告人被追诉前已连续居住一年以上的地方，但住院就医的除外。被告单位登记的住所地为其居住地。主要营业地或者主要办事机构所在地与登记的住所地不一致的，主要营业地或者主要办事机构所在地为其居住地。

第二十六条　【管辖权的竞合】

几个同级人民法院都有权管辖的案件，由最初受理的人民法院审判。在必要的时候，可以移送主要犯罪地的人民法院审判。

条文主旨

管辖权的竞合

修改内容

本条未作修改。

条文解读与适用指引

管辖权的竞合是指，在案件具有多个犯罪地的情况下，根据上一条的规定，多个犯罪地的人民法院都有管辖权。那么，案件究竟应由哪一个法院管辖呢？本条规定为管辖权竞合的处理确立了“以最初受理的人民法院审判为主，以主要犯罪地的人民法院审判为辅”的基本原则。

在管辖权竞合的情况下，案件一般应当由最初受理的人民法院审判，无论其是否是主要犯罪地的人民法院。但是如果最初受理的人民法院并非主要犯罪地的人民法院，而又存在着由主要犯罪地的人民法院审判更有利于全面查清案件事实和正确处理案件等原因，因此有必要由主要犯罪地人民法院审判的，那么也可以将案件移送主要犯罪地的人民法院审判。

第二十七条　【指定管辖】

上级人民法院可以指定下级人民法院审判管辖不明的案件，也可以指定下级人民法院将案件移送其他人民法院审判。

条文主旨

指定管辖

修改内容

本条未作修改。

条文解读与适用指引

本条规定的指定管辖可分为两种情况：一是确定管辖；二是改变管辖。

确定管辖是指，上级人民法院可以指定下级人民法院审判管辖不明的案件，也即为管辖不明的案件确定管辖。例如，对于案件是否有必要移送被告人居住地的人民法院审判就可能发生争议，从而导致案件是应由犯罪地人民法院管辖还是应由被告人居住地的人民法院管辖难以明确。对于案件是否有必要移送主要犯罪地的人民法院审判，以及哪个人民法院才是主要犯罪地的人民法院，也有可能发生争议，从而导致案件是应由最初受理的人民法院管辖，还是应由主要犯罪地的人民法院管辖难以明确。对此类管辖不明的案件，根据相关司法解释的规定，应当先由相关法院在审理期限内协商解决；协商不成的，由争议的人民法院分别层报共同的上级人民法院指定管辖。对于其他各种原因导致的管辖不明的案件，上级人民法院也都可以指定下级人民法院审判。这里的“上级人民法院”包括上一级人民法院和更高级别的人民法院。

改变管辖是指，上级人民法院可以指定下级人民法院将本来应当由其管辖的案件移送其他人民法院审判。例如，在有管辖权的下级人民法院的院长具有应当回避的事由，案件在该院审理可能受到干扰的情况下，上级人民法院就可以指定该院将案件移送其他人民法院审判。法律并未为此类指定管辖设置限制性条件，因此，只要上级人民法院认为有必要，就可以指定下级人民法院将案件移送其他人民法院审判。

第二十八条　【专门管辖】

专门人民法院案件的管辖另行规定。

条文主旨

专门管辖

修改内容

本条未作修改。

条文解读与适用指引

根据新修订的《人民法院组织法》第 15 条第 1 款规定，“专门人民法院包括军事法院和海事法院、知识产权法院、金融法院等”。其中，过去只有军事法院受理刑事案件，主要管辖军队内部发生的刑事案件，即现役军人和军内在编职工违反《刑法》分则第十章的规定，犯军人违反职责罪的案件。2014 年，最高人民法院出台《关于深化人民法院改革的意见——人民法院第四个五年改革纲要（2014—2018）》，提出要改革海事案件管辖制度，进一步理顺海事审判体制，科学确定海事法院管辖范围，建立更加符合海事案件审判规律的工作机制。2017 年 2 月，宁波法院作为最高法院指定的试点法院，审理了艾伦·门多萨·塔布雷交通肇事案，该案是中国海事法院受理的第一起刑事案件。

第三章　回　　避

第二十九条　【回避的种类、适用人员和理由】

审判人员、检察人员、侦查人员有下列情形之一的，应当自行回避，当事人及其法定代理人也有权要求他们回避：

（一）是本案的当事人或者是当事人的近亲属的；

（二）本人或者他的近亲属和本案有利害关系的；

（三）担任过本案的证人、鉴定人、辩护人、诉讼代理人的；

（四）与本案当事人有其他关系，可能影响公正处理案件的。

条文主旨

回避的种类、适用人员和理由

修改内容

本条未作修改。

条文解读与适用指引

本条规定了两种类型的回避：自行回避和申请回避。自行回避是指适用回避的人员发现自己具有应当回避的理由而主动要求回避。申请回避是指当事人及其法定代理人发现适用回避的人员具有应当回避的理由而要求其回避。申请回避是法律赋予当事人及其法定代理人的一项重要的诉讼权利。根据本法第 32 条第 2 款的规定，辩护人、诉讼代理人也具有此项权利。

本条规定的适用回避的人员包括审判人员、检察人员、侦查人员。根据本法第 32 条第 1 款的规定，适用回避的人员还包括书记员、翻译人员和鉴定人。这些适用回避的人员都需要保持客观公正的立场，如果其具有一些可能影响其超然立场的情形，那么就应当予以回避。

本条规定适用回避的理由有四项：第一，是本案的当事人或者当事人的近亲属。第二，本人或者他的近亲属和本案有利害关系。根据本法第 108 条第 6 项的规定，“近亲属”是指夫、妻、父、母、子、女、同胞兄弟姊妹。如果审判人员、检察人员、侦查人员等具有这两种情形，其显然很难在办案中保持公正的超然立场，因此应当予以回避。第三，担任过本案的证人、鉴定人、辩护人、诉讼代理人。诉讼角色的冲突也会影响客观中立的立场，担任过证人、鉴定人的，容易先入为主，很难再保持客观的立场；担任过辩护人、诉讼代理人的，容易有所偏颇，很难再保持公正的立场。第四，与本案当事人有其他关系，可能影响公正处理案件的。如果审判人员、检察人员、侦查人员等与本案当事人并非近亲属，但却具有其他关系，且这种关系可能影响其公正处理案件，那么其也应当予以回避。这是一条兜底条款，判断相关人员应否回避的标准不是关系的类型，而是该关系是否可能影响其公正处理案件，由有权作出回避决定的人员来判断。

第三十条　【回避的理由之不当行为】

审判人员、检察人员、侦查人员不得接受当事人及其委托的人的请客送礼，不得违反规定会见当事人及其委托的人。

审判人员、检察人员、侦查人员违反前款规定的，应当依法追究法律责任。当事人及其法定代理人有权要求他们回避。

条文主旨

回避的理由之不当行为

修改内容

本条未作修改

条文解读与适用指引

本条分为两款。第 1 款是对审判人员、检察人员、侦查人员违规接触当事人及其委托的人的禁止性规定。审判人员、检察人员、侦查人员等在诉讼过程中必须始终保持客观、公正的超然立场。如果其接受当事人及其委托的人的送礼，或者是违反规定会见当事人及其委托的人，都会导致其丧失此种超然立场，丧失客观公正的态度。因此本条第 1 款首先禁止相关人员实施此类行为，是一个禁止性的规定。

第 2 款则规定了违反此种禁止性规定的后果。从实体角度看，即违规者应被依法追究法律责任；从程序角度看，即违规者应予回避，因此当事人及其法定代理人有权要求他们回避。

第三十一条　【回避的程序】

审判人员、检察人员、侦查人员的回避，应当分别由院长、检察长、公安机关负责人决定；院长的回避，由本院审判委员会决定；检察长和公安机关负责人的回避，由同级人民检察院检察委员会决定。

对侦查人员的回避作出决定前，侦查人员不能停止对案件的侦查。

对驳回申请回避的决定，当事人及其法定代理人可以申请复议一次。

条文主旨

回避的程序

修改内容

本条未作修改。

条文解读与适用指引

本条分为三款。第 1 款规定了有权决定回避的人员。其中，审判人员的回避应当由院长决定，院长的回避则应当由本院的审判委员会决定；检察人员的回避应当由检察长决定，检察长的回避则应当由本院的检察委员会决定；侦查人员的回避应当由公安机关负责人决定，公安机关负责人的回避则应当由同级人民检察院检察委员会决定。公安机关负责人的回避由同级人民检察院检察委员会决定，是因为人民检察院是国家的法律监督机关，其对公安机关的侦查活动是否合法负有法律监督职责，由人民检察院检察委员会决定同级公安机关负责人的回避，是人民检察院履行侦查监督职责的一种特殊形式。

第 2 款涉及回避申请的效力。对侦查人员的回避作出决定前，即便该侦查人员已经被申请回避，侦查人员也不能停止对案件的侦查，也即回避申请不具有让侦查人员停止侦查的效力。这是因为，侦查活动必须迅速、及时，获取证据和线索的时机稍纵即逝，容不得耽误，如果仅因为侦查人员可能具有应当回避的理由，就先暂停其对案件的侦查，将可能造成难以弥补的损失。

第 3 款是针对驳回申请回避的决定的救济性规定。对驳回申请回避的决定，当事人及其法定代理人可以申请复议一次，是对当事人及其法定代理人的回避申请权的更进一步的保障。行使此种复议申请权的条件有三：第一，主体是当事人及其法定代理人，根据本法第 32 条第 2 款的规定，辩护人、诉讼代理人也有权提出复议；第二，对象是驳回申请回避的决定；第三，仅能申请一次。

第三十二条 【对回避的适用人员及有权申请回避的主体的补充性规定】

本章关于回避的规定适用于书记员、翻译人员和鉴定人。

辩护人、诉讼代理人可以依照本章的规定要求回避、申请复议。

条文主旨

对回避的适用人员及有权申请回避的主体的补充性规定

修改内容

本条未作修改。

条文解读与适用指引

书记员、翻译人员和鉴定人在诉讼过程中，同样应保持客观公正的立场，因此，如其具有本法第 29 条规定的情形时，也应当自行回避，当事人及其法定代理人也有权要求其回避；如其违反本法第 30 条第 1 款的规定，也应当追究其法律责任，当事人及其法定代理人也有权要求其回避。此外，参照本法第 31 条的规定，处于侦查阶段、审查起诉阶段、审判阶段的书记员、翻译人员、鉴定人的回避，应当分别由侦查机关负责人、检察长和院长决定。

辩护人、诉讼代理人也可以依照本章的规定要求回避、申请复议。本款是 2012 年刑诉法修改时增加的内容，扩大了有权要求回避、申请复议的主体，本质上是对当事人及其法定代理人的回避申请权及复议权的补充和进一步的保障。

第四章 辩护与代理

第三十三条 【辩护人的人数及范围】

犯罪嫌疑人、被告人除自己行使辩护权以外，还可以委托一至

二人作为辩护人。下列的人可以被委托为辩护人：

（一）律师；

（二）人民团体或者犯罪嫌疑人、被告人所在单位推荐的人；

（三）犯罪嫌疑人、被告人的监护人、亲友。

正在被执行刑罚或者依法被剥夺、限制人身自由的人，不得担任辩护人。

被开除公职和被吊销律师、公证员执业证书的人，不得担任辩护人，但系犯罪嫌疑人、被告人的监护人、近亲属的除外。

条文主旨

辩护人的人数及范围

修改内容

本条第 3 款为新增条款。

修改背景

本次刑诉法修改的内容不多，其中相当一部分内容都是为了与其他已经修改了的法律相衔接。本条第 3 款的新增内容就是为了与《律师法》中的相关规定相衔接。2017 年 9 月 1 日，第十二届全国人大常委会第二十九次会议通过了《关于修改〈中华人民共和国法官法〉等八部法律的决定》，根据该《决定》进行修改后的现行《律师法》第 7 条规定："申请人有下列情形之一的，不予颁发律师执业证书：（一）无民事行为能力或者限制民事行为能力的；（二）受过刑事处罚的，但过失犯罪的除外；（三）被开除公职或者被吊销律师、公证员执业证书的。"第 13 条规定："没有取得律师执业证书的人员，不得以律师名义从事法律服务业务；除法律另有规定外，不得从事诉讼代理或者辩护业务。"本条规定就是在这两条规定的基础上作出的，以防止被开除公职或者被吊销律师、公证员执业证书的人员变相开展辩护业务。

条文解读与适用指引

本条分为三款。第1款首先规定了两种辩护方式，即自行辩护和委托辩护。自行辩护是指犯罪嫌疑人、被告人自己行使辩护权。委托辩护是指犯罪嫌疑人、被告人委托他人帮助自己行使辩护权。犯罪嫌疑人、被告人囿于自身角色、地位、学识、能力甚至人身自由等多方面的限制，在充分有效地行使辩护权方面实际上存在很多困难，委托辩护可以帮助其克服这部分困难，充分有效地行使辩护权。

其次规定了辩护人的人数。委托辩护有人数的限制，每名犯罪嫌疑人或被告人只能委托一人至二人作为辩护人。

最后从正面规定了辩护人的范围。委托辩护中可以担任辩护人的人员范围非常广泛：一是律师可以担任辩护人；二是人民团体或者犯罪嫌疑人、被告人所在单位推荐的人也可以担任辩护人；三是犯罪嫌疑人、被告人的监护人、亲友均可担任辩护人。其中，犯罪嫌疑人、被告人的“亲友”是个非常宽泛的范围，实际上等于在辩护人与犯罪嫌疑人、被告人的关系方面，不做任何限制。

第2款、第3款则从反面限定了辩护人的范围，也即禁止具有相应条件的人员担任辩护人。一是绝对禁止，也即正在被执行刑罚或者依法被剥夺、限制人身自由的人，绝对不得担任辩护人。二是相对禁止，也即被开除公职和被吊销律师、公证员执业证书的人，不得担任辩护人，但是如果其系犯罪嫌疑人、被告人的监护人、近亲属，则又可以担任辩护人。

第三十四条　【委托辩护的时间和保障】

犯罪嫌疑人自被侦查机关第一次讯问或者采取强制措施之日起，有权委托辩护人；在侦查期间，只能委托律师作为辩护人。被告人有权随时委托辩护人。

侦查机关在第一次讯问犯罪嫌疑人或者对犯罪嫌疑人采取强制措施的时候，应当告知犯罪嫌疑人有权委托辩护人。人民检察院自

收到移送审查起诉的案件材料之日起三日以内，应当告知犯罪嫌疑人有权委托辩护人。人民法院自受理案件之日起三日以内，应当告知被告人有权委托辩护人。犯罪嫌疑人、被告人在押期间要求委托辩护人的，人民法院、人民检察院和公安机关应当及时转达其要求。

犯罪嫌疑人、被告人在押的，也可以由其监护人、近亲属代为委托辩护人。

辩护人接受犯罪嫌疑人、被告人委托后，应当及时告知办理案件的机关。

条文主旨

委托辩护的时间和保障

修改内容

本条未作修改。

条文解读与适用指引

本条分为四款。第 1 款规定了委托辩护的时间及不同阶段的辩护人范围。犯罪嫌疑人有权委托辩护人的时间是自其被侦查机关第一次讯问或者采取强制措施之日起。这个时间实际上也就是犯罪嫌疑人知道自己成为犯罪嫌疑人，从而才会产生委托辩护人的需求的时间，因此也可以视为犯罪嫌疑人是自始即可委托辩护人的。但与在审查起诉阶段和审判阶段，犯罪嫌疑人、被告人可以委托符合本法第 38 条规定范围内的任何人为辩护人不同，在侦查阶段，犯罪嫌疑人只能委托律师作为辩护人。侦查阶段是收集证据、查明案情的阶段，无须任何资质的一般辩护人可能会实施有碍侦查的不当行为，给收集证据和查明案情造成难以弥补的损失。而与一般辩护人相比，律师具有获取律师执业资格所需要的资质与水平，同时受律师事务所及律师协会的约束，一般不会实施有碍侦查的不当行为。因此，在侦查阶段，犯罪嫌疑人只能委托律师作为辩护人。

第2款规定了侦查机关、人民检察院、人民法院应当为犯罪嫌疑人、被告人的委托辩护权提供必要的保障。一是要履行告知义务，及时告知犯罪嫌疑人、被告人其享有此项权利。侦查机关在第一次讯问犯罪嫌疑人或者对犯罪嫌疑人采取强制措施的时候，应当告知犯罪嫌疑人有权委托辩护人。人民检察院自收到移送审查起诉的案件材料之日起三日以内，应当告知犯罪嫌疑人有权委托辩护人。人民法院自受理案件之日起三日以内，应当告知被告人有权委托辩护人。二是要履行转达义务。犯罪嫌疑人、被告人在押期间要求委托辩护人的，人民法院、人民检察院和公安机关应当及时转达其要求。

第3款规定了代为委托辩护人的情形。委托辩护人是犯罪嫌疑人、被告人的专属权利，但是，犯罪嫌疑人、被告人在押的，也可以由其监护人、近亲属代为委托辩护人。这也是对犯罪嫌疑人、被告人委托辩护权的一种保障。

第4款规定了辩护人接受委托后的告知义务。辩护人接受委托后对办理案件的机关负有告知义务，应当及时告知办理案件的机关。

第三十五条　【法律援助制度】

犯罪嫌疑人、被告人因经济困难或者其他原因没有委托辩护人的，本人及其近亲属可以向法律援助机构提出申请。对符合法律援助条件的，法律援助机构应当指派律师为其提供辩护。

犯罪嫌疑人、被告人是盲、聋、哑人，或者是尚未完全丧失辨认或者控制自己行为能力的精神病人，没有委托辩护人的，人民法院、人民检察院和公安机关应当通知法律援助机构指派律师为其提供辩护。

犯罪嫌疑人、被告人可能被判处无期徒刑、死刑，没有委托辩护人的，人民法院、人民检察院和公安机关应当通知法律援助机构指派律师为其提供辩护。

条文主旨

法律援助制度

修改内容

本条未作修改。

条文解读与适用指引

本条所规定的法律援助是指由法律援助机构指派律师为符合法律援助条件的犯罪嫌疑人、被告人提供辩护。根据本条规定，法律援助可分为两种：依申请援助和依通知援助。依申请援助和依通知援助的前提都是犯罪嫌疑人、被告人没有委托辩护人。

本条分为三款。第1款规定的是依申请援助。依申请援助是以犯罪嫌疑人、被告人提出申请为前提的，但并非只要犯罪嫌疑人、被告人提出申请就会提供法律援助，而是要由法律援助机关予以审核，符合条件的才提供法律援助。犯罪嫌疑人、被告人因经济困难或者其他原因没有委托辩护人的，均可申请法律援助。犯罪嫌疑人、被告人的近亲属也可以提出申请。申请应当向法律援助机关提出。法律援助机关经审核，认为符合法律援助条件的，应为其提供法律援助，也即应当指派律师为其提供辩护。

第2款、第3款规定的是依通知援助。依通知援助不以犯罪嫌疑人、被告人提出申请为前提，而是只要具有法律规定的情形，人民法院、人民检察院和公安机关就应当通知法律援助机构提供援助，法律援助机构无须审核，即应根据通知指派律师为犯罪嫌疑人、被告人提供辩护。此外，《刑事诉讼法》第278条规定的也是依通知援助，即“未成年犯罪嫌疑人、被告人没有委托辩护人的，人民法院、人民检察院、公安机关应当通知法律援助机构指派律师为其提供辩护”。

依通知援助的对象可分为两大类：第一类是因其自身在生理上或在行为能力方面存在缺陷，因此在其没有委托辩护人的情况下，需要为其提供法律援助的犯罪嫌疑人、被告人。具体又包括三种：一是盲、聋、哑人；二是尚未完全丧失辨认或者控制自己行为能力的精神病人；三是未成年人。第二类是可能被判处非常重的刑罚，因此需要被更为慎重地对待，从而在其没有委托辩护人的情况下，应当为其提供法律援助的犯罪嫌疑人、被告人。可能被判处无期徒刑、死刑的犯罪嫌疑人、被告人即属于此种类型。

第三十六条 【值班律师制度】

法律援助机构可以在人民法院、看守所等场所派驻值班律师。犯罪嫌疑人、被告人没有委托辩护人，法律援助机构没有指派律师为其提供辩护的，由值班律师为犯罪嫌疑人、被告人提供法律咨询、程序选择建议、申请变更强制措施、对案件处理提出意见等法律帮助。

人民法院、人民检察院、看守所应当告知犯罪嫌疑人、被告人有权约见值班律师，并为犯罪嫌疑人、被告人约见值班律师提供便利。

条文主旨

值班律师制度

修改内容

本条为新增条款。

修改背景

关于建立值班律师制度的讨论由来已久，目的是要为所有没有辩护人帮助的犯罪嫌疑人、被告人提供法律帮助。但其最初得以确立的契机却是认罪认罚从宽制度的试行。2016 年 11 月 16 日，最高人民法院、最高人民检察院、公安部、国家安全部、司法部联合发布《关于在部分地区开展刑事案件认罪认罚从宽制度试点工作的办法》（以下简称《办法》），《办法》第 5 条第 3 款规定："犯罪嫌疑人、被告人自愿认罪认罚，没有辩护人的，人民法院、人民检察院、公安机关应当通知值班律师为其提供法律咨询、程序选择、申请变更强制措施等法律帮助。"根据这一规定，对于自愿认罪认罚而没有辩护人的犯罪嫌疑人、被告人，才需要为其提供值班律师，而在非认罪认罚案件中，则并不需要为没有辩护人的犯罪嫌疑人、被告人提供值班律师，由此在试点工作中导致了这样的尴尬局面：适用认罪认罚从宽制度反而要耗费更多的司法资源，甚至降低诉讼效率。这极大地影响了办案机关适用认罪认罚从宽制度的积极性。

2017 年 8 月，最高人民法院、最高人民检察院、公安部、国家安全部、司法部又联合发布了《关于开展法律援助值班律师工作的意见》，该意见将值班律师法律帮助的对象拓展为所有没有辩护人的犯罪嫌疑人和刑事被告人，而非仅限于认罪认罚的犯罪嫌疑人和被告人。本条规定正是在该意见的基础上制定的，但具体内容有所调整。

条文解读与适用指引

本条分为两款。第 1 款规定了派驻值班律师的主体、场所和职责。派驻值班律师的主体是法律援助机构，地点是人民法院、看守所等场所。向人民法院派驻值班律师，主要是为了方便在审判阶段为没有辩护人的被告人提供法律帮助。向看守所派驻值班律师，主要是为了方便在侦查、审查起诉阶段为没有辩护人的犯罪嫌疑人，尤其是没有辩护人而在押的犯罪嫌疑人提供法律帮助。

值班律师提供法律帮助的对象是所有没有辩护人的犯罪嫌疑人、被告人，也即既没有委托辩护人，法律援助机构也没有指派律师为其提供辩护的犯罪嫌疑人、被告人。从本质上讲，值班律师制度也是一种法律援助制度，但是当前的法律援助制度主要是指本法第 35 条规定的情形，从这个意义上说，值班律师制度是法律援助制度的补充。

值班律师的职责是为没有辩护人的犯罪嫌疑人、被告人提供法律帮助，而不是提供辩护。值班律师提供法律帮助的具体内容包括：提供法律咨询、程序选择建议、申请变更强制措施、对案件提出意见等。与《关于开展法律援助值班律师工作的意见》相比，本规定没有将“代理申诉、控告”纳入值班律师提供法律帮助的范围。作出上述调整的主要原因在于，值班律师制度的落实目前还普遍存在经费和人员不足的问题，因此不宜为值班律师规定过多的职责，以免其更难落实。

第2款规定了人民法院、人民检察院、看守所相关的保障义务。人民法院、人民检察院、看守所应当告知犯罪嫌疑人、被告人有权约见值班律师，这说明约见值班律师是犯罪嫌疑人、被告人的一项权利，应当予以保障。但是，与《关于开展法律援助值班律师工作的意见》相比，本款没有规定有关机关应当“通知值班律师为其提供法律帮助”，而仅仅规定有关机关应当“为犯罪嫌疑人、被告人约见值班律师提供便利”，如此规定的原因主要是由于前者目前还难以落实。

第三十七条 【辩护人的责任】

辩护人的责任是根据事实和法律，提出犯罪嫌疑人、被告人无罪、罪轻或者减轻、免除其刑事责任的材料和意见，维护犯罪嫌疑人、被告人的诉讼权利和其他合法权益。

条文主旨

辩护人的责任

修改内容

本条未作修改。

条文解读与适用指引

辩护人的责任是要依法维护犯罪嫌疑人、被告人的合法权益，包括程序性权益与实体性权益。前者是指辩护人有责任维护犯罪嫌疑人、被告人的诉讼权利，协助其行使诉讼权利，防止其诉讼权利受到侵害等，可称为程序辩护。后者是指辩护人有责任提出犯罪嫌疑人、被告人无罪、罪轻或者减轻、免除其刑事责任的材料和意见，帮助其获取有利于他的实体处理，可称为实体辩护。无论是程序辩护还是实体辩护，均须根据事实和法律进行。

第三十八条 【侦查期间辩护律师的权利】

辩护律师在侦查期间可以为犯罪嫌疑人提供法律帮助；代理申诉、控告；申请变更强制措施；向侦查机关了解犯罪嫌疑人涉嫌的罪名和案件有关情况，提出意见。

条文主旨

侦查期间辩护律师的权利

修改内容

本条未作修改。

条文解读与适用指引

本条规定了侦查期间辩护律师的部分权利。根据本法第34条的规定，在侦查阶段，犯罪嫌疑人只能委托律师作为辩护人。与审查起诉阶段和审判阶段相比，辩护律师在侦查阶段的权利是非常有限的，除本法第39条规定的会见通信权外，主要包括以下几个方面：

一是为犯罪嫌疑人提供法律帮助。这是一个比较笼统的规定，常见的法律帮助主要是提供法律咨询或代写文书等。

二是代理申诉、控告。如果犯罪嫌疑人、被告人的合法权益在侦查阶段受到侵害，辩护律师可为犯罪嫌疑人提供代理，帮助其向有关机关或部门提出申诉或控告。

三是申请变更强制措施。最为常见的就是为在押的犯罪嫌疑人申请取保候审。

四是向侦查机关了解犯罪嫌疑人涉嫌的罪名和案件的有关情况，并提出意见。这里实际上包含着辩护律师的两项权利：知悉权和提出意见权。知悉权是辩护律师能够为犯罪嫌疑人提供有效法律帮助及提出意见的前提和基础。只有了解犯罪嫌疑人涉嫌的罪名和案件的有关情况，辩护律师才有可能为犯罪嫌疑人提供有效的法律帮助，并就案件的实体处理或程序问题提出有价值的意见。不过，在侦查阶段，辩护律师能够了解的案件有关情况是非常有限的，主要是指在公开的诉讼文书中载明了的情况，而不包括案件的证据情况。

第三十九条　【辩护人的会见通信权】

辩护律师可以同在押的犯罪嫌疑人、被告人会见和通信。其他辩护人经人民法院、人民检察院许可，也可以同在押的犯罪嫌疑人、被告人会见和通信。

辩护律师持律师执业证书、律师事务所证明和委托书或者法律援助公函要求会见在押的犯罪嫌疑人、被告人的，看守所应当及时安排会见，至迟不得超过四十八小时。

危害国家安全犯罪、恐怖活动犯罪案件，在侦查期间辩护律师会见在押的犯罪嫌疑人，应当经侦查机关许可。上述案件，侦查机关应当事先通知看守所。

辩护律师会见在押的犯罪嫌疑人、被告人，可以了解案件有关情况，提供法律咨询等；自案件移送审查起诉之日起，可以向犯罪嫌疑人、被告人核实有关证据。辩护律师会见犯罪嫌疑人、被告人时不被监听。

辩护律师同被监视居住的犯罪嫌疑人、被告人会见、通信，适用第一款、第三款、第四款的规定。

条文主旨

辩护人的会见通信权

修改内容

原《刑事诉讼法》第37条第3款	新《刑事诉讼法》第39条第3款
危害国家安全犯罪、恐怖活动犯罪、特别重大贿赂犯罪案件，在侦查期间辩护律师会见在押的犯罪嫌疑人，应当经侦查机关许可。上述案件，侦查机关应当事先通知看守所。	危害国家安全犯罪、恐怖活动犯罪案件，在侦查期间辩护律师会见在押的犯罪嫌疑人，应当经侦查机关许可。上述案件，侦查机关应当事先通知看守所。

修改背景

根据《监察法》第11条和《刑事诉讼法》第19条第2款的规定，贿赂犯罪不再由人民检察院管辖，监察机关对贿赂犯罪的调查也不适用刑事诉讼法的规定，因此本条第3款删除了“特别重大贿赂犯罪”。

条文解读与适用指引

会见通信权是辩护律师及不具有律师身份的其他辩护人均享有的一项基础性权利，是指辩护人同在押的或者被监视居住的犯罪嫌疑人、被告人会见和通信的权利。

本条共分五款。第1款规定了辩护律师及其他辩护人行使会见通信权的条件。与其他辩护人相比，辩护律师所受的限制较少：其一，在侦查阶段，犯罪嫌疑人只能委托辩护律师，而不能委托其他辩护人。辩护律师在侦查阶段即享有会见通信权。其二，在审查起诉和审判阶段，犯罪嫌疑人既可以委托辩护律师也可以委托其他辩护人，辩护律师和其他辩护人也都有会见通信权，但是辩护律师行使会见通信权不需要经人民法院、人民检察院的许可，其他辩护人则要经人民法院、人民检察院的许可，才可以同在押的或被监视居住的犯罪嫌疑人、被告人会见和通信。

第2款规定了辩护律师会见在押犯罪嫌疑人所需要履行的手续。辩护律师要求会见在押的犯罪嫌疑人、被告人的，应持律师执业证书、律师事务所证明和委托书或者法律援助公函。只要是持有这些文件的，除案件属于危害国家安全犯罪和恐怖活动犯罪且尚处于侦查阶段外，看守所均应及时安排会见，至迟不得超过四十八小时。

第3款规定了特殊案件辩护律师会见犯罪嫌疑人需经许可；第4款规定了辩护律师行使会见权的具体内容和保障，但同时也反映了其在侦查阶段要受到的限制。

与审查起诉和审判阶段相比，辩护律师在侦查阶段会见在押的或被监视居住的犯罪嫌疑人还是要受到一定程度的限制，具体包括：其一，如果是危害国家安全犯罪和恐怖活动犯罪案件，辩护律师在侦查期间要会见在押的或被监视居住的犯罪嫌疑人的，应当经侦查机关许可。犯罪嫌疑人在押的，侦查机关应当事先通知看守所。其二，辩护律师在侦查阶段会见在押的或被监视居住的犯罪嫌疑人，可以了解案件有关情况，提供法律咨询等，但是不能向犯罪嫌疑人核实有关证据。

自案件移送审查起诉之日起，无论何种案件，辩护律师会见在押的或被监视居住的犯罪嫌疑人，都无须人民检察院、人民法院的同意，也都可以了解案件有关情况，提供法律咨询等，并可向犯罪嫌疑人核实有关证据。

无论何种案件，也无论在哪一诉讼阶段，辩护律师会见犯罪嫌疑人、被告人时，均不被监听。

第5款规定了辩护律师同被监视居住的犯罪嫌疑人、被告人会见、通信，适用第1款、第3款、第4款的规定，不再赘述。

第四十条　【辩护人的阅卷权】

辩护律师自人民检察院对案件审查起诉之日起，可以查阅、摘抄、复制本案的案卷材料。其他辩护人经人民法院、人民检察院许可，也可以查阅、摘抄、复制上述材料。

条文主旨

辩护人的阅卷权

修改内容

本条未作修改。

条文解读与适用指引

从阅卷权的行使方式及内容来看，就是查阅、摘抄、复制本案的案卷材料，包括所有的证据材料和诉讼文书等。

从阅卷权的主体、适用阶段及条件来看，在侦查阶段，犯罪嫌疑人即可委托辩护律师，但辩护律师在侦查阶段并不享有阅卷权，而是自人民检察院对案件审查起诉之日起才享有阅卷权。辩护律师行使阅卷权不需要经人民法院、人民检察院的许可。在侦查阶段，犯罪嫌疑人不能委托不具有律师身份的其他辩护人，因此在审查起诉阶段和审判阶段才存在其他辩护人。其他辩护人要经人民法院、人民检察院的许可，才能行使阅卷权。

第四十一条　【辩护人的申请调查取证权】

辩护人认为在侦查、审查起诉期间公安机关、人民检察院收集的证明犯罪嫌疑人、被告人无罪或者罪轻的证据材料未提交的，有权申请人民检察院、人民法院调取。

条文主旨

辩护人的申请调查取证权

修改内容

本条未作修改。

条文解读与适用指引

本条规定的申请调查取证权的对象范围是特定的，仅限于公安机关、人民检察院收集但未提交的证明犯罪嫌疑人、被告人无罪或者罪轻的证据材料。针对这部分证据，所有辩护人，包括辩护律师和其他辩护人，均享有申请调查取证权。

公安机关和人民检察院在刑事诉讼中虽然承担着控诉职能，但其负有全面收集和提交证据的责任，也即既要收集、提交能够证明犯罪嫌疑人有罪、罪重的证据，也要收集、提交能够证明犯罪嫌疑人无罪、罪轻的证据。但是由于全面收集和提交证据的责任与控诉职能存在一定的冲突，有时候公安机关、人民检察院会隐匿一些在侦查、审查起诉期间收集的能够证明犯罪嫌疑人、被告人无罪或者罪轻的证据材料。因此，有必要赋予辩护人申请人民检察院向公安机关，或人民法院向人民检察院调取这部分证据的权利。

第四十二条　【辩护人的有限证据开示义务】

辩护人收集的有关犯罪嫌疑人不在犯罪现场、未达到刑事责任年龄、属于依法不负刑事责任的精神病人的证据，应当及时告知公安机关、人民检察院。

条文主旨

辩护人的有限证据开示义务

修改内容

本条未作修改。

条文解读与适用指引

控辩双方相互具有证据开示的义务。但控方对辩方的开示是全面的，辩护人享有阅卷权，有权查阅、摘抄、复制全部案卷材料。而辩方对控方的证据开示则是有限的，仅包括三个方面的证据：一是犯罪嫌疑人不在犯罪现场的证据；二是犯罪嫌疑人未达到刑事责任年龄的证据；三是属于依法不负刑事责任的精神病人的证据。这三类证据将可能导致控方的证明体系自始不成立，因此应当及时地告知公安机关和人民检察院，如果存在这三种证据所证明的情况，应当尽早终结诉讼，以保障犯罪嫌疑人的合法权益，并防止司法资源的浪费。

第四十三条　【辩护律师的调查取证权及申请调查取证权】

辩护律师经证人或者其他有关单位和个人同意，可以向他们收集与本案有关的材料，也可以申请人民检察院、人民法院收集、调取证据，或者申请人民法院通知证人出庭作证。

辩护律师经人民检察院或者人民法院许可，并且经被害人或者其近亲属、被害人提供的证人同意，可以向他们收集与本案有关的材料。

条文主旨

辩护律师的调查取证权及申请调查取证权

修改内容

本条未作修改。

条文解读与适用指引

本条分为两款，分别规定了辩护律师对不同对象的调查取证权及申请调查取证权。辩护律师调查取证权的主体是辩护律师，其他辩护人没有调查取证权。调查取证权的对象有两类：一是证人或者其他有关单位和个人。辩护律师向这部分人（单位）收集与本案有关的材料，只需要经被调查对象的许可即可。二是被害人或者其近亲属、被害人提供的证人，辩护律师向这部分人收集与本案有关的材料，不仅需要经被调查对象的同意，还要经人民检察院或者人民法院的许可，这也意味着，辩护律师只有在审查起诉和审判阶段才能向被害人或者其近亲属、被害人提供的证人收集与本案有关的材料。

申请调查取证权有两种：一种是本法第 41 条规定的有范围特定的申请调查取证权，辩护律师及其他辩护人均享有此种申请调查取证权。另一种就是本条规定的没有特定范围的申请调查取证权，此种申请调查取证权只有辩护律师才能享有，也即辩护律师可以申请人民检察院、人民法院收集、调取证据，或者申请人民法院通知证人出庭作证。

第四十四条　【辩护人的义务】

辩护人或者其他任何人，不得帮助犯罪嫌疑人、被告人隐匿、毁灭、伪造证据或者串供，不得威胁、引诱证人作伪证以及进行其他干扰司法机关诉讼活动的行为。

违反前款规定的，应当依法追究法律责任，辩护人涉嫌犯罪的，应当由办理辩护人所承办案件的侦查机关以外的侦查机关办理。辩护人是律师的，应当及时通知其所在的律师事务所或者所属的律师协会。

条文主旨

辩护人的义务

修改内容

本条未作修改。

条文解读与适用指引

本条分为三款。第1款是禁止性的行为规范。辩护人或者其他任何人，均不得从事以下干扰司法机关诉讼活动的行为：一是帮助犯罪嫌疑人、被告人隐匿、毁灭、伪造证据或者串供；二是威胁、引诱证人作伪证；三是进行其他干扰司法机关诉讼活动的行为。

第2款是违反第1款所规定的禁止性规范的后果，主要后果有二：第一，应当追究法律责任。其中，辩护人涉嫌犯罪的，应当由办理辩护人所承办案件的侦查机关以外的侦查机关办理。这实际上是要求办理辩护人所承办案件的侦查机关回避。这主要是因为，办理辩护人所承办案件的侦查机关在该案中与辩护人实际上处于对立的立场，且已经先入为主，因此其客观公正的立场可能会受到影响。由其他侦查机关办理，更有助于其客观公正地查明辩护人是否实施了犯罪及犯罪的具体情况。第二，辩护人是律师的，应当及时通知其所在律师事务所或者所属律师协会。

第四十五条 【拒绝辩护】

在审判过程中，被告人可以拒绝辩护人继续为他辩护，也可以另行委托辩护人辩护。

条文主旨

拒绝辩护

修改内容

本条未作修改。

条文解读与适用指引

拒绝辩护可分为辩护人拒绝为犯罪嫌疑人、被告人辩护和犯罪嫌疑人、被告人拒绝辩护人为其辩护。本条规定的是后者，而且仅限于审判过程中被告人的拒绝辩护。

被告人拒绝辩护根据被告人是否是法律援助的对象以及是哪种援助的对象，可以划分为以下三种情况：

第一，不是法律援助对象的一般被告人。一般的被告人有权拒绝自己委托的辩护人继续为他辩护，且不需要理由，之后可以选择仅作自行辩护，也可以另行委托辩护人辩护。

第二，依申请援助的对象，也即本法第 35 条第 1 款规定的法律援助的对象。此类被告人有权拒绝法律援助机构指派的律师继续为他辩护，并且也不需要理由，之后也是既可以选择仅作自行辩护，也可以另行委托辩护人辩护。

第三，依通知援助的对象，也即本法第35条第2款、第3款规定的依通知援助的对象。此类被告人有权拒绝自己委托的辩护人为其辩护，但不能仅作自行辩护，而必须另行委托辩护人或由人民法院通知法律援助机构指派律师为其提供辩护。此类被告人拒绝指派的律师为其辩护的，人民法院应当查明原因，理由正当的，应当准许，但被告人须另行委托辩护人；被告人未另行委托辩护人的，人民法院应当通知法律援助机构另行指派律师为其提供辩护。

第四十六条 【委托诉讼代理人】

公诉案件的被害人及其法定代理人或者近亲属，附带民事诉讼的当事人及其法定代理人，自案件移送审查起诉之日起，有权委托诉讼代理人。自诉案件的自诉人及其法定代理人，附带民事诉讼的当事人及其法定代理人，有权随时委托诉讼代理人。

人民检察院自收到移送审查起诉的案件材料之日起三日以内，应当告知被害人及其法定代理人或者其近亲属、附带民事诉讼的当事人及其法定代理人有权委托诉讼代理人。人民法院自受理自诉案件之日起三日以内，应当告知自诉人及其法定代理人、附带民事诉讼的当事人及其法定代理人有权委托诉讼代理人。

条文主旨

委托诉讼代理人

修改内容

本条未作修改。

条文解读与适用指引

犯罪嫌疑人、被告人可以委托辩护人帮助其行使辩护权，相应的，被害人（广义）一方也可以委托诉讼代理人帮助其行使相应权利，维护其合法权益。

本条分为两款。第 1 款规定了有权委托诉讼代理人的主体和时间。有权委托诉讼代理人的主体包括两大类：一是公诉案件的被害人及其法定代理人或者近亲属、附带民事诉讼的当事人及其法定代理人；二是自诉案件的自诉人及其法定代理人、附带民事诉讼的当事人及其法定代理人。

公诉案件存在审前程序，相关主体有权委托诉讼代理人的时间是自案件移送审查起诉之日起；自诉案件不存在审前程序，直接进入审判阶段，因此相关主体有权随时委托诉讼代理人。委托诉讼代理人的相关规定跟委托辩护人的相关规定是基本对应的，唯一的区别在于，犯罪嫌疑人在侦查阶段即有权委托辩护律师，公诉案件被害人等则是自案件移送审查起诉之日才有权委托诉讼代理人。

第 2 款规定了人民检察院和人民法院的告知义务。人民检察院自收到移送审查起诉的案件材料之日起三日以内，人民法院自受理自诉案件之日起三日以内，应当告知适格主体有权委托诉讼代理人。

第四十七条　【诉讼代理人的人数及范围】

委托诉讼代理人，参照本法第三十三条的规定执行。

条文主旨

诉讼代理人的人数及范围

修改内容

本条未作实质性修改，仅更新了援引法条的序号。

条文解读与适用指引

本条规定了委托诉讼代理人参照本法第 33 条的规定执行，而本法第 33 条是关于辩护人人数及范围的规定。也即，本法第 46 条中规定的有关主体均可以委托一至二人作为诉讼代理人。下列的人可以被委托为诉讼代理人：

（一）律师；（二）人民团体或者犯罪嫌疑人、被告人所在单位推荐的人；（三）犯罪嫌疑人、被告人的监护人、亲友。正在被执行刑罚或者依法被剥夺、限制人身自由的人，不得担任诉讼代理人。被开除公职和被吊销律师、公证员执业证书的人，不得担任诉讼代理人，但系犯罪嫌疑人、被告人的监护人、近亲属的除外。

第四十八条　【辩护律师的保密权及告知义务】

辩护律师对在执业活动中知悉的委托人的有关情况和信息，有权予以保密。但是，辩护律师在执业活动中知悉委托人或者其他人，准备或者正在实施危害国家安全、公共安全以及严重危害他人人身安全的犯罪的，应当及时告知司法机关。

条文主旨

辩护律师的保密权及告知义务

修改内容

本条未作修改。

条文解读与适用指引

对在执业活动中知悉的委托人的有关情况和信息，辩护律师有权予以保密。相对于委托人而言，保密是辩护律师的义务。但是相对于其他要求辩护律师提供相关信息的机关或个人而言，保密则是辩护律师的权利，辩护律师有权拒绝提供相关信息。

辩护律师的保密权存在例外，也即在例外情形下，辩护律师负有告知司法机关相关信息的义务。根据本条规定，如果辩护律师在执业活动中知悉，委托人或者其他人准备或者正在实施危害国家安全、公共安全以及严重危害他人人身安全的犯罪的，应当及时告知司法机关。辩护律师须履行告知义务的条件有三：第一，其所知悉的信息涉及犯罪；第二，其所知悉的信息涉及的犯罪是危害国家安全、公共安全以及严重危害他人人身安全的犯罪；第三，委托人或者其他人准备或者正在实施此类犯罪。

第四十九条　【辩护人、诉讼代理人的申诉控告权】

辩护人、诉讼代理人认为公安机关、人民检察院、人民法院及其工作人员阻碍其依法行使诉讼权利的，有权向同级或者上一级人民检察院申诉或者控告。人民检察院对申诉或者控告应当及时进行审查，情况属实的，通知有关机关予以纠正。

条文主旨

辩护人、诉讼代理人的申诉控告权

修改内容

本条未作修改。

条文解读与适用指引

辩护人、诉讼代理人有权提起申诉或者控告的事由是：公安机关、人民检察院、人民法院及其工作人员阻碍其依法行使诉讼权利。例如，对辩护人、诉讼代理人提出的回避要求不予受理或者对不予回避决定不服的复议申请不予受理的；未依法告知犯罪嫌疑人、被告人有权委托辩护人的；未转达在押的或者被监视居住的犯罪嫌疑人、被告人委托辩护人的要求的；应当通知而不通知法律援助机构为符合条件的犯罪嫌疑人、被告人或者被申请强制医疗的人指派律师提供辩护或者法律援助的；在规定时间内不受理、不答复辩护人提出的变更强制措施申请或者解除强制措施要求的；未依法告知辩护律师犯罪嫌疑人涉嫌的罪名和案件有关情况的；违法限制辩护律师同在押、被监视居住的犯罪嫌疑人、被告人会见和通信的；违法不允许辩护律师查阅、摘抄、复制本案的案卷材料的；违法限制辩护律师收集、核实有关证据材料的；没有正当理由不同意辩护律师提出的收集、调取证据或者通知证人出庭作证的申请，或者不答复、不说明理由的；未依法提交证明犯罪嫌疑人、被告人无罪或者罪轻的证据材料的；未依法听取辩护人、诉讼代理人的意见的；未依法将开庭的时间、地点及时通知辩护人、诉讼代理人的；未依法向辩护人、诉讼代理人及时送达本案的法律文书或者及时告知案件移送情况的；阻碍辩护人、诉讼代理人在法庭审理过程中依法行使诉讼权利的；其他阻碍辩护人、诉讼代理人依法行使诉讼权利的。

有权受理申诉和控告的机关是同级或上一级人民检察院。人民检察院对申诉或者控告应当及时进行审查，情况属实的，应当通知有关机关，也即阻碍辩护人或诉讼代理人依法行使诉讼权利的机关予以纠正。

第五章　证　　据

第五十条　【证据的概念及种类】

可以用于证明案件事实的材料，都是证据。

证据包括：

（一）物证；

（二）书证；

（三）证人证言；

（四）被害人陈述；

（五）犯罪嫌疑人、被告人供述和辩解；

（六）鉴定意见；

（七）勘验、检查、辨认、侦查实验等笔录；

（八）视听资料、电子数据。

证据必须经过查证属实，才能作为定案的根据。

条文主旨

证据的概念及种类

修改内容

本条未作修改。

条文解读与适用指引

本条分为三款。第 1 款是关于证据概念的规定，本次修法未作修改。1996 年刑诉法对证据概念的规定是“证明案件真实情况的一切事实，都是证据”，2012 年刑诉法修改将其改为“可以用于证明案件事实的材料，都是证据”，也即将“事实说”改为“材料说”。“材料说”优于“事实说”的原因主要有三：一则证据本身是认定案件事实的根据，如果将证据也定义为事实，容易导致目的（案件事实）与手段（证据事实）的混淆；二则证据有真有伪，需要审查判断，而事实只能是真的，如果将证据定义为事实，就不需要审查判断了；三则将证据定义为“材料”，即可对证据提出合法性的要求，从而为确立非法证据排除规则扫清障碍，而“事实”不存在是否合法的问题，不能被排除，无从确立非法证据排除规则。本次刑诉法修改保留了“材料说”的表述。

第 2 款是关于证据种类的规定。依本条规定，证据可分为八种：一为物证，是指以其外部特征、物质属性和存在场所来证明案件事实的物品或者痕迹。二为书证，是指以文字、符号、图画等记载的内容和表达的思想来证明案件事实的书面文件和其他材料。三为证人证言，是指当事人以外的、了解案件情况、具有证人资格的人在诉讼过程中向公安司法机关或律师所作的与案件情况有关的陈述。四为被害人陈述，是指遭受犯罪行为直接侵害的人在诉讼过程中向公安司法机关或律师就其遭受犯罪行为侵害的事实和有关犯罪嫌疑人、被告人的情况所作的陈述。五为犯罪嫌疑人、被告人供述和辩解，是指犯罪嫌疑人、被告人在诉讼过程中就其被指控的犯罪事实以及其他案件事实向公安司法机关所作的陈述，包括承认自己有罪的供述和说明自己无罪、罪轻的辩解，司法实践中通常统一简称“口供”。六为鉴定意见，是指鉴定人接受委托或聘请，运用自己的专门知识和现代科学技术手段，对诉讼中所涉及的某些专门性问题进行检测、分析、判断后，所出具的意见。七为勘验、检查、辨认、侦查实验等笔录。勘验笔录是指公安司法机关对与案件有关的现场进行勘查、检验时所制作的实况记录。检查笔录是指公安司法机关对与犯罪有关的物品、人身、尸体进行检查时所制作的客观记录。辨认笔录是指在侦查人员的主持下，由被害人、犯罪嫌疑人或者证人对与犯罪有关的物品、文件、尸体、场所或者犯罪嫌疑人进行辨认时所制作的客观记录。侦查实验笔录是指侦查机关为了确定与案件有关的某一事件在某种条件下能否发生或者怎样发生而按照原来的条件，将该事件或者事实加以重演或者进行试验时所制作的客观记录。此外，本项还通过“等”的兜底式规定将其他可用以证明案件事实的侦查活动的笔录纳入了法定证据的范围。八为视听资料、电子数据。其中，视听资料是指以录音磁盘、录像带、电影胶片、电子计算机或者电子磁盘存储的音响、活动影像和图形等来证明案件事实的证据。电子数据是指以电子计算机或者电子磁盘存储的数据来证明案件事实的证据。视听资料一般仅指包含有声音和图像信息的音像资料，其他则属电子数据。

第 3 款规定了证据作为定案根据的条件，强调了证据必须经过查证属实，才能作为定案的根据。证据是可以用于证明案件事实的材料，这些材料可能是真实的，能够客观地反映案件事实，也可能是虚假的，不能客观地反映案件事实。故意的伪造、环境的变化、取证手段的不正确、陈述主体的感知、记忆与表达能力的欠缺等，都可能导致证据不能客观地反映案件事实。因此，证据必须经过查证属实，才能作为定案的根据，“查证属实”是证据作为定案根据的一个前提。

第五十一条　【举证责任的分配】

公诉案件中被告人有罪的举证责任由人民检察院承担，自诉案件中被告人有罪的举证责任由自诉人承担。

条文主旨

举证责任的分配

修改内容

本条未作修改。

条文解读与适用指引

举证责任是一个充满争议的概念。相较于“举证责任”这一表述，刑诉法学界更多使用的是“证明责任”的表述。这两个表述在相当长的时间内，曾被认为是两个不同指向的概念，但现在已经被通用了。这是因为，在线性诉讼构造下，我们曾长期将“证明”概念界定为公安司法机关收集和运用证据认定案件事实的活动，因此，证明责任最初就被等同于公安司法机关的查明职责。后来，由于这一概念无法涵盖当事人提供和运用证据证明己方主张的责任，因此，我们又用“举证责任”一词专指当事人提供和运用证据证明己方主张的责任，并由此开始研究“证明责任”和“举证责任”的关系问题，形成了“包容说”“种属说”“并列说”等多种学说。但再到后来，由于诉讼构造的变化，“证明”逐渐被界定为控辩双方提供证据阐明、论证己方主张的活动，控方的“证明责任”和之前仅适用于当事人的“举证责任”并无本质的不同，都是提供和运用证据证明己方主张并说服裁判采信的责任。由此，“证明责任”和“举证责任”的概念也就不再被加以区分了。

证明责任或举证责任的分配意味着，承担责任的一方要提供证据来证明其所主张的事实，并说服裁判者采信其所主张的事实，同时也意味着，当裁判者无法判断某一事实的真伪时，其只能推定就该事实承担着证明责任的那一方当事人的主张为伪，因为这意味着他没能完成他的证明责任。

根据本条的规定，公诉案件中被告人有罪的举证责任由人民检察院承担，自诉案件中被告人有罪的举证责任由自诉人承担。这意味着，从当事人角度来看，公诉人和自诉人要承担提供证据阐明和论证被告人有罪，直至说服法官认定被告人有罪的责任，而要说服法官认定被告人有罪所要达到的标准也即证明标准。换句话说，如果公诉人或自诉人不能提供证据或者所提供的证据达不到证明标准，那么法官就不能采信其关于被告人有罪的主张，也即就要判决被告人无罪。而从法官行使裁判职权的角度来看，如果其无法确定被告人是否有罪，也即被告人是否有罪的事实真伪不明，那么就应推定承担举证责任的那方当事人，也即公诉人或自诉人的主张不成立，也即同样是判决被告人无罪。由此可见，将被告人有罪的举证责任分配给人民检察院或自诉人承担，正是无罪推定原则的体现与要求。

第五十二条　【收集证据的基本原则】

审判人员、检察人员、侦查人员必须依照法定程序，收集能够证实犯罪嫌疑人、被告人有罪或者无罪、犯罪情节轻重的各种证据。严禁刑讯逼供和以威胁、引诱、欺骗以及其他非法方法收集证据，不得强迫任何人证实自己有罪。必须保证一切与案件有关或者了解案情的公民，有客观地充分地提供证据的条件，除特殊情况外，可以吸收他们协助调查。

条文主旨

收集证据的基本原则

修改内容

本条未作修改。

条文解读与适用指引

本条规定了收集证据的基本原则。

其一，全面客观原则。全面客观原则要求审判人员、检察人员、侦查人员既要收集能够证明犯罪嫌疑人、被告人有罪、罪重的证据，也要收集能够证明犯罪嫌疑人、被告人无罪、罪轻的证据，只有全面地收集证据才能客观地反映案件的真实情况。此外，全面客观原则还要求要保障一切与案件有关或者了解案情的公民都能有客观、充分地提供证据的条件，除特殊情况外，可以吸收他们协助调查。

其二，合法原则。合法原则要求审判人员、检察人员、侦查人员必须依照法定程序收集证据，严禁刑讯逼供和以威胁、引诱、欺骗以及其他非法方法收集证据，不得强迫任何人证实自己有罪。

其中，在合法性原则中还包括着不得强迫自证其罪原则。不得强迫任何人证实自己有罪，是指不得以任何非法方法迫使包括犯罪嫌疑人、被告人在内的任何人认罪和提供证明自己有罪的证据，这是无罪推定原则的必然要求。《公民权利与政治权利国际公约》第 14 条第 3 款（庚）规定："不被强迫作不利于他自己的证言或强迫承认犯罪。"本规定体现了与国际刑事司法准则和国际人权准则的衔接。

第五十三条　【国家专门机关忠于事实真象的职责】

公安机关提请批准逮捕书、人民检察院起诉书、人民法院判决书，必须忠实于事实真象。故意隐瞒事实真象的，应当追究责任。

条文主旨

国家专门机关忠于事实真象的职责

修改内容

本条未作修改。

条文解读与适用指引

公安机关、人民检察院、人民法院负有忠于事实真相的职责，其所作出的任何决定都要以事实为依据。公安机关的提请批准逮捕书、人民检察院的起诉书、人民法院的判决书，都必须客观反映事实的真相，不能编造、歪曲和隐瞒。事实真相要通过查证属实的证据来予以确定，只有根据查证属实的证据所认定的案件事实才是事实真相。对于故意隐瞒事实真相的，要追究相应的责任。

第五十四条 【调查取证的一般规定】

人民法院、人民检察院和公安机关有权向有关单位和个人收集、调取证据。有关单位和个人应当如实提供证据。

行政机关在行政执法和查办案件过程中收集的物证、书证、视听资料、电子数据等证据材料，在刑事诉讼中可以作为证据使用。

对涉及国家秘密、商业秘密、个人隐私的证据，应当保密。

凡是伪造证据、隐匿证据或者毁灭证据的，无论属于何方，必须受法律追究。

条文主旨

调查取证的一般规定

修改内容

本条未作修改。

条文解读与适用指引

本条分为四款。第1款规定了公检法机关的取证权力和取证对象如实提供证据的义务。人民法院、人民检察院和公安机关均具有调查取证权，有权向有关单位和个人收集、调取证据。有关单位和个人负有向这些机关如实提供证据的义务。不过，值得指出的是，鉴于人民法院承担着中立裁判的职能，其调查取证的范围和方式应当与人民检察院、公安机关调查取证的范围和方式有所区别，人民法院在调查取证的范围上一般仅限于对控辩双方已经提供的证据予以调查核实，而不能积极主动地去收集新的证据，尤其是不能积极主动地收集有罪证据；在调查取证的方式上则仅限于勘验、检查、查封、扣押、鉴定和查询、冻结等一般不至于影响其中立立场的方式，而不能进行搜查。

第2款规定了对于行政机关在行政执法和查办案件过程中收集到的证据材料在刑事诉讼中可否作为证据使用，也即是否具备证据资格的问题。依据本条规定，应当根据不同的证据种类区别对待：对于行政执法机关在行政执法和查办案件过程中收集的物证、书证、视听资料、电子证据等证据材料，也即通常所谓的“客观证据”，因其无法重新收集，且其形式与内容均不易为取证方式所改变，因此在刑事诉讼中可以作为证据使用。而对一些陈述性证据，也即通常所谓的“主观证据”，则不宜在刑事诉讼中直接使用，而应由公安司法机关依据刑事诉讼法规定的程序重新收集。

第 3 款规定了应当保密的证据的范围。应当保密的证据包括涉及国家秘密、商业秘密和个人隐私的证据。对这部分证据的公开使用会给国家、单位、个人的利益造成不必要的损害，因此，对于这部分证据，诉讼各方均应予以保密。保密意味着这些证据仅能在刑事诉讼中为实现诉讼目的而使用，除必须知晓该证据内容的诉讼主体外，不得向任何人公开。

第 4 款规定了对伪造、隐匿或毁灭证据的应当追究法律责任。诉讼各方均负有尊重和保护证据的义务，不得伪造、隐匿或毁灭证据，凡是伪造、隐匿或毁灭证据的，无论属于哪一方，均应追究相应的责任。

第五十五条　【运用口供的基本原则和刑事证明标准】

对一切案件的判处都要重证据，重调查研究，不轻信口供。只有被告人供述，没有其他证据的，不能认定被告人有罪和处以刑罚；没有被告人供述，证据确实、充分的，可以认定被告人有罪和处以刑罚。

证据确实、充分，应当符合以下条件：

（一）定罪量刑的事实都有证据证明；

（二）据以定案的证据均经法定程序查证属实；

（三）综合全案证据，对所认定事实已排除合理怀疑。

条文主旨

运用口供的基本原则和刑事证明标准

修改内容

本条未作修改。

条文解读与适用指引

本条分为两款。第 1 款规定了不轻信口供的原则和口供的补强原则。口供是法定的证据种类之一。一方面，由于犯罪嫌疑人、被告人最了解其是否实施了犯罪行为及实施犯罪行为的具体情况乃至细节，因此口供往往具有非常重要的证明价值。但是另一方面，由于犯罪嫌疑人、被告人与案件具有直接的利害关系，又处于被调查的弱势地位，既容易受自身利益导向的影响，又容易受外界压力的影响，因此口供又往往可能是虚假的。因此，对一切案件的处理与判断都要综合考虑全案的证据，缜密地调查研究，而不能轻信口供。不能仅依据被告人的有罪供述来认定被告人有罪和处以刑罚，也就是说，即便被告人在合法的取证方式下作出了有罪供述，也要有其他具有独立来源的证据来印证其供述，才能认定被告人有罪和处以刑罚，此规定也被视为我国的“口供补强规则”。同时，被告人供述也不是有罪裁判的必要依据，即便没有被告人供述，如果其他能够证明被告人有罪的证据确实、充分的，也可以认定被告人有罪和处以刑罚。

第 2 款对“证据确实、充分”这一证明标准予以了细化解释，依据本条规定，证据确实、充分需符合三个条件：其一，定罪量刑的事实都有证据证明。也即要求据以判断被告人的行为符合犯罪构成要件的每一事实都要有相应的证据加以证明，包括被告人的个人情况、犯罪的对象、时间、地点、手段、过程、后果、目的、动机等，都应有相应的证据加以证明，据以判断被告人罪行轻重的每一事实也都要有相应的证据加以证明。其二，据以定案的证据均经法定程序查证属实。这要求对证据的审查判断要遵循法定的程序，也即要遵循法定的示证、质证、认证程序，并要求据以定案的证据须为经过法定程序查证属实的证据，也即这些证据之间应当能够相互印证、不存在不能排除的矛盾、通过这些证据所构建起来的事实不应违反逻辑和经验判断，否则，其真实性就应受到质疑，从而不能成为定案的根据。其三，综合全案证据，对所认定事实已排除合理怀疑。最后的判断应当在综合全案证据的基础上作出，只有当综合全案证据，能够得出有罪结论，并且这一有罪结论是唯一的结论，是可以排除一切合理怀疑的结论时，才能认为达到了证据确实、充分的标准，才能认定被告人有罪，反过来讲，只要还存在着任何认为被告人可能无罪的合理怀疑，都不能认为证据达到了确实、充分的标准，从而不能认定被告人有罪。这也是无罪推定原则的必然要求。但是，所谓合理怀疑，应当是有一定事实根据的、符合逻辑的怀疑，而不是毫无根据和不合逻辑的。

第五十六条 【非法证据排除范围与标准】

采用刑讯逼供等非法方法收集的犯罪嫌疑人、被告人供述和采用暴力、威胁等非法方法收集的证人证言、被害人陈述，应当予以排除。收集物证、书证不符合法定程序，可能严重影响司法公正的，应当予以补正或者作出合理解释；不能补正或者作出合理解释的，对该证据应当予以排除。

在侦查、审查起诉、审判时发现有应当排除的证据的，应当依法予以排除，不得作为起诉意见、起诉决定和判决的依据。

条文主旨

非法证据排除范围与标准

修改内容

本条未作修改。

条文解读与适用指引

本条分为两款。第 1 款规定了非法证据的排除范围。非法证据是一个含义较广的概念，严格来说，只要是通过违反法律规定的方式取得的证据都属于非法证据。但是，出于价值平衡的考虑，被排除的非法证据往往只是那些违法取证情况非常严重的证据。本条规定的非法证据的排除范围是比较窄的，2017 年 6 月两高三部发布的《关于办理刑事案件严格排除非法证据若干问题的规定》（以下简称《规定》）已经扩大了非法证据的排除范围，但是本次刑诉法的修改却并未将该《规定》的内容吸收进来。

依据第 1 款的规定，应当被予以排除的非法证据包括：

其一，采用刑讯逼供等非法方法收集的犯罪嫌疑人、被告人供述。“刑讯逼供等非法方法”是指使用肉刑或者变相肉刑，或者采用其他使被告人在肉体上或者精神上遭受剧烈疼痛或者痛苦的方法。《规定》则规定通过以下方法所获得的犯罪嫌疑人、被告人供述均应排除：一是采取殴打、违法使用戒具等暴力方法或者变相肉刑的恶劣手段，使犯罪嫌疑人、被告人遭受难以忍受的痛苦而违背意愿作出的供述；二是采用以暴力或者严重损害本人及其近亲属合法权益等进行威胁的方法，使犯罪嫌疑人、被告人遭受难以忍受的痛苦而违背意愿作出的供述；三是采用非法拘禁等非法限制人身自由的方法收集的犯罪嫌疑人、被告人供述。

其二，采用暴力、威胁等非法方法收集的证人证言、被害人陈述。其中的“等”应当理解为在对证人、被害人权利的侵害程度或对其意志自由的影响程度上与暴力、威胁方法大体相当的手段。《规定》则规定，采用暴力、威胁以及非法限制人身自由等非法方法收集的证人证言、被害人陈述，应当予以排除。

其三，以不符合法定程序的方式收集的，可能严重影响司法公正，且不能补证或作出合理解释的物证、书证。《规定》在非法物证、书证的排除方面，与刑诉法的规定一致。

根据第 2 款的规定，在包括侦查、审查起诉和审判在内的各个诉讼环节上，均应排除上述依法应当排除的非法证据。公安机关、人民检察院和人民法院都负有排除非法证据的职责和义务。公安机关、人民检察院和人民法院排除非法证据的方式就是不以该非法证据作为起诉意见、起诉决定和判决的依据。

第五十七条　【人民检察院对非法取证行为的法律监督权限】

人民检察院接到报案、控告、举报或者发现侦查人员以非法方法收集证据的，应当进行调查核实。对于确有以非法方法收集证据情形的，应当提出纠正意见；构成犯罪的，依法追究刑事责任。

条文主旨

人民检察院对非法取证行为的法律监督权限

修改内容

本条未作修改。

条文解读与适用指引

对侦查人员的取证手段予以监督是人民检察院法律监督权的重要内容。根据本条规定，人民检察院对于报案、控告、举报侦查人员以非法方法收集证据的，或者自己发现侦查人员以非法方法收集证据的，均应予以调查核实。经过调查核实，对于确实存在以非法方法收集证据情形的，应当提出纠正意见。这里的非法方法不应限于本法第56条规定的可导致所取得的证据被排除的严重违法的取证方法，而应当包括一切违反法律规定的取证方式。只要是确认侦查人员的取证方式违法，人民检察院均应提出纠正意见，只是严重违法的，应当书面提出纠正意见；轻微违法的，可以口头提出纠正意见。对于以非法方法收集证据，构成刑讯逼供罪、暴力取证罪等犯罪的，应当依法追究刑事责任。

第五十八条　【证据合法性调查程序的启动和申请方的初步责任】

法庭审理过程中，审判人员认为可能存在本法第五十六条规定的以非法方法收集证据情形的，应当对证据收集的合法性进行法庭调查。

当事人及其辩护人、诉讼代理人有权申请人民法院对以非法方法收集的证据依法予以排除。申请排除以非法方法收集的证据的，应当提供相关线索或者材料。

条文主旨

证据合法性调查程序的启动和申请方的初步责任

修改内容

本条未作修改。

条文解读与适用指引

本条分为两款，分别规定了依职权和依申请两种启动证据合法性调查的方式。

证据合法性调查是法庭调查的组成部分，但同时又是相对独立的一个组成部分，它是针对收集证据的方法是否合法所进行的专门性调查。证据合法性调查程序的启动条件为，只要审判人员认为可能存在以以本法第56条规定的非法方法收集证据的情形，即应对证据的合法性进行法庭调查。

证据合法性调查程序的启动方式包括依职权和依申请两种。一方面，对于适格主体并未提出非法证据排除申请的，只要审判人员认为可能存在本法第56条规定的非法方法收集证据的情形，即应依职权启动证据合法性调查程序。另一方面，对于适格主体提出非法证据排除申请的，申请者应当提供关于取证手段违法的线索或者材料，只要这些线索或者材料使得审判人员认为可能存在本法第56条规定的情形的，也即符合证据合法性调查程序启动条件的，法庭即应对证据的合法性展开调查。提供相关线索或者证据是申请方启动证据合法性调查程序的初步责任，如此规定的目的在于防止申请方任意诬告拖延诉讼，但对这一责任也不应过分苛求，只要其能达到证据合法性调查程序的启动条件即可，也即只要达到使审判人员认为可能存在非法取证情形即可。有权申请排除非法证据的主体包括当事人及其辩护人、诉讼代理人。也即无论是被告人及其辩护人，还是被害人及其诉讼代理人，都有权申请人民法院排除非法证据。

第五十九条 【证据合法性调查中人民检察院的证明责任和侦查人员出庭作证制度】

在对证据收集的合法性进行法庭调查的过程中，人民检察院应当对证据收集的合法性加以证明。

现有证据材料不能证明证据收集的合法性的，人民检察院可以提请人民法院通知有关侦查人员或者其他人员出庭说明情况；人民法院可以通知有关侦查人员或者其他人员出庭说明情况。有关侦查人员或者其他人员也可以要求出庭说明情况。经人民法院通知，有关人员应当出庭。

条文主旨

证据合法性调查中人民检察院的证明责任和侦查人员出庭作证制度

修改内容

本条未作修改。

条文解读与适用指引

本条分为两款。根据第1款的规定，在证据合法性调查中，人民检察院应当对证据的合法性，也即证据是通过合法的取证方式获得的，加以证明。这意味着：第一，无论证据合法性调查程序是依职权还是依申请启动的，都由人民检察院对证据收集的合法性加以证明，而不由申请人对证据收集的非法性加以证明，申请人只需要提供相关线索或者证据使审判人员对证据的合法性产生怀疑，以启动证据合法性调查程序即可，而不需证明证据确系非法取得。第二，由人民检察院对证据收集的合法性加以证明，意味着人民检察院应当对证据的合法性承担证明责任，包括提供证据责任和说服责任。提供证据的方式包括提供现有的证据材料，也包括在现有证据材料不能证明证据合法性时，可以提请人民法院通知有关侦查人员或者其他人员出庭说明情况。说服责任则意味着如果人民检察院通过上述方式，不能证明证据的合法性，也即不能排除证据系非法取得，则该证据就要被予以排除。这一内容主要被规定在本法第60条中，但其同时也是本条的应有之义。

第2款规定了有限的侦查人员出庭作证制度。侦查人员及其他人员，是指侦查人员和其他可以就证据合法性提供证明的人员。有限的侦查人员出庭作证制度是指，并非所有案件的证据合法性调查程序都需由侦查人员出庭作证。侦查人员及其他人员出庭作证的条件有二：其一，人民检察院所提供的现有证据材料不能证明证据收集的合法性；其二，人民法院依人民检察院的提请或有关侦查人员或其他人员自己的申请，依法通知其出庭作证。经人民法院通知，有关人员应当出庭。侦查人员及其他人员出庭作证的内容是就自己所了解的与证据合法性有关的情况予以说明。有限的侦查人员出庭作证制度既可防止将侦查人员过度牵入诉累，又可在一定程度上遏制违法侦查。

第六十条　【证据合法性的证明标准】

对于经过法庭审理，确认或者不能排除存在本法第五十六条规定的以非法方法收集证据情形的，对有关证据应当予以排除。

条文主旨

证据合法性的证明标准

修改内容

本条未作修改。

条文解读与适用指引

根据本条规定，对非法证据的排除可分为两种情况：其一，经过法庭审理，确认该证据属于本法第56条规定的应予排除的情形的，对该证据应当予以排除；其二，经过法庭审理，虽然不能确认该证据属于本法第56条规定的应予排除的情形，但是也不能排除这种情形的，对有关证据也应当予以排除。而这第二种情形，也即既不能确认证据系非法取得也不能排除证据系非法取得的情形，实际上就相当于证据是不是合法取得真伪不明的情形，也就是说，对证据合法性真伪不明的证据也要予以排除，这与本法第59条由人民检察院对证据合法性予以证明的规定是相一致和相呼应的，共同构成了人民检察院就证据合法性的完整的证明责任，并为其规定了证明标准。也就是说，应由人民检察院对证据的合法性承担证明责任，包括提供证据责任和说服责任，因此人民检察院对证据合法性的证明应当达到能够使审判人员确认该证据系合法取得的程度，而使审判人员确认该证据系合法取得，就要排除证据为非法取得的可能性，如果其证明达不到排除证据系非法取得的标准，那么也就没有完成说服责任，因此该证据就应当被予以排除。从裁判职能的角度来看，如果审判人员确认证据系非法取得，那么该证据当然应当被予以排除。如果审判人员既不能确认证据系非法取得也不能排除证据系非法取得，也即该证据是否合法真伪不明，那么应推定对证据合法性承担证明责任的那一方，也即人民检察院关于证据合法的主张不成立，从而相当于推定该证据系非法取得，因此该证据仍然应当被予以排除。

第六十一条　【证人证言调查方法和证人如实作证义务】

证人证言必须在法庭上经过公诉人、被害人和被告人、辩护人双方质证并且查实以后，才能作为定案的根据。法庭查明证人有意作伪证或者隐匿罪证的时候，应当依法处理。

条文主旨

证人证言调查方法和证人如实作证义务

修改内容

本条未作修改。

条文解读与适用指引

证人证言作为定案根据的前提包括两个方面：其一，程序性前提，即必须在法庭上经过公诉人、被害人和被告人、辩护人的双方质证；其二，实体性前提，即经过查证属实方可作为定案的根据。只有在法庭上经过控辩双方的质证，才可能查明证人证言的真伪，因此程序性前提又是实现实体性前提的前提。对于未经法庭质证并查实的证人证言，不得作为定案的根据。

证人应当如实提供证言，不得作伪证或者隐匿罪证，有意作伪证或者隐匿罪证的，一经查明，应当依法处理，构成犯罪的，应当依法追究刑事责任，不构成犯罪的，亦应作出相应处理。

第六十二条　【证人作证义务和证人资格】

凡是知道案件情况的人，都有作证的义务。

生理上、精神上有缺陷或者年幼，不能辨别是非、不能正确表达的人，不能作证人。

条文主旨

证人作证义务和证人资格

修改内容

本条未作修改。

条文解读与适用指引

本条分为两款。第 1 款规定了证人的作证义务。凡是知道案件情况的人，都有作证的义务。这同时意味着，除当事人外，其他了解案件情况的人，都应当以证人身份参加诉讼，而不能再在诉讼中承担其他诉讼职能。

第 2 款规定了不具有证人资格的情形。证人应当具有辨别是非和正确表达的能力，否则其提供的证言就可能造成误导，因此，不能辨别是非、不能正确表达的人，是不能做证人的，也即不具备证人资格，其所提供的陈述不能被作为处理案件的根据。不具有证人资格的人一般可分为两类：一是因为生理上、精神上有缺陷，不能辨别是非、不能正确表达的人；二是因为年幼，不能辨别是非、不能正确表达的人。值得指出的是，虽然生理上、精神上有缺陷或者年幼，但是不影响其辨别是非和正确表达能力的人，可以成为证人，其所提供的陈述如能为其他证据所印证，可以作为处理案件的根据。

第六十三条　【证人保护的一般原则】

人民法院、人民检察院和公安机关应当保障证人及其近亲属的安全。

对证人及其近亲属进行威胁、侮辱、殴打或者打击报复，构成犯罪的，依法追究刑事责任；尚不够刑事处罚的，依法给予治安管理处罚。

条文主旨

证人保护的一般原则

修改内容

本条未作修改。

条文解读与适用指引

本条分为两款。第 1 款规定了人民法院、人民检察院和公安机关对证人及其近亲属安全的保障义务。证人及其近亲属的安全应当得到保障。人民法院、人民检察院和公安机关都负有保障证人及其近亲属安全的职责，应当对侵犯证人及其近亲属权利的行为予以防范、制止和追究。

第 2 款规定了对证人及其近亲属进行威胁、侮辱、殴打或者打击报复的后果。对于威胁、侮辱、殴打或者打击报复证人及其近亲属的，无论属于哪方，均应追究相应责任，构成犯罪的，应当依法追究刑事责任，不够刑事处罚的，应当依法给予治安管理处罚。

第六十四条　【证人保护的具体措施】

对于危害国家安全犯罪、恐怖活动犯罪、黑社会性质的组织犯罪、毒品犯罪等案件，证人、鉴定人、被害人因在诉讼中作证，本人或者其近亲属的人身安全面临危险的，人民法院、人民检察院和公安机关应当采取以下一项或者多项保护措施：

（一）不公开真实姓名、住址和工作单位等个人信息；

（二）采取不暴露外貌、真实声音等出庭作证措施；

（三）禁止特定的人员接触证人、鉴定人、被害人及其近亲属；

（四）对人身和住宅采取专门性保护措施；

（五）其他必要的保护措施。

证人、鉴定人、被害人认为因在诉讼中作证，本人或者其近亲属的人身安全面临危险的，可以向人民法院、人民检察院、公安机关请求予以保护。

人民法院、人民检察院、公安机关依法采取保护措施，有关单位和个人应当配合。

条文主旨

证人保护的具体措施

修改内容

本条未作修改。

条文解读与适用指引

本条分为三款。第1款规定了证人保护的具体措施、义务主体和重点保护对象。证人保护的具体措施包括：第一，不公开真实姓名、住址和工作单位等个人信息；第二，采取不暴露外貌、真实声音等出庭作证措施；第三，禁止特定的人员接触被保护对象；第四，对人身和住宅采取专门性保护措施；第五，其他必要的保护措施。以上保护措施可以单独适用，也可以同时适用。

证人保护措施的义务主体是人民法院、人民检察院和公安机关。人民法院、人民检察院、公安机关依法采取保护措施，有关单位和个人应当配合。

证人保护措施的重点保护对象包括：危害国家安全犯罪、恐怖活动犯罪、黑社会性质的组织犯罪、毒品犯罪等案件中，因在诉讼中作证而使得本人或其近亲属的人身安全面临危险的证人、鉴定人、被害人及其近亲属。一般情况下，与普通犯罪案件相比，此类犯罪中的证人、鉴定人、被害人及其近亲属的人身安全更容易面临危险，因此应当有针对性地加强对这些犯罪中证人保护的力度。但是，也不排除在其他普通犯罪中，对人身安全面临危险的证人、鉴定人、被害人及其近亲属采取上述保护措施。

第 2 款规定了证人保护的一般保护对象。任何犯罪案件中，证人、鉴定人、被害人认为因在诉讼中作证，本人或者其近亲属的人身安全面临危险的，都可以向人民法院、人民检察院、公安机关请求予以保护，由人民法院、人民检察院、公安机关视情况决定是否适用及适用何种保护措施。

第 3 款规定了有关单位和个人对证人保护的配合义务。有些保护措施，需要有关单位和个人的配合，才能实现。人民法院、人民检察院、公安机关依法采取保护措施，有关单位和个人应当配合。

第六十五条 【证人经济利益保障制度】

证人因履行作证义务而支出的交通、住宿、就餐等费用，应当给予补助。证人作证的补助列入司法机关业务经费，由同级政府财政予以保障。

有工作单位的证人作证，所在单位不得克扣或者变相克扣其工

资、奖金及其他福利待遇。

条文主旨

证人经济利益保障制度

修改内容

本条未作修改。

条文解读与适用指引

对证人因作证而遭受的经济损失予以弥补，保障证人的合法经济权益，是推动和落实证人出庭作证制度的重要前提。

对证人经济利益的保障主要包括两个方面：一是由司法机关给予补助，补助的范围包括证人因履行作证义务而支出的交通、住宿、就餐等费用，补助的来源为司法机关的业务经费，由同级政府财政予以保障。二是由证人的工作单位给予相应的经济保障，即有工作单位的证人作证，所在单位不得克扣或者变相克扣其工资、奖金及其他福利待遇。

第六章　强 制 措 施

第六十六条　【拘传、取保候审和监视居住一般规定】

人民法院、人民检察院和公安机关根据案件情况，对犯罪嫌疑人、被告人可以拘传、取保候审或者监视居住。

条文主旨

拘传、取保候审和监视居住一般规定

修改内容

本条未作修改。

条文解读与适用指引

本条规定了三种非羁押性强制措施的适用主体、适用对象和适用条件。从适用主体来看，人民法院、人民检察院和公安机关都有权适用拘传、取保候审或者监视居住。从适用对象来看，拘传、取保候审或者监视居住适用于犯罪嫌疑人、被告人。从适用条件来看，依据案件情况即犯罪行为的社会危害性程度、犯罪嫌疑人或被告人的个人危险性等，选择适用拘传、取保候审或者监视居住。

拘传是指公安机关、人民检察院和人民法院等专门机关依法强制未被羁押的犯罪嫌疑人、被告人到指定地点接受讯问或者审判的一种强制方法。拘传的适用一般包括两种情形：一是犯罪嫌疑人、被告人经合法传唤，没有正当理由拒不到案接受讯问。二是公安司法机关根据案件情况认为有直接适用拘传的必要。拘传须经县级以上公安司法机关的负责人批准，签发拘传证（票）。执行拘传时，应当向被拘传人出示拘传证（票），执行人员不得少于两人。对抗拒拘传的，执行人员可以使用械具，强制被拘传人到案。拘传的地点应当是犯罪嫌疑人、被告人所在市、县以内的指定地点。拘传不具有羁押的效力，拘传到案后应当立即讯问。讯问完毕后，公安司法机关应根据案件情况作出不同处理：认为应当继续限制其人身自由的，可以在法定期限内采取其他相应的强制措施；认为不宜采取其他强制措施的，应当立即释放，不得以连续拘传的形式变相羁押被拘传人。

取保候审是指公安机关、人民检察院和人民法院等专门机关依法责令犯罪嫌疑人、被告人提供保证人或者交纳保证金，以保证其不逃避或者妨碍侦查、起诉和审判，并随传随到的一种强制方法。取保候审是一种限制人身自由的强制措施，一方面可以保障刑事诉讼的顺利进行，另一方面可以使犯罪嫌疑人、被告人不脱离正常的家庭生活和工作学习岗位，减轻国家司法资源的投入。取保候审对于贯彻宽严相济刑事政策、降低羁押率具有重要实践意义。

监视居住是指公安机关、人民检察院和人民法院等专门机关将犯罪嫌疑人、被告人限制在其住处或指定居所，不准其擅自离开，并对其行动予以监视的一种强制措施，监视居住的严厉程度轻于拘留、逮捕而重于取保候审。

第六十七条　【取保候审的适用范围及执行机关】

人民法院、人民检察院和公安机关对有下列情形之一的犯罪嫌疑人、被告人，可以取保候审：

（一）可能判处管制、拘役或者独立适用附加刑的；

（二）可能判处有期徒刑以上刑罚，采取取保候审不致发生社会危险性的；

（三）患有严重疾病、生活不能自理，怀孕或者正在哺乳自己婴儿的妇女，采取取保候审不致发生社会危险性的；

（四）羁押期限届满，案件尚未办结，需要采取取保候审的。

取保候审由公安机关执行。

条文主旨

取保候审适用范围及执行机关

修改内容

本条未作修改。

条文解读与适用指引

本条分为两款。第 1 款规定了取保候审的适用范围。包括以下四种情形：

一是可能判处管制、拘役或者独立适用附加刑的。根据刑法的规定，符合这一条件的犯罪嫌疑人、被告人所实施的犯罪行为相对较为轻微，社会危害程度较低，行为人人身危险性相对较小，不剥夺其人身自由也能够达到保障刑事诉讼顺利进行的目的。

二是可能判处有期徒刑以上刑罚，采取取保候审不致发生社会危险性的。根据刑法规定，犯罪嫌疑人、被告人如果可能被判处有期徒刑以上刑罚，说明其罪行较为严重，社会危害性较大，一般来说其人身危险性也较大。但是否可能逃避或者妨碍刑事诉讼正常进行与罪行的严重程度之间没有必然对应关系。在某些情况下，可能判处有期徒刑以上刑罚的犯罪嫌疑人、被告人由于某些原因，其人身危险性和妨碍诉讼进行的可能性并不大，没有逮捕的必要。对这样的犯罪嫌疑人、被告人采取取保候审就足以达到保障刑事诉讼顺利进行的目的。

三是患有严重疾病、生活不能自理，怀孕或者正在哺乳自己婴儿的妇女，采取取保候审不致发生社会危险性的。这几类犯罪嫌疑人、被告人因其患有严重疾病，生活不能自理，或者由于处于怀孕期、哺乳期，需要特殊照顾，出于人道主义方面的考虑，应当尽可能不予羁押；对其中不致发生社会危险性的，可以取保候审。如果在采取拘留或者逮捕措施之后才发现符合此种情形的，应当及时变更强制措施。

四是羁押期限届满，案件尚未办结，需要采取取保候审的。在我国刑事诉讼中，羁押不是刑事诉讼法规定的一种强制措施，而是拘留、逮捕后必然产生的持续剥夺犯罪嫌疑人、被告人人身自由的一种状态，对于羁押的期限，刑事诉讼法没有专门规定。通常认为，刑事诉讼中的羁押期限包括侦查羁押期限、审查起诉期限和审判期限。犯罪嫌疑人、被告人被羁押的案件，不能在刑事诉讼法规定的侦查羁押期限、审查起诉期限、一审和二审期限内办结的，而又需要继续办理的，可以采取取保候审。

第 2 款规定了取保候审的执行机关。取保候审的决定机关包括人民法院、人民检察院和公安机关，但取保候审的执行只能是由公安机关负责。司法实践中，通常由基层公安机关及其派出机构具体执行。

第六十八条　【取保候审的方式】

人民法院、人民检察院和公安机关决定对犯罪嫌疑人、被告人取保候审，应当责令犯罪嫌疑人、被告人提出保证人或者交纳保证金。

条文主旨

取保候审方式

修改内容

本条未作修改。

条文解读与适用指引

本条规定了取保候审的方式。取保候审的方式可分为保证人保证和保证金保证两种：保证人保证，是指公安机关、人民检察院、人民法院等专门机关责令犯罪嫌疑人、被告人提出保证人，并出具保证书，保证犯罪嫌疑人、被告人不逃避、妨碍侦查、起诉、审判，并随传随到的保证方式。通常对符合下列条件的被告人可以适用保证人保证：一是无力交纳保证金的；二是未成年人或者已满75周岁的；三是不宜收取保证金的其他被告人。

保证金保证，是指公安机关、人民检察院和人民法院责令犯罪嫌疑人、被告人交纳一定数额的保证金并出具保证书，保证其不逃避和妨碍侦查、起诉、审判，并随传随到的保证方式。保证金担保的方式，其作用的发挥在于以没收保证金为后盾，迫使犯罪嫌疑人、被告人不逃避和妨碍诉讼，并且随传随到。保证金可以由单位或者个人交纳，并且必须以人民币的形式交纳，保证金的收取数额不宜过高，以免造成犯罪嫌疑人、被告人交不起保证金以及其他严重后果。

需注意的是，保证人和保证金两种取保方式只能择一适用，而不能同时并用。作出取保候审决定的公安司法机关应当根据案件的具体情况，决定选择适用何种取保候审方式。

第六十九条　【保证人的条件】

保证人必须符合下列条件：

（一）与本案无牵连；

（二）有能力履行保证义务；

（三）享有政治权利，人身自由未受到限制；

（四）有固定的住处和收入。

条文主旨

保证人的条件

修改内容

本条未作修改。

条文解读与适用指引

根据本条规定，保证人必须同时符合以下四个条件：

一是与本案无牵连。即保证不能与本案的事实有任何联系，不能是犯罪行为的实施者，也不能是犯罪受害人。任何能够影响案件定罪量刑的人员都不能成为保证人。之所以要求保证人与案件无牵连，是为了让保证人真正能够实现保证被取保候审人在取保候审期间遵守法定义务，不出现脱保情况。

二是有能力履行保证义务。应从保证人的自然状态和法律状态判断其是否有履行保证义务的能力。自然状态方面包括：保证人的年龄、健康状态、行动能力等；法律状态包括：保证人的信用、民事行为能力等。自然状态反应保证人对被保证人的约束能力，法律状态反应保证人承担保证不利法律责任的实际能力。

三是享有政治权利，人身自由未受到限制。一方面，保证人应享有宪法规定的一般公民所能够享有的政治权利，即意味着保证人没有受到过刑事处罚；另一方面，保证人当前没有受到任何限制或者剥夺人身自由的处罚措施，其具有一般公民所具有的人身自由。

四是有固定的住处和收入。保证人有固定的住处，公安司法机关才能与其保持经常联系，及时了解被保证人遵守法定义务的情况，监督其落实保证义务的情况，防止取保候审流于形式。保证人有固定的收入，公安司法机关才能对其追责。《刑事诉讼法》第 70 条规定了保证人不履行保证义务时的处罚措施就包括罚款这一项，只有保证人有固定的收入，才能确保对其罚款得到真正执行。

第七十条 【保证人的法定义务及责任】

保证人应当履行以下义务：

（一）监督被保证人遵守本法第七十一条的规定；

（二）发现被保证人可能发生或者已经发生违反本法第七十一条规定的行为的，应当及时向执行机关报告。

被保证人有违反本法第七十一条规定的行为，保证人未履行保证义务的，对保证人处以罚款，构成犯罪的，依法追究刑事责任。

条文主旨

保证人的法定义务及责任

修改内容

本条未作修改。

条文解读与适用指引

本条分两款。第 1 款规定了保证人的义务。根据本款，保证人应当履行以下义务：第一，监督被保证人遵守《刑事诉讼法》第 71 条的规定。结合《刑事诉讼法》第 71 条的规定，保证人应监督被取保候审人履行如下法律义务：未经执行机关批准不得离开所居住的市、县；住址、工作单位和联系方式发生变动的，在二十四小时以内向执行机关报告；在传讯的时候及时到案；不得以任何形式干扰证人作证；不得毁灭、伪造证据或者串供。同时，针对特定案件，根据人民法院、人民检察院和公安机关的决定，保证人还要监督被取保候审人履行以下一项或者多项义务：不得进入特定的场所；不得与特定的人员会见或者通信；不得从事特定的活动；将护照等出入境证件、驾驶证件交执行机关保存。第二，发现被保证人可能发生或者已经发生违反《刑事诉讼法》第 71 条规定的行为的，应当及时向执行取保候审的公安机关报告。在取保候审期间，保证人对被保证人的活动具有监管义务，保证人如果发现犯罪嫌疑人、被告人可能违反《刑事诉讼法》第 71 条规定或者已经违反了《刑事诉讼法》第 71 条规定的，在纠正被取保候审人行为的同时，应立即向负责执行取保候审的公安机关报告，以便及时采取诉讼保全措施。

第 2 款规定了保证人未履行保证义务的后果。如果被保证人未尽监督义务导致被保证人有违反《刑事诉讼法》第 71 条规定的行为，取保候审决定机关有权对保证人处以罚款。如果保证人有协助被取保候审人实施逃避侦查、起诉、审判，毁灭伪造证据等严重妨碍诉讼的行为，构成犯罪的，依法追究其刑事责任。

第七十一条 【被取保候审人的义务及责任】

被取保候审的犯罪嫌疑人、被告人应当遵守以下规定：

（一）未经执行机关批准不得离开所居住的市、县；

（二）住址、工作单位和联系方式发生变动的，在二十四小时以内向执行机关报告；

（三）在传讯的时候及时到案；

（四）不得以任何形式干扰证人作证；

（五）不得毁灭、伪造证据或者串供。

人民法院、人民检察院和公安机关可以根据案件情况，责令被取保候审的犯罪嫌疑人、被告人遵守以下一项或者多项规定：

（一）不得进入特定的场所；

（二）不得与特定的人员会见或者通信；

（三）不得从事特定的活动；

（四）将护照等出入境证件、驾驶证件交执行机关保存。

被取保候审的犯罪嫌疑人、被告人违反前两款规定，已交纳保证金的，没收部分或者全部保证金，并且区别情形，责令犯罪嫌疑人、被告人具结悔过，重新交纳保证金、提出保证人，或者监视居住、予以逮捕。

对违反取保候审规定，需要予以逮捕的，可以对犯罪嫌疑人、被告人先行拘留。

条文主旨

被取保候审人的义务及责任

修改内容

本条未作修改。

条文解读与适用指引

本条分为四款。第 1 款规定了被取保候审人的一般义务。根据本款规定，所有被取保候审的犯罪嫌疑人、被告人均应当遵守以下五项规定：(1) 未经执行机关批准不得离开所居住的市、县。此处的执行机关是指公安机关。被取保候审的犯罪嫌疑人、被告人仍然是处于刑事诉讼进程之中，公安机关、人民检察院、人民法院有权随时对其进行讯问，通知其参与审判等，因此，被取保候审的犯罪嫌疑人、被告人在被取保候审期间不能随意离开其所居住的市、县；如果确实有正当的离开所居住的市、县的理由，也必须事先征得执行机关批准同意。这里的“市”应理解为县级市或者是大、中城市的城区，不包括设区的市。(2) 住址、工作单位和联系方式发生变动的，在二十四小时以内向执行机关报告。被取保候审的犯罪嫌疑人、被告人有随叫随到、及时到案的义务。为保障执行机关能够及时通知参与相关的诉讼活动，被取保候审的犯罪嫌疑人、被告人的住址、工作单位和联系方式发生变动的，应及时通知执行机关。(3) 在传讯的时候及时到案。采取取保候审的主要目的是在非羁押的情况下保证犯罪嫌疑人、被告人随传随到、及时到案，如果被取保候审人无法做到随传随到，那么取保候审将失去其设置初衷，必须予以变更。（4）不得以任何形式干扰证人作证。证人有就其所知道的案件情况如实地提供证言的法定义务。被取保候审人尽管未被羁押，具有人身自由，但是也不得利用这种人身自由实施恐吓、威胁等干扰证人作证的行为，构成犯罪的，将依法追究其刑事责任。（5）不得毁灭、伪造证据或者串供。毁灭、伪造证据以及串供都是严重妨碍诉讼顺利进行的不法行为，取保候审作为保障诉讼顺利进行的强制措施，就是为了防止毁灭、伪造证据、串供等行为而设置的，因而被取保候审人也就具有不得毁灭、伪造证据以及串供的义务。

第 2 款规定了被取保候审人的特殊义务。根据办案的需要，对于部分社会危险性较大的被取保候审的犯罪嫌疑人、被告人，公安司法机关可以责令其额外遵守以下一项或者多项规定：（1）不得进入特定的场所。特定的场所，是指与犯罪嫌疑人、被告人实施犯罪的场所类似的或者导致其犯罪的环境相近的区域、场所。被取保候审人如果进入该特定场所，将有导致其违反取保候审义务之危险，所以限制其进入该类场所。（2）不得与特定的人员会见或者通信。所谓特定的人员，是指可能帮助被取保候审的犯罪嫌疑人、被告人实施干扰诉讼顺利进行或者危害社会的行为。限制被取保候审人与这类人员会见和通信，有利于诉讼的顺利进行。（3）不得从事特定的活动。所谓特定的活动，是指容易诱发犯罪嫌疑人、被告人违法犯罪的活动或者有碍诉讼的行为，这些活动属于正常人可以从事的范围。（4）将护照等出入境证件、驾驶证件交执行机关保存。对于有出境或者驾驶车辆逃跑的危险的被采取取保候审措施的犯罪嫌疑人、被告人，为了防止其逃避诉讼或者实施新的犯罪，有必要将其出入境证件、驾驶证件等交由执行取保候审的机关保存，从而防止妨碍诉讼的情形出现。

第 3 款规定了被取保候审人不履行义务所要承担的法律责任。被取保候审的犯罪嫌疑人、被告人违反前两款规定，采用保证金保证的，作出取保候审决定的公安司法机关有权没收其交纳的部分或者全部保证金，并且根据违法情形作出以下处理：责令犯罪嫌疑人、被告人具结悔过，即责令其写出书面悔过与保证，承认其错误行为并保证不再发生，重新交纳保证金或者提出保证人；或者对其变更强制措施，将取保候审变更为更为严厉的监视居住或者逮捕措施，进一步对其人身自由加以限制。

第4款规定了被取保候审人违反规定需变更为逮捕的处理。被取保候审人违法规定，需要逮捕的，可对其先行拘留，以解决变更强制措施过程中收集证据、制作法律文书、审查批捕等时间不够用的问题。

第七十二条　【保证金数额的确定与缴纳】

取保候审的决定机关应当综合考虑保证诉讼活动正常进行的需要，被取保候审人的社会危险性，案件的性质、情节，可能判处刑罚的轻重，被取保候审人的经济状况等情况，确定保证金的数额。

提供保证金的人应当将保证金存入执行机关指定银行的专门账户。

条文主旨

保证金数额的确定与缴纳

修改内容

本条未作修改。

条文解读与适用指引

本条分两款。第1款规定了保证金数额的确定标准。取保候审保证金的数额，法律无法事先作出规定，主要由公安司法机关根据具体案件的情况予以确定。决定取保候审的机关应当综合考虑犯罪嫌疑人的社会危险性、案件的性质、情节、危害后果，可能判处的刑罚的轻重，犯罪嫌疑人的经济状况等，来确定保证金的数额。保证金既不能收取过高，造成犯罪嫌疑人、被告人交不起保证金以及其他消极后果；也不能收取过少，使得保证金无法达到对被取保候审人的金钱制约作用。

第2款规定了保证金缴纳的方式。以保证金方式担保的取保候审，应当告知犯罪嫌疑人、被告人一次性将保证金存入公安机关指定银行的专门账户。县级以上公安机关应当在其指定的银行设立取保候审保证金专门账户，委托银行代为收取和保管保证金。保证金应当由办案部门以外的部门管理，严禁截留、坐支、挪用或者其他形式的侵吞保证金的行为。

第七十三条　【保证金的退还】

犯罪嫌疑人、被告人在取保候审期间未违反本法第七十一条规定的，取保候审结束的时候，凭解除取保候审的通知或者有关法律文书到银行领取退还的保证金。

条文主旨

保证金退还

修改内容

本条未作修改。

条文解读与适用指引

保证金的作用是以该笔金钱担保被取保候审的犯罪嫌疑人、被告人在取保候审期间履行法定义务。如果取保候审期限届满，犯罪嫌疑人、被告人在取保候审期间没有违反《刑事诉讼法》第71条的规定，则保证金的收取机关必须全额退还保证金，犯罪嫌疑人、被告人凭解除取保候审的通知或者退还保证金决定书等有关法律文书到相应的银行领取退还的保证金。如果犯罪嫌疑人、被告人没有履行取保候审期间的义务，则作为执行机关的公安机关可以酌情依法没收部分或者全部保证金。

第七十四条　【监视居住适用主体、适用范围和执行机关】

人民法院、人民检察院和公安机关对符合逮捕条件，有下列情形之一的犯罪嫌疑人、被告人，可以监视居住：

（一）患有严重疾病、生活不能自理的；

（二）怀孕或者正在哺乳自己婴儿的妇女；

（三）系生活不能自理的人的唯一扶养人；

（四）因为案件的特殊情况或者办理案件的需要，采取监视居住措施更为适宜的；

（五）羁押期限届满，案件尚未办结，需要采取监视居住措施的。

对符合取保候审条件，但犯罪嫌疑人、被告人不能提出保证人，也不交纳保证金的，可以监视居住。

监视居住由公安机关执行。

条文主旨

监视居住适用主体、适用范围和执行机关

修改内容

本条未作修改。

条文解读与适用指引

本条分为三款。第1款规定了监视居住的适用主体及一般对象。监视居住，是指公安机关、人民检察院和人民法院等专门机关依法将犯罪嫌疑人、被告人限制在其住处或者指定的居所，不准其擅自离开，并对其行动予以监视的一种强制措施。公安机关、人民检察院和人民法院都可以依法决定适用。

监视居住的一般适用范围要求犯罪嫌疑人、被告人同时满足如下两方面的条件：一是符合逮捕条件；二是具有下列情形之一：（1）患有严重疾病、生活不能自理的。此处的“严重疾病”是指医学上普遍认为的严重影响病人正常行为能力的疾病等。“生活不能自理”是指不能依靠自身的能力完成吃、穿、住、行等基本生活。（2）怀孕或者正在哺乳自己婴儿的妇女。为体现对妇女的人道主义关怀，针对怀孕或者正在哺乳自己婴儿的妇女，以监视居住替代逮捕的适用。（3）系生活不能自理的人的唯一扶养人。如果犯罪嫌疑人、被告人是生活不能自理的人的唯一扶养人，需要对后者的生活起居进行照顾，那么对犯罪嫌疑人、被告人适用限制人身自由的监视居住措施，可以使其更好地履行扶养义务。（4）因为案件的特殊情况或者办理案件的需要，采取监视居住措施更为适宜的。针对符合逮捕条件的犯罪嫌疑人、被告人，适用监视居住措施如果更有利于办案目的的实现，同时也不会造成新的社会危害行为的，则可以采取监视居住措施。（5）羁押期限届满，案件尚未办结，需要采取监视居住措施的。羁押期限届满，为防止超期羁押，避免侵犯犯罪嫌疑人、被告人的人身自由权，即便案件可能尚未办结，公安司法机关也应当解除羁押措施，随之而来的可能是犯罪嫌疑人、被告人脱离监管、逃避诉讼。为兼顾办案需要，如果出现羁押期限届满但是案件尚未办结，而对犯罪嫌疑人、被告人采取监视居住措施又足以防止发生社会危险性的，则公安司法机关可以采取监视居住措施。

第2款规定了监视居住的特殊适用范围。对符合取保候审条件，但犯罪嫌疑人、被告人不能提出保证人，也不交纳保证金的，可以监视居住。取保候审和监视居住都是限制人身自由的强制措施，其严厉程度低于剥夺人身自由的拘留、逮捕措施。对于那些无法提供保证人、又不能交纳保证金，确有采取限制人身自由强制措施必要的犯罪嫌疑人、被告人，可以采取监视居住。

第3款规定了监视居住的执行机关。人民法院、人民检察院和公安机关决定适用监视居住的，都必须由公安机关负责执行。

第七十五条 【监视居住的执行】

监视居住应当在犯罪嫌疑人、被告人的住处执行；无固定住处的，可以在指定的居所执行。对于涉嫌危害国家安全犯罪、恐怖活动犯罪，在住处执行可能有碍侦查的，经上一级公安机关批准，也可以在指定的居所执行。但是，不得在羁押场所、专门的办案场所

执行。

指定居所监视居住的，除无法通知的以外，应当在执行监视居住后二十四小时以内，通知被监视居住人的家属。

被监视居住的犯罪嫌疑人、被告人委托辩护人，适用本法第三十四条的规定。

人民检察院对指定居所监视居住的决定和执行是否合法实行监督。

条文主旨

监视居住的执行

修改内容

原《刑事诉讼法》第73条第1款	新《刑事诉讼法》第75条第1款
监视居住应当在犯罪嫌疑人、被告人的住处执行；无固定住处的，可以在指定的居所执行。对于涉嫌危害国家安全犯罪、恐怖活动犯罪、特别重大贿赂犯罪，在住处执行可能有碍侦查的，经上一级人民检察院或者公安机关批准，也可以在指定的居所执行。但是，不得在羁押场所、专门的办案场所执行。	监视居住应当在犯罪嫌疑人、被告人的住处执行；无固定住处的，可以在指定的居所执行。对于涉嫌危害国家安全犯罪、恐怖活动犯罪，在住处执行可能有碍侦查的，经上一级公安机关批准，也可以在指定的居所执行。但是，不得在羁押场所、专门的办案场所执行。

修改背景

中共中央办公厅2016年11月印发《关于在北京市、山西省、浙江省开展国家监察体制改革试点方案》，部署在三省市设立各级监察委员会，从体制机制、制度建设上先行先试、探索实践。2017年11月4日，全国人大常委会通过在全国各地推开国家监察体制改革试点工作的决定。2018年3月

20 日，第十三届全国人大第一次会议表决通过了《中华人民共和国监察法》。

根据《中华人民共和国监察法》第 11 条的规定，监察委员会依据监察法和有关法律对涉嫌贪污贿赂、滥用职权、玩忽职守、权力寻租、利益输送、徇私舞弊以及浪费国家资财等职务违法和职务犯罪进行调查。因此，在监察法颁布实施后，特别重大贿赂犯罪案件属于监察委员会调查的案件范围。此后，新修改的《刑事诉讼法》第 19 条第 2 款则规定，“人民检察院在对诉讼活动实行法律监督中发现的司法工作人员利用职权实施的非法拘禁、刑讯逼供、非法搜查等侵犯公民权利、损害司法公正的犯罪，可以由人民检察院立案侦查”。可见，新修改的刑事诉讼法也进一步明确了人民检察院自行侦查的案件范围，其中不包括贪污贿赂犯罪案件。因而，为了与监察法与刑诉法的上述规定相协调，本条删除了涉及人民检察院侦查特别重大贿赂犯罪，采取指定居所监视居住的内容。

条文解读与适用指引

本条分为四款。第 1 款是关于监视居住的执行场所的规定。根据本款规定，执行机关应当在犯罪嫌疑人、被告人的住处执行监视居住；如果犯罪嫌疑人、被告人没有固定的住处，则执行机关可以在指定的居所执行监视居住。所谓固定住处，是指犯罪嫌疑人、被告人在办案机关所在的市、县内生活的合法住处；指定的居所，是指公安机关根据案件情况，在办案机关所在的市、县内为犯罪嫌疑人、被告人指定的生活居所，但不能是看守所、行政拘留所等羁押场所，也不能是留置室等专门的办案场所。此处的“市”是指县级市，不包括设区的市。指定居所监视居住只能适用与对涉嫌危害国家安全犯罪、恐怖活动犯罪案件的侦查中。为防止指定居所监视居住异化为羁押，保障犯罪嫌疑人、被告人的人身权益，除涉嫌危害国家安全犯罪、恐怖活动犯罪的犯罪嫌疑人、被告人，在固定住处执行监视居住可能妨碍公安机关侦查活动顺利进行的，经上一级公安机关批准，可以在指定的居所执行外，不能对有固定住处的犯罪嫌疑人、被告人另行指定居所监视居住。

第2款是关于指定居所监视居住情形中通知被监视居住人的家属的规定。在公安机关决定对犯罪嫌疑人、被告人指定居所监视居住时，作为执行机关的公安机关应当在执行监视居住24小时以内通知被监视居住人的家属，但执行机关无法通知的情形除外。

第3款是关于被指定居所监视居住的犯罪嫌疑人、被告人委托辩护人的规定。根据《刑事诉讼法》第34条的规定，被指定居所监视居住的犯罪嫌疑人、被告人在被侦查机关第一次讯问或者采取强制措施之日起，有权委托律师作为辩护人。侦查机关在第一次讯问或者采取强制措施时，应当告知犯罪嫌疑人有权委托辩护人；被告人可以随时委托辩护人。

第4款是关于人民检察院对指定居所监视居住的监督的规定。作为法律监督机关，人民检察院对侦查活动的监督中包括对强制措施适用合法性的监督。人民检察院对指定居所监视居住的决定和执行是否合法实行监督，防止指定居所监视居住被滥用，从而导致变相羁押。

第七十六条　【指定居所监视居住期限折抵刑期】

指定居所监视居住的期限应当折抵刑期。被判处管制的，监视居住一日折抵刑期一日；被判处拘役、有期徒刑的，监视居住二日折抵刑期一日。

条文主旨

指定居所监视居住期限折抵刑期

修改内容

本条未作修改。

条文解读与适用指引

折抵刑期是人民法院在宣告刑期时，对被告人先前被公安机关、人民检察院、人民法院依法强制剥夺或者限制的人身自由的期限依法予以折抵的制度。刑法规定的主刑有五种：死刑、无期徒刑、有期徒刑、拘役和管制。涉及折抵刑期的三种刑罚包括：管制、拘役和有期徒刑，三者依次加重。管制是对犯罪分子不予关押，依法实行社区矫正；拘役是短期剥夺犯罪分子人身自由；有期徒刑是在一定期限内剥夺犯罪分子的人身自由，并监禁于一定场所。监视居住中，只有指定居所监视居住，才涉及刑期的折抵。考虑到指定居所监视居住对犯罪嫌疑人、被告人人身自由限制的严厉程度以及管制、拘役与有期徒刑三种刑罚对人身自由惩罚的差别，被指定居所监视居住的犯罪分子被判处管制刑的，指定居所监视居住一日折抵刑期一日；被指定居所监视居住的犯罪分子被判处拘役、有期徒刑的，监视居住二日折抵刑期一日。

第七十七条　【被监视居住人的义务及责任】

被监视居住的犯罪嫌疑人、被告人应当遵守以下规定：

（一）未经执行机关批准不得离开执行监视居住的处所；

（二）未经执行机关批准不得会见他人或者通信；

（三）在传讯的时候及时到案；

（四）不得以任何形式干扰证人作证；

（五）不得毁灭、伪造证据或者串供；

（六）将护照等出入境证件、身份证件、驾驶证件交执行机关保存。

被监视居住的犯罪嫌疑人、被告人违反前款规定，情节严重的，可以予以逮捕；需要予以逮捕的，可以对犯罪嫌疑人、被告人先行拘留。

条文主旨

被监视居住人的义务及责任

修改内容

本条未作修改。

条文解读与适用指引

本条分两款。第1款规定了被监视居住人的义务。根据本款规定，被监视居住的犯罪嫌疑人、被告人应当遵守以下规定：（1）未经执行机关批准不得离开执行监视居住的处所。此处的“执行监视居住的处所”，是指犯罪嫌疑人、被告人的住处或者公安司法机关为其指定的居所，但不包括羁押场所或是专门的办案场所。（2）未经执行机关批准不得会见他人或者通信。所谓他人，是指与被监视居住人一同居住的近亲属之外的人。限制被监视人与这类人员会见和通信，有利于诉讼的顺利进行。（3）在传讯的时候及时到案。采取监视居住的主要目的，是在非羁押的情况下保证犯罪嫌疑人、被告人随传随到、及时到案，如果被监视居住人无法做到随传随到，那么监视居住将失去其设置初衷，必须予以变更。（4）不得以任何形式干扰证人作证。证人有就其所知道的案件情况如实地提供证言的法定义务。被监视居住人尽管未被羁押，具有人身自由，但是也不得利用这种人身自由实施恐吓、威胁等干扰证人作证的行为，构成犯罪的，将依法追究其刑事责任。（5）不得毁灭、伪造证据或者串供。毁灭、伪造证据以及串供都是严重妨碍诉讼顺利进行的不法行为，监视居住作为保障诉讼顺利进行的强制措施，就是为了防止毁灭、伪造证据、串供等行为而设置的，因而被监视居住人也就具有不得毁灭、伪造证据以及串供的义务。（6）将护照等出入境证件、身份证件、驾驶证件交执行机关保存。对于有出境或者驾驶车辆逃跑的危险的被采取监视居住措施的犯罪嫌疑人、被告人，为了防止其逃避诉讼或者实施新的犯罪，有必要将其出入境证件、驾驶证件等交由执行监视居住的机关保管，从而防止妨碍诉讼的情形出现。

第2款是对被监视居住者违反监视居住法定义务时的处理规定。被监视居住的犯罪嫌疑人、被告人违反本条第1款规定的法律后果包括：情节严重的，可以变更为逮捕，送看守所羁押；对需要进行逮捕的犯罪嫌疑人、被告人，可以先行拘留。所谓违反监视居住情节严重，是指被监视居住者不履行其法定义务的行为严重干扰了公安司法机关的正常诉讼活动，严重阻碍了刑事诉讼的顺利进行，采取监视居住已不匹配其社会危险性，已经具备了采取剥夺其人身自由措施的必要性。

第七十八条　【监视居住的具体执行措施】

执行机关对被监视居住的犯罪嫌疑人、被告人，可以采取电子监控、不定期检查等监视方法对其遵守监视居住规定的情况进行监督；在侦查期间，可以对被监视居住的犯罪嫌疑人的通信进行监控。

条文主旨

监视居住的具体执行措施

修改内容

本条未作修改。

条文解读与适用指引

本条规定了保障监视居住适用效果的措施。司法实践中，因执行机关的人力有限，无法实现专人监视被监视居住人，导致在一定程度上被监视居住人脱管现象发生，被监视居住人在监视居住期间逃跑、串供、毁灭证据乃至再犯罪等情况时有发生。为了解决执行机关人力不足，丰富监视居住的执行方法，充分借助现有条件，发挥监视居住实效，执行机关对被监视居住的犯罪嫌疑人、被告人，可以采取电子监控、不定期检查等监视方法，监督被监视居住人遵守监视居住规定的情况。所谓“电子监控”，是指执行机关利用电子监控设备和电子技术并配以少量人员进行的监视控制活动；“不定期检查”则是指执行机关不定期地采取电话查访、实地探访等方法检查被监视居住人遵守监视居住规定的情况。根据案情需要，执行机关在侦查期间可以对被监视居住的犯罪嫌疑人的通信进行监控，防止其实施妨碍刑事诉讼的行为。

第七十九条 【取保候审、监视居住的期限及其变更】

人民法院、人民检察院和公安机关对犯罪嫌疑人、被告人取保候审最长不得超过十二个月，监视居住最长不得超过六个月。

在取保候审、监视居住期间，不得中断对案件的侦查、起诉和审理。对于发现不应当追究刑事责任或者取保候审、监视居住期限届满的，应当及时解除取保候审、监视居住。解除取保候审、监视居住，应当及时通知被取保候审、监视居住人和有关单位。

条文主旨

取保候审、监视居住的期限及其变更

修改内容

本条未作修改。

条文解读与适用指引

本条分为两款。第1款规定了取保候审、监视居住的期限。取保候审、监视居住尽管只是限制犯罪嫌疑人、被告人人身自由的强制措施，但也必须有明确的期限规定，否则将导致被采取措施者的权利无期限的受到限制，不利于人权保障。鉴于取保候审和监视居住的强制力的不同，法律区别规定了两者的最长期限。人民法院、人民检察院和公安机关对犯罪嫌疑人、被告人取保候审最长不得超过十二个月，监视居住最长不得超过六个月。

第2款规定了取保候审、监视居住的变更。取保候审、监视居住只是保障诉讼进行的措施，而不具有程序终结的作用，因而取保候审、监视居住后，公安机关、人民检察院和人民法院应当继续加紧对案件的侦查、起诉和审理，不得中断诉讼行为。如果确因特殊情况需要中止诉讼的，应当及时变更取保候审、监视居住为更加轻缓的强制措施，或者解除强制措施。解除取保候审、监视居住措施的情形包括：其一，发现不应该追究刑事责任的，即具有《刑事诉讼法》第16条规定的情形之一的。其二，取保候审、监视居住期限届满。取保候审、监视居住期限届满，即使案件尚未办结，人民法院、人民检察院和公安机关也应当及时解除取保候审、监视居住。解除取保候审、监视居住的决定作出后，应当及时通知被取保候审、监视居住人和有关单位，保障利益相关人的知情权。

第八十条　【逮捕的批准、决定和执行】

逮捕犯罪嫌疑人、被告人，必须经过人民检察院批准或者人民法院决定，由公安机关执行。

条文主旨

逮捕的批准、决定和执行

修改内容

本条未作修改。

条文解读与适用指引

逮捕是指人民法院、人民检察院和公安机关在一定期限内剥夺犯罪嫌疑人、被告人的人身自由，并进行审查的强制方法，是我国刑事诉讼中最为严厉的一种强制措施，其严厉性不仅表现在完全剥夺人身自由，而且表现在羁押期限较长。刑诉法对逮捕权的行使进行了严格的规范，将批准、决定逮捕权和执行逮捕权分别赋予不同的机关，以相互监督制约，保障犯罪嫌疑人、被告人诉讼权利。具体分工如下：其一，人民检察院享有对公安机关侦查案件逮捕的批准权和自侦案件、监察机关移送的已采取留置措施案件的逮捕决定权。公安机关在侦查中认为需要逮捕犯罪嫌疑人的，应当提请同级人民检察院审查批准；人民检察院直接受理的案件，在侦查过程中认为需要逮捕犯罪嫌疑人的，依法自行决定。对于监察机关移送起诉的已采取留置措施的案件，人民检察院应当对犯罪嫌疑人先行拘留，留置措施自动解除。人民检察院应当在拘留后的十日以内作出是否逮捕的决定。其二，人民法院享有决定逮捕权。人民法院审理刑事案件时，对人民检察院提起公诉的案件中尚未被逮捕的被告人，或者自诉案件的被告人，认为有逮捕必要的，有权决定逮捕。其三，公安机关享有逮捕的执行权，但没有逮捕的批准权、决定权。人民检察院、人民法院有权批准或者决定逮捕，但没有逮捕执行权，逮捕都由公安机关负责执行。

第八十一条　【逮捕条件】

对有证据证明有犯罪事实，可能判处徒刑以上刑罚的犯罪嫌疑人、被告人，采取取保候审尚不足以防止发生下列社会危险性的，应当予以逮捕：

（一）可能实施新的犯罪的；

（二）有危害国家安全、公共安全或者社会秩序的现实危险的；

（三）可能毁灭、伪造证据，干扰证人作证或者串供的；

（四）可能对被害人、举报人、控告人实施打击报复的；

（五）企图自杀或者逃跑的。

批准或者决定逮捕，应当将犯罪嫌疑人、被告人涉嫌犯罪的性质、情节，认罪认罚等情况，作为是否可能发生社会危险性的考虑因素。

对有证据证明有犯罪事实，可能判处十年有期徒刑以上刑罚的，或者有证据证明有犯罪事实，可能判处徒刑以上刑罚，曾经故意犯罪或者身份不明的，应当予以逮捕。

被取保候审、监视居住的犯罪嫌疑人、被告人违反取保候审、监视居住规定，情节严重的，可以予以逮捕。

条文主旨

逮捕条件

修改内容

本条第 2 款为新增条款。

修改背景

如何理解和把握刑事诉讼法列举的社会危险性情形，并在司法实践中准确判断犯罪嫌疑人的社会危险性，是加强审查逮捕工作、规范逮捕措施的关键。逮捕中的社会危险性是指根据我国刑诉法的相关规定，在收集证据的基础上，预测犯罪嫌疑人在未来的某个时间点或时间段会采取某种行为来损害社会或者他人利益的可能性，或者是会采取不当手段或行为干扰刑事诉讼活动正常进行的可能性。社会危险性的大小，是适用逮捕的法定依据，也是判断犯罪嫌疑人是否达到逮捕条件必须考量的核心要素。虽然在 2012 年修正后的《刑事诉讼法》中以列举的形式归纳了社会危险性的五种情形，但对依据什么来判断社会危险性却没有明确列举，导致有些司法人员往往只考虑社会危险性中的罪行危险性条件，而忽视其中的人身危险性条件，客观上导致了构罪即捕等滥用逮捕措施的现象。因而，有必要明确社会危险性条件的判断依据。2016 年最高人民法院、最高人民检察院、公安部、国家安全部、司法部发布的《关于在部分地区开展刑事案件认罪认罚从宽制度试点办法》第 6 条规定："人民法院、人民检察院、公安机关应当将犯罪嫌疑人、被告人认罪认罚作为其是否具有社会危害性的重要考虑因素，对于没有社会危险性的犯罪嫌疑人、被告人，应当取保候审、监视居住。"2018 年修法，专门在本条增加一款，明确对社会危险性的判断不仅要依据犯罪嫌疑人、被告人涉嫌犯罪的性质、情节这一罪行条件，还应依据认罪认罚等表明其人身危险性的条件，有利于客观准确地判断犯罪嫌疑人、被告人的社会危险性，审慎适用逮捕措施，同时也是认罪认罚从宽制度的重要组成部分。

条文解读与适用指引

本条分四款。第 1 款规定了应当予以逮捕的一般性条件。具体包括三个方面：（1）证据条件，即有证据证明有犯罪事实。“有证据证明有犯罪事实”又包括三方面的含义：一是有证据证明发生了犯罪事实；二是有证据证明犯罪事实是犯罪嫌疑人、被告人实施的；三是证明犯罪嫌疑人、被告人实施犯罪行为的证据已经查证属实。此处的犯罪事实，既可以是单一犯罪行为的事实，也可以是数个犯罪行为中任何一个犯罪行为的事实。（2）刑罚条件，即可能判处徒刑以上刑罚，具体是指根据已经获得的证据所能认定的事实，依照刑法规定，可能对犯罪嫌疑人、被告人的行为判处有期徒刑以上的刑罚。对于那些可能判处管制、拘役等轻刑或者可能被免除刑罚的，则不应当逮捕。（3）社会危险性条件，即采取取保候审、监视居住等方法尚不足以防止发生社会危险性，而有逮捕的必要，又称为逮捕的必要条件。其中尚不足以防止发生的社会危险性包括：一是可能实施新的犯罪的。如果不逮捕犯罪嫌疑人、被告人，其可能实施新的犯罪，对此类社会危险性较大的犯罪嫌疑人、被告人必须逮捕。二是有危害国家安全、公共安全或者社会秩序的现实危险的。不将犯罪嫌疑人、被告人羁押起来，就不能防止其继续危害国家安全、公共安全或者社会秩序等重要的社会关系的，应当予以逮捕。三是可能毁灭、伪造证据，干扰证人作证或者串供的。不同程度的强制措施都是为了保障诉讼顺利进行而梯次设计的，如果不采取逮捕措施，犯罪嫌疑人、被告人可能实施阻碍证据认定的行为的，必须予以逮捕。四是可能对被害人、举报人、控告人实施打击报复的。对有此类社会危险性的人实施逮捕，不仅可以保障诉讼，更能够防止新的犯罪发生，震慑犯罪人。五是企图自杀或者逃跑的。刑罚权的实现以犯罪嫌疑人、被告人存活为前提，犯罪嫌疑人、被告人自杀则刑事诉讼就会终止。犯罪嫌疑人、被告人如果逃跑，将无法开展讯问和审判，刑事诉讼也就无法正常进行。因而，必须采取逮捕措施，防止犯罪嫌疑人、被告人的自杀或者逃跑行为。

第2款规定了判断犯罪嫌疑人社会危险性的考量因素。社会危险性是一种风险评估，司法机关工作人员根据已有的行为和事实，对犯罪嫌疑人、被告人适用具体强制措施时所作出的预测。社会危险性作为逮捕的必要条件之一，包含了罪行危险性和人身危险性两方面具体内容。罪行危险性是通过判断犯罪嫌疑人的罪行情况给社会带来的危险性来认定其社会危险性，一般是以犯罪嫌疑人涉嫌的犯罪情况来判断。例如，犯罪嫌疑人涉嫌投毒罪或者情节严重的危害人身安全的犯罪等，只要有证据证明犯罪嫌疑人有该类犯罪事实，就可以认定犯罪嫌疑人具备社会危险性。人身危险性则是涉及犯罪嫌疑人有再犯的危险或者妨碍刑事诉讼正常进行的危险，即通过犯罪嫌疑人的自身情况来认定犯罪嫌疑人的社会危险性，包括犯罪嫌疑人的主观恶性、犯罪嫌疑人的犯罪习性以及犯罪嫌疑人的悔罪表现、认罪态度等。根据本款列举的判断社会危险性的考虑因素，犯罪嫌疑人、被告人涉嫌犯罪的性质、情节属于罪行危险性因素；犯罪嫌疑人、被告人认罪认罚是表明犯罪嫌疑人主观恶性的重要依据，属于人身危险性因素。本款规定强调要综合罪行危险性和人身危险性两方面条件准确判断犯罪嫌疑人、被告人的社会危险性。

第 3 款规定了径行逮捕的三种情形，即出现该种情况，必须予以逮捕，无须裁量。具体包括：一是有证据证明有犯罪事实，可能判处十年有期徒刑以上刑罚的犯罪嫌疑人、被告人，应当予以逮捕。对此种涉嫌罪行相当严重的犯罪嫌疑人、被告人，法律不要求公安司法机关对其社会危险性进行具体判断，实际上采取了“推定社会危险性存在”的做法。二是对有证据证明有犯罪事实，可能判处徒刑以上刑罚，曾经故意犯罪的犯罪嫌疑人、被告人，应当予以逮捕。此种情形本质上是以犯罪嫌疑人、被告人有故意犯罪前科而推定其在本案诉讼中具有逮捕的必要性。三是对有证据证明有犯罪事实，可能判处徒刑以上刑罚，身份不明的犯罪嫌疑人、被告人，应当予以逮捕。在司法实践中，很多身份不明的犯罪嫌疑人、被告人本身就是出于强烈的逃避追究的心理而拒绝向公安司法机关提供自己的真实身份、住址等信息，因此，对于这种犯罪嫌疑人、被告人予以逮捕是有必要的，但是公安司法机关应当积极调查其身份，在身份查清后，仍然应当对其是否具有羁押的必要性进行审查。

第 4 款规定了取保候审、监视居住可以变更为逮捕措施的条件。对于被取保候审和监视居住的犯罪嫌疑人、被告人，如果违反了取保候审、监视居住的规定，并且情节严重，并有逃避侦查、起诉和审判的迹象，其社会危险性已经达到了采取取保候审、监视居住不足以防止而需逮捕的程度的，可以予以逮捕。

第八十二条　【刑事拘留的对象和条件】

公安机关对于现行犯或者重大嫌疑分子，如果有下列情形之一的，可以先行拘留：

（一）正在预备犯罪、实行犯罪或者在犯罪后即时被发觉的；

（二）被害人或者在场亲眼看见的人指认他犯罪的；

（三）在身边或者住处发现有犯罪证据的；

（四）犯罪后企图自杀、逃跑或者在逃的；

（五）有毁灭、伪造证据或者串供可能的；

（六）不讲真实姓名、住址，身份不明的；

（七）有流窜作案、多次作案、结伙作案重大嫌疑的。

条文主旨

刑事拘留对象和条件

修改内容

本条未作修改。

条文解读与适用指引

拘留是指公安机关、人民检察院在侦查过程中，在遇到法定的紧急情形时，对现行犯或者重大嫌疑分子所采取的临时性剥夺其人身自由的强制措施。拘留完全剥夺被拘留人的人身自由，但它只是一种临时性的强制措施，因而仅仅适用于法定的紧急情形。本条采用列举方式规定了公安机关对于现行犯或者重大嫌疑分子可以先行拘留的七种紧急情形：（1）正在预备犯罪、实行犯罪或者在犯罪后即时被发觉的。预备犯罪是指为了犯罪准备工具、制造条件的。实行犯罪是指正在进行犯罪的活动。采取拘留措施时，需要有一定的证据初步证明预备犯罪、实行犯罪的行为以及犯罪后即被发现。(2)被害人或者在场亲眼看见的人指认他犯罪的。如果被害人当场指认犯罪嫌疑人实施犯罪或者现场目击证人直接指认其犯罪的，应当予以拘留。(3)在身边或者住处发现有犯罪证据的。即在可以推定犯罪证据为其所有的场所发现犯罪证据的，可以先行拘留。(4)犯罪后企图自杀、逃跑或者在逃的。此种情形适用拘留，是为了保障后续立案侦查活动的顺利进行。(5)有毁灭、伪造证据或者串供可能的。此种情形阻碍诉讼证据的收集与认定。(6)不讲真实姓名、住址，身份不明的。对其进行拘留，可以防止其逃避侦查。(7)有流窜作案、多次作案、结伙作案重大嫌疑的。此类犯罪嫌疑人通常具有丰富的犯罪经验，且具有较强的反侦查能力，及时对其拘留，可以减少诉讼障碍。

第八十三条 【异地执行拘留、逮捕】

公安机关在异地执行拘留、逮捕的时候，应当通知被拘留、逮捕人所在地的公安机关，被拘留、逮捕人所在地的公安机关应当予以配合。

条文主旨

异地执行拘留、逮捕

修改内容

本条未作修改。

条文解读与适用指引

根据法律法规，各个公安机关都有自己固定的管辖区域，公安机关到异地执行拘留、逮捕的时候，因对异地民情社情不熟悉、执行人手有限、强制戒具不完备等而无法快速有效开展工作，需要通知被拘留、逮捕人所在地的公安机关予以配合，被拘留、逮捕人所在地的公安机关应当予以配合。此处的异地是指对案件进行立案侦查的公安机关辖区以外的其他地区。通知是指内部正式途径告诉异地公安机关，并出示相关拘留、逮捕的法律手续。被拘留、逮捕人所在地的公安机关得到通知后，应当积极配合前来执行拘留、逮捕任务的公安机关拘留、逮捕犯罪嫌疑人，并为执行拘捕任务的外地公安机关提供必需的人员、车辆或者警戒等便利。

第八十四条 【扭送】

对于有下列情形的人，任何公民都可以立即扭送公安机关、人民检察院或者人民法院处理：

（一）正在实行犯罪或者在犯罪后即时被发觉的；

（二）通缉在案的；

（三）越狱逃跑的；

（四）正在被追捕的。

条文主旨

扭送

修改内容

本条未作修改。

条文解读与适用指引

扭送不属于刑事强制措施，是法律赋予公民同刑事犯罪作斗争的一种手段。为了鼓励公民积极同犯罪行为作斗争，发挥主观能动性，协助公安司法机关捉拿犯罪分子，刑诉法赋予公民有扭送的权利。扭送制度体现了我国刑诉法规定的依靠群众，实行依靠群众与专门机关相结合的诉讼原则。

对具有下列四种情形的人，可以立即扭送：（1）正在实行犯罪或者在犯罪后即时被发觉的；（2）通缉在案的；（3）越狱逃跑的；（4）正在被追捕的。公安机关、人民检察院、人民法院对于被扭送人应当收留，并立即向扭送者和被扭送者询问有关情况，必要时可以进行调查。对于不属于自己管辖的，应当按照管辖的规定移送主管机关处理。对于需要拘留或者逮捕的，管辖机关应当依法办理相应的手续。对于不需要拘留或者逮捕的，应当立即释放，并注意做好扭送者和被扭送者的思想工作，防止发生报复行为或者引发其他社会矛盾。

第八十五条　【拘留程序】

公安机关拘留人的时候，必须出示拘留证。

拘留后，应当立即将被拘留人送看守所羁押，至迟不得超过二十四小时。除无法通知或者涉嫌危害国家安全犯罪、恐怖活动犯罪通知可能有碍侦查的情形以外，应当在拘留后二十四小时以内，通知被拘留人的家属。有碍侦查的情形消失以后，应当立即通知被拘留人的家属。

条文主旨

拘留程序

修改内容

本条未作修改。

条文解读与适用指引

本条分两款。第 1 款是对公安机关执行拘留时必须出示拘留证的规定。拘留证由县级以上公安机关的负责人签发。执行拘留时，应当向被拘留人出示拘留证，紧急情况下对于符合拘留条件的，应当将犯罪嫌疑人带至公安机关后立即审查办理法律手续。被拘留人应当在拘留证上签名并且捺指印。被拘留人拒绝签名或者捺指印的，应当予以注明。如果被拘留人或者其他人抗拒拘留的，执法人员可以采取适当的强制方法，必要时可以使用械具。

第 2 款是对公安机关在拘留后应当立即将被拘留人送看守所羁押和尽快

通知被拘留人的家属的规定。拘留只是紧急情况下的临时强制措施，因而拘留后应当立即将被拘留人送看守所羁押，以规范取证的程序。拘留后，除无法通知或者有碍侦查的情形外，应当在拘留后二十四小时以内，将拘留的原因和羁押的处所通知被拘留人的家属。此处的有碍侦查是指具有下列情形之一：一是可能毁灭、伪造证据，干扰证人作证或者串供的；二是可能引起同案犯逃避、妨碍侦查的；三是犯罪嫌疑人的家属与犯罪有牵连的。无法通知是指具有下列情形之一：一是不讲真实姓名、住址、身份不明的；二是没有家属的；三是提供的家属联系方式无法取得联系的；四是因自然灾害等不可抗力导致无法通知的。

第八十六条　【拘留后的讯问】

公安机关对被拘留的人，应当在拘留后的二十四小时以内进行讯问。在发现不应当拘留的时候，必须立即释放，发给释放证明。

条文主旨

拘留后的讯问

修改内容

本条未作修改。

条文解读与适用指引

公安机关对犯罪嫌疑人采取拘留措施的目的在于防止现行犯或重大嫌疑分子逃避侦查和审判，保证诉讼的顺利进行。公安机关对于被拘留的人，在二十四小时以内讯问，主要是为了尽快查清案件事实，核实证据，防止错误拘留。同时也可以及时收集证据、查获同案犯，防止证据灭失。通过讯问，如果发现不应当拘留的，应当立即释放犯罪嫌疑人，并发给释放证明。不应当拘留的情形包括：没有发生犯罪行为或者虽有犯罪行为，但非嫌疑人所为；犯罪行为轻微，依法不应追究刑事责任；虽然被拘留人实施了犯罪行为，但该人不具备《刑事诉讼法》第82条规定的需要采取拘留措施的情形，因而不需要对其采取拘留措施。

第八十七条　【提请批准逮捕的程序】

公安机关要求逮捕犯罪嫌疑人的时候，应当写出提请批准逮捕书，连同案卷材料、证据，一并移送同级人民检察院审查批准。必要的时候，人民检察院可以派人参加公安机关对于重大案件的讨论。

条文主旨

提请批准逮捕程序

修改内容

本条未作修改。

条文解读与适用指引

对于公安机关侦查的案件，批准逮捕的决定权在人民检察院。公安机关在侦查过程中需要逮捕犯罪嫌疑人时，应当报送同级人民检察院审查批捕。公安机关应制作《提请批准逮捕书》，其中应写明犯罪嫌疑人的基本情况，连同案卷材料、证据一并移送同级人民检察院审查批准。为了提高审查批准的准确性，该条规定，人民检察院在必要的时候，可以派人提前介入公安机关对于重大案情的讨论。人民检察院派人参加公安机关对重大案件的讨论，主要是从批捕的证据要求方面发表看法，并监督侦查机关取证行为的合法性，以保证侦查所获证据能够经得住非法证据排除的考验。这在一定程度上体现了人民检察院对侦查活动的引导作用。

第八十八条　【审查批准逮捕的方法】

人民检察院审查批准逮捕，可以讯问犯罪嫌疑人；有下列情形之一的，应当讯问犯罪嫌疑人：

（一）对是否符合逮捕条件有疑问的；

（二）犯罪嫌疑人要求向检察人员当面陈述的；

（三）侦查活动可能有重大违法行为的。

人民检察院审查批准逮捕，可以询问证人等诉讼参与人，听取辩护律师的意见；辩护律师提出要求的，应当听取辩护律师的意见。

条文主旨

审查批准逮捕的方法

修改内容

本条未作修改。

条文解读与适用指引

本条分两款。第1款规定了人民检察院审查批捕时的讯问职责。为了审慎适用逮捕，增加审查批捕程序的参与度，并了解核实犯罪嫌疑人的主客观情况，以准确适用逮捕措施，《高检规则》在根据《刑事诉讼法》及吸收司法实践经验的基础上规定，人民检察院审查批准逮捕，可以讯问犯罪嫌疑人。有下列情形之一的，人民检察院应当讯问犯罪嫌疑人：一是对是否符合逮捕条件有疑问的；二是犯罪嫌疑人要求向检察人员当面陈述的；三是侦查活动可能有重大违法行为的；四是案情重大疑难复杂的；五是犯罪嫌疑人系未成年人的；六是犯罪嫌疑人是盲、聋、哑人或者是尚未完全丧失或者控制自己行为能力的精神病人的。

第2款规定了人民检察院审查批捕时的询问、听取意见职责。为了更好地了解辩方意见，及时获取证明无罪或者罪轻的证据，使检察机关更全面地了解案件情况，保证批捕决定的准确性，本条第2款规定，人民检察院审查批准逮捕，可以询问证人等诉讼参与人，听取辩护律师的意见；辩护律师提出要求的，则应当听取辩护律师的意见。

第八十九条　【人民检察院审查批准逮捕的权限】

人民检察院审查批准逮捕犯罪嫌疑人由检察长决定。重大案件应当提交检察委员会讨论决定。

条文主旨

人民检察院审查批准逮捕的权限

修改内容

本条未作修改。

条文解读与适用指引

人民检察院对于公安机关提请批准逮捕的案件，监察机关移送起诉的案件，或者人民检察院自行侦查的案件中认为需要逮捕的，由办案人员首先审查报捕材料，具体从逮捕的三大要件是否具备、法律手续是否完备等方面进行形式与实质的审查，然后提出是否决定逮捕的初步意见报检察长决定，重大案件的批捕可提交检察委员会讨论决定。此处的重大案件是指案情重大疑难复杂或者犯罪嫌疑人身份敏感的案件。审查批准逮捕由检察长作出决定，是法律设置的对批捕决定的一道审查关口，通过检察长的再次审核，可以提高逮捕措施适用的准确性。由检察委员会对重大案件的审查批准逮捕作出决定，是民主集中制的重要体现，也是准确适用逮捕措施的重要保障。

第九十条　【人民检察院对提请批捕的处理】

人民检察院对于公安机关提请批准逮捕的案件进行审查后，应当根据情况分别作出批准逮捕或者不批准逮捕的决定。对于批准逮捕的决定，公安机关应当立即执行，并且将执行情况及时通知人民检察院。对于不批准逮捕的，人民检察院应当说明理由，需要补充侦查的，应当同时通知公安机关。

条文主旨

人民检察院对提请批捕的处理

修改内容

本条未作修改。

条文解读与适用指引

人民检察院对于公安机关提请批准逮捕的案件进行审查后，可以分别作出两种处理：一是对于符合逮捕的法定条件，即符合《刑事诉讼法》第81条规定的逮捕条件的，依法可以作出批准逮捕的决定。公安机关应当立即执行人民检察院的批捕决定，并及时将执行情况通知批准逮捕的人民检察院。二是对不符合逮捕条件或者具有《刑事诉讼法》第16条规定的情形之一的，应当作出不批准逮捕的决定，并制作不批准逮捕书。

人民检察院对于不批准逮捕的规定，应当向公安机关说明不批准的理由，对于证据不足、需要补充侦查的，应当在作出不批准逮捕决定的同时通知公安机关补充侦查。这样既可以有效地保障公安机关对批捕理由的知情权，为公安机关提出不捕异议提供条件，也可以充分引导公安机关继续侦查，按照法定标准收集证据，有效惩治犯罪。

第九十一条　【提请批捕和审查批捕的期限】

公安机关对被拘留的人，认为需要逮捕的，应当在拘留后的三日以内，提请人民检察院审查批准。在特殊情况下，提请审查批准的时间可以延长一日至四日。

对于流窜作案、多次作案、结伙作案的重大嫌疑分子，提请审查批准的时间可以延长至三十日。

人民检察院应当自接到公安机关提请批准逮捕书后的七日以内，作出批准逮捕或者不批准逮捕的决定。人民检察院不批准逮捕的，

公安机关应当在接到通知后立即释放，并且将执行情况及时通知人民检察院。对于需要继续侦查，并且符合取保候审、监视居住条件的，依法取保候审或者监视居住。

条文主旨

提请批捕和审查批捕的期限

修改内容

本条未作修改。

条文解读与适用指引

本条分三款。第 1 款规定了公安机关报捕的一般期限。公安机关对被拘留的人，认为需要逮捕的，应在三日以内报同级人民检察院审查批准逮捕。在特殊情况下，提请批准逮捕的时间依法可以延长一日至四日。所谓特殊情况，是指案情比较复杂或者案件所在地交通不便，无法在三日以内核查清楚提请报捕，基于办案的实际需要，刑诉法允许公安机关可以延长一日至四日提请人民检察院审查批捕。

第 2 款规定了公安机关报捕的特殊期限。对于流窜作案、多次作案、结伙作案的重大嫌疑分子，较之普通犯罪需要更为烦琐复杂的侦查工作，一律要求公安机关在拘留后七日之内作出是否需要提请逮捕的决定，与办案客观情况不符，因此，法律规定，公安机关对这几类重大嫌疑分子提请审查批准的时间可以延长至拘留后的三十日，以适应复杂犯罪侦查办案的需要。

第 3 款规定了人民检察院对提请批捕的处理。接到公安机关提请批准逮捕书后，人民检察院应当在七日内审查完毕，作出批准逮捕或者不批准逮捕的决定。对于人民检察院不批准逮捕的，公安机关一经接到通知，不管是否同意人民检察院的决定，都应当立即释放被拘留人，并有义务将执行情况通知人民检察院，接受其法律监督。对于需要继续侦查，并且符合采取取保候审或者监视居住条件的，公安机关应依法变更强制措施。

第九十二条 【公安机关对不批准逮捕决定的异议程序】

公安机关对人民检察院不批准逮捕的决定，认为有错误的时候，可以要求复议，但是必须将被拘留的人立即释放。如果意见不被接受，可以向上一级人民检察院提请复核。上级人民检察院应当立即复核，作出是否变更的决定，通知下级人民检察院和公安机关执行。

条文主旨

公安机关对不批准逮捕决定的异议程序

修改内容

本条未作修改。

条文解读与适用指引

公安机关收到人民检察院不批准逮捕的决定后，如果认为有错误，可以要求人民检察院复议。如果公安机关的意见不被接受，可以向上一级人民检察院提请复核。上级人民检察院应当立即复核，作出是否变更的决定，通知下级人民检察院和公安机关执行。在复议、复核期间，对于已经被拘留的犯罪嫌疑人，公安机关应当释放，或者变更为非羁押性的强制措施，而不得继续关押。此条规定在一定程度上体现了公安机关对人民检察院批捕工作的监督制约。

第九十三条 【逮捕的执行程序】

公安机关逮捕人的时候，必须出示逮捕证。

逮捕后，应当立即将被逮捕人送看守所羁押。除无法通知的以外，应当在逮捕后二十四小时以内，通知被逮捕人的家属。

条文主旨

逮捕的执行程序

修改内容

本条未作修改。

条文解读与适用指引

本条分两款。第1款是对公安机关执行逮捕时必须出示逮捕证的要求。公安机关凭人民法院决定、人民检察院批准或决定逮捕的法律文书制作逮捕证，并经县级以上公安机关负责人签发。公安机关执行逮捕时应向被逮捕人出示。被逮捕人应在逮捕证上签名或捺指印。拒绝签名或捺指印的，执行逮捕的人员应当予以注明。对于抗拒逮捕的，可以采取适当的强制手段，必要时可以使用械具和武器。

第2款规定了逮捕后的送押及通知工作。逮捕后，应当立即送看守所羁押。除无法通知的以外，公安机关应在二十四小时以内，把逮捕的原因和羁押的处所通知被逮捕人的家属。人民检察院和人民法院自行决定逮捕的，应由人民检察院和人民法院通知。无法通知是指具有下列情形之一：一是不讲真实姓名、住址、身份不明的；二是没有家属的；三是提供的家属联系方式无法取得联系的；四是因自然灾害等不可抗力导致无法通知的。

第九十四条　【捕后讯问】

人民法院、人民检察院对于各自决定逮捕的人，公安机关对于经人民检察院批准逮捕的人，都必须在逮捕后的二十四小时以内进行讯问。在发现不应当逮捕的时候，必须立即释放，发给释放证明。

条文主旨

捕后讯问

修改内容

本条未作修改。

条文解读与适用指引

人民法院、人民检察院对于各自决定逮捕的人，公安机关对于经人民检察院批准逮捕的人，都必须在逮捕后的二十四小时以内进行讯问，其目的是通过讯问，核实逮捕所依据的证据，及时查明逮捕措施是否得当，同时也可以及时补充取证，防止证据灭失。如果发现不应当逮捕而逮捕的，应当立即释放，并发给释放证明。“不应当逮捕的”情形包括：第一，没有发生犯罪行为或者虽有犯罪行为，但非嫌疑人所为；第二，犯罪行为轻微，依法不应追究刑事责任，或者不会判处有期徒刑以上刑罚的；第三，虽有犯罪行为，也可能判处有期徒刑以上刑罚，但法律免除刑事责任追究的；第四，犯罪行为虽然是被逮捕人所为，但是被逮捕人没有满足逮捕的社会危险性条件的。

第九十五条 【捕后羁押必要性审查】

犯罪嫌疑人、被告人被逮捕后，人民检察院仍应当对羁押的必要性进行审查。对不需要继续羁押的，应当建议予以释放或者变更强制措施。有关机关应当在十日以内将处理情况通知人民检察院。

条文主旨

捕后羁押必要性审查

修改内容

本条未作修改。

条文解读与适用指引

本条是关于捕后羁押必要性审查的规定。羁押必要性审查是指对被逮捕的犯罪嫌疑人、被告人是否具有取保候审、监视居住无法避免的社会危险性进行审查。随着诉讼活动的进行，公安司法机关收集、掌握的证据不断增多，犯罪嫌疑人、被告人的身体情况、家庭情况、认罪认罚情况可能会发生变化，其社会危险性可能逐渐减小，因而羁押必要性也相应降低。对不需要继续羁押的属于公安机关侦查的犯罪嫌疑人或人民法院决定逮捕的被告人，人民检察院应该建议予以释放或者变更强制措施。有关机关应当在十日以内将处理情况通知人民检察院。对于人民检察院直接受理侦查的案件，下级人民检察院应当经过上一级人民检察院同意后才能直接释放被逮捕的犯罪嫌疑人。

第九十六条　【发现强制措施不当的处理】

人民法院、人民检察院和公安机关如果发现对犯罪嫌疑人、被告人采取强制措施不当的，应当及时撤销或者变更。公安机关释放被逮捕的人或者变更逮捕措施的，应当通知原批准的人民检察院。

条文主旨

发现强制措施不当的处理

修改内容

本条未作修改。

条文解读与适用指引

本条规定了公检法机关发现采取强制措施不当的处理，也即应当及时撤销或者变更强制措施。刑事诉讼中的强制措施限制或者剥夺公民的人身自由，强制措施的适用必须遵循比例原则，运用强制措施应当严格按照刑诉法规定的条件和程序，对于不当的强制措施，应当及时撤销或者变更。刑事诉讼强制措施根据犯罪嫌疑人、被告人的犯罪危害性、人身危险性而采取，也会随着犯罪嫌疑人、被告人情况的改变而变更。随着对案件事实、案件取证工作的不断深入，人民法院、人民检察院和公安机关对犯罪嫌疑人、被告人的人身危险性的认识会更加清晰，可能发现对犯罪嫌疑人、被告人采取的强制措施不当，在此情况下应当及时予以纠正。纠正的方法有撤销和变更两种：撤销是指公检法机关对自己作出的采取强制措施的决定予以撤销；变更是指改变对犯罪嫌疑人、被告人采取强制措施的种类。逮捕的批准权属于人民检察院，即便公安机关拥有执行权，在释放被逮捕的人或者变更逮捕措施的，也必须通知作出原批准逮捕决定的人民检察院。

第九十七条　【申请变更强制措施的程序】

犯罪嫌疑人、被告人及其法定代理人、近亲属或者辩护人有权申请变更强制措施。人民法院、人民检察院和公安机关收到申请后，应当在三日以内作出决定；不同意变更强制措施的，应当告知申请人，并说明不同意的理由。

条文主旨

申请变更强制措施的程序

修改内容

本条未作修改。

条文解读与适用指引

强化对犯罪嫌疑人、被告人合法权利的保障是刑事诉讼法的基本指导思想。刑事诉讼强制措施不仅限制或者剥夺了犯罪嫌疑人、被告人人身自由，给其本人带来了身心的不利影响，也会对其社会关系人造成诸多不良影响。因而犯罪嫌疑人、被告人及其法定代理人、近亲属、辩护人有权向公安机关、人民检察院、人民法院提出变更强制措施的申请。刑诉法规定此项内容，也是为了让更多的与被采取强制措施有关的人员积极监督强制措施的执行情况。此处的近亲属是指犯罪嫌疑人、被告人的父、母、夫、妻、子、女、同胞兄弟姊妹。犯罪嫌疑人、被告人及其法定代理人、近亲属、辩护人可以在刑事诉讼的任何一个阶段向强制措施的决定机关提出强制措施的变更申请。以上人员在向公安机关、人民检察院、人民法院提出变更犯罪嫌疑人、被告人强制措施的申请时，应当明确申请变更强制措施的条件和理由，以便公安司法机关及时审核作出决定。

对于犯罪嫌疑人、被告人一方提出的变更强制措施的申请，实践中个别人民法院、人民检察院、公安机关会予以搁置，导致被不当适用强制措施的犯罪嫌疑人、被告人的权利无法获得切实有效的救济。为此，本条专门对变更强制措施的审核期限做了规定，人民法院、人民检察院、公安机关在收到变更强制措施的申请后，应该进行审查，并在三日以内作出决定；如果人民法院、人民检察院、公安机关决定不变更强制措施，则应当如实、及时地告知申请人不同意的理由。

第九十八条　【防止超期羁押的处理】

犯罪嫌疑人、被告人被羁押的案件，不能在本法规定的侦查羁押、审查起诉、一审、二审期限内办结的，对犯罪嫌疑人、被告人应当予以释放；需要继续查证、审理的，对犯罪嫌疑人、被告人可以取保候审或者监视居住。

条文主旨

防止超期羁押的处理

修改内容

本条未作修改。

条文解读与适用指引

刑事诉讼法没有专门规定羁押期限，刑事诉讼中的羁押期限通常被等同于侦查羁押、审查起诉以及一审、二审的办案期限。犯罪嫌疑人、被告人被羁押的案件，在法定办案期限内不能结案的，犯罪嫌疑人、被告人就可能一直处于被羁押状态，也可能造成超期羁押，损害人权的同时可能酿成错案。根据本条规定，犯罪嫌疑人、被告人被羁押的案件，如果没有在刑诉法规定的侦查羁押、审查起诉、一审、二审期限内办结的，对犯罪嫌疑人、被告人应当予以释放。如果确实有进一步查证的办案必要，应当根据《刑事诉讼法》第67条、第74条规定的取保候审、监视居住条件，及时变更为非羁押性措施。这样既减少了羁押的适用，保障犯罪嫌疑人、被告人的生活基本正常，也可以便利进一步的取证、质证工作。

第九十九条　【强制措施法定期限届满的处理】

人民法院、人民检察院或者公安机关对被采取强制措施法定期限届满的犯罪嫌疑人、被告人，应当予以释放、解除取保候审、监视居住或者依法变更强制措施。犯罪嫌疑人、被告人及其法定代理人、近亲属或者辩护人对于人民法院、人民检察院或者公安机关采取强制措施法定期限届满的，有权要求解除强制措施。

条文主旨

强制措施法定期限届满的处理

修改内容

本条未作修改。

条文解读与适用指引

本条包含两方面的内容。一是公检法机关对犯罪嫌疑人、被告人被采取强制措施法定期限届满的处理方式。对于在押的犯罪嫌疑人、被告人，羁押期限届满的，人民法院、人民检察院或者公安机关应当予以释放；如果需要继续查证、审理的，可以依法变更为非羁押性强制措施。对于取保候审或者监视居住期限届满的，则应当解除取保候审、监视居住。拘传持续时间满二十四小时的，应当停止拘传。

二是犯罪嫌疑人、被告人及其法定代理人、近亲属或者辩护人对公安司法机关采取强制措施法定期限届满的处理方式，也即有权要求解除强制措施。法定代理人是指犯罪嫌疑人、被告人的父母、养父母、监护人和负有保护义务的机关、团体代表；近亲属是指犯罪嫌疑人、被告人的夫、妻、父、母、子、女、同胞兄弟姐妹；辩护人包括犯罪嫌疑人、被告人委托的律师及其他类型的辩护人。“法定期限届满”是指对犯罪嫌疑人、被告人采取羁押性强制措施、非羁押性的强制措施达到了刑诉法规定的最高上限，因而必须解除或者变更强制措施。

第一百条　【人民检察院审查批捕中的侦查监督】

人民检察院在审查批准逮捕工作中，如果发现公安机关的侦查活动有违法情况，应当通知公安机关予以纠正，公安机关应当将纠正情况通知人民检察院。

条文主旨

人民检察院审查批捕中的侦查监督

修改内容

本条未作修改。

条文解读与适用指引

本条规定了人民检察院通过审查批捕对公安机关侦查活动的监督。人民检察院是国家的法律监督机关，依法对刑事诉讼实行法律监督。对公安机关的侦查活动进行监督是人民检察院刑诉法律监督的重要组成部分。人民检察院在审查批捕工作的监督措施包括审查核实批捕案卷材料、讯问报捕的犯罪嫌疑人、听取辩护律师意见等。如果发现侦查机关存在违法取证、侵犯人权的行为，应当以检察建议等形式通知公安机关及其他具有刑事侦查权的机关予以纠正。公安机关及其他具有刑事侦查权的机关应根据侦查活动违法的内容、程度，采取恰当的方式予以改正。公安机关应当及时纠正违法行为，并将纠正违法情况及时通知人民检察院。公安机关不纠正的，人民检察院可以通过不批准逮捕、立案侦查违法行为等手段，对违法侦查行为及其实施者进行程序和实体上的制裁。

第七章　附带民事诉讼

第一百零一条　【刑事附带民事诉讼的提起条件和提起主体】

被害人由于被告人的犯罪行为而遭受物质损失的，在刑事诉讼过程中，有权提起附带民事诉讼。被害人死亡或者丧失行为能力的，被害人的法定代理人、近亲属有权提起附带民事诉讼。

如果是国家财产、集体财产遭受损失的，人民检察院在提起公诉的时候，可以提起附带民事诉讼。

条文主旨

刑事附带民事诉讼的提起条件和提起主体

修改内容

本条未作修改。

条文解读与适用指引

本条分为两款。第1款是对刑事附带民事诉讼的提起条件和提起主体的规定。根据本款规定，附带民事诉讼需要符合下述条件：首先，被告人的行为构成了犯罪。附带民事诉讼需要以刑事诉讼的成立为前提，因此被告人的行为构成犯罪是提起附带民事诉讼的前提条件。其次，被害人遭受了物质损失。如果没有物质损失，就不能提起附带民事诉讼。根据相关解释，被害人因人身权利受到犯罪侵犯或者财物被犯罪分子毁坏而遭受物质损失的，有权在刑事诉讼过程中提起附带民事诉讼，而因受到犯罪侵犯提起附带民事诉讼要求赔偿精神损失的，人民法院则不予受理。再次，被害人的前述物质损失是由犯罪行为导致的，也即被告人的犯罪行为与被害人的物质损失之间必须具备因果关系。最后，附带民事诉讼提起的时间段必须是在刑事诉讼过程中，即应当在刑事案件立案后，判决生效前提起。根据本款规定，附带民事诉讼的主体包括以下两类：第一，被害人，即遭受犯罪行为侵害的自然人、法人或其他组织；第二，被害人死亡或者丧失行为能力的，其法定代理人、近亲属有权提起附带民事诉讼。

第 2 款是关于人民检察院提起附带民事诉讼的规定。国家财产、集体财产遭受损失且受损失的单位未提起附带民事诉讼的，人民检察院可以在提起公诉时一并提起附带民事诉讼，以维护国家和集体的财产权益。

第一百零二条　【刑事附带民事诉讼中的财产保全】

人民法院在必要的时候，可以采取保全措施，查封、扣押或者冻结被告人的财产。附带民事诉讼原告人或者人民检察院可以申请人民法院采取保全措施。人民法院采取保全措施，适用民事诉讼法的有关规定。

条文主旨

刑事附带民事诉讼中的财产保全

修改内容

本条未作修改。

条文解读与适用指引

本条是关于刑事附带民事诉讼财产保全措施的规定。根据本条规定，刑事附带民事诉讼中的财产保全可分为依职权保全和依申请保全。一方面，对于附带民事诉讼案件，人民法院在必要时可以依职权采取查封、扣押或者冻结被告人财产的方式进行财产保全，以防止因被告人转移财产或者因其他原因导致附带民事判决难以执行。另一方面，由于法院依职权进行财产保全仅限于审判阶段，而对被追诉人在侦查阶段或者审查起诉阶段转移财产等行为无法进行有效规制，因此2012年《刑事诉讼法》赋予了附带民事诉讼原告方申请人民法院采取保全措施的权利，以便权利人在侦查、起诉阶段也能够及时申请人民法院采取保全措施，从而更好地保障附带民事诉讼原告方的合法权益。根据本条，有权申请附带民事诉讼财产保全的主体为附带民事诉讼的原告人和人民检察院，之所以规定人民检察院可以申请保全是为了与本法第101条第2款“如果是国家财产、集体财产遭受损失的，人民检察院在提起公诉的时候，可以提起附带民事诉讼”的规定进行衔接。人民法院采取保全措施，适用民事诉讼法关于财产保全的规定，即《民事诉讼法》第100条至第105条的有关规定，但《民事诉讼法》第101条第3款的规定除外。

第一百零三条　【刑事附带民事诉讼中的调解与裁判】

人民法院审理附带民事诉讼案件，可以进行调解，或者根据物质损失情况作出判决、裁定。

条文主旨

刑事附带民事诉讼中的调解与裁判

修改内容

本条未作修改。

条文解读与适用指引

根据本条规定，人民法院审理刑事附带民事诉讼案件，可以采取调解的方式，根据自愿、合法的原则进行调解。刑事附带民事诉讼本质上属于民事诉讼，因此可以适用民事诉讼法中的调解制度。经调解达成协议的，应当制作调解书，调解书经双方当事人签收后，即具有法律效力。调解未达成协议或者调解书签收前当事人反悔的，附带民事诉讼应当同刑事诉讼一并判决。对于调解不成的，人民法院应当根据犯罪行为造成的物质损失，结合案件具体情况确定被告人应当赔偿的数额，依法及时对附带民事诉讼作出判决或裁定。

第一百零四条　【附带民事诉讼与刑事诉讼一并审判的原则及其例外】

附带民事诉讼应当同刑事案件一并审判，只有为了防止刑事案件审判的过分迟延，才可以在刑事案件审判后，由同一审判组织继续审理附带民事诉讼。

条文主旨

附带民事诉讼与刑事诉讼一并审判的原则及其例外

修改内容

本条未作修改。

条文解读与适用指引

本条包含两层含义：其一，通常情况下，附带民事诉讼应当同刑事案件一并审判，也即附带民事诉讼与刑事诉讼以一并审判为原则，以分开审判为例外。之所以要求附带民事诉讼与刑事诉讼一并审判，一方面是为了便于全面、准确查明被告人是否有罪及其犯罪行为造成的物质损失情况，依法认定被告人的刑事责任和民事赔偿责任。如依据相关司法解释，审理刑事附带民事诉讼案件，人民法院应当结合被告人赔偿被害人物质损失的情况认定其悔罪表现，并在量刑时予以考虑。另一方面，一并审判也有助于提高诉讼效率、节约诉讼资源。

其二，一并审判也存在法定的例外情形，根据本条规定，只有在为了防止刑事案件审判过分延迟的情况下，才可以在刑事案件审判后由同一审判组织继续审理附带民事诉讼。司法实践中，附带民事诉讼可能存在被害人人数众多、物质损失数额巨大短时间内难以准确认定等情况，此时如果仍采取一并审判的方式，就可能导致刑事案件审判的过分延迟。在这种情况下，法律规定可以待刑事案件审判之后，再由审理刑事案件的同一审判组织继续对附带民事诉讼部分进行审理，以便在不影响刑事审判进度的前提下，避免重复劳动、节约司法资源。

第八章　期间、送达

第一百零五条　【期间的计算】

期间以时、日、月计算。

期间开始的时和日不算在期间以内。

法定期间不包括路途上的时间。上诉状或者其他文件在期满前已经交邮的，不算过期。

期间的最后一日为节假日的，以节假日后的第一日为期满日期，但犯罪嫌疑人、被告人或者罪犯在押期间，应当至期满之日为止，不得因节假日而延长。

条文主旨

期间的计算

修改内容

本条未作修改。

条文解读与适用指引

本条分为四款。第1款规定了期间的计算单位。刑事诉讼中的期间，是指公安司法机关以及当事人和其他诉讼参与人进行刑事诉讼活动所应当遵守的时间期限。根据本款规定，刑事诉讼中的期间以时、日、月为计算单位。

第2款规定了期间的起算。以时为单位的，从下一时开始计算期间，开始之时不计算在期间以内；以日为单位的，从次日开始计算期间，开始之日不计算在期间以内。

第 3 款规定了法定期间不包括在途时间的期间计算原则。上诉状或者其他文件在期间届满前已经交邮的，即使到达时已经超过期限，也不算过期。

第 4 款规定了节假日顺延的期间计算原则及其例外。期间的最后一日为节假日的，应当将期满日期顺延至节假日后的第一个工作日。节假日有变通规定的，以实际休假日后的第一个工作日为期间届满的日期。但是这一顺延原则存在例外，即出于人权保障的考虑，对犯罪嫌疑人、被告人或者罪犯的在押期间，不能因节假日而延长，也即即便其期满之日是节假日的，也应当在当日解除羁押，而不能顺延至节假日之后。

第一百零六条　【期间的耽误与恢复】

当事人由于不能抗拒的原因或者有其他正当理由而耽误期限的，在障碍消除后五日以内，可以申请继续进行应当在期满以前完成的诉讼活动。

前款申请是否准许，由人民法院裁定。

条文主旨

期间的耽误与恢复

修改内容

本条未作修改。

条文解读与适用指引

本条分为两款。第 1 款规定了申请期间恢复的主体、条件和程序。期间的恢复是指，当事人由于不能抗拒的原因或者其他正当理由在法定期限内没有完成应当进行的诉讼行为的，在障碍消除后的一定期限内，申请法院准许其继续进行应当在期满以前完成的诉讼活动的一种补救措施。申请恢复期间的主体只能是当事人。申请恢复期间的条件有二：一是期限的耽误是由于不能抗拒的原因或者其他正当理由造成的。例如，发生了地震、台风、洪水等无法抗拒的自然灾害导致当事人无法进行诉讼活动或者是当事人因生病、遭遇意外事故等原因无法进行诉讼活动等。二是申请应在障碍消除后的五日以内提出。如果当事人怠于行使权利，超过了申请期限，则期间不能恢复。

第2款规定了有权决定是否准许恢复期间的主体，也即人民法院。期间恢复的申请必须向人民法院提出，由人民法院经审查，裁定是否准许。

第一百零七条　【送达】

送达传票、通知书和其他诉讼文件应当交给收件人本人；如果本人不在，可以交给他的成年家属或者所在单位的负责人员代收。

收件人本人或者代收人拒绝接收或者拒绝签名、盖章的时候，送达人可以邀请他的邻居或者其他见证人到场，说明情况，把文件留在他的住处，在送达证上记明拒绝的事由、送达的日期，由送达人签名，即认为已经送达。

条文主旨

送达

修改内容

本条未作修改。

条文解读与适用指引

本条分为两款。刑事诉讼中的送达是指公安机关、人民检察院、人民法院等专门机关按照法定的程序和方式将有关诉讼文书送交收件人的一种诉讼活动。送达可通过多种方式实现。本条第1款规定的是直接送达的方式，也即公安司法机关将诉讼文书直接送交收件人的送达方式。如果本人不在，由他的成年家属或者所在单位的负责人员代收，也属于直接送达。

第2款规定的是留置送达的方式，也即在收件人本人或代收人拒绝接收或者拒绝签名、盖章的时候，送达人依法将诉讼文件留在收件人、代收人住处的送达方式。留置送达的适用条件是收件人本人或者代收人拒绝接收或者拒绝签名、盖章。留置送达的适用程序主要包括：一是可以邀请收件人、代收人的邻居或其他见证人到场，说明情况，把文件留在收件人、代收人的住处；二是要在送达证上记明拒绝的事由、送达的日期，由送达人签名。完成以上程序，即视为送达，与直接送达具有同等效力。

除直接送达和留置送达外，实践中还有一些其他的送达方式，如委托送达、邮寄送达、转交送达等。

第九章　其他规定

第一百零八条　【某些用语的特定含义】

本法下列用语的含意是：

（一）“侦查”是指公安机关、人民检察院对于刑事案件，依照法律进行的收集证据、查明案情的工作和有关的强制性措施；

（二）“当事人”是指被害人、自诉人、犯罪嫌疑人、被告人、附带民事诉讼的原告人和被告人；

（三）“法定代理人”是指被代理人的父母、养父母、监护人和负有保护责任的机关、团体的代表；

（四）“诉讼参与人”是指当事人、法定代理人、诉讼代理人、辩护人、证人、鉴定人和翻译人员；

（五）“诉讼代理人”是指公诉案件的被害人及其法定代理人或者近亲属、自诉案件的自诉人及其法定代理人委托代为参加诉讼的人和附带民事诉讼的当事人及其法定代理人委托代为参加诉讼的人；

（六）“近亲属”是指夫、妻、父、母、子、女、同胞兄弟姊妹。

条文主旨

某些用语的特定含义

修改内容

原《刑事诉讼法》第106条第1项	新《刑事诉讼法》第108条第1项
(一)“侦查”是指公安机关、人民检察院在办理案件过程中，依照法律进行的专门调查工作和有关的强制性措施；	(一)“侦查”是指公安机关、人民检察院对于刑事案件，依照法律进行的收集证据、查明案情的工作和有关的强制性措施；

修改背景

本条的修改也是与监察法衔接的表现之一。《监察法》第11条规定：“监察委员会依照本法和有关法律规定履行监督、调查、处置职责……(二)对涉嫌贪污贿赂、滥用职权、玩忽职守、权力寻租、利益输送、徇私舞弊以及浪费国家资财等职务违法和职务犯罪进行调查……”也即监察委的职责之一就是对职务犯罪进行调查。因此，本条修改了“侦查”的含义，将“专门调查工作”改为了“收集证据、查明案情的工作”，以区分公安机关、人民检察院的侦查活动与监察委员会的调查活动。

条文解读与适用指引

本条对侦查、当事人、法定代理人、诉讼参与人、诉讼代理人及近亲属的含义予以了专门的解释。

侦查是指公安机关、人民检察院对于刑事案件，依照法律进行的收集证据、查明案情的工作和有关的强制性措施。其中，收集证据、查明案情的工作主要包括讯问犯罪嫌疑人、询问证人、被害人、勘验、检查、鉴定、搜查、扣押等；强制性措施主要包括拘传、取保候审、监视居住、拘留和逮捕这五种限制或剥夺人身自由的强制措施和搜查、扣押等具有强制性的取证措施，前者主要对人，后者主要对物，但均具有强制性，均属于强制性措施。其中，搜查、扣押既属于收集证据、查明案情的工作，也属于强制性措施。

当事人是指与案件结局有着直接的利害关系，对刑事诉讼进程发挥着较大影响作用的诉讼参与人。当事人包括被害人、自诉人、犯罪嫌疑人、被告人、附带民事诉讼的原告人和被告人。

法定代理人是指依照法律规定对无行为能力人或限制行为能力人负有保护义务的人，包括被代理人的父母、养父母、监护人和负有保护责任的机关、团体的代表。

诉讼参与人是指在刑事诉讼中享有一定诉讼权利、承担一定诉讼义务的除国家机关工作人员以外的人，包括当事人、法定代理人、诉讼代理人、辩护人、证人、鉴定人和翻译人员。

诉讼代理人是指接受委托，在代理权限内代被害人、自诉人或附带民事诉讼的当事人参加诉讼活动的人。包括被害人的诉讼代理人、自诉人的诉讼代理人和附带民事诉讼的当事人的诉讼代理人。被害人、自诉人、附带民事诉讼的当事人是无行为能力或限制行为能力人的，其法定代理人可以代为委托诉讼代理人。

近亲属是指与当事人等具有较近亲属关系的人，包括天然的近亲属关系和法律拟制的近亲属关系。根据本条的规定，刑事诉讼中的近亲属仅限于夫、妻、父、母、子、女、同胞兄弟姊妹，而不包括祖父母、外祖父母和孙子女、外孙子女。

第二编 立案、侦查和提起公诉

第一章 立 案

第一百零九条 【立案侦查的一般规定】

公安机关或者人民检察院发现犯罪事实或者犯罪嫌疑人，应当按照管辖范围，立案侦查。

条文主旨

立案侦查的一般规定

修改内容

本条未作修改。

条文解读与适用指引

立案是刑事诉讼的一个独立、必经的诉讼阶段，也是刑事诉讼的开始。公安机关和检察机关是享有侦查权的机关，一旦在行使职权的过程中发现犯罪需要追究刑事责任，即应按照管辖权的规定立案侦查。

此外，根据《刑事诉讼法》第4条的规定，“国家安全机关依照法律规定，办理危害国家安全的刑事案件，行使与公安机关相同的职权”，即国家安全机关在办理危害国家安全的刑事案件时，可行使法律赋予公安机关的立案、侦查、拘留、执行逮捕等职权。因此，国家安全机关如果发现危害国家安全的犯罪，应当按照管辖权的规定立案侦查。根据《刑事诉讼法》第308条的规定，军队保卫部门对军队内部发生的刑事案件、中国海警局对海上发生的刑事案件、监狱对罪犯在监狱内犯罪的案件，也有立案侦查权。

第一百一十条 【立案材料的来源与接受程序】

任何单位和个人发现有犯罪事实或者犯罪嫌疑人，有权利也有义务向公安机关、人民检察院或者人民法院报案或者举报。

被害人对侵犯其人身、财产权利的犯罪事实或者犯罪嫌疑人，有权向公安机关、人民检察院或者人民法院报案或者控告。

公安机关、人民检察院或者人民法院对于报案、控告、举报，都应当接受。对于不属于自己管辖的，应当移送主管机关处理，并且通知报案人、控告人、举报人；对于不属于自己管辖而又必须采取紧急措施的，应当先采取紧急措施，然后移送主管机关。

犯罪人向公安机关、人民检察院或者人民法院自首的，适用第3款规定。

条文主旨

立案材料的来源与接受程序

修改内容

本条未作修改。

条文解读与适用指引

本条分为四款。第1款、第2款和第4款规定了立案材料的来源，具体包括：

其一，发现犯罪事实或者犯罪嫌疑人的单位和个人的报案或举报。为了维护国家、集体或个人的合法权益，任何单位和个人在发现有犯罪事实或者犯罪嫌疑人时应当及时向公安司法机关报案或举报。报案和举报不同，报案是指单位和个人在发现犯罪事实后向公安机关、人民检察院、人民法院的报告；举报的内容则较为详细，既包括犯罪事实，也包括犯罪嫌疑人的相关信息。

其二，被害人的报案或控告。被害人是直接遭受犯罪行为侵害的人，具有追究犯罪的强烈愿望和积极主动性。此外，被害人通常与犯罪嫌疑人有直接接触，对犯罪事实和犯罪嫌疑人比较了解，往往能够提供较为详细、具体的案件情况。控告和举报的区别在于，控告一般来自被害人，而举报则是由与案件无直接利害关系的单位或个人提出的。

其三，犯罪人的自首。自首是指犯罪后自动投案，向公安、司法机关或其他有关机关如实供述自己的罪行的行为。自首既可以是犯罪人自动投案，也可以通过亲属规劝、陪同等方式投案。我国刑法规定，自首的可以从轻或减轻处罚。其中，犯罪较轻的可以免除处罚。

第3款规定了对立案材料的接受和处理程序。公安机关、人民检察院或人民法院对于报案、控告、举报以及自首等材料，都应当接受而不得以任何借口推诿和拒绝。经过对立案材料的审查，认为属于自己管辖的，应当立即受理；经审查对于不属于本机关管辖的，应当移送有管辖权的机关处理，同时通知报案人、控告人、举报人；对于不属于自己管辖但是需要立即采取紧急措施的，应当先采取紧急措施，然后再移送主管机关处理。对于确不属于本单位立案范围的，接受立案材料的机关应向举报人、控告人、报案人说明不予受理的理由，并告知其应当向哪个机关举报、控告和报案。

第一百一十一条　【报案、控告和举报的形式与相关程序】

报案、控告、举报可以用书面或者口头提出。接受口头报案、控告、举报的工作人员，应当写成笔录，经宣读无误后，由报案人、控告人、举报人签名或者盖章。

接受控告、举报的工作人员，应当向控告人、举报人说明诬告应负的法律责任。但是，只要不是捏造事实，伪造证据，即使控告、举报的事实有出入，甚至是错告的，也要和诬告严格加以区别。

公安机关、人民检察院或者人民法院应当保障报案人、控告人、举报人及其近亲属的安全。报案人、控告人、举报人如果不愿公开

自己的姓名和报案、控告、举报的行为，应当为他保守秘密。

条文主旨

报案、控告和举报的形式与相关程序

修改内容

本条未作修改。

条文解读与适用指引

本条分为三款。第1款规定了报案、控告和举报可以书面或口头的方式提出，二者具有相同的法律效力。接受口头报案、控告和举报的，应该由工作人员制作笔录，保证口头材料的真实、客观。笔录应当交由本人阅读，不具备阅读能力的应当对其进行宣读。笔录如有错误应当允许对方更正。笔录经确认无误后应当由本人签字或盖章。单位作为报案人、控告人和举报人应当提交书面材料，并应加盖单位的公章和法定代表人的签名或盖章。

第2款规定了为了确保控告人、举报人实事求是、客观真实地控告和举报，工作人员应当向控告人、举报人说明诬告应承担的法律责任。但是应当严格区分诬告和由于主客观原因导致的错告。只要不是捏造事实、伪造证据，均不可认定为诬告，不负法律责任。

第3款规定了公安机关、人民检察院或者人民法院的保密义务。为了保障报案人、控告人、举报人及其近亲属的安全，如果报案人、控告人、举报人不愿公开自己的姓名和报案、控告、举报的行为，公安机关、人民检察院或者人民法院应当为其保守秘密，免除报案人、控告人、举报人的思想顾虑。

对于实践中常见的匿名报案、控告或举报应当慎重对待。既不可一概否认其价值，也不应轻信其内容，而应当认真审查，经查证属实方可作为立案材料的来源。

第一百一十二条　【立案的条件及相关程序】

人民法院、人民检察院或者公安机关对于报案、控告、举报和自首的材料，应当按照管辖范围，迅速进行审查，认为有犯罪事实需要追究刑事责任的时候，应当立案；认为没有犯罪事实，或者犯罪事实显著轻微，不需要追究刑事责任的时候，不予立案，并且将不立案的原因通知控告人。控告人如果不服，可以申请复议。

条文主旨

立案的条件及相关程序

修改内容

本条未作修改。

条文解读与适用指引

人民法院、人民检察院或公安机关对于立案材料，应当依据法律规定的管辖范围迅速审查。审查的内容为是否有犯罪事实并且需要追究刑事责任。有犯罪事实并且需要追究刑事责任的，应当立案；对于没有犯罪事实，或者虽有犯罪事实但是情节显著轻微不需追究刑事责任的，则不予立案。

因此，公安司法机关决定是否立案的标准有二：一是有犯罪事实，也称为事实条件，即立案材料中反映出已经存在危害社会的犯罪行为，包括犯罪预备、正在实施、犯罪未遂、既遂和中止各形态。需要注意的是，应严格区分罪与非罪，能够立案的行为应当是符合刑法规定的犯罪构成要件的行为；应正确把握立案标准，立案材料中指控的事实应当有一定的证据材料予以证明，但不需要达到非常高的证明标准，只要达到能够证明犯罪事实存在的标准即可。二是需要追究刑事责任，也称法律条件，即依照法律规定应当追究行为人的刑事责任。依照我国《刑法》和《刑事诉讼法》的规定，并不是有了犯罪事实就一定要追究行为人的刑事责任，如修改后的《刑事诉讼法》第16条就规定了若干不需要追究刑事责任的情形：（一）情节显著轻微、危害不大，不认为是犯罪的；（二）犯罪已过追诉时效期限的；（三）经特赦令免除刑罚的；（四）依照刑法告诉才处理的犯罪，没有告诉或者撤回告诉的；（五）犯罪嫌疑人、被告人死亡的；（六）其他法律规定免予追究刑事责任的。因此，不是有了犯罪事实就必然会立案，还必须有必要追究行为人的刑事责任时，才会立案。

人民法院、人民检察院或公安机关认为不符合立案的条件而作出不予立案的决定，应当将作出该决定的理由告知控告人。控告人不服不予立案的决定，可以申请复议。需要注意的是，本条未提及要将不予立案的理由告知报案人和举报人，也未赋予报案人和举报人申请复议的权利。控告人一般是被害人，知情权和申请复议权意在保障被害人的合法权益，也是对作出不予立案决定的机关的监督和制约。控告人申请复议应当向作出不予立案决定的机关提出，该机关应当及时受理。

第一百一十三条　【立案监督】

人民检察院认为公安机关对应当立案侦查的案件而不立案侦查的，或者被害人认为公安机关对应当立案侦查的案件而不立案侦查，向人民检察院提出的，人民检察院应当要求公安机关说明不立案的理由。人民检察院认为公安机关不立案理由不能成立的，应当通知公安机关立案，公安机关接到通知后应当立案。

条文主旨

立案监督

修改内容

本条未作修改。

条文解读与适用指引

人民检察院是我国《宪法》明确规定的法律监督机关，其法律监督职能贯穿刑事诉讼的始终。立案是刑事诉讼程序的起始阶段，立案监督是人民检察院法律监督职能的重要组成部分。本条规定的是人民检察院对公安机关应当立案侦查而不立案侦查的监督。具体包括两种情形：一是人民检察院通过办案、接受报案、控告、举报等途径，发现公安机关对应当立案侦查的案件而不立案侦查的；二是被害人认为公安机关对应当立案侦查的案件而不立案侦查，向人民检察院提出的。无论是哪种情形，人民检察院均有权要求公安机关说明不予立案的理由。公安机关说明不予立案的理由后，人民检察院认为公安机关不立案理由不能成立的，应当通知公安机关立案。这一通知具有法律效力，公安机关接到通知后应当立案，这是人民检察院立案监督的刚性表现。此外，《人民检察院刑事诉讼规则（试行）》还补充了人民检察院对公安机关不应立案而立案的监督。

第一百一十四条　【自诉案件起诉主体和人民法院如何处理】

对于自诉案件，被害人有权向人民法院直接起诉。被害人死亡或者丧失行为能力的，被害人的法定代理人、近亲属有权向人民法院起诉。人民法院应当依法受理。

条文主旨

自诉案件起诉主体和人民法院如何处理

修改内容

本条未作修改。

条文解读与适用指引

自诉案件是公诉案件的对称，指被害人或其法定代理人、近亲属为追究被告人的刑事责任，直接向司法机关提起诉讼，并由司法机关直接受理的刑事案件。根据修改后的《刑事诉讼法》第210条的规定，自诉案件包括下列案件：（一）告诉才处理的案件；（二）被害人有证据证明的轻微刑事案件；（三）被害人有证据证明对被告人侵犯自己人身、财产权利的行为应当依法追究刑事责任，而公安机关或者人民检察院不予追究被告人刑事责任的案件。有权向人民法院提起自诉的主体有二：一是案件的被害人，二是在被害人死亡或者丧失行为能力的情况下，被害人的法定代理人、近亲属。“被害人死亡或者丧失行为能力”，是指由于犯罪行为导致被害人死亡或失去以自己行为依法行使权利承担义务的能力、案发后因其他原因死亡或丧失行为能力以及本无行为能力的情形。被害人或被害人的法定代理人、近亲属向人民法院提起自诉的，人民法院应当依法受理，并按照本法第211条的规定进行审查。对于不符合人民法院管辖的，应当将材料移送有权机关处理。

第二章　侦　　查

第一节　一般规定

第一百一十五条　【侦查的一般规定】

公安机关对已经立案的刑事案件，应当进行侦查，收集、调取犯罪嫌疑人有罪或者无罪、罪轻或者罪重的证据材料。对现行犯或者重大嫌疑分子可以依法先行拘留，对符合逮捕条件的犯罪嫌疑人，应当依法逮捕。

条文主旨

侦查的一般规定

修改内容

本条未作修改。

条文解读与适用指引

公安机关通常将刑事案件的侦查分为前期的侦查和后期的预审两个阶

段。尽管侦审机构早已合一，但是这两项工作仍然相对分离。本条规定了公安机关侦查活动的主要内容。其一，收集、调取证据。收集、调取证据必须客观全面，既要收集、调取能够证明犯罪嫌疑人有罪、罪重的证据材料，也要收集、调取能够证明犯罪嫌疑人无罪、罪轻的证据材料。其二，采取强制措施。采取强制措施必须严格依法进行。《刑事诉讼法》对拘留、逮捕等强制措施的条件、方式、方法、步骤等都进行了具体而明确的规定，公安机关必须严格依据法律采取有关的强制措施。

第一百一十六条 【预审的一般规定】

公安机关经过侦查，对有证据证明有犯罪事实的案件，应当进行预审，对收集、调取的证据材料予以核实。

条文主旨

预审的一般规定

修改内容

本条未作修改。

条文解读与适用指引

本条规定了公安机关预审活动的启动条件和主要内容。预审启动的条件是经过侦查，有证据证明有犯罪事实。预审的主要内容是对侦查活动中收集、调取的证据材料予以核实，以准确、及时地查明犯罪嫌疑人的全部犯罪事实，追查其他应当追究刑事责任的人，保障无罪的人不受刑事追究，并保证侦查活动的合法性和所收集证据的有效性。

第一百一十七条 【救济程序违法的一般规定】

当事人和辩护人、诉讼代理人、利害关系人对于司法机关及其工作人员有下列行为之一的，有权向该机关申诉或者控告：

（一）采取强制措施法定期限届满，不予以释放、解除或者变更的；

（二）应当退还取保候审保证金不退还的；

（三）对与案件无关的财物采取查封、扣押、冻结措施的；

（四）应当解除查封、扣押、冻结不解除的；

（五）贪污、挪用、私分、调换、违反规定使用查封、扣押、冻结的财物的。

受理申诉或者控告的机关应当及时处理。对处理不服的，可以向同级人民检察院申诉；人民检察院直接受理的案件，可以向上一级人民检察院申诉。人民检察院对申诉应当及时进行审查，情况属实的，通知有关机关予以纠正。

条文主旨

救济程序违法的一般规定

修改内容

本条未作修改。

条文解读与适用指引

本条分为两款。第1款列举了司法实践中常见的五种重大程序违法情形并明确了申诉、控告的主体范围。侦查活动违法不仅可能侵害案件当事人及其他诉讼参与人，也可能会侵害到与案件相关的其他人，如查封、扣押、冻结可能侵害第三人的财产权。因此，有权申诉、控告的主体，不限于刑事诉讼参与人，还包括因程序违法而遭受利益受损的其他人。

第2款明确了救济手段。可先向程序违法机关提出申诉或控告，该机关应当及时处理。对该处理不服的，可向同级人民检察院申诉。如果是人民检察院及其工作人员涉嫌程序违法，则可向上一级人民检察院申诉。人民检察院应当及时对该申诉予以审查，经审查情况属实的，应通知有关机关予以纠正。人民检察院是国家的法律监督机关，有权力也有义务对司法机关及其工作人员的程序违法行为予以监督。

第二节　讯问犯罪嫌疑人

第一百一十八条　【讯问犯罪嫌疑人的人员和场所】

讯问犯罪嫌疑人必须由人民检察院或者公安机关的侦查人员负责进行。讯问的时候，侦查人员不得少于二人。

犯罪嫌疑人被送交看守所羁押以后，侦查人员对其进行讯问，应当在看守所内进行。

条文主旨

讯问犯罪嫌疑人的人员和场所

修改内容

本条未作修改。

条文解读与适用指引

该条对讯问犯罪嫌疑人的程序规定了两个方面的具体要求：其一，规定了讯问犯罪嫌疑人的人员和人数。讯问犯罪嫌疑人必须由人民检察院或者公安机关的侦查人员进行。讯问的时候，侦查人员不得少于二人，以便于侦查人员在讯问时互相配合、互相监督，提高讯问的效率，保证讯问的合法性，同时防止犯罪嫌疑人为逃脱法律制裁而逃跑、自杀或自伤等。其二，规定了讯问犯罪嫌疑人的地点。犯罪嫌疑人被送交看守所羁押以后，侦查人员对犯罪嫌疑人的讯问只能在看守所内进行，以防止刑讯逼供等违法行为的发生，保障犯罪嫌疑人的合法权益。

第一百一十九条　【传唤、拘传的条件和程序】

对不需要逮捕、拘留的犯罪嫌疑人，可以传唤到犯罪嫌疑人所

在市、县内的指定地点或者到他的住处进行讯问，但是应当出示人民检察院或者公安机关的证明文件。对在现场发现的犯罪嫌疑人，经出示工作证件，可以口头传唤，但应当在讯问笔录中注明。

传唤、拘传持续的时间不得超过十二小时；案情特别重大、复杂，需要采取拘留、逮捕措施的，传唤、拘传持续的时间不得超过二十四小时。

不得以连续传唤、拘传的形式变相拘禁犯罪嫌疑人。传唤、拘传犯罪嫌疑人，应当保证犯罪嫌疑人的饮食和必要的休息时间。

条文主旨

传唤、拘传的条件和程序

修改内容

本条未作修改。

条文解读与适用指引

本条分为三款。第 1 款规定了传唤的程序。对不需要逮捕、拘留的犯罪嫌疑人，可以传唤到犯罪嫌疑人所在市、县内的指定地点，如国家机关、社会团体、企事业单位以及居委会等，或者到他的住处进行讯问。在讯问之前，应当出示人民检察院或者公安机关的证明文件。在现场发现犯罪嫌疑人，因情况紧急来不及办理相关手续，可经出示工作证件后进行口头传唤，但应当在讯问笔录中注明。

第 2 款规定了传唤、拘传的时间限制。原则上传唤、拘传不得超过十二小时，以防止变相拘禁犯罪嫌疑人。但对于案情特别重大、复杂，需要采取拘留、逮捕措施的，传唤、拘传持续的时间不得超过二十四小时。

第 3 款规定了传唤、拘传犯罪嫌疑人，应当保证犯罪嫌疑人的饮食和必要的休息时间，保障犯罪嫌疑人的基本人权。随着法治的进步，刑讯逼供在逐渐减少，但在司法实践中，通过连续传唤、拘传，不让睡觉，不给饮食等不规范的审讯行为仍然存在。这既是对犯罪嫌疑人人权的侵犯，也会干扰案件的公平公正处理，导致冤案和错案。本款规定对于杜绝变相刑讯逼供行为的发生，保障犯罪嫌疑人的人权提供了依据。

第一百二十条　【讯问犯罪嫌疑人的步骤和方法】

侦查人员在讯问犯罪嫌疑人的时候，应当首先讯问犯罪嫌疑人是否有犯罪行为，让他陈述有罪的情节或者无罪的辩解，然后向他提出问题。犯罪嫌疑人对侦查人员的提问，应当如实回答。但是对与本案无关的问题，有拒绝回答的权利。

侦查人员在讯问犯罪嫌疑人的时候，应当告知犯罪嫌疑人享有的诉讼权利，如实供述自己罪行可以从宽处理和认罪认罚的法律规定。

条文主旨

讯问犯罪嫌疑人的步骤和方法

修改内容

原《刑事诉讼法》第 118 条第 2 款	新《刑事诉讼法》第 120 条第 2 款
侦查人员在讯问犯罪嫌疑人的时候，应当告知犯罪嫌疑人如实供述自己罪行可以从宽处理的法律规定。	侦查人员在讯问犯罪嫌疑人的时候，应当告知犯罪嫌疑人享有的诉讼权利，如实供述自己罪行可以从宽处理和认罪认罚的法律规定。

修改背景

2018 年刑事诉讼法修改的重要内容之一就是要总结认罪认罚从宽制度改革的试点经验，对《关于在部分地区开展刑事案件认罪认罚从宽制度试点工作的办法》（以下简称《办法》）中的合理规定予以吸收。《办法》第 8 条第 1 款规定：“在侦查过程中，侦查机关应当告知犯罪嫌疑人享有的诉讼权利和认罪认罚可能导致的法律后果，听取犯罪嫌疑人及其辩护人或者值班律师的意见，犯罪嫌疑人自愿认罪认罚的，记录在案并附卷。”保障犯罪嫌疑人认罪认罚的自愿性是认罪认罚从宽制度具有正当性的前提，而保障犯罪嫌疑人的知情权又是保障其自愿性的前提，如果犯罪嫌疑人对其认罪认罚的内容、性质、后果等缺乏真正的理解，就谈不上是自愿地认罪认罚。2012 年刑事诉讼法修改时，已经增加规定了侦查人员在讯问时应当告知犯罪嫌疑人如实供述可以从宽处理。2018 年刑事诉讼法修改又在此基础上吸收《办法》第 8 条的相关规定并加以完善，将“认罪认罚可能导致的法律后果”改为“认罪认罚的法律规定”，实际上扩大了告知内容，进一步保障了犯罪嫌疑人的知情权，保障了其认罪认罚的自愿性。

条文解读与适用指引

本条分为两款。第 1 款规定了讯问的步骤。在讯问前，犯罪嫌疑人是否有罪尚无法确定，需要通过讯问予以证实。为了防止主观片面、先入为主，保证讯问的客观性和公正性，侦查人员在讯问犯罪嫌疑人时应首先讯问他是否有犯罪行为。如果犯罪嫌疑人承认并坦白犯罪行为，则要求其陈述犯罪的具体经过和情节；如果犯罪嫌疑人否认犯罪事实，则应让其作无罪的辩解。然后侦查人员再就犯罪规嫌疑人供述或辩解不明或前后矛盾之处向其提问，如犯罪嫌疑人的犯罪事实、动机、目的、手段，与犯罪有关的时间、地点、相关的人、事、物，都应当讯问清楚。侦查人员应当围绕查明案件事实、揭露犯罪进行全面、客观的讯问，对于与本案无关的问题，犯罪嫌疑人有权拒绝回答。

第 2 款规定了侦查人员在讯问犯罪嫌疑人时的告知义务。侦查人员在讯问犯罪嫌疑人的时候，应当告知犯罪嫌疑人享有的诉讼权利，如实供述自己罪行可以从宽处理和认罪认罚的法律规定，以鼓励犯罪嫌疑人如实回答问题，体现坦白从宽的刑事司法政策，保障犯罪嫌疑人的诉讼权利。

第一百二十一条 【讯问聋、哑犯罪嫌疑人的程序】

讯问聋、哑的犯罪嫌疑人，应当有通晓聋、哑手势的人参加，并且将这种情况记明笔录。

条文主旨

讯问聋、哑犯罪嫌疑人的程序

修改内容

本条未作修改。

条文解读与适用指引

聋、哑犯罪嫌疑人因沟通存在障碍，为了保障他们的合法权益，并防止由于沟通中的误解造成对事实认定的误导，尽早查明案件事实，侦查人员在讯问时，应当安排通晓聋、哑手势的人参加，准确转达讯问人员及犯罪嫌疑人的提问与回答，保障其沟通的顺畅，防止形成误解，并将有通晓聋、哑手势的人参加讯问的情况在讯问笔录中记明。

第一百二十二条 【讯问笔录的制作】

讯问笔录应当交犯罪嫌疑人核对，对于没有阅读能力的，应当向他宣读。如果记载有遗漏或者差错，犯罪嫌疑人可以提出补充或者改正。犯罪嫌疑人承认笔录没有错误后，应当签名或者盖章。侦查人员也应当在笔录上签名。犯罪嫌疑人请求自行书写供述的，应当准许。必要的时候，侦查人员也可以要犯罪嫌疑人亲笔书写供词。

条文主旨

讯问笔录的制作

修改内容

本条未作修改。

条文解读与适用指引

讯问笔录是重要的证据材料。侦查人员应当全面、客观地记录讯问情况，如实地反映侦查人员的提问和犯罪嫌疑人的回答。为了确保讯问笔录是犯罪嫌疑人真实的意思表达，应当将讯问笔录交犯罪嫌疑人核对，对于没有阅读能力的，应当向他宣读。如果记载有遗漏或者差错，犯罪嫌疑人可以提出补充或者改正。讯问笔录经核对无误后，犯罪嫌疑人应当签名或者盖章，进行讯问的侦查人员也应当在笔录上签名。犯罪嫌疑人请求自行书写供述的，应当准许。必要的时候，如犯罪嫌疑人因口吃等情况无法准确进行口头表达而由其自行书写供述更能准确表达其真实意思和说明案件情况时，或为了以犯罪嫌疑人的书面笔录作为样本进行笔迹鉴定时等，侦查人员也可以要犯罪嫌疑人亲笔书写供词。制作讯问笔录应使用能够长期保持字迹的材料。

第一百二十三条 【讯问时录音录像制度】

侦查人员在讯问犯罪嫌疑人的时候，可以对讯问过程进行录音或者录像；对于可能判处无期徒刑、死刑的案件或者其他重大犯罪案件，应当对讯问过程进行录音或者录像。

录音或者录像应当全程进行，保持完整性。

条文主旨

讯问时录音录像制度

修改内容

本条未作修改。

条文解读与适用指引

本条分为两款。第 1 款规定了讯问时录音录像制度的适用范围。对犯罪嫌疑人的讯问过程进行录音录像，能有效防止侦查人员以刑讯逼供等非法方法获取犯罪嫌疑人的供述，保证讯问的合法有效。对一般案件的犯罪嫌疑人，由侦查机关决定是否采取录音或录像；对于可能判处无期徒刑、死刑的案件或者其他重大犯罪案件，则一律要对讯问过程进行录音或者录像。

第 2 款规定了全程录音录像原则。对讯问过程进行录音或录像时，应当对讯问过程进行不间断的全程录音录像，保持录音录像的连续性，不得有选择性地录制，不得剪切和删改。

第三节　询问证人

第一百二十四条　【询问证人的地点和个别询问原则】

侦查人员询问证人，可以在现场进行，也可以到证人所在单位、住处或者证人提出的地点进行，在必要的时候，可以通知证人到人民检察院或者公安机关提供证言。在现场询问证人，应当出示工作证件，到证人所在单位、住处或者证人提出的地点询问证人，应当出示人民检察院或者公安机关的证明文件。

询问证人应当个别进行。

条文主旨

询问证人的地点和个别询问原则

修改内容

本条未作修改。

条文解读与适用指引

本条分为两款。第 1 款主要规定了询问证人的地点。证人是知道案件情况的人。侦查人员可以在现场进行询问，证人身处犯罪现场有助于证人回忆案件情况，同时方便侦查人员及时根据现场情况与证人陈述进行比对从而准确了解案情。在现场询问证人，应当出示工作证件。对于没必要或不适合在现场询问证人的案件，侦查人员可以到证人的所在单位、住处或者证人提出的地点进行询问，以更好地保护证人，减轻证人的思想顾虑，同时也有利于获得证人所在单位的支持和通过单位了解证人的情况。到证人所在单位、住处或者证人提出的地点询问证人，应当出示人民检察院或公安机关的证明文件。在必要的时候，如为了保守侦查秘密，保护证人安全，防止证人的单位、亲属或其他人的干扰，保障证人如实提供证言，也可以通知证人到侦查机关接受询问。

第 2 款规定了询问证人时的个别询问原则。为了保证证人如实地提供证言，避免证人之间相互影响或相互串通，当同一案件有多名证人时，侦查人员应当单独个别进行讯问。

第一百二十五条　【询问证人时侦查人员的告知义务】

询问证人，应当告知他应当如实地提供证据、证言和有意作伪证或者隐匿罪证要负的法律责任。

条文主旨

询问证人时侦查人员的告知义务

修改内容

本条未作修改。

条文解读与适用指引

证人证言是案件证据的重要来源。每个证人都有如实作证的义务。侦查机关在询问证人时应当明确告知其两个方面的问题：一是如实提供证据、证言的义务；二是违反义务的法律后果，也即有意作伪证或者隐匿罪证要负的法律责任。这是保证证人如实陈述的重要措施。

第一百二十六条　【询问笔录的制作】

本法第一百二十二条的规定，也适用于询问证人。

条文主旨

询问笔录的制作

修改内容

本条未作实质性修改，仅更新了援引法条的序号。

条文解读与适用指引

询问证人，应当制作询问笔录。证人证言与犯罪嫌疑人的供述和辩解均属言词证据，其笔录的制作程序与方法相同。依照本法第122条的规定，询问笔录应交证人核对，对于没有阅读能力的证人，应当向他宣读。对于询问笔录中的遗漏或者差错，证人可以提出补充或者改正。证人对询问笔录核对无误后，应当签名或者盖章。侦查人员也应当在笔录上签名。证人要求自行书写证词的应当准许。必要的时候，侦查人员也可以要求证人亲笔书写证词。

第一百二十七条　【询问被害人】

询问被害人，适用本节各条规定。

条文主旨

询问被害人

修改内容

本条未作修改。

条文解读与适用指引

本节关于询问证人的各条规定，包括询问证人的地点、方式、程序和笔录的制作等，也同样适用于询问被害人。但是，由于被害人受到犯罪行为的直接侵害，与案件有着直接的利害关系，在诉讼中与证人的地位、心理状态不同，因此，询问被害人除了应当遵守询问证人的各项规定以外，还应当注意被害人害怕打击报复或顾及名誉、情面的特殊心理以及被害人急于证实犯罪、希望犯罪受到惩罚的心理，耐心做好被害人的思想工作，使其如实陈述，做到既不遗漏又不夸大案件情节。对伤势较重、有生命危险的被害人，要及时询问并进行录音、录像。要采取措施保障被害人的人身安全，并对询问中涉及的被害人隐私予以保密。

第四节　勘验、检查

第一百二十八条　【勘验、检查的对象和主体】

侦查人员对于与犯罪有关的场所、物品、人身、尸体应当进行勘验或者检查。在必要的时候，可以指派或者聘请具有专门知识的人，在侦查人员的主持下进行勘验、检查。

条文主旨

勘验、检查的对象和主体

修改内容

本条未作修改。

条文解读与适用指引

勘验、检查是侦查机关收集证据、查明案情的措施之一。勘验的对象是与犯罪有关的场所、物品。检查的对象是与犯罪有关的人身、尸体。与犯罪有关的场所，是指犯罪现场、现场外围及其他可能留有犯罪物品和痕迹的地方。与犯罪有关的物品，是指犯罪工具和现场遗留物等。与犯罪有关的人身，是指犯罪分子或者被害人的身体。与犯罪有关的尸体，是指死因与犯罪有关的尸体，可能是被害人的尸体，也可能是犯罪分子的尸体。

勘验、检查的主体是侦查人员。执行勘验、检查的侦查人员应当具备勘验、检查的专业知识和专业技能，具有勘验、检查资格。不过，考虑到犯罪的复杂性，有些案件，尤其是利用高科技手段的犯罪案件，需要拥有专门知识的人参与勘验、检查，帮助侦查人员查明案件事实。因此，在必要的时候，侦查机关可以指派或者聘请有专门知识的人进行勘验或者检查。但是，为了确保勘验、检查工作的有序性，以及能够适应整体侦查工作的需要，勘验、检查工作仍需要在侦查人员的主持和组织之下进行。

第一百二十九条　【保护犯罪现场】

任何单位和个人，都有义务保护犯罪现场，并且立即通知公安机关派员勘验。

条文主旨

保护犯罪现场

修改内容

本条未作修改。

条文解读与适用指引

犯罪现场是破案的门户，对侦查工作至关重要，犯罪现场能够反映犯罪分子作案的过程、手段及其他有关情况。犯罪分子作案后，一般也会在犯罪现场留下指纹、掌纹、脚印、毛发、犯罪工具等痕迹、物证。因此，保护现场对于侦破刑事案件，查获犯罪分子具有重要的意义。

根据本条规定，保护犯罪现场是每个单位和个人的义务。任何单位和个人发现犯罪现场后，都要积极主动地设法保护犯罪现场，防止他人进入现场，触摸现场中的痕迹、物品和尸体，并且要立即通知公安机关，报告发现犯罪现场的时间、地点、犯罪性质及相关情况。公安机关接到报案后，应当迅速派员赶赴现场进行勘验。

第一百三十条　【侦查人员勘验、检查必须持有证明文件】

侦查人员执行勘验、检查，必须持有人民检察院或者公安机关的证明文件。

条文主旨

侦查人员勘验、检查必须持有证明文件

修改内容

本条未作修改。

条文解读与适用指引

勘验、检查是一种专门的侦查活动。根据本条规定，侦查人员在执行勘验、检查时，必须持有人民检察院或者公安机关的证明文件，以证明检察人员或者公安人员的身份以及执行勘验、检查的任务，防止他人滥用勘验、检查权，干扰或破坏侦查活动。所谓证明文件，是指人民检察院或公安机关开具的执行勘验、检查任务的证明文件。检察人员进行勘验、检查，应当持有检察长签发的勘查证。公安人员执行现场勘验、检查任务，应当持有《刑事案件现场堪查证》。勘验时，侦查人员应当邀请两名与案件无关的见证人到场。

第一百三十一条　【解剖尸体的权限和程序】

对于死因不明的尸体，公安机关有权决定解剖，并且通知死者家属到场。

条文主旨

解剖尸体的权限和程序

修改内容

本条未作修改。

条文解读与适用指引

尸体解剖是进行尸体检验的一种方式。特别是对于死因不明的尸体，尸体解剖是判断和分析死亡原因的基础性工作，也是查找破案线索和证据的环节。本规定有两层含义：一是对于死因不明的尸体，公安机关有权决定解剖。对死因不明的尸体决定解剖的权力属于公安机关，其他任何单位、个人无权决定对死因不明的尸体进行解剖。死因不明，是指死者是正常死亡还是非正常死亡，属于自杀、他杀还是责任事故，原因不明。为了确定死因，经县级以上公安机关负责人批准，可以解剖尸体。决定解剖死因不明的尸体是公关行使侦查权的具体体现。二是公安机关决定解剖尸体，应当通知死者家属到场。解剖尸体时通知死者家属到场，既是对死者家属的尊重，也有利于家属了解解剖情况，配合公安机关侦查，还可以对公安机关解剖尸体进行监督。实践中，死者家属无正当理由拒不到场或者拒绝签名、盖章的，不影响解剖或者开棺检验，但是应当在解剖尸体通知书上注明。对于身份不明的尸体，无法通知死者家属的在笔录中注明。另外，对于重大、疑难、复杂的案件，可能引起争议的案件，死者家属无正当理由拒不到场或者拒绝签名、盖章的案件，为确保取得良好的社会效果，公安机关在进行尸体解剖、开棺检验时，可以进行录音、录像，商请人民检察院派员到场，邀请与案件无关的第三方或者死者家属聘请的律师到场见证。

第一百三十二条　【人身检查】

为了确定被害人、犯罪嫌疑人的某些特征、伤害情况或者生理状态，可以对人身进行检查，可以提取指纹信息，采集血液、尿液等生物样本。

犯罪嫌疑人如果拒绝检查，侦查人员认为必要的时候，可以强

制检查。

检查妇女的身体，应当由女工作人员或者医师进行。

条文主旨

人身检查

修改内容

本条未作修改。

条文解读与适用指引

本条分为三款。第1款规定了人身检查的对象、目的和内容。人身检查的对象可以是被害人，也可以是犯罪嫌疑人。人身检查的目的在于确定其某些特征、伤害情况或者生理状态等与案件侦破有关的信息。人身检查可以提取指纹信息，采集血液、尿液等生物样本。在生物技术高度发达的今天，指纹、血液、尿液等生物样本能够提供非常丰富的信息。

第2款规定了对犯罪嫌疑人可以强制检查。犯罪嫌疑人如果拒绝检查、提取、采集相关样本的，侦查人员认为必要的时候经办案部门负责人批准，可以强制检查、提取、采集。对被害人不能进行强制检查。

第3款规定了检查妇女身体的特殊要求。检查妇女的身体，应当由女工作人员或者医师进行，其中医师并不要求是女性。本款规定体现了对女性的特殊保护与尊重。

第一百三十三条　【勘验、检查笔录的制作】

勘验、检查的情况应当写成笔录，由参加勘验、检查的人和见证人签名或者盖章。

条文主旨

勘验、检查笔录的制作

修改内容

本条未作修改。

条文解读与适用指引

勘验、检查笔录是刑事诉讼法规定的证据种类之一，也是侦查、分析研究案情、确定侦查范围、开展侦查活动的依据。勘验、检查的情况应当制作笔录，由参加勘验、检查的侦查人员、检查人员、被检查人员和见证人签名或者盖章。被检查人员拒绝签名的，侦查人员应当在笔录中注明。勘验、检查笔录的内容应当全面、详细、准确、规范，包括准确记录勘验、检查的事由，勘验、检查的时间、地点，在场人员、现场方位、周围环境等情况；准确记载现场、物品、人身、尸体等的位置等详细情况以及勘验、检查、搜查的过程等。

第一百三十四条　【复验、复查】

人民检察院审查案件的时候，对公安机关的勘验、检查，认为需要复验、复查时，可以要求公安机关复验、复查，并且可以派检察人员参加。

条文主旨

复验、复查

修改内容

本条未作修改。

条文解读与适用指引

根据本条规定，人民检察院在审查案件时，认为公安机关的勘验、检查存在错误，情况不清，或者还有遗漏或疑点的，有权要求公安机关复验、复查。公安机关应当按照人民检察院的要求，对已经勘验、检查过的与犯罪有关的场所、物品、人身、尸体等，再次进行勘验、检查，以进一步查明情况，收集证据，排除疑义。复验、复查时，人民检察院可以派员参加。有下列情形之一，应当对现场进行复验、复查：（一）案情重大、现场情况复杂的；（二）侦查工作需要从现场进一步收集信息、获取证据的；（三）人民检察院审查案件时认为需要复验、复查的；（四）当事人提出不同意见，公安机关认为有必要复验、复查的；（五）其他需要复验、复查的。

第一百三十五条　【侦查实验】

为了查明案情，在必要的时候，经公安机关负责人批准，可以进行侦查实验。

侦查实验的情况应当写成笔录，由参加实验的人签名或者盖章。

侦查实验，禁止一切足以造成危险、侮辱人格或者有伤风化的行为。

条文主旨

侦查实验

修改内容

本条未作修改。

条文解读与适用指引

本条分为三款。第1款规定了侦查实验的目的、实施条件和程序。侦查实验是为了确定与案件有关的某一事件或者某种事实在特定条件下能否发生或者怎样发生而模拟原来的条件，将该事件或事实重演或者进行试验的侦查活动。侦查实验的目的性非常明确，即查明案情。由于侦查实验带有一定的探索性，因此侦查实验不宜普遍采用，仅当用其他方式难以查明案件情况时，经过公安机关负责人批准才能进行。

第2款规定了侦查实验笔录的制作。侦查实验，应当制作笔录，记明侦查实验的条件、经过和结果，由参加侦查实验的人员签名。必要时，应当对侦查实验过程进行录音或者录像。

第3款规定了侦查实验的侦查实验的限制性条件。侦查实验是一种查明案件情况的手段，但不能为了查明案件情况无所顾忌，凡是足以造成危险、侮辱人格或者有伤风化的侦查实验均不得进行。侦查实验，在必要的时候可以聘请具有专门知识的人参加，也可以要求犯罪嫌疑人、被害人、证人参加。

第五节　搜　　查

第一百三十六条　【搜查的目的和对象】

为了收集犯罪证据、查获犯罪人，侦查人员可以对犯罪嫌疑人以及可能隐藏罪犯或者犯罪证据的人的身体、物品、住处和其他有关的地方进行搜查。

条文主旨

搜查的目的和对象

修改内容

本条未作修改。

条文解读与适用指引

搜查是指侦查人员对犯罪嫌疑人以及可能隐藏罪犯或犯罪证据的人的身体、物品、住处和其他有关地方进行强制性搜寻、检查的侦查行为，是侦查机关收集犯罪证据、查获犯罪嫌疑人的重要手段。搜查的目的是收集犯罪证据、查获犯罪人。搜查的对象是犯罪嫌疑人以及可能隐藏罪犯或者犯罪证据的人的身体、物品、住处和其他有关的地方。值得指出的是，搜查的理由是一种“可能性”理由，但这种可能性必须有充分的证据或者常识作依据，不能凭空臆想“可能性”。

第一百三十七条　【单位和个人提供证据的义务】

任何单位和个人，有义务按照人民检察院和公安机关的要求，交出可以证明犯罪嫌疑人有罪或者无罪的物证、书证、视听资料等证据。

条文主旨

单位和个人提供证据的义务

修改内容

本条未作修改。

条文解读与适用指引

本条规定了单位和个人交出所持有证据的义务。任何单位和个人都有义务按照人民检察院和公安机关的要求，交出可以证明犯罪嫌疑人有罪或无罪的物证、书证、视听资料。对于持有与案件相关的证据材料，又拒不交出的，侦查机关可以依法对其住处或者人身进行搜查，隐匿重要证据情节严重的，依法予以处罚。

第一百三十八条　【搜查证】

进行搜查，必须向被搜查人出示搜查证。

在执行逮捕、拘留的时候，遇有紧急情况，不另用搜查证也可以进行搜查。

条文主旨

搜查证

修改内容

本条未作修改。

条文解读与适用指引

本条分为两款。根据第 1 款的规定，进行搜查必须向被搜查人出示搜查证。搜查证是表明侦查人员搜查合法性的唯一有效凭证。搜查是一项限制公民人身权利或财产权利的措施，若使用不当，会严重侵害公民的合法权益，其适用应当慎之又慎。在适用时应当经过批准，并有充足的理由和法律依据。根据有关法律法规，搜查必须经过县级以上公安机关负责人或检察长批准，制作《搜查证》，执行搜查时应向被搜查人出示搜查证。

根据第 2 款的规定，在执行拘留、逮捕时，遇有紧急情况，不另用搜查证也可以进行搜查，但事后要及时补办手续。本条所指的“紧急情况”主要是指犯罪嫌疑人可能随身携带凶器，可能隐藏爆炸、剧毒等危险物品，可能隐匿、毁弃、转移犯罪证据，可能隐匿其他犯罪嫌疑人等情形。如果执行拘留、逮捕时，没有出现本条所指的紧急情况，侦查人员应当出示搜查证，不得以拘留证或逮捕证替代搜查证。

第一百三十九条　【执行和参加搜查的人员】

在搜查的时候，应当有被搜查人或者他的家属，邻居或者其他见证人在场。

搜查妇女的身体，应当由女工作人员进行。

条文主旨

执行和参加搜查的人员

修改内容

本条未作修改。

条文解读与适用指引

本条分为两款。第1款规定了参加搜查的人员。搜查时应当有被搜查人或者他的家属、邻居或者其他见证人在场，以利于证实搜查情况，增强搜查所获取证据的真实性和合法性，也有利于侦查人员严格依法搜查，便于群众监督，保障搜查活动顺利进行。本条所指的家属，是指与被搜查人共同生活的成年家属。其他见证人，可以是被搜查人所在单位的负责人、所在地居（村）民委员会成员或者其他能够作为见证人的人。为确保公正，侦查人员和在侦查机关工作的其他人员以及辅助侦查机关工作的人员不得作为见证人。

本条第2款是关于搜查女性身体的特别规定。鉴于性别的原因，对女性身体的搜查采用同性别原则。为了加强对妇女的保护，防止侦查人员在搜查妇女身体时出现人身侮辱等违法行为，确保妇女的人身权利不受非法侵害，防止被搜查人诬告、陷害侦查人员，保证搜查活动的顺利进行，搜查妇女的身体，应当由女侦查人员进行，并有女见证人在场。

第一百四十条 【搜查笔录的制作】

搜查的情况应当写成笔录，由侦查人员和被搜查人或者他的家属，邻居或者其他见证人签名或者盖章。如果被搜查人或者他的家属在逃或者拒绝签名、盖章，应当在笔录上注明。

条文主旨

搜查笔录的制作

修改内容

本条未作修改。

条文解读与适用指引

搜查是侦查中获得证据、查获犯罪人的重要手段，搜查的情况直接关系证据的取得是否合法，证据材料是否真实可靠，捕获犯罪嫌疑人的方案是否可行以及下一步侦查方案如何确定等问题。所以，法律规定必须将搜查情况写成笔录，以便存查和分析案情。为保证搜查笔录的真实性、准确性，侦查人员和被搜查人或者他的家属、邻居或者其他见证人应当签名或盖章。如果被搜查人或者他的家属在逃或者拒绝签名、盖章，应当在笔录上注明，以证明搜查时的情况和向法庭表明为何没有被搜查人或其家属的签名或盖章。

第六节　查封、扣押物证、书证

第一百四十一条　【查封、扣押物证、书证的范围及其保管】

在侦查活动中发现的可用以证明犯罪嫌疑人有罪或者无罪的各种财物、文件，应当查封、扣押；与案件无关的财物、文件，不得查封、扣押。

对查封、扣押的财物、文件，要妥善保管或者封存，不得使用、调换或者损毁。

条文主旨

查封、扣押物证、书证的范围及其保管

修改内容

本条未作修改。

条文解读与适用指引

本条分为两款。第 1 款规定了查封、扣押物证、书证的范围。查封、扣押物证、书证是侦查机关依法强制封存、扣留与案件有关的财物、文件的侦查行为。只要是在侦查活动中发现的，对于案件有证明作用的财物和文件，都属于该种侦查行为的适用对象。查封、扣押的范围仅限于与案件有关的财物、文件。与案件无关的财物、文件不能查封、扣押，但是，如果对有非法持有的违禁品、危险物品，不管是否与案件有关，都应当予以扣押，并交有关部门处理。持有人拒绝交出应当扣押的财物、文件的，侦查机关可以强行扣押。

第 2 款规定了对查封、扣押的财物、文件，要妥善保管或者封存，不能使用、调换或者毁损。查封、扣押的财物、文件只能用于与诉讼有关的活动。

第一百四十二条　【清点查封、扣押财物、文件和制作查封、扣押财物、文件清单】

对查封、扣押的财物、文件，应当会同在场见证人和被查封、扣押财物、文件持有人查点清楚，当场开列清单一式二份，由侦查人员、见证人和持有人签名或者盖章，一份交给持有人，另一份附卷备查。

条文主旨

清点查封、扣押财物、文件和制作查封、扣押财物、文件清单

修改内容

本条未作修改。

条文解读与适用指引

根据本条规定，无论是进行搜查或者现场勘验过程中进行的查封、扣押，还是单独进行的查封、扣押，侦查人员都应当会同在场见证人或者邀请见证人与被查封、扣押物品持有人履行查验程序，对所查封、扣押的财物、文件要当场逐一查点清楚并在此基础上当场开列查封、扣押财物、文件清单一式二份，由侦查人员、见证人和持有人签名或者盖章，一份交给持有人，另一份附卷备查。被查封、扣押物品的持有人，既包括财物的所有者、使用者，也包括财物的占有人、保管人、承运人。

制作查封、扣押财物、文件清单除了要准确标明查封、扣押财物的名称、数量、封存的详细地点、品牌、规格，以及文件的名称、份数、页数、

存储位置等情况之外，还必须标明财物的新旧程度、突出特征等，有编号的贵重物品要在清单上准确记载。扣押特殊物品时，要注意作出妥善处理。比如，扣押录音带、录像带、磁盘、光盘、U 盘、移动硬盘等磁质、电子存储介质，应当注明案由、内容、规格、类别、应用长度、文件格式、制作或者提取时间、制作人或者提取人等；扣押易损毁、灭失、变质以及其他不宜长期保存的物品的，除开列清单外，还应当采取笔录、绘图拍照、录像等方法加以固定。

第一百四十三条　【扣押犯罪嫌疑人的邮件、电报】

侦查人员认为需要扣押犯罪嫌疑人的邮件、电报的时候，经公安机关或者人民检察院批准，即可通知邮电机关将有关的邮件、电报检交扣押。

不需要继续扣押的时候，应即通知邮电机关。

条文主旨

扣押犯罪嫌疑人的邮件、电报

修改内容

本条未作修改。

条文解读与适用指引

本条分为两款。第 1 款规定了可以扣押邮件、电报的范围和程序。根据本条规定，能够扣押的邮件、电报仅限于犯罪嫌疑人的邮件、电报。犯罪嫌疑人的邮件、电报包括：其一，该犯罪嫌疑人寄发的；其二，直接寄交该犯罪嫌疑人的；其三，寄交他人转交该犯罪嫌疑人的；其四，寄交该犯罪嫌疑人转交他人的。侦查人员认为需要扣押犯罪嫌疑人的邮件、电报的时候，经公安机关或者人民检察院批准，即可通知邮电机关将有关的邮件、电报检交扣押。应当注意的是，我国《宪法》第 40 条规定："中华人民共和国公民的通信自由和通信秘密受法律的保护。除因国家安全或者追查刑事犯罪的需要，由公安机关或者检察机关依照法律规定的程序对通信进行检查外，任何组织或者个人不得以任何理由侵犯公民的通信自由和通信秘密。”因此，侦查人员扣押犯罪嫌疑人的邮件、电报时，必须以“因国家安全或者追查刑事犯罪”为前提，严格履行相关的审批手续，依照法定程序进行。由于互联网的日益普及和广泛应用，犯罪嫌疑人使用电子邮件的情况也越来越多，因此，本条所称的“邮件”应当包括普通邮件、挂号邮件、保价邮件、包裹以及电子邮件，所通知检交扣押的单位除传统意义上的邮电机关外，还应当包括网络服务单位等。

第2款规定了不需要继续扣押的处理。根据侦查的进展和需求情况，不需要继续扣押犯罪嫌疑人邮件、电报的时候，应即通知邮电机关和网络服务机构。

第一百四十四条 【查询、冻结犯罪嫌疑人财产】

人民检察院、公安机关根据侦查犯罪的需要，可以依照规定查询、冻结犯罪嫌疑人的存款、汇款、债券、股票、基金份额等财产。有关单位和个人应当配合。

犯罪嫌疑人的存款、汇款、债券、股票、基金份额等财产已被冻结的，不得重复冻结。

条文主旨

查询、冻结犯罪嫌疑人财产

修改内容

本条未作修改。

条文解读与适用指引

本条分为两款。第1款规定了查询、冻结的范围。查询、冻结是侦查机关查明犯罪嫌疑人财产的一种手段。随着社会的发展和金融活动的增加，犯罪嫌疑人的财产形态也发生了很大的变化，因此，本条第1款中规定的查询、冻结的范围在原来存款、汇款的基础上增加了债券、股票、基金份额等内容。这既有利于了解犯罪嫌疑人的财产状况，证实犯罪和惩罚犯罪，同时也有助于为国家、集体和个人挽回合法的经济损失，维护国家、集体的经济利益和公民个人的财产权益。本条仅规定了对犯罪嫌疑人持有的存款、汇款的查询和冻结。但是，根据《金融机构协助查询、冻结、扣划工作管理规定》第1条，《中国人民银行、最高人民法院、最高人民检察院、公安部关于查询、冻结、扣划企业事业单位、机关、团体银行存款的通知》第1条，《最高人民法院、最高人民检察院、公安部、中国证券监督管理委员会关于查询、冻结、扣划证券和证券交易结算资金有关问题的通知》第1条、第4条至第7条、《公安部关于公安机关在办理刑事案件中可否查封冻结不动产或投资权益问题的批复》等规定，侦查机关根据侦查犯罪需要，可以依照规定查询、冻结犯罪嫌疑人持有及其违法所得变现、购买的存款、汇款、证券、证券交易结算资金、投资权益、股权。在实际工作中，由于投资权益或股权项下的财产经常发生变化，具有一定的风险性，对其采取冻结措施除应严格遵循法定条件和程序外，还应进行风险评估，慎重使用，避免冻结不当对当事人合法权益造成损失。

第2款规定了禁止重复冻结。犯罪嫌疑人的存款、汇款、债券、股票、基金份额等财产已被冻结的，不得重复冻结。

第一百四十五条　【对查封、扣押物的处理】

对查封、扣押的财物、文件、邮件、电报或者冻结的存款、汇款、债券、股票、基金份额等财产，经查明确实与案件无关的，应当在三日以内解除查封、扣押、冻结，予以退还。

条文主旨

对查封、扣押物的处理

修改内容

本条未作修改。

条文解读与适用指引

查封、扣押物品、文件、邮件、电报，冻结存款、汇款、债券、股票、基金份额等财产的目的是查明犯罪、证实犯罪，及时、准确地惩罚犯罪，保护国家、集体和公民的合法权益。在惩罚犯罪的同时，又要切实保障公民的合法权利。侦查人员对查封、扣押的物品、文件、邮件、电报或者冻结的存款、汇款、债券、股票、基金份额等财产，应当及时进行认真审查，经审查后，认定该查封、扣押物或冻结财产并非违法所得，也不具有证明犯罪嫌疑人是否犯罪、罪轻、罪重的作用，不能作为证据使用，与犯罪行为无任何牵连的，应当在三日以内退回原主或者邮电机关；对冻结的存款、汇款、债券、股票、基金份额等财产，应当在三日以内解冻，不得以任何借口留置或者拖延退还、解冻时间。

第七节 鉴 定

第一百四十六条 【指派、聘请鉴定人】

为了查明案情，需要解决案件中某些专门性问题的时候，应当指派、聘请有专门知识的人进行鉴定。

条文主旨

指派、聘请鉴定人

修改内容

本条未作修改。

条文解读与适用指引

刑事诉讼中，鉴定主要用于解决跟案件有关的专门性问题，以便帮助侦查人员对某些证据材料进行更加科学和客观的认识。当查明案情，需要解决案件中某些专门性问题时，公安司法机关应当指派或者聘请有专门知识的人进行鉴定。接受指派和聘请的鉴定人，必须具备以下基本要件：（1）资格性要件，即具有解决案件中某些专门性问题的专业知识与专业技能，具备相关鉴定资格。根据全国人大常委会《关于司法鉴定管理问题的决定》，从事司法鉴定的基本条件包括：第一，具有与所申请从事的司法鉴定业务相关的高级专业技术职称；第二，具有与所申请从事的司法鉴定业务相关的专业执业资格或者高等院校相关专业本科以上学历，从事相关工作五年以上；第三，具有与所申请从事的司法鉴定业务相关工作十年以上经历，具有较强的专业技能。除上述基本条件外，法律、法规、规章根据业务特点对鉴定执业资格有特殊要求的，还必须满足其要求；（2）公正性要件，即与本案没有利害关系。依照本法第29条的规定，没有利害关系是指非本案的当事人或当事人的近亲属，本人及其近亲属与本案无利害关系，未担任过本案的证人、辩护人、翻译人员与诉讼代理人，未参与过本案侦查等不具有影响公正鉴定可能性的情形。

侦查机关应当为鉴定人进行鉴定提供必要的条件，及时向鉴定人送交有关检材和对比样本等原始材料，介绍与鉴定有关的情况，并且明确提出要求鉴定解决的问题，但是不得暗示或者强迫鉴定人作出某种鉴定意见。

第一百四十七条 【鉴定意见的制作和鉴定人的责任】

鉴定人进行鉴定后，应当写出鉴定意见，并且签名。

鉴定人故意作虚假鉴定的，应当承担法律责任。

条文主旨

鉴定意见的制作和鉴定人的责任

修改内容

本条未作修改。

条文解读与适用指引

本条分为两款。第 1 款规定了鉴定意见的制作。鉴定的目的是获取证据，查明案件真实情况。因此，鉴定人在对案件中的专门问题进行鉴别、判断后，应形成鉴定意见。鉴定意见经查证属实后，可以作为定案的根据。为了确保鉴定意见的真实性和可靠性，鉴定人应当独立进行鉴定，对鉴定意见负责并在鉴定意见上签名。多人参加的鉴定，对鉴定意见有不同意见的，应当注明。

第 2 款规定了鉴定人故意做虚假鉴定的，要承担法律责任，这里不包括鉴定人由于水平有限等原因非故意地作出错误鉴定的情形。

第一百四十八条　【鉴定意见的告知及补充鉴定或重新鉴定】

侦查机关应当将用作证据的鉴定意见告知犯罪嫌疑人、被害人。如果犯罪嫌疑人、被害人提出申请，可以补充鉴定或者重新鉴定。

条文主旨

鉴定意见的告知及补充鉴定或重新鉴定

修改内容

本条未作修改。

条文解读与适用指引

鉴定意见对案件事实的认定，与当事人双方有着直接的利害关系。法律规定，侦查机关应当将作为证据使用的鉴定意见告知犯罪嫌疑人、被害人，就是为了给予其申请救济的机会。犯罪嫌疑人、被害人对鉴定意见有异议的，可以根据具体情况，申请补充鉴定或者重新鉴定。补充鉴定，是指原鉴定不完整或者有新的鉴定要求，对原鉴定意见进行补充、完善的再鉴定活动，可以由原鉴定人进行。重新鉴定，是指原鉴定的机构、人员、程序、方法、鉴定意见有错误、缺陷或者虚假，对原鉴定材料再次进行鉴定的活动，不能由原鉴定人鉴定。

侦查机关有将作为证据的鉴定意见告知犯罪嫌疑人和被害人的义务。该项义务主要是为了确保当事人知情权的实现，并以此为基础更好地制定诉讼策略。履行该项义务的主体是侦查机关；义务的内容是告知拟作为证据使用的鉴定意见，若虽然经过鉴定，但是侦查机关并不打算将该鉴定意见用于诉讼证明，则无须告知当事人。

第一百四十九条　【对犯罪嫌疑人作精神病鉴定的期间不计入办案期限】

对犯罪嫌疑人作精神病鉴定的期间不计入办案期限。

条文主旨

对犯罪嫌疑人作精神病鉴定的期间不计入办案期限

修改内容

本条未作修改。

条文解读与适用指引

司法精神病鉴定属于法医类鉴定，是应用精神病学技术，以国家法律和有关规定为准则，协助公安和司法部门，解决案件审理中有关精神病学问题的措施。“不计入办案期限”是指不计入侦查羁押期限。当然，为防止案件久拖不决，实践中对犯罪嫌疑人作精神病鉴定也应有适当的时间限制，或者对犯罪嫌疑人及时变更强制措施。

侦查过程中，查明行为人在实施犯罪行为时是否有精神病，对决定是否追究其刑事责任起到至关重要的作用。我国《刑法》第 18 条规定：“精神病人在不能辨认或者不能控制自己行为的时候造成危害结果，经法定程序鉴定确认的，不负刑事责任，但是应当责令他的家属或者监护人严加看管和医疗；在必要时时候，由政府强制医疗。间歇性的精神病人在精神正常的时候犯罪，应当负刑事责任。尚未完全丧失辨认或者控制自己行为能力的精神病人犯罪的，应当负刑事责任，但是可以从轻或者减轻罚……”根据这一规定，对犯罪嫌疑人进行精神病鉴定的主要范围是确定被鉴定人是否患有精神疾病，患何种精神疾病，实施危害行为时的精神状态，精神疾病和所实施的危害行为之间的关系，以及有无刑事责任能力等，这些均是关系到犯罪嫌疑人的罪与非罪、此罪与彼罪、轻罪与重罪界限认定的重大事实问题，因而，对犯罪嫌疑人进行精神病鉴定不同于一般的鉴定，需要谨慎对待，防止发生错误。

第八节　技术侦查措施

第一百五十条　【技术侦查措施的适用主体和适用条件】

公安机关在立案后，对于危害国家安全犯罪、恐怖活动犯罪、黑社会性质的组织犯罪、重大毒品犯罪或者其他严重危害社会的犯罪案件，根据侦查犯罪的需要，经过严格的批准手续，可以采取技术侦查措施。

人民检察院在立案后，对于利用职权实施的严重侵犯公民人身权利的重大犯罪案件，根据侦查犯罪的需要，经过严格的批准手续，可以采取技术侦查措施，按照规定交有关机关执行。

追捕被通缉或者批准、决定逮捕的在逃的犯罪嫌疑人、被告人，经过批准，可以采取追捕所必需的技术侦查措施。

条文主旨

技术侦查措施的适用主体和适用条件

修改内容

原《刑事诉讼法》第148条第2款	新《刑事诉讼法》第150条第2款
人民检察院在立案后，对于重大的贪污、贿赂犯罪案件以及利用职权实施的严重侵犯公民人身权利的重大犯罪案件，根据侦查犯罪的需要，经过严格的批准手续，可以采取技术侦查措施，按照规定交有关机关执行。	人民检察院在立案后，对于利用职权实施的严重侵犯公民人身权利的重大犯罪案件，根据侦查犯罪的需要，经过严格的批准手续，可以采取技术侦查措施，按照规定交有关机关执行。

修改背景

根据《监察法》第11条和《刑事诉讼法》第19条第2款的规定，贪污、贿赂犯罪不再由人民检察院管辖，监察机关对贪污、贿赂犯罪的调查也不适用刑事诉讼法的规定，因此本条第2款删除了“重大的贪污、贿赂犯罪案件”。

条文解读与适用指引

本条共分三款。第1款是关于公安机关采取技术侦查措施的范围及程序的规定。本款规定包括以下五个内容：（1）公安机关在刑事诉讼中采取技术侦查措施必须是在立案以后。（2）公安机关可以采取技术侦查措施的案件范围是危害国家安全犯罪、恐怖活动犯罪、黑社会性质的组织犯罪、重大毒品犯罪或者其他严重危害社会的犯罪。（3）公安机关对上述案件是否采取技术侦查措施要“根据侦查犯罪的需要”。采取技术侦查措施一定是在使用常规的侦查手段无法达到侦查目的时所采取的手段。（4）要经过严格的批准手续。“经过严格的批准手续”包括两层意思：一是对制定审批程序的要求。二是对批准采取技侦措施的要求。（5）本款规定的技术侦查措施的执行机关是公安机关。

第2款是关于检察机关可以采取技术侦查措施的案件范围及程序的规定。根据本款规定的修改，检察院对于“贪污、贿赂犯罪案件”不再具备技术侦查权，而针对其管辖范围以内的“利用职权实施的严重侵犯公民人身权利的重大犯罪案件”仍具备技术侦查权。但要按照规定交有关机关执行，检察机关不能自己执行。

第3款是关于追捕在逃的犯罪嫌疑人、被告人采取技术侦查措施的程序的规定。根据追捕在逃的犯罪嫌疑人、被告人的需要，本款没有对犯罪种类作出限定，由于追捕在逃犯主要是确定在逃人位置，以便抓捕，与在侦查取证中采取技术侦查措施的情况不同，因此，只规定要经过批准。这里的“批准”主要是指侦查机关负责人批准。这一技术侦查措施的执行主体也是公安机关。

第一百五十一条　【技术侦查措施的批准和适用期限】

批准决定应当根据侦查犯罪的需要，确定采取技术侦查措施的种类和适用对象。批准决定自签发之日起三个月以内有效。对于不需要继续采取技术侦查措施的，应当及时解除；对于复杂、疑难案件，期限届满仍有必要继续采取技术侦查措施的，经过批准，有效期可以延长，每次不得超过三个月。

条文主旨

技术侦查措施的批准和适用期限

修改内容

本条未作修改。

条文解读与适用指引

本条是关于技术侦查措施的批准和适用期限的规定。批准适用技术侦查措施必须根据侦查犯罪的实际需要，并且严格贯彻侦查行为的比例原则，仅当必要且必须，并履行严格的审批手续后才能适用。批准适用技术侦查措施的决定中必须载明技术侦查措施的具体种类、适用对象和期限。一个批准适用技术侦查措施的决定有效期为三个月，自签发之日起有效。虽然如此，但并不意味着批准适用之后，一定要用到批准决定书失效时为止，如果案件情况复杂、疑难，技术侦查措施批准决定期限届满仍有继续采取技术侦查措施的必要的，经过批准，有效期限可以延长。每次延长的期限最长为三个月。在三个月期间内，如果认为已经不需要继续采取技术侦查措施的，包括案件情况发生变化不再符合适用技术侦查措施的条件，或者已经取得相关证据，无须继续采用技术侦查手段的，均应当及时解除技术侦查措施。

第一百五十二条　【技术侦查措施的适用】

采取技术侦查措施，必须严格按照批准的措施种类、适用对象和期限执行。

侦查人员对采取技术侦查措施过程中知悉的国家秘密、商业秘密和个人隐私，应当保密；对采取技术侦查措施获取的与案件无关的材料，必须及时销毁。

采取技术侦查措施获取的材料，只能用于对犯罪的侦查、起诉和审判，不得用于其他用途。

公安机关依法采取技术侦查措施，有关单位和个人应当配合，并对有关情况予以保密。

条文主旨

技术侦查措施的适用

修改内容

本条未作修改。

条文解读与适用指引

本条分为四款，是关于严格执行技术侦查措施、侦查人员的保密义务、技术侦查措施获取材料的适用范围及有关单位和个人的配合、保密义务的规定。

第 1 款是关于严格执行技术侦查措施的规定。通常而言，技术侦查措施以实施对象为标准可以分为三类：（1）以犯罪嫌疑人的通讯工具为对象的技术侦查措施，如电话侦听、网络侦控等；（2）以人为实施对象的技术侦查措施，如秘密跟踪、密拍密录等；（3）以物为实施对象的侦查措施，如秘密搜查、秘密检查等。由于技术侦查措施的特殊性，因此需要严格遵循重罪、必要、特定和书面许可的原则。严格按照审批的种类、对象和期限执行，禁止任意泛化适用和扩展适用。

第 2 款是关于侦查人员保密义务的规定。在适用技术侦查措施的过程中，侦查人员不可避免地会了解到一些不宜公开的秘密，他们对于因此而知晓的国家秘密、商业秘密和个人隐私均应当严格保密，禁止泄露。对于因采用技术侦查措施而取得的与案件无关的信息和资料，为了防止泄密及侵犯隐私权，侦查人员也应当及时进行销毁处理。

第 3 款是关于采用技术侦查手段获取材料使用范围的规定。技术侦查措施是刑事侦查程序中的专门调查方法，运用该种侦查方法是为了查明案件情况的需要。因此，对于采用该种方式而获取的相关资料，只能用于刑事追诉，即对犯罪的侦查、起诉和审判，而严禁用于其他用途。

第 4 款是关于有关单位和个人的配合及保密义务的规定。虽然技术侦查措施是侦查中的专门调查方法，但是这些方法的运用往往需要有相关的专门行业、领域和个人进行配合才能实施，如电话运营商、网络服务商等。相关单位和个人负有配合义务。同时，他们对于在与侦查机关配合过程中知悉的一些情况，也要负责保密，否则将影响技术侦查措施采用的效果，进而影响证据的取得和犯罪的追诉。

第一百五十三条　【秘密侦查和控制下交付】

为了查明案情，在必要的时候，经公安机关负责人决定，可以由有关人员隐匿其身份实施侦查。但是，不得诱使他人犯罪，不得

采用可能危害公共安全或者发生重大人身危险的方法。

对涉及给付毒品等违禁品或者财物的犯罪活动，公安机关根据侦查犯罪的需要，可以依照规定实施控制下交付。

条文主旨

秘密侦查和控制下交付

修改内容

本条未作修改。

条文解读与适用指引

本条分为两款，是关于秘密侦查和控制下交付的规定。

第1款是关于秘密侦查的规定。秘密侦查是有关人员隐匿真实身份所进行的特殊侦查措施。秘密侦查和其他所有的侦查行为一样，其目的在于查明案件情况。由于实施侦查的人员隐匿了真实身份，因此采用该种方法所进行的侦查具有相当的隐蔽性，同时，进行侦查的人员也面临着相当的危险，也因此，该种侦查措施的采用应当严格贯彻比例原则，以必要为前提具体运作，由公安机关负责人慎重决定。秘密侦查只能采用隐蔽的方法收集证据和破获案件，绝不能为了达到目的不择手段。因此，本条第1款为秘密侦查设定了两条禁忌：第一，秘密侦查不能诱惑、指使他人犯罪。否则就不是侦查，而成为一种变相的教唆；第二，秘密侦查不能采用可能危害公共安全或者发生重大人身危险的方法。

第2款明确授权公安机关可以适用控制下交付的侦查手段。作为一种秘密侦查手段，控制下交付多用于毒品犯罪的侦查之中，是指禁毒侦查部门发现有关毒品贩运线索或者在已查获毒品包括尚未被有关侦查对象察觉的情况下，将毒品置于侦查机关的严密监视控制下，按照毒贩事先计划或约定的贩运毒品的方向、路线、地点和方式，将毒品最终交付给接货人，使禁毒侦查部门能够控制毒品贩运的全过程，并借此将涉及的所有贩毒人员全部查获、一网打尽的侦查措施。在侦破涉及给付毒品等违禁品或者财物的犯罪活动时，控制下交付是一种十分有效的侦查手段。

第一百五十四条 【技术侦查所获证据的使用】

依照本节规定采取侦查措施收集的材料在刑事诉讼中可以作为证据使用。如果使用该证据可能危及有关人员的人身安全，或者可能产生其他严重后果的，应当采取不暴露有关人员身份、技术方法等保护措施，必要的时候，可以由审判人员在庭外对证据进行核实。

条文主旨

技术侦查所获证据的使用

修改内容

本条未作修改。

条文解读与适用指引

技术侦查措施是法定的侦查手段，因此依法采用技术侦查措施收集的材料能够在刑事诉讼中作为证据使用。长期以来，由于缺乏明确的法律依据，通过采取技术侦查、秘密侦查措施所获得的证据都不能在刑事诉讼中直接作为证据使用。如果要作为证据，通常需要经过二次取证，对其进行转化，给侦查工作带来不必要的负担。刑事诉讼法在授权侦查机关可以使用技术侦查、秘密侦查措施的同时，也明确了通过这些措施所获材料的证据效力问题，结束了通过这些措施所获材料不能作为证据使用的尴尬局面。

在证据使用方面，本条明确规定，在使用通过技术侦查措施和秘密侦查措施收集的证据时，要注意对有关人员的人身安全和有关技术方法的保护。如有必要，可以由审判人员在庭外对证据进行审查、核实。技术侦查、秘密侦查不同于常规侦查手段。技术侦查措施的功效性主要依赖于有关技术设备和方法，如果有关技术方法泄露，必然会对技术侦查的功效性产生巨大影响。

秘密侦查措施的开展，主要依靠有关人员采用隐匿身份的方法获取证据，如果暴露有关人员的身份，不仅会对有关人员的人身安全造成极大危险，而且会使有关人员从此失去从事同类秘密侦查活动的条件。但是由于技术侦查措施本身具有隐秘性的特征，采用该种手段所获得的证据一般是通过其他公开途径不易获得或者不能获得的材料。也正是因此，这样的资料如果公开使用可能多有不便，甚至可能会危及相关人员的人身安全或者产生其他严重后果。如果存在这样的危险性，在使用相关证据材料时应当注意采取相应的保护措施，不暴露有关人员的身份及获取证据的技术方法等。必要的时候，可以不在法庭上审查核实证据，而是由审判人员在庭外对证据进行核实。

第九节 通　　缉

第一百五十五条 【通缉】

应当逮捕的犯罪嫌疑人如果在逃，公安机关可以发布通缉令，采取有效措施，追捕归案。

各级公安机关在自己管辖的地区以内，可以直接发布通缉令；超出自己管辖的地区，应当报请有权决定的上级机关发布。

条文主旨

通缉

修改内容

本条未作修改。

条文解读与适用指引

本条分为两款。第1款规定了通缉的适用对象。根据相关法律的规定，通缉适用于应当逮捕的犯罪嫌疑人在逃的，以及越狱逃跑的犯罪嫌疑人、被告人或者罪犯。有权发布通缉令的机关为县级以上的公安机关，其他任何机关、团体、单位、组织和个人都无权发布。人民检察院在办理自侦案件过程中，需要追捕在逃的犯罪嫌疑人时，经检察长批准，有权作出通缉决定，但仍需交由公安机关发布通缉令。

第2款规定了公安机关发布通缉令的程序。有权发布通缉令的机关只能在自己管辖的区域范围内直接发布通缉令，一旦超出自己管辖的地区，则应当报请有权决定的上级机关发布。通缉令中应写明被通缉人的姓名、性别、年龄、民族、籍贯、出生地、户籍所在地、居住地、职业、衣着和体貌特征并附被通缉人近期照片。除了必须保密的事项以外，应当写明发案的时间、地点和简要案情。通缉令发出后，如果发现新的重要情况可以补发通报。通报必须注明原通缉令的编号和日期。有关公安机关接到通缉令以后，应当及时部署，积极查缉。对于通缉在案的犯罪嫌疑人、被告人、罪犯，任何公民都有权扭送公安机关、人民检察院或人民法院处理。被通缉的人已经缉拿归案、死亡，或者通缉原因已经消失而无通缉必要的，发布通缉令的机关应当在原发布范围内立即发出撤销通缉令的通知。

第十节 侦查终结

第一百五十六条 【侦查羁押期限】

对犯罪嫌疑人逮捕后的侦查羁押期限不得超过二个月。案情复杂、期限届满不能终结的案件，可以经上一级人民检察院批准延长一个月。

条文主旨

侦查羁押期限

修改内容

本条未作修改。

条文解读与适用指引

本条是关于逮捕后侦查羁押期限的一般性规定。本条中所讲的侦查羁押期限，是指犯罪嫌疑人被逮捕之后剥夺人身自由的期限。我国刑事诉讼法对刑事案件的侦办时间并无严格的规定，这与刑事案件的难易、复杂程度差异有关。但是不能因为刑事案件的侦办就长时间地剥夺或者限制犯罪嫌疑人的人身自由，这有损于犯罪嫌疑人的基本人权。但是规定了侦查羁押期限并不意味着限定侦查程序必须在此时间段内完成，法定侦查羁押期限届满后，侦查机关仍可以继续侦查，只是不能再对犯罪嫌疑人采用羁押性的强制措施，可以变更为取保候审、监视居住等非羁押性的强制措施。

为此，刑事诉讼法中特别对逮捕后的侦查羁押期限进行了限定。一般情况下，这个期限最长为二个月。如果案件情况复杂，如共同犯罪、跨地域犯罪等，二个月的侦查羁押期限届满案件仍无法侦查终结的，由上一级人民检察机关批准，可以延长一个月。

第一百五十七条　【侦查阶段的延期审理】

因为特殊原因，在较长时间内不宜交付审判的特别重大复杂的案件，由最高人民检察院报请全国人民代表大会常务委员会批准延期审理。

条文主旨

侦查阶段的延期审理

修改内容

本条未作修改。

条文解读与适用指引

此种情形是较为特殊的情况，不仅要具备特殊原因，并且要由于特殊原因导致案件较长时间不适宜交付审判，同时，案件还应具有特别重大复杂的特点。本条中涉及的特殊原因，不能做任意解释，不能扩大使用。以上三个条件同时具备时，由最高人民检察院报请全国人民代表大会常委会批准可以延期审理。

第一百五十八条 【侦查羁押期限的延长】

下列案件在本法第一百五十六条规定的期限届满不能侦查终结的，经省、自治区、直辖市人民检察院批准或者决定，可以延长二个月：

（一）交通十分不便的边远地区的重大复杂案件；

（二）重大的犯罪集团案件；

（三）流窜作案的重大复杂案件；

（四）犯罪涉及面广，取证困难的重大复杂案件。

条文主旨

侦查羁押期限的延长

修改内容

本条未作修改。

条文解读与适用指引

本条是关于第二次延长逮捕后侦查羁押期限的规定。《刑事诉讼法》第156条规定，一般情况下，对犯罪嫌疑人逮捕后的侦查羁押期限不得超过二个月。但是案情复杂、期限届满不能终结的案件，可以经上一级人民检察院批准延长一个月，此乃第一次延长侦查羁押期限。但是实践中，有些刑事案件错综复杂，当遇有交通十分不便的边远地区的重大复杂案件、重大的犯罪集团案件、流窜作案的重大复杂案件犯罪，以及犯罪涉及面广，取证困难的重大复杂的案件时，侦查机关可以再次申请延长逮捕后的侦查羁押期限。对于第二次延长侦查羁押期限有批准、决定权的是省、自治区、直辖市人民检察院，再次延长的期限最长为二个月。

第一百五十九条 【逮捕后侦查羁押期限的第三次延长】

对犯罪嫌疑人可能判处十年有期徒刑以上刑罚，依照本法第一

百五十八条规定延长期限届满，仍不能侦查终结的，经省、自治区、直辖市人民检察院批准或者决定，可以再延长二个月。

条文主旨

逮捕后侦查羁押期限的第三次延长

修改内容

本条未作修改。

条文解读与适用指引

本条是关于逮捕后侦查羁押期限的第三次延长的规定。通常情况下，按照罪刑法定原则，罪行和刑罚是成正比的。根据我国刑法的相关规定，如果犯罪嫌疑人涉嫌的罪名可能判处十年有期徒刑以上刑罚的，则属于罪行较严重的类型。案件中出现错综复杂情况的可能性也大大增加，为此，如果依照刑诉法的规定，经过两次延长侦查羁押期限后，仍不能侦查终结的，公安机关侦查的案件，以及基层人民检察院和分、州、市人民检察院直接立案侦查的案件，经省、自治区、直辖市人民检察院批准，省级人民检察院直接立案侦查的案件可以直接决定，再延长侦查羁押期限二个月，此乃逮捕后侦查羁押期限的第三次延长。需要注意的是，根据刑诉法的原则和精神，每次侦查期限延长的时限“二个月”为可以延长的最长时限，并不意味着每次必须延长到“二个月”，审批机关可以根据案件的情况决定延长的具体期限。

第一百六十条　【侦查羁押期限的计算方法】

在侦查期间，发现犯罪嫌疑人另有重要罪行的，自发现之日起依照本法第一百五十六条的规定重新计算侦查羁押期限。

犯罪嫌疑人不讲真实姓名、住址，身份不明的，应当对其身份进行调查，侦查羁押期限自查清其身份之日起计算，但是不得停止对其犯罪行为的侦查取证。对于犯罪事实清楚，证据确实、充分，

确实无法查明其身份的，也可以按其自报的姓名起诉、审判。

条文主旨

侦查羁押期限的计算方法

修改内容

本条未作修改。

条文解读与适用指引

本条分为两款。第1款是关于重新计算逮捕后侦查羁押期限的规定。本条款中的“另有重要罪行”是指与逮捕时的罪行不同种类的重大犯罪，或者虽然种类相同，但将影响罪名认定、量刑档次的重大犯罪。侦查机关在侦查期间发现犯罪嫌疑人另有重要罪行的，自发现之日起重新计算逮捕后的侦查羁押期限。

第2款是关于身份不明的犯罪嫌疑人侦查羁押期限的规定。在实践中，犯罪嫌疑人向侦查机关隐匿其真实身份的情形屡见不鲜，由于我国幅员辽阔，人口众多，侦查技术设备有待进一步加强，有时候要查清犯罪嫌疑人的真实身份确实不易。针对这种情况，1996年《刑事诉讼法》规定，犯罪嫌疑人不讲真实姓名、住址，身份不明的，侦查羁押期限自查清其身份之日起开始计算。这一规定固然有其现实意义，但在实践中一些侦查机关疏于对犯罪嫌疑人真实身份的调查，由此导致对犯罪嫌疑人长期羁押、案件久拖不决的情形。鉴于此，2012年《刑事诉讼法》增加规定“应当对其身份进行调查”，赋予了侦查机关查清犯罪嫌疑人身份的义务。同时，即使犯罪嫌疑人不讲真实姓名、住址，身份不明，侦查机关也不得停止对其犯罪行为的侦查取证。对于犯罪嫌疑人身份确实无法查明，但犯罪事实已经查清，证据确实、充分，达到侦查终结的要求的，也可以按其自报的姓名进入审查起诉和审判程序。

第一百六十一条　【律师在侦查阶段的地位】

在案件侦查终结前，辩护律师提出要求的，侦查机关应当听取辩护律师的意见，并记录在案。辩护律师提出书面意见的，应当附卷。

条文主旨

律师在侦查阶段的地位

修改内容

本条未作修改。

条文解读与适用指引

本条明确了律师在侦查阶段的辩护人地位。犯罪嫌疑人在侦查期间有权委托律师为其进行辩护，辩护律师在侦查阶段亦担当着保障犯罪嫌疑人合法权益的任务。同时，刑诉法规定，辩护律师有向侦查机关提出意见的权利。本条是该项权利的具体落实。当刑事案件即将结束侦查程序时，侦查机关应当听取辩护律师的意见并记录在案。如果辩护律师提出书面意见的，侦查机关也应当将此意见附卷留存。

第一百六十二条　【侦查终结的条件与程序】

公安机关侦查终结的案件，应当做到犯罪事实清楚，证据确实、充分，并且写出起诉意见书，连同案卷材料、证据一并移送同级人民检察院审查决定；同时将案件移送情况告知犯罪嫌疑人及其辩护律师。

犯罪嫌疑人自愿认罪的，应当记录在案，随案移送，并在起诉意见书中写明有关情况。

条文主旨

侦查终结的条件与程序

修改内容

本条第 2 款为新增条款。

修改背景

本次修改新增了第 2 款规定，是对认罪认罚从宽制度的落实。将犯罪嫌疑人自愿认罪的情况记录在案，随案移送，并在起诉意见书中写明有关犯罪嫌疑人认罪的情况，可以使得人民检察院在审查起诉时了解到犯罪嫌疑人自愿认罪的情况，从而对犯罪嫌疑人提出从轻处理的量刑建议，并要求犯罪嫌疑人签署认罪认罚具结书，推动认罪认罚从宽制度的适用。

条文解读与适用指引

本条共有两款。第 1 款规定了侦查终结的条件和一般程序。侦查终结的条件是犯罪事实清楚，证据确实、充分。这是指侦查机关经过认真细致的侦查工作，认为对案件的认定已经达到了犯罪事实清楚，证据确实、充分的标准，就可以结束侦查程序。此时，侦查机关应当制作起诉意见书，连同案卷材料、证据一并移送同级人民检察院审查起诉。人民检察院受理同级公安机关移送审查起诉的案件，按照刑事诉讼法的管辖规定，认为应当由上级人民检察院或者同级其他人民检察院起诉的，应当由人民检察院将案件移送有管辖权的人民检察院审查起诉。同时，为了障犯罪嫌疑人的知情权，公安机关应当将案件侦查终结及移送的情况告知犯罪嫌疑人本人及他的辩护律师。

第 2 款即新增条款规定，犯罪嫌疑人自愿认罪的，应当记录在案，随案移送并在起诉意见书中写明犯罪嫌疑人自愿认罪的情况。此时案件还未移送到人民检察院，人民检察院也尚未提出量刑建议，因此仅存在认罪，不存在认罚的情况。但认罪是认罚的前提，认罪为在审查起诉环节适用认罪认罚从宽制度提供了可能。

第一百六十三条 【撤销案件的条件和程序】

在侦查过程中，发现不应对犯罪嫌疑人追究刑事责任的，应当撤销案件；犯罪嫌疑人已被逮捕的，应当立即释放，发给释放证明，并且通知原批准逮捕的人民检察院。

条文主旨

撤销案件的条件和程序

修改内容

本条未作修改。

条文解读与适用指引

撤销案件是指侦查机关对立案侦查的案件，发现具有某种法定情形，或者经过侦查否定了原来的立案根据，从而结束刑事追诉程序的决定。根据《刑事诉讼法》第16的规定，在侦查过程中发现有下列情形之一的，应当撤销案件：情节显著轻微、危害不大，不认为是犯罪的；犯罪已过追诉时效期限的；经特赦令免除刑罚的；依照刑法告诉才处理的犯罪，没有告诉或者撤回告诉的；犯罪嫌疑人、被告人死亡的；其他法律规定免予追究刑事责任的。

如果犯罪嫌疑人已经被逮捕的，侦查机关作出撤销案件的决定后，应当立即予以释放，发给释放证明，并且将案件情况通知原作出批准逮捕决定的人民检察院，以便人民检察院了解情况，并依法履行法律监督职能。

第十一节 人民检察院对直接受理的案件的侦查

第一百六十四条 【人民检察院进行侦查的法律适用】

人民检察院对直接受理的案件的侦查适用本章规定。

条文主旨

人民检察院进行侦查的法律适用

修改内容

本条未作修改。

条文解读与适用指引

人民检察院对于直接受理的案件的侦查，应当适用本章关于侦查的所有规定的相关规定。人民检察院在讯问犯罪嫌疑人、询问证人或被害人、勘验、检查、侦查实验、搜查、查封、扣押、查询、冻结、鉴定、辨认和采取技术侦查措施等活动中，都必须遵守刑诉法以及相关解释的规定。

第一百六十五条 【人民检察院实施强制措施的程序】

人民检察院直接受理的案件中符合本法第八十一条、第八十二条第四项、第五项规定情形，需要逮捕、拘留犯罪嫌疑人的，由人民检察院作出决定，由公安机关执行。

条文主旨

人民检察院实施强制措施的程序

修改内容

本条未作实质性修改，仅更新了援引法条的序号。

条文解读与适用指引

人民检察院作为侦查机关，其必然也需要一定的强制措施确保追诉程序得以顺利进行，人民检察院享有逮捕决定权以及对“犯罪后企图自杀、逃跑或者在逃的”和“有毁灭、伪造证据或者串供可能的”犯罪嫌疑人拘留决定权。拘留犯罪嫌疑人，应当由办案人员提出意见，部门负责人审核，检察长决定。人民检察院作出拘留决定后，应当送交公安机关执行。必要的时候，人民检察院可以协助公安机关执行。担任县级以上人民代表大会代表的犯罪嫌疑人因现行犯被拘留的，人民检察院应当立即向该代表所属的人民代表大会主席团或者常务委员会报告；因为其他情形需要拘留的，人民检察院应当报请该代表所属的人民代表大会主席团或者常务委员会许可。人民检察院拘留担任本级人民代表大会代表的犯罪嫌疑人，直接向本级人民代表大会主席团或常务委员会报告或者报请许可。拘留担任上级人民代表大会代表的犯罪嫌疑人，应当立即层报该代表所属的人民代表大会同级的人民检察院报告或者报请许可。拘留担任下级人民代表大会代表的犯罪嫌疑人，可以直接向该代表所属的人民代表大会主席团或者常务委员会报告或者报请许可，也可以委托该代表所属的人民代表大会同级的人民检察院报告或者报请许可。对于本院侦查部门移送审查逮捕的犯罪嫌疑人，经检察长或者检察委员会决定逮捕的，侦查监督部门应当将逮捕决定书连同案卷材料，讯问犯罪嫌疑人的录音、录像送交侦查部门，由侦查部门通知公安机关执行，必要时人民检察院可以协助执行，这也体现了各部门相互制约、相互配合的原则。

第一百六十六条　【人民检察院采取拘留的程序】

人民检察院对直接受理的案件中被拘留的人，应当在拘留后的二十四小时以内进行讯问。在发现不应当拘留的时候，必须立即释放，发给释放证明。

条文主旨

人民检察院采取拘留的程序

修改内容

本条未作修改。

条文解读与适用指引

人民检察院对本院直接受理的案件中被拘留的犯罪嫌疑人，应当在拘留后的二十四小时以内进行讯问。同时，人民检察院还应当在二十四小时以内，通知被拘留人的家属。无法通知的，应当向检察长报告，并将原因写明附卷。无法通知包括以下情形：（一）被拘留人无家属的；（二）与其家属无法取得联系的；（三）受自然灾害等不可抗力阻碍的无法通知的情形消除后，人民检察院应当立即通知其家属。

不应当拘留”是指拘留不符合法定的条件，主要有三种情况：一是对执行对象判断错误，如公安机关在执行拘留的时候张冠李戴，拘留对象错误；二是对行为性质判断错误，被拘留的人实施的行为情节显著轻微、危害不大，不认为是犯罪，或者根本不是犯罪；三是对拘留的条件判断错误，不属于本法第 82 条第 4 项、第 5 项规定情形。

第一百六十七条 【人民检察院实施逮捕的程序】

人民检察院对直接受理的案件中被拘留的人，认为需要逮捕的，应当在十四日以内作出决定。在特殊情况下，决定逮捕的时间可以延长一日至三日。对不需要逮捕的，应当立即释放；对需要继续侦查，并且符合取保候审、监视居住条件的，依法取保候审或者监视居住。

条文主旨

人民检察院实施逮捕的程序

修改内容

本条未作修改。

条文解读与适用指引

刑事诉讼中的拘留是用来处理紧急状况的临时性的强制措施。因此，拘留犯罪嫌疑人后，经过审查，有继续侦查的必要的，就需要将拘留变更为其他强制措施。符合取保候审、监视居住条件的，依法变更为相应的强制措施；若采用取保候审、监视居住尚不足以防止社会危险发生的，则提交进行审查逮捕。

省级以下（不含省级）人民检察院直接受理立案侦查的案件，需要逮捕犯罪嫌疑人的，应当报请上一级人民检察院审查决定。监所、林业等派出人民检察院立案侦查的案件，需要逮捕犯罪嫌疑人的，应当报请上一级人民检察院审查决定。犯罪嫌疑人已被拘留的，下级人民检察院侦查部门应当在拘留后七日以内报上一级人民检察院审查逮捕。上一级人民检察院应当在收到报请逮捕书后七日以内作出是否逮捕的决定，特殊情况下，决定逮捕的时间可以延长一日至三日，犯罪嫌疑人未被拘留的，上一级人民检察院应当在收到报请逮捕书后十五日以内作出是否逮捕决定，重大、复杂的案件，不得超过二十日报送案卷材料、送达法律文书的路途时间计算在上一级人民检察院审查逮捕期限以内。

第一百六十八条　【人民检察院侦查终结案件的处理】

人民检察院侦查终结的案件，应当作出提起公诉、不起诉或者撤销案件的决定。

条文主旨

人民检察院侦查终结案件的处理

修改内容

本条未作修改。

条文解读与适用指引

人民检察院侦查终结的案件，根据案件的情况有三种处理方式：提起公诉、不起诉及撤销案件。

人民检察院侦查终结的案件，应当由侦查部门制作侦查终结报告，并根据案件的情况提出起诉或不起诉的意见。侦查终结报告和起诉意见书或者不起诉意见书由侦查部门负责人审核，检察长批准。提出起诉意见或者不起诉意见的，侦查部门应当将起诉意见书或者不起诉意见书以及其他案卷材料，一并移送本院公诉部门审查。公诉部门审查后，应根据情况依法作出提起公诉或不起诉的决定。

如果在侦查过程中，发现具有本法第16条规定的情形之一的，应当由侦查部门的侦查人员写出撤销案件意见书，经侦查部门负责人审核后，报请检察长或者检察委员会决定撤销案件。

第三章　提起公诉

第一百六十九条　【公诉权由人民检察院统一行使原则】

凡需要提起公诉的案件，一律由人民检察院审查决定。

条文主旨

公诉权由人民检察院统一行使原则

修改内容

本条未作修改。

条文解读与适用指引

在我国，人民检察院排他性地享有国家公诉权，需要提起公诉的案件，必须由人民检察院审查决定。公诉案件非经检察机关审查决定，其他任何机关、单位、个人均无权将案件提交法院审判。“需要提起公诉的案件”是指公安机关、人民检察院或其他有侦查权的机关侦查终结或者监察机关调查终结，认为应当由人民检察院提起公诉追究刑事责任的案件。“由人民检察院审查决定”包括两层含义：一是人民检察院对于前述机关移送起诉的案件应依法全面进行审查；二是人民检察院应根据对案件审查的具体情况和结果，依法作出起诉或不起诉的决定。

第一百七十条　【人民检察院审查起诉监察机关移送的案件、留置措施与刑事强制措施之间的衔接机制】

人民检察院对于监察机关移送起诉的案件，依照本法和监察法的有关规定进行审查。人民检察院经审查，认为需要补充核实的，应当退回监察机关补充调查，必要时可以自行补充侦查。

对于监察机关移送起诉的已采取留置措施的案件，人民检察院应当对犯罪嫌疑人先行拘留，留置措施自动解除。人民检察院应当在拘留后的十日以内作出是否逮捕、取保候审或者监视居住的决定。在特殊情况下，决定的时间可以延长一日至四日。人民检察院决定采取强制措施的期间不计入审查起诉期限。

条文主旨

人民检察院审查起诉监察机关移送的案件、留置措施与刑事强制措施之间的衔接机制

修改内容

本条为新增条款。

修改背景

本条是与监察法衔接的重要内容之一。2016 年 12 月，全国人大常委会作出了在北京市、山西省、浙江省开展国家监察体制改革试点工作的决定，由此拉开了我国监察体制改革的序幕。2017 年 11 月，全国人大常委会进一步作出在全国各地推开国家监察体制改革试点工作的决定。2018 年 3 月 20 日，第十三届全国人大第一次会议审议通过了《监察法》。在监察体制改革和《监察法》通过并实施的大背景下，本次刑诉法修改的重要

目的之一就是做好与监察法的衔接，保障国家监察体制改革顺利进行。为此，需要对人民检察院审查起诉监察机关移送的案件，以及监察法中的留置措施与刑事强制措施之间的衔接机制作出规定。这也是新增本条的重要背景和原因。

条文解读与适用指引

本条分为两款。第 1 款规定了人民检察院对监察机关移送案件审查起诉的法律依据以及对案件补充核实的方式方法。对于监察机关移送起诉的案件，人民检察院既要依据刑事诉讼法也要依据监察法进行审查。人民检察院审查后认为需要对案件事实、证据等进一步补充核实的，法律规定了两种补充核实的方法，即退回监察机关补充调查和由检察机关自行补充侦查，但原则上一般应退回监察机关补充调查，必要时可以由检察机关自行补充侦查。

第 2 款规定了监察机关移送起诉的案件中留置措施与刑事强制措施之间的衔接。首先是监察留置与刑事拘留之间的衔接。对于监察机关移送起诉时已采取留置措施的案件，人民检察院应当对犯罪嫌疑人采取先行拘留措施，也就是予以先行拘留是强制要求而不允许裁量，拘留后留置措施即自动解除。其次是拘留之后，人民检察院决定强制措施的期间。一般情况下，人民检察院应当在拘留后的十日以内作出是否逮捕、取保候审或者监视居住的决定。在特殊情况下，决定的时间可以延长一日至四日。也即对于监察机关移送起诉的案件，拘留后的审查批捕期间一般为十日，特殊情况下最长不得超过十四日。最后，为了避免强制措施审查占用审查起诉期限，特别规定了人民检察院决定采取强制措施的期间不计入审查起诉期限。根据本法第 172 条第 1 款的规定，人民检察院对于监察机关移送起诉的案件，应当在一个月以内作出决定，重大、复杂的案件，可以延长十五日；对于犯罪嫌疑人认罪认罚，符合速裁程序适用条件的，应当在十日以内作出决定，对可能判处的有期徒刑超过一年的，可以延长至十五日。如果将人们检察院审查决定强制措施的期间计入审查起诉期限，将极大地占用审查起诉期间，从而导致审查起诉期间不合理的缩短，因此规定决定采取强制措施的期间不计入审查起诉期限。

第一百七十一条　【人民检察院审查起诉的内容】

人民检察院审查案件的时候，必须查明：

（一）犯罪事实、情节是否清楚，证据是否确实、充分，犯罪性质和罪名的认定是否正确；

（二）有无遗漏罪行和其他应当追究刑事责任的人；

（三）是否属于不应追究刑事责任的；

（四）有无附带民事诉讼；

（五）侦查活动是否合法。

条文主旨

人民检察院审查起诉的内容

修改内容

本条未作修改。

条文解读与适用指引

本条规定了人民检察院审查案件必须查明的内容。具体包括五个方面：第一是要查明该案的犯罪事实、情节是否清楚，证据是否确实、充分以及犯罪性质和罪名的认定是否正确。具体而言，犯罪事实、情节指的是犯罪嫌疑人实施犯罪的具体情况，须查明实施犯罪的时间、地点、手段、目的、动机、后果等。由于证据是认定犯罪事实和情节的依据，要做到犯罪事实、情节清楚，必须有确实、充分的证据予以证明。证据是否确实、充分是对案件证据进行审查的标准和要求，需要从证据的质和量两个方面进行审查。根据本法第55条第2款的规定，证据确实、充分，应当符合以下条件：（一）定罪量刑的事实都有证据证明；（二）据以定案的证据均经法定程序查证属实；（三）综合全案证据，对所认定事实已排除合理怀疑。而犯罪性质和罪名的认定是否正确，主要是指人民检察院应当依法对侦查机关、侦查部门或者监察机关所认定的犯罪性质和罪名进行审查把关，人民检察院在审查犯罪性质和罪名时不受前述机关移送的起诉意见书中作出的犯罪性质和罪名认定的约束，应按照法律依法认定犯罪性质和罪名。

第二要审查有无遗漏罪行和其他应当追究刑事责任的人。检察机关在审查时一方面要注意查明犯罪嫌疑人的全部犯罪事实，判断是否有尚未被发现或未被认定的漏罪需要追究，另一方面也要查明该案是否还有其他同案犯应当追究刑事责任。一旦发现犯罪嫌疑人还有其他漏罪或者发现其他应当追究刑事责任者，即应当退回侦查机关（侦查部门）补充侦查或者退回监察机关补充调查，必要时也可由人民检察院自行补充侦查。

第三是要审查是否属于不应追究刑事责任的情形。检察机关的审查起诉对于保障无罪的人和依法不应被追究刑事责任的人不受错误追诉具有重要意义。不应追究刑事责任既包括没有犯罪事实的，也包括依据刑法及刑事诉讼法不负刑事责任及不应追究刑事责任的，如依据刑法规定尚未达到法定的刑事责任年龄的人或者是丧失了辨认或者控制自己行为能力的精神病人。再如本法第16条规定了六种依法不应追究刑事责任的情形，具体包括：（一）情节显著轻微、危害不大，不认为是犯罪的；（二）犯罪已过追诉时效期限的；（三）经特赦令免除刑罚的；（四）依照刑法告诉才处理的犯罪，没有告诉或者撤回告诉的；（五）犯罪嫌疑人、被告人死亡的；（六）其他法律规定免予追究刑事责任的。人民检察院经审查有前述情形之一的，应当作出不起诉决定。

第四是要审查是否有附带民事诉讼。附带民事诉讼主要解决被害人因被追诉人犯罪行为所遭受物质损失的民事赔偿问题。根据本法第101条第1款的规定，被害人由于被告人的犯罪行为而遭受物质损失的，有权提起附带民事诉讼。被害人死亡或者丧失行为能力的，被害人的法定代理人、近亲属有权提起附带民事诉讼。因此，人民检察院在审查过程中，要查明犯罪嫌疑人的犯罪行为是否造成了物质损失，被害人或其法定代理人、近亲属是否提起了附带民事诉讼，如果符合附带民事诉讼条件而没有提起的，应当告知被害人或其法定代理人、近亲属有权提起；如果是国家财产、集体财产遭受损失的，人民检察院在提起公诉时可以一并提起附带民事诉讼。

第五是审查侦查活动是否合法。人民检察院作为国家法律监督机关，有权力也有义务对侦查活动的合法性进行监督，因此在审查起诉过程中，人民检察院也应当审查侦查机关的侦查活动是否符合法律规定和法律程序，特别是有无刑讯逼供、非法取证等行为以及是否有需要排除的非法证据等。需要说明的是，除了本条列举的五项内容之外，根据相关司法解释，人民检察院在审查过程中还要对犯罪嫌疑的人身份状况是否清楚以及涉案款物是否查封、扣押、冻结并妥善保管等事项进行审查。

第一百七十二条　【人民检察院审查起诉的期限】

人民检察院对于监察机关、公安机关移送起诉的案件，应当在一个月以内作出决定，重大、复杂的案件，可以延长十五日；犯罪嫌疑人认罪认罚，符合速裁程序适用条件的，应当在十日以内作出决定，对可能判处的有期徒刑超过一年的，可以延长至十五日。

人民检察院审查起诉的案件，改变管辖的，从改变后的人民检察院收到案件之日起计算审查起诉期限。

条文主旨

人民检察院审查起诉的期限

修改内容

原《刑事诉讼法》第 169 条第 1 款	新《刑事诉讼法》第 172 条第 1 款
人民检察院对于公安机关移送起诉的案件，应当在一个月以内作出决定，重大、复杂的案件，可以延长半个月。	人民检察院对于监察机关、公安机关移送起诉的案件，应当在一个月以内作出决定，重大、复杂的案件，可以延长十五日；犯罪嫌疑人认罪认罚，符合速裁程序适用条件的，应当在十日以内作出决定，对可能判处的有期徒刑超过一年的，可以延长至十五日。

修改背景

本条的修改一是为了配合监察体制改革和与监察法衔接，审查对象在“公安机关”移送起诉的案件的基础上增加了“监察机关”移送起诉的案件。随着监察体制改革和监察法的通过，移送检察机关审查起诉的主体由原来的公安机关和检察院自侦部门扩展到了监察机关，因此需要在刑事诉讼法中予以体现。

二是吸收了认罪认罚从宽制度试点办法关于适用速裁程序的案件的审查起诉期限。自党的十八届四中全会提出完善刑事案件认罪认罚从宽制度的要求以来，全国人大常委会先后在2014年6月和2016年9月作出授权最高法、最高检在部分地区开展刑事案件速裁程序试点工作和刑事案件认罪认罚从宽制度试点工作的决定，相关试点办法对速裁程序这类新增的程序的审查起诉期限、审判期限作出了不同于简易程序和普通程序的规定。例如，“两高三部”《关于在部分地区开展刑事案件认罪认罚从宽制度试点工作的办法》第12条规定：“对适用速裁程序的案件，人民检察院一般应当在受理后十日内作出是否提起公诉的决定；对可能判处的有期徒刑超过一年的，可以延长至十五日。”

条文解读与适用指引

本条分为两款。第1款是关于人民检察院对监察机关和公安机关移送案件的审查起诉期限的规定。对于监察机关、公安机关移送的案件，人民检察院原则上应当在一个月内审查并作出起诉或不起诉的决定。对于重大、复杂的案件，一个月内不能审查完结的，可以延长十五天，也即审查起诉的最长期限为四十五天。而对于犯罪嫌疑人认罪认罚，且符合速裁程序适用条件的案件，可能判处不超过一年有期徒刑的，人民检察院必须在十日以内作出起诉或不起诉的决定，可能判处的有期徒刑超过一年的，审查起诉期间可以延长至十五日。根据本法第222条的规定，速裁程序的适用范围为：基层人民法院管辖的可能判处三年有期徒刑以下刑罚的案件，案件事实清楚，证据确实、充分，被告人认罪认罚并同意适用速裁程序。

第 2 款是关于改变管辖的案件审查起诉期限的计算问题。为了保障改变管辖后的检察机关有足够的时间对案件进行审查起诉，因此规定在案件改变管辖的情况下，审查起诉期限从改变后的人民检察院收到案件之日起算。

第一百七十三条 【人民检察院审查起诉的程序】

人民检察院审查案件，应当讯问犯罪嫌疑人，听取辩护人或者值班律师、被害人及其诉讼代理人的意见，并记录在案。辩护人或者值班律师、被害人及其诉讼代理人提出书面意见的，应当附卷。

犯罪嫌疑人认罪认罚的，人民检察院应当告知其享有的诉讼权利和认罪认罚的法律规定，听取犯罪嫌疑人、辩护人或者值班律师、被害人及其诉讼代理人对下列事项的意见，并记录在案：

（一）涉嫌的犯罪事实、罪名及适用的法律规定；

（二）从轻、减轻或者免除处罚等从宽处罚的建议；

（三）认罪认罚后案件审理适用的程序；

（四）其他需要听取意见的事项。

人民检察院依照前两款规定听取值班律师意见的，应当提前为值班律师了解案件有关情况提供必要的便利。

条文主旨

人民检察院审查起诉的程序

修改内容

原《刑事诉讼法》第170条	新《刑事诉讼法》第173条
人民检察院审查案件，应当讯问犯罪嫌疑人，听取辩护人、被害人及其诉讼代理人的意见，并记录在案。辩护人、被害人及其诉讼代理人提出书面意见的，应当附卷。	人民检察院审查案件，应当讯问犯罪嫌疑人，听取辩护人或者值班律师、被害人及其诉讼代理人的意见，并记录在案。辩护人或者值班律师、被害人及其诉讼代理人提出书面意见的，应当附卷。 犯罪嫌疑人认罪认罚的，人民检察院应当告知其享有的诉讼权利和认罪认罚的法律规定，听取犯罪嫌疑人、辩护人或者值班律师、被害人及其诉讼代理人对下列事项的意见，并记录在案： （一）涉嫌的犯罪事实、罪名及适用的法律规定； （二）从轻、减轻或者免除处罚等从宽处罚的建议； （三）认罪认罚后案件审理适用的程序； （四）其他需要听取意见的事项。 人民检察院依照前两款规定听取值班律师意见的，应当提前为值班律师了解案件有关情况提供必要的便利。

修改背景

本次刑事诉讼法修改的重要目的之一就是将认罪认罚从宽制度、速裁程序的试点经验和可复制、可推广的有效做法上升为法律规范并在全国范围内实行。试点办法中关于值班律师制度、人民检察院审查认罪认罚案件进行诉讼权利告知以及听取意见等程序的规定，对于保障被追诉人认罪认罚从宽的自愿性和真实性具有重要意义，因此有必要写入刑事诉讼法。

《关于在部分地区开展刑事案件认罪认罚从宽制度试点工作的办法》第

10 条规定，“在审查起诉过程中，人民检察院应当告知犯罪嫌疑人享有的诉讼权利和认罪认罚可能导致的法律后果，就下列事项听取犯罪嫌疑人及其辩护人或者值班律师的意见，记录在案并附卷：（一）指控的罪名及适用的法律条款；（二）从轻、减轻或者免除处罚等从宽处罚的建议；（三）认罪认罚后案件审查适用的程序；（四）其他需要听取意见的情形……”可见，本条正是在前述规定的基础上修改完善而来的，是刑事诉讼法对认罪认罚制度试点办法和经验的吸收与完善。

本条第 2 款和第 3 款均为本次修法的新增内容，其中第 3 款要求人民检察院依照前两款规定听取值班律师意见的，应当提前为值班律师了解案件有关情况提供必要的便利，与试点办法相比，该款进一步明确了检察机关审查起诉过程中提前为值班律师了解案情提供便利的义务。

条文解读与适用指引

本条分为三款。第 1 款规定了人民检察院审查起诉的一般程序。根据这一规定，人民检察院审查案件，应当对犯罪嫌疑人进行讯问，听取辩护人或者值班律师、被害人及其诉讼代理人的意见。同时也要求将听取前述人员意见的情况记录在案，如果辩护人或者值班律师、被害人及其诉讼代理人提出书面意见的，还应当将书面意见附卷。本次修改主要是在听取辩护人意见的基础上，增加了没有辩护人的情况下应听取值班律师意见的规定。修改后的《刑事诉讼法》第 36 条正式将值班律师制度纳入刑事诉讼法规定，要求对于犯罪嫌疑人、被告人没有委托辩护人，法律援助机构没有指派律师为其提供辩护的，由值班律师为其提供法律咨询、程序选择建议等法律帮助。因此，检察机关审查起诉过程中对于犯罪嫌疑人没有辩护人的，应当听取值班律师的意见。

第 2 款是对认罪认罚案件审查起诉程序的特别要求。保障犯罪嫌疑人认罪认罚的自愿性和明智性是认罪认罚从宽制度正当运行的关键，因此，对于认罪认罚案件，人民检察院首先应当告知犯罪嫌疑人享有的诉讼权利和认罪认罚的法律规定，确保犯罪嫌疑人了解自身权利和认罪认罚规定。同时，人民检察院还应当听取犯罪嫌疑人、辩护人或者值班律师、被害人及其诉讼代理人对定罪、量刑、程序适用等事项的意见，并记录在案，具体需要听取意见的事项包括：1. 定罪方面，就涉嫌的犯罪事实、罪名及适用的法律规定听取意见；2. 量刑方面，听取法定人员对从轻、减轻或者免除处罚等从宽处罚的建议；3. 程序适用方面，听取对认罪认罚后案件审理适用的程序的意见。此外，如有其他需要听取意见的事项也应当听取相关人员意见，并将前述意见记录在案。

第 3 款规定了审查起诉阶段人民检察院为值班律师了解案情提供便利的义务。值班律师在了解案件情况的基础上才能为犯罪嫌疑人提供更加有效和有针对性的法律帮助。因此，本款规定人民检察院依照前两款规定听取值班律师意见的，应当提前为值班律师了解案件有关情况提供必要的便利。这与试点规定相比，无疑是一种进步，当然，“提供必要便利”的具体方式方法还有待相关解释进一步明确和细化。

第一百七十四条 【签署认罪认罚具结书的条件与程序】

犯罪嫌疑人自愿认罪，同意量刑建议和程序适用的，应当在辩护人或者值班律师在场的情况下签署认罪认罚具结书。

犯罪嫌疑人认罪认罚，有下列情形之一的，不需要签署认罪认罚具结书：

（一）犯罪嫌疑人是盲、聋、哑人，或者是尚未完全丧失辨认或者控制自己行为能力的精神病人的；

（二）未成年犯罪嫌疑人的法定代理人、辩护人对未成年人认罪认罚有异议的；

（三）其他不需要签署认罪认罚具结书的情形。

条文主旨

签署认罪认罚具结书的条件与程序

修改内容

本条为新增条款。

修改背景

本条是对认罪认罚试点经验及试点办法中签署认罪认罚具结书规定的进一步完善。根据《关于在部分地区开展刑事案件认罪认罚从宽制度试点工作的办法》（以下简称《办法》）的规定，签署具结书是适用认罪认罚从宽制度的必要条件，也是人民法院最终认定认罪认罚自愿性、真实性和合法性的重要依据。修改后的刑事诉讼法在一定程度上改变了这种立场，同时也在一定程度上扩大了认罪认罚从宽制度的适用范围。根据《办法》第2条，犯罪嫌疑人、被告人是尚未完全丧失辨认或者控制自己行为能力的精神病人，或者未成年犯罪嫌疑人、被告人的法定代理人、辩护人对未成年人认罪认罚有异议的，不适用认罪认罚从宽制度。而根据本条第2款的规定，犯罪嫌疑人是盲、聋、哑人，或者是尚未完全丧失辨认或者控制自己行为能力的精神病人的，或者未成年犯罪嫌疑人的法定代理人、辩护人对未成年人认罪认罚有异议的，并非不能适用认罪认罚从宽制度，而仅仅是免去其签署认罪认罚具结书的义务。

条文解读与适用指引

本条分为两款，第1款是对认罪认罚案件中签署认罪认罚具结书的规定。通常情形下，犯罪嫌疑人自愿认罪，同意量刑建议和程序适用的，应当在辩护人或者值班律师在场的情况下签署认罪认罚具结书。也就是说，一般情况下，签署认罪认罚具结书是适用认罪认罚从宽制度必经的程序和要求。

第2款是对特殊情况下犯罪嫌疑人认罪认罚不需签署认罪认罚具结书的特别规定。根据本款规定，对于犯罪嫌疑人是盲、聋、哑人，或者犯罪嫌疑人是尚未完全丧失辨认或者控制自己行为能力的精神病人的，或者未成年犯罪嫌疑人的法定代理人、辩护人对未成年人认罪认罚有异议的，以及其他不需要签署认罪认罚具结书的情形，犯罪嫌疑人认罪认罚的，不需要签署认罪认罚具结书。这既赋予了前述特殊人群认罪认罚的权利，同时也免除了其签署认罪认罚具结书的义务。需要注意的是，根据本法第223条的规定，被告人是盲、聋、哑人，或者是尚未完全丧失辨认或者控制自己行为能力的精神病人，或者被告人是未成年人等情形，尽管可以适用认罪认罚从宽制度，但不适用速裁程序。

第一百七十五条 【审查起诉期间的补充侦查】

人民检察院审查案件，可以要求公安机关提供法庭审判所必需的证据材料；认为可能存在本法第五十六条规定的以非法方法收集证据情形的，可以要求其对证据收集的合法性作出说明。

人民检察院审查案件，对于需要补充侦查的，可以退回公安机关补充侦查，也可以自行侦查。

对于补充侦查的案件，应当在一个月以内补充侦查完毕。补充侦查以二次为限。补充侦查完毕移送人民检察院后，人民检察院重新计算审查起诉期限。

对于二次补充侦查的案件，人民检察院仍然认为证据不足，不符合起诉条件的，应当作出不起诉的决定。

条文主旨

审查起诉期间的补充侦查

修改内容

本条未作实质性修改，仅更新了援引条文的序号。

条文解读与适用指引

本条共分四款。第1款是关于人民检察院审查起诉过程中可以要求公安机关提供庭审必需的证据材料以及对证据合法性进行说明的规定。人民检察院承担着证明被追诉人犯有指控罪名的责任，审查起诉过程中，发现缺少法庭审判所必需的证据材料时，可以要求公安机关及时补充和提供。同时，由于人民检察院承担着对证据收集合法性的证明责任，因而在审查起诉过程中认为公安机关可能存在以非法方法收集证据的情形的，有权要求公安机关对证据收集的合法性作出说明。根据本法第56条的规定，非法收集证据的情形主要包括：（1）采用刑讯逼供等非法方法收集犯罪嫌疑人、被告人供述；（2）采用暴力、威胁等非法方法收集证人证言、被害人陈述；（3）收集物证、书证不符合法定程序，可能严重影响司法公正且无法予以补正或者作出合理解释。

第2款是关于补充侦查的方式的规定。人民检察院审查案件，对于需要补充侦查的，有两种补充侦查的方式：退回公安机关补充侦查或者由人民检察院自行侦查。根据相关司法解释，人民检察院认为犯罪事实不清、证据不足或者遗漏罪行、遗漏同案犯罪嫌疑人等需要补充侦查的，应当提出具体的书面意见，连同案卷材料一并退回公安机关补充侦查。人民检察院自行侦查的，必要时可以要求公安机关提供协助。

第3款是关于补充侦查的期限和次数以及审查起诉期限重新计算的规定。根据该款的规定，补充侦查应当在一个月内完成，且补充侦查的次数以二次为限，对于补充侦查完毕后移送人民检察院的案件，审查起诉期限应重新计算。

第4款是关于二次补充侦查后证据仍不符合起诉条件的处理。补充侦查以二次为限，经过了二次补充侦查后，证据仍不能达到“确实、充分”的起诉条件的，根据本款规定应当作出不起诉的决定。2012年刑诉法修改将本款此前的“可以作出不起诉的决定”改为“应当作出不起诉的决定”，对于避免案件久拖不决、增强人权刑事司法保障有重要意义。

第一百七十六条　【人民检察院提起公诉的条件和程序】

人民检察院认为犯罪嫌疑人的犯罪事实已经查清，证据确实、充分，依法应当追究刑事责任的，应当作出起诉决定，按照审判管辖的

规定，向人民法院提起公诉，并将案卷材料、证据移送人民法院。

犯罪嫌疑人认罪认罚的，人民检察院应当就主刑、附加刑、是否适用缓刑等提出量刑建议，并随案移送认罪认罚具结书等材料。

条文主旨

人民检察院提起公诉的条件和程序

修改内容

本条第2款为新增条款。

修改背景

2016年“两高三部”《关于在部分地区开展刑事案件认罪认罚从宽制度试点工作的办法》第11条规定：“人民检察院向人民法院提起公诉的，应当在起诉书中写明被告人认罪认罚情况，提出量刑建议，并同时移送被告人的认罪认罚具结书等材料。量刑建议一般应当包括主刑、附加刑，并明确刑罚执行方式。可以提出相对明确的量刑幅度，也可以根据案件具体情况，提出确定刑期的量刑建议。建议判处财产刑的，一般应当提出确定的数额。”本次修法吸收了这一规定中的核心内容，对认罪认罚案件中检察机关提出量刑建议以及移送具结书等材料作出了要求。

条文解读与适用指引

本条分为两款。第1款是对人民检察院提起公诉的条件和程序的规定。人民检察院对案件进行审查后，认为犯罪嫌疑人的犯罪事实已经查清，证据确实、充分，依法应当追究刑事责任的，应当作出起诉决定。人民检察院提起公诉的条件具体包括以下几方面：第一，犯罪事实已经查清。根据相关司法解释，具有下列情形之一的，可以确认为犯罪事实已经查清：属于单一罪行的案件，查清的事实足以定罪量刑或者与定罪量刑有关的事实已经查清，不影响定罪量刑的事实无法查清的；属于数个罪行的案件，部分罪行已经查清并符合起诉条件，其他罪行无法查清的；无法查清作案工具、赃物去向，但有其他证据足以对被告人定罪量刑的；证人证言、犯罪嫌疑人供述和辩解、被害人陈述的内容中主要情节一致，只有个别情节不一致且不影响定罪的。第二，证据确实、充分。根据本法第 55 条第 2 款的规定，证据确实、充分，应当符合以下条件：（一）定罪量刑的事实都有证据证明；（二）据以定案的证据均经法定程序查证属实；（三）综合全案证据，对所认定事实已排除合理怀疑。第三，依法应当追究刑事责任，即根据刑法和刑事诉讼法的规定，有刑事责任能力，没有本法第 16 条规定的不应追究刑事责任的情形。人民检察院作出起诉决定后，应按照本法第 20 条至第 27 条关于审判管辖的规定，向有管辖权的法院提起公诉，同时要将案卷材料和证据移送人民法院。

第 2 款是认罪认罚案件中对人民检察院提出量刑建议及移送认罪认罚具结书等材料的特别要求。在认罪认罚案件中，人民检察院应当提出对犯罪嫌疑人的量刑建议。原因在于，对于认罪认罚案件，一方面，犯罪嫌疑人同意检察机关的量刑建议是适用认罪认罚的前提条件，因而检察机关必须提出量刑建议；另一方面，检察机关的量刑建议具有一定法律效力，对未来法院判处刑罚具有显著的约束作用，也是对犯罪嫌疑人量刑预期一定程度的法律保护。根据本法第 201 条的规定，对于认罪认罚案件，除法定特殊情形下，人民法院判决时一般应当采纳人民检察院指控的罪名和量刑建议。量刑建议应当围绕主刑、附加刑、是否适用缓刑等方面提出。此外，认罪认罚案件中，除法定特殊情况下，犯罪嫌疑人必须签署认罪认罚具结书，作为重要材料，认罪认罚具结书应当随案移送。

第一百七十七条　【不起诉的条件与程序】

犯罪嫌疑人没有犯罪事实，或者有本法第十六条规定的情形之一的，人民检察院应当作出不起诉决定。

对于犯罪情节轻微，依照刑法规定不需要判处刑罚或者免除刑罚的，人民检察院可以作出不起诉决定。

人民检察院决定不起诉的案件，应当同时对侦查中查封、扣押、

冻结的财物解除查封、扣押、冻结。对被不起诉人需要给予行政处罚、处分或者需要没收其违法所得的，人民检察院应当提出检察意见，移送有关主管机关处理。有关主管机关应当将处理结果及时通知人民检察院。

条文主旨

不起诉的条件与程序

修改内容

原《刑事诉讼法》第173条第3款	新《刑事诉讼法》第177条第3款
人民检察院决定不起诉的案件，应当同时对侦查中查封、扣押、冻结的财物解除查封、扣押、冻结。对被不起诉人需要给予行政处罚、行政处分或者需要没收其违法所得的，人民检察院应当提出检察意见，移送有关主管机关处理。有关主管机关应当将处理结果及时通知人民检察院。	人民检察院决定不起诉的案件，应当同时对侦查中查封、扣押、冻结的财物解除查封、扣押、冻结。对被不起诉人需要给予行政处罚、处分或者需要没收其违法所得的，人民检察院应当提出检察意见，移送有关主管机关处理。有关主管机关应当将处理结果及时通知人民检察院。

修改背景

《监察法》第45条第1款第2项规定，监察机关根据监督、调查结果，依法对违法的公职人员依照法定程序作出警告、记过、记大过、降级、撤职、开除等政务处分决定。这是对监察机关以政务处分方式对公职人员作出处置的规定。由于《监察法》新创设了“政务处分”，且其适用对象范围较“行政处分”更为广泛，因此原刑诉法条文中的“行政处分”无法囊括诸如“政务处分”等其他处分形式，为了更好地与《监察法》相衔接，本次修法对本条第3款作出了修改，将“对被不起诉人需要给予行政处罚、行政处分”表述调整为“对被不起诉人需要给予行政处罚、处分”。

条文解读与适用指引

本条分为三款。第1款是对人民检察院应当不起诉决定的规定，也即对法定不起诉的规定。根据本款，对于犯罪嫌疑人没有犯罪事实或者有本法第16条规定的情形之一的，应当作出不起诉决定。其中，“犯罪嫌疑人没有犯罪事实”是2012年刑诉法修改新增的法定不起诉情形，从而使此种情形下在审查起诉阶段如何处理更加明确。另根据本法第16条，具有下列情形之一的，人民检察院应当作出不起诉决定，即情节显著轻微、危害不大，不认为是犯罪的；犯罪已过追诉时效期限的；经特赦令免除刑罚的；依照刑法告诉才处理的犯罪，没有告诉或者撤回告诉的；犯罪嫌疑人、被告人死亡的；其他法律规定免予追究刑事责任的。

第2款是对人民检察院可以不起诉情形的规定，也即对酌定不起诉的规定。根据该款，犯罪嫌疑人虽然已经构成犯罪，但是对于那些犯罪情节轻微，依照刑法规定不需要判处刑罚或者免除刑罚的，人民检察院可以作出不起诉决定。本款中“依照刑法规定不需要判处刑罚”是指《刑法》第37条规定的，对于犯罪情节轻微不需要判处刑罚的，可以免予刑事处罚；依照刑法“免除刑罚”则是指刑法中的免除刑罚的具体规定，如又聋又哑或者盲人或者未成年人犯罪的、正当防卫、紧急避险、犯罪预备、自首、立功，等等。

第3款是不起诉后对相关财产的处理和对被不起诉人的其他处理的规定。一方面，人民检察院作出不起诉决定的，应当同时对侦查中查封、扣押、冻结的财物解除查封、扣押、冻结。另一方面，尽管被不起诉人因不构成犯罪或不需要判处刑罚等原因未被提起公诉，但如果对其仍需要给予行政处罚、处分或者需要没收其违法所得的，人民检察院应当提出检察意见，移送有关主管机关处理，并要求有关主管机关及时通报处理情况。有关主管机关应当将处理结果及时通知人民检察院。

第一百七十八条　【不起诉决定的宣布、送达与执行】

不起诉的决定，应当公开宣布，并且将不起诉决定书送达被不起诉人和他的所在单位。如果被不起诉人在押，应当立即释放。

条文主旨

不起诉决定的宣布、送达与执行

修改内容

本条未作修改。

条文解读与适用指引

根据本条规定，不起诉的决定，应由人民检察院公开宣布，不起诉决定自公开宣布之日起生效。“公开宣布”要求人民检察院在被不起诉人在场的情况下向其宣布不起诉决定，而不能以送达或者其他方式替代公开宣布程序。人民检察院作出不起诉决定，应当制作不起诉决定书，并将不起诉决定书分别送达被不起诉人和他的所在单位。被不起诉人在押的，应当立即释放，其被采取其他强制措施的，应当通知执行机关解除。

第一百七十九条　【公安机关对不起诉决定提出异议的程序】

对于公安机关移送起诉的案件，人民检察院决定不起诉的，应当将不起诉决定书送达公安机关。公安机关认为不起诉的决定有错误的时候，可以要求复议，如果意见不被接受，可以向上一级人民检察院提请复核。

条文主旨

公安机关对不起诉决定提出异议的程序

修改内容

本条未作修改。

条文解读与适用指引

根据本条规定，对于公安机关移送起诉的案件，人民检察院作出不起诉决定的，应将不起诉决定书送达公安机关。一方面，便于公安机关对被不起诉人解除羁押或其他强制措施。另一方面，如果公安机关认为人民检察院的不起诉决定有错误，可以要求作出不起诉决定的人民检察院复议。公安机关要求复议的，人民检察院公诉部门应当另行指定检察人员进行审查并提出审查意见，经公诉部门负责人审核，报请检察长或者检察委员会决定。如果公安机关的意见未被作出不起诉决定的人民检察院接受，公安机关还可以向作出不起诉决定的人民检察院的上一级人民检察院提请复核。复议复核期间，不停止对不起诉决定的执行。

第一百八十条　【被害人不服不起诉决定的救济途径】

对于有被害人的案件，决定不起诉的，人民检察院应当将不起诉决定书送达被害人。被害人如果不服，可以自收到决定书后七日以内向上一级人民检察院申诉，请求提起公诉。人民检察院应当将复查决定告知被害人。对人民检察院维持不起诉决定的，被害人可以向人民法院起诉。被害人也可以不经申诉，直接向人民法院起诉。人民法院受理案件后，人民检察院应当将有关案件材料移送人民法院。

条文主旨

被害人不服不起诉决定的救济途径

修改内容

本条未作修改。

条文解读与适用指引

被害人是受到犯罪行为侵害的直接对象，检察机关是否提起公诉关系到被害人切身利益，因此对于人民检察院的不起诉决定，赋予被害人对不起诉决定的异议和救济途径是保障其合法权益的重要途径之一。本条规定有五层含义：第一，对于有被害人的案件，无论被害人是自然人还是法人，人民检察院都应当将不起诉决定书送达本案被害人。第二，被害人对于人民检察院的不起诉决定如果有异议，可以自收到决定书后七日以内向作出不起诉决定的人民检察院的上一级人民检察院申诉，请求提起公诉。上一级人民检察院应当及时复查并将复查决定告知被害人。第三，上一级人民检察院维持不起诉决定的，被害人仍认为应当追究被不起诉人刑事责任的，可以向人民法院提起自诉。第四，被害人有证据证明对被不起诉人侵犯自己人身、财产权利的行为应当追究刑事责任的，也可以在人民检察院作出不起诉决定后直接向人民法院提起自诉，也即向上一级人民检察院申诉是被害人的权利而非提起自诉的必经程序。第五，人民法院对案件进行受理后，人民检察院应当将有关案件材料及时移送人民法院，以便于审判活动顺利进行。

第一百八十一条　【被不起诉人对不起诉决定不服的申诉】

对于人民检察院依照本法第一百七十七条第二款规定作出的不起诉决定，被不起诉人如果不服，可以自收到决定书后七日以内向人民检察院申诉。人民检察院应当作出复查决定，通知被不起诉的人，同时抄送公安机关。

条文主旨

被不起诉人对不起诉决定不服的申诉

修改内容

本条未作修改。

条文解读与适用指引

根据本条规定，对于人民检察院依照本法第177条第2款的“犯罪情节轻微，依照刑法规定不需要判处刑罚或者免除刑罚”而作出的不起诉决定，被不起诉人不服的，可以自收到决定书后七日以内向人民检察院申诉。如此规定的原因在于此类不起诉决定的前提仍然是检察机关认定被不起诉人已经构成了犯罪，仅仅是依照刑法不需要对其判处刑罚或者免除其刑罚，因而作出不起诉决定。如果被不起诉人认为自己根本没有实施犯罪行为或者认为其行为根本不构成犯罪，则可能对人民检察院的不起诉决定产生异议，因此本条为其提供了相应的申诉救济途径，以保障其维护自身权益。对于被不起诉人对前述不起诉决定提出申诉的，人民检察院应当及时进行复查并将复查决定通知被不起诉人，同时抄送公安机关。人民检察院的“复查决定”包括三种情况：第一，维持不起诉决定；第二，撤销原不起诉决定并依照本法第177条第1款作出不起诉决定；第三，认为被不起诉人构成犯罪，不应适用第177条第2款规定的，应撤销原不起诉决定并提起公诉。

第一百八十二条　【自愿如实供述且有重大立功或案件涉及国家重大利益的不起诉】

犯罪嫌疑人自愿如实供述涉嫌犯罪的事实，有重大立功或者案件涉及国家重大利益的，经最高人民检察院核准，公安机关可以撤销案件，人民检察院可以作出不起诉决定，也可以对涉嫌数罪中的一项或者多项不起诉。

根据前款规定不起诉或者撤销案件的，人民检察院、公安机关应当及时对查封、扣押、冻结的财物及其孳息作出处理。

条文主旨

自愿如实供述且有重大立功或案件涉及国家重大利益的不起诉

修改内容

本条为新增条款。

修改背景

这一修改是在总结认罪认罚试点工作经验的基础上，将实践中可复制、可推广的行之有效的做法上升为法律的又一体现。2016 年最高人民法院、最高人民检察院、公安部、国家安全部、司法部发布的《关于在部分地区开展刑事案件认罪认罚从宽制度试点工作的办法》第 9 条、第 13 条及第 14 条就探索规定了犯罪嫌疑人自愿如实供述涉嫌犯罪事实，有重大立功或者案件涉及国家重大利益的，经最高人民检察院核准可以不起诉或者撤销案件的处理方式及后续的涉案财物处理问题。本次修改将这些规定吸收入法，为有重大立功或案件涉及国家重大利益的两类特殊案件提供了更为宽大的处理办法，同时也对其适用作出了严格的条件和程序限制。

条文解读与适用指引

本条分为两款。第 1 款规定了犯罪嫌疑人自愿如实供述涉嫌犯罪事实，并有重大立功或者案件涉及国家重大利益的两种特殊情形之一的，经过最高人民检察院的核准，可以对其作出特别的从宽处理，即在侦查阶段允许公安机关撤销案件，在审查起诉阶段允许人民检察院作出不起诉决定或对涉嫌数罪中的一项或者多项不起诉。具体而言，侦查阶段，需要撤销案件的，办理案件的公安机关应当层报公安部，由公安部提请最高人民检察院批准。

第 2 款规定了作出前述处理后对查封、扣押、冻结财物的处理，根据本条规定不起诉或者撤销案件的，人民检察院、公安机关应当及时对查封、扣押、冻结的财物及其孳息作出处理。具体而言，人民检察院、公安机关对查封、扣押、冻结的财物及其孳息，应当调查权属情况，查明是否属于违法所得或者依法应当追缴的其他涉案财物。确认查封、扣押、冻结的财物及其孳息属于违法所得、违禁品或者供作案所用的本人财物，除依法返还被害人的以外，应当在撤销案件或者作出不起诉决定后及时予以收缴并上缴国库。对查封、扣押、冻结的财物及其孳息不能确认属于违法所得或者依法应当追缴的其他涉案财物的，不得收缴。

第三编　审　　判

第一章　审判组织

第一百八十三条　【人民法院审判第一审案件、上诉和抗诉案件的审判组织】

基层人民法院、中级人民法院审判第一审案件，应当由审判员三人或者由审判员和人民陪审员共三人或者七人组成合议庭进行，但是基层人民法院适用简易程序、速裁程序的案件可以由审判员一人独任审判。

高级人民法院审判第一审案件，应当由审判员三人至七人或者由审判员和人民陪审员共三人或者七人组成合议庭进行。

最高人民法院审判第一审案件，应当由审判员三人至七人组成合议庭进行。

人民法院审判上诉和抗诉案件，由审判员三人或者五人组成合议庭进行。

合议庭的成员人数应当是单数。

条文主旨

人民法院审判第一审案件、上诉和抗诉案件的审判组织

修改内容

原《刑事诉讼法》第178条	新《刑事诉讼法》第183条
基层人民法院、中级人民法院审判第一审案件，应当由审判员三人或者由审判员和人民陪审员共三人组成合议庭进行，但是基层人民法院适用简易程序的案件可以由审判员一人独任审判。 高级人民法院、最高人民法院审判第一审案件，应当由审判员三人至七人或者由审判员和人民陪审员共三人至七人组成合议庭进行。 人民陪审员在人民法院执行职务，同审判员有同等的权利。 人民法院审判上诉和抗诉案件，由审判员三人至五人组成合议庭进行。 合议庭的成员人数应当是单数。 合议庭由院长或者庭长指定审判员一人担任审判长。院长或者庭长参加审判案件的时候，自己担任审判长。	基层人民法院、中级人民法院审判第一审案件，应当由审判员三人或者由审判员和人民陪审员共三人或者七人组成合议庭进行，但是基层人民法院适用简易程序、速裁程序的案件可以由审判员一人独任审判。 高级人民法院审判第一审案件，应当由审判员三人至七人或者由审判员和人民陪审员共三人或者七人组成合议庭进行。 最高人民法院审判第一审案件，应当由审判员三人至七人组成合议庭进行。 人民法院审判上诉和抗诉案件，由审判员三人或者五人组成合议庭进行。 合议庭的成员人数应当是单数。

修改背景

1. 与《人民陪审员法》衔接

2018年4月27日第十三届全国人民代表大会常务委员会第二次会议通过了《人民陪审员法》。《人民陪审员法》第14条规定，人民陪审员和法官组成合议庭审判案件，由法官担任审判长，可以组成三人合议庭，也可以由法官三人与人民陪审员四人组成七人合议庭。根据此条规定，人民陪审员与法官组成合议庭审判案件可以组成三人或七人合议庭。因此本条修改时吸收了七人合议庭的组织形式。

根据《人民陪审员法》第21条规定，人民陪审员参加三人合议庭审判案件，对事实认定、法律适用，独立发表意见，行使表决权。第22条规定，人民陪审员参加七人合议庭审判案件，对事实认定，独立发表意见，并与法官共同表决；对法律适用，可以发表意见，但不参加表决。由此可见，人民陪审员参加三人合议庭或七人合议庭，其职权是不同的，参加三人合议庭时，其对事实认定和法律适用均有权独立发表意见和表决；参加七人合议庭时，仅对事实认定有发言权和表决权，而对法律适用没有表决权。因此，本条修改时删去了“人民陪审员在人民法院执行职务，同审判员有同等的权利”的表述。

2. 2018年修改的《刑事诉讼法》新增了关于速裁程序的规定，集中体现在第222条至第226条。因此，在本条中新增了适用速裁程序的案件可以由审判员一人独任审判的规定。

条文解读与适用指引

本条分为五款。第1款规定了基层人民法院、中级人民法院审判第一审案件的组织形式及其组成人员。基层人民法院、中级人民法院审判第一审案件的组织形式主要是合议庭，合议庭的组成有两种形式：组成人员均为审判员的情形下，由三名审判员组成；组成人员为审判员和人民陪审员的情形下，由三名或者七名审判员和人民陪审员组成。基层人民法院适用简易程序、速裁程序的案件可以由审判员一人独任审判。

第2款规定了高级人民法院审判第一审案件的组织形式及其组成人员。根据本款规定，高级人民法院审判第一审案件，合议庭既可以由审判员三人至七人组成，也可以由审判员和人民陪审员共三人或者七人组成。也就是说，当合议庭仅由审判员组成时，可以是由三名、五名或七名审判员组成。但当合议庭由审判员和人民陪审员共同组成时，则只能是三人或者七人组成合议庭，而不能是五人。

第3款规定了最高人民法院审判第一审案件的组织形式及其组成人员。

根据本款规定，最高人民法院审判第一审案件，合议庭只能由审判员三人至七人组成，不能由人民陪审员参加。

第4款规定了人民法院审判上诉和抗诉案件的组织形式及其组成人员。根据本款规定，人民法院审判上诉和抗诉案件，合议庭只能由审判员三人或者五人组成，不能由人民陪审员参加。

第5款规定了合议庭成员人数。根据本款规定，合议庭的成员人数应当是单数。本法第184条规定，合议庭进行评议时，如果意见分歧，应当按照多数人的意见作出决定。合议庭人数为单数，才能避免无法形成多数意见的情况。

第一百八十四条　【合议庭的评议规则】

合议庭进行评议的时候，如果意见分歧，应当按多数人的意见作出决定，但是少数人的意见应当写入笔录。评议笔录由合议庭的组成人员签名。

条文主旨

合议庭的评议规则

修改内容

本条未作修改。

条文解读与适用指引

在本条中，“评议”是指合议庭组成人员通过对案件的审理，对事实的认定、证据的核实、是否构成犯罪及法律适用等方面进行讨论的过程。“多数人”是指超过半数的人数，“少数人”是指不超过半数的人数。本条规定了，如果合议庭组成人员意见分歧时，以超过半数人的意见作出对被告人定罪量刑的决定。合议庭进行评议应当制作评议笔录，少数人的意见虽未被采纳，但应如实记入评议笔录。评议结束后，合议庭的组成人员均应当在笔录上签字。

第一百八十五条　【提交审委会讨论决定的条件及程序】

合议庭开庭审理并且评议后，应当作出判决。对于疑难、复杂、重大的案件，合议庭认为难以作出决定的，由合议庭提请院长决定提交审判委员会讨论决定。审判委员会的决定，合议庭应当执行。

条文主旨

提交审委会讨论决定的条件及程序

修改内容

本条未作修改。

条文解读与适用指引

根据本条，合议庭开庭审理并评议后，对于一般案件应当独立作出判决。对于疑难、复杂、重大的案件，合议庭认为难以作出决定的，可以提请院长决定提交审判委员会讨论决定。其中“疑难、复杂、重大”的案件，是指如下三种情形：一是案情特殊，难以把握定罪量刑的尺度；二是案情复杂，一般是犯罪关系复杂、证据繁多交叉等；三是犯罪性质严重、社会影响很大。“审判委员会”是人民法院负责审判工作的常设组织，其任务是总结审判经验，讨论疑难、复杂、重大案件和其他与审判工作有关的问题。审判委员会讨论案件采取少数服从多数的原则，按照多数审判委员会委员的意见形成审判委员会决议。各级人民法院的审判委员会由院长主持。根据本条的规定，疑难、复杂、重大的案件经由审判委员会讨论后作出的决定，合议庭应当执行。

第二章　第一审程序

第一节　公 诉 案 件

第一百八十六条　【开庭审判的条件】

人民法院对提起公诉的案件进行审查后，对于起诉书中有明确的指控犯罪事实的，应当决定开庭审判。

条文主旨

开庭审判的条件

修改内容

本条未作修改。

条文解读与适用指引

人民法院对提起公诉的案件进行审查后，对于起诉书中有明确的指控犯罪事实的，即应决定开庭审判。本条中“明确的指控犯罪事实”，是指人民检察院在起诉书中必须明确被告人因何罪名被提起公诉及其犯罪事实。这种犯罪事实必须是《刑法》规定的应当予以刑罚处罚的。人民检察院在提起公诉时，应当将案卷材料和证据随案移送至人民法院。

第一百八十七条　【人民法院开庭前的准备】

人民法院决定开庭审判后，应当确定合议庭的组成人员，将人民检察院的起诉书副本至迟在开庭十日以前送达被告人及其辩护人。

在开庭以前，审判人员可以召集公诉人、当事人和辩护人、诉讼代理人，对回避、出庭证人名单、非法证据排除等与审判相关的问题，了解情况，听取意见。

人民法院确定开庭日期后，应当将开庭的时间、地点通知人民检察院，传唤当事人，通知辩护人、诉讼代理人、证人、鉴定人和翻译人员，传票和通知书至迟在开庭三日以前送达。公开审判的案件，应当在开庭三日以前先期公布案由、被告人姓名、开庭时间和地点。

上述活动情形应当写入笔录，由审判人员和书记员签名。

条文主旨

人民法院开庭前的准备

修改内容

本条未作修改。

条文解读与适用指引

本条分为四款。第1款规定了人民法院在决定开庭审判后应当进行的准备工作：一是确定合议庭的组成人员，主要决定由哪些人组成合议庭，由谁担任审判长。书记员不是合议庭成员。二是将人民检察院的起诉书副本至迟在开庭十日以前送达被告人及其辩护人。对于被告人未委托辩护人的，应当告知被告人可以委托辩护人，或依法通知法律援助机构指派法律援助律师为被告人辩护。

第2款规定了庭前会议制度。开庭之前审判人员可以召集公诉人、当事人和辩护人、诉讼代理人，对回避、出庭证人名单、非法证据排除等与审判相关的问题交换意见，有利于避免证据突袭、提高庭审效率。

第3款规定了人民法院确定开庭时间后应当在开庭三日以前进行的工作：（1）将开庭的时间、地点通知人民检察院，便于人民检察院做好出庭支持公诉的准备工作。对于公诉案件，人民法院开庭审理时，人民检察院应当派员出庭支持公诉，并对人民法院的审判活动进行监督。（2）传唤当事人，通知辩护人、诉讼代理人、证人、鉴定人和翻译人员。（3）对于公开审判的案件，公布案由、被告人姓名、开庭时间和地点，以便于与案件相关的人和其他公民及时了解案件审理情况，旁听案件的审理。

第4款规定了上述开庭准备工作的情形要写入笔录。对于开庭前的各项准备工作，应当由书记员制成笔录，由审判人员和书记员分别签名，附卷保存。

第一百八十八条 【公开审判原则及其例外】

人民法院审判第一审案件应当公开进行。但是有关国家秘密或者个人隐私的案件，不公开审理；涉及商业秘密的案件，当事人申请不公开审理的，可以不公开审理。

不公开审理的案件，应当当庭宣布不公开审理的理由。

条文主旨

公开审判原则及其例外

修改内容

本条未作修改。

条文解读与适用指引

公开审判原则是我国刑事诉讼法的基本原则之一。本条中的公开审理是指人民法院审判第一审案件，允许群众旁听，允许记者报道。

本条分为两款。第1款规定了人民法院审判第一审案件原则上应当公开进行。依据本款，不公开审理的情形有二：一是应当不公开审理的情形，是指有关国家秘密或者个人隐私的案件；二是可以不公开审理的情形，是指涉及商业秘密且当事人申请不公开审理的案件。不公开审理的案件，是指审判过程不公开，不允许群众旁听，不允许媒体报道，但宣判应一律公开进行。

第2款规定了不论是应当不公开审理的案件还是可以不公开审理的案件，都应当当庭宣布不公开审理的理由。

第一百八十九条 【人民检察院派员出席法庭支持公诉】

人民法院审判公诉案件，人民检察院应当派员出席法庭支持公诉。

条文主旨

人民检察院派员出庭支持公诉

修改内容

本条未作修改。

条文解读与适用指引

依据本条规定，人民法院审判公诉案件，人民检察院应当派员出席法庭支持公诉。“出席法庭支持公诉”，是指案件开庭时，人民检察院派员出席法庭，代表国家提起公诉。根据本条规定，对公诉案件，无论是否适用简易程序审理，人民检察院都应当派员出席法庭支持公诉。“支持公诉”，是指人民法院开庭审判时，人民检察院派员出席法庭支持和维护人民检察院代表国家提起的公诉。检察人员出席法庭支持公诉前要认真阅卷，熟悉案情和与本案有关的法律规定，制作起诉书。公诉人在法庭审理过程中，要通过宣读起诉书、讯问被告人、询问证人、被害人、鉴定人、出示证据和法庭辩论，控诉犯罪，证实犯罪，分析犯罪的根源，揭露犯罪的社会危害性，提高人民群众遵纪守法的自觉性和同违法犯罪行为作斗争的积极性。人民检察院的公诉人在庭审过程中，必须以事实为根据，以法律为准绳。对被告人的指控应该事实清楚，证据确凿，引用法律恰当、准确。

第一百九十条 【开庭后审判长应当做的程序性工作】

开庭的时候，审判长查明当事人是否到庭，宣布案由；宣布合议庭的组成人员、书记员、公诉人、辩护人、诉讼代理人、鉴定人和翻译人员的名单；告知当事人有权对合议庭组成人员、书记员、

公诉人、鉴定人和翻译人员申请回避；告知被告人享有辩护权利。

被告人认罪认罚的，审判长应当告知被告人享有的诉讼权利和认罪认罚的法律规定，审查认罪认罚的自愿性和认罪认罚具结书内容的真实性、合法性。

条文主旨

开庭后审判长应当做的程序性工作

修改内容

本条第二款为新增条款。

修改背景

2016年最高人民法院、最高人民检察院、公安部、国家安全部、司法部发布的《关于在部分地区开展刑事案件认罪认罚从宽制度试点工作的办法》，拉开了为期两年的认罪认罚从宽制度试点工作的序幕。由审判长行使告知权和审查权体现了适用认罪认罚制度的慎重。本条的修改目的之一在于充分保障被告人的知情权。本法第120条规定侦查人员在讯问犯罪嫌疑人的时候，应当告知犯罪嫌疑人享有的诉讼权利，如实供述自己罪行可以从宽处理和认罪认罚的法律规定；本法第173条规定在审查起诉阶段犯罪嫌疑人认罪认罚的，人民检察院应当告知其享有的诉讼权利和认罪认罚的法律规定，听取意见并记录在案。因此，在法庭审判时，被告人应当是明知自己认罪认罚的行为可能导致的法律后果的。在法庭上经由审判长再次告知，是为了再一次确保被告人的知情权，避免由于对认罪认罚认识不到位而致其合法权益受损。目的之二是再次确认被告人认罪认罚的自愿性和具结书内容的真实性、合法性。本法第201条规定了不适用认罪认罚的几种情形，其中之一即“被告人违背意愿认罪认罚的”，因此为了保证被告人认罪认罚的自愿性，审判长必须在法庭上再次审查。此外，为了避免被告人因受到胁迫、误导而签署认罪认罚具结书，审判长也需要在法庭上再次确认其对具结书的内容理解是否正确，是否完全自愿。

条文解读与适用指引

本条分为两款。第 1 款规定了审判长宣布开庭后应当进行如下工作：（1）查明当事人是否到庭，核实当事人信息，问明被告人是否曾经受过法律处分，是否被采取强制措施，收到人民检察院起诉书副本的时间，核对被告人是否是本案被指控的人，如果案件中有附带民事诉讼的，还应当查明附带民事诉讼的当事人或其诉讼代理人是否到庭，并应当问明附带民事诉讼的被告人收到民事诉状的时间。（2）公布案件的来源、起诉的案由，附带民事诉讼当事人姓名。对依法不公开审理的案件，应当当庭宣布不公开审理的理由。（3）宣布参与本案审判的合议庭的组成人员、书记员、公诉人、辩护人、诉讼代理人、鉴定人、翻译人员名单。（4）宣布上述人员名单后，审判长应告知当事人有对合议庭组成人员、书记员、公诉人、鉴定人和翻译人员申请回避的权利，审判长应当分别询问当事人及其法定代理人是否申请回避，申请何人回避。（5）告知被告人享有辩护的权利。

第 2 款是新增条文，规定了被告人认罪认罚的案件中审判长的告知和审查义务。告知的内容包括：被告人是否明知其诉讼权利，认罪认罚的相关法律规定，具体包括认罪认罚的适用范围、不适用认罪认罚的情形、认罪认罚在程序上和实体上的法律后果、被告人反悔的处理办法等。审查的内容包括再次确认被告人认罪认罚是否自愿，有无被胁迫、被诱导的情节，对于具结书的内容再次确认被告人理解准确，确认其签署具结书程序合法等。

第一百九十一条　【宣读起诉书、讯问及发问】

公诉人在法庭上宣读起诉书后，被告人、被害人可以就起诉书指控的犯罪进行陈述，公诉人可以讯问被告人。

被害人、附带民事诉讼的原告人和辩护人、诉讼代理人，经审判长许可，可以向被告人发问。

审判人员可以讯问被告人。

条文主旨

宣读起诉书、讯问及发问

修改内容

本条未作修改。

条文解读与适用指引

本条分为三款。根据第 1 款的规定，法庭调查的第一个环节是公诉人宣读起诉书。之后，被告人、被害人可以分别就起诉书指控的犯罪行为进行陈述。被告有权提出无罪的意见，被害人有权陈述自己被侵害的过程、提出自己的诉讼请求。再后，公诉人可以讯问被告人，讯问的主要内容应限于起诉书指控的犯罪行为。

根据第 2 款的规定，在公诉人讯问被告人后，被害人、附带民事诉讼的原告人和辩护人、诉讼代理人可以向被告人发问。值得注意的是，公诉人讯问被告人不需要经审判长许可，其他人向被告人发问需要经审判长许可。

第 3 款规定了审判人员可以讯问被告人。审判人员主导整个庭审过程，有事实认定不清或当事人陈述不清的地方，审判人员可以直接讯问被告人，这有利于提高法庭查明事实的效率。

第一百九十二条　【证人、人民警察和鉴定人出庭作证】

公诉人、当事人或者辩护人、诉讼代理人对证人证言有异议，且该证人证言对案件定罪量刑有重大影响，人民法院认为证人有必要出庭作证的，证人应当出庭作证。

人民警察就其执行职务时目击的犯罪情况作为证人出庭作证，适用前款规定。

公诉人、当事人或者辩护人、诉讼代理人对鉴定意见有异议，人民法院认为鉴定人有必要出庭的，鉴定人应当出庭作证。经人民法院

通知，鉴定人拒不出庭作证的，鉴定意见不得作为定案的根据。

条文主旨

证人、人民警察和鉴定人出庭作证

修改内容

本条未作修改。

条文解读与适用指引

本条分为三款。第 1 款规定了证人出庭作证的内容条件。依据本款规定，在同时满足如下三个条件时证人应当出庭：（1）公诉人、当事人或者辩护人、诉讼代理人对证人证言提出异议，这是证人出庭的程序性条件。“异议”既包括对证人证言的证据能力的质疑，也包括对证人证言的证明力的质疑。控辩双方“异议”的提出必须采用明示的方式，既可以采用书面方式提起，也可以采用口头方式提起，既可以在庭审前提出，也可以在庭审质证时提出，但不得是默示。如在庭审中，控辩双方未明确表达对证人证言的异议，则应视其无异议。（2）证人证言对案件定罪量刑有重大影响。这是证人出庭的实体性条件。“对案件定罪量刑有重大影响”是指该证人证言关乎所涉犯罪事实的关键性要件或重要情节，如被告人的身份情况、刑事责任能力，是否共同犯罪及被告人在共同犯罪中的地位、作用，对被告人从轻、减轻或从重处罚的事实等。此外，某些重要的程序性事项，如证据取得的合法性问题，也“对案件定罪量刑有重大影响”。（3）人民法院认为证人有必要出庭作证。在满足上述两项条件的情况下，还必须经过人民法院的认定，人民法院具有判断是否需要证人出庭作证的裁量权。在同时满足上述三个条件时，证人“应当”出庭，即赋予证人强制出庭的义务。如果证人没有正当理由未依法出庭作证，应根据本法第 193 条的规定予以处理。

第 2 款规定了人民警察出庭作证。根据本款规定人民警察出庭作证的范围限于人民警察就其执行职务时目击的犯罪情况。人民警察就其执行职务时目击的犯罪情况出庭作证也需同时满足第一款规定的三个条件：（1）公诉人、当事人或者辩护人、诉讼代理人有异议；（2）对案件定罪量刑有重大影响；（3）人民法院认为有必要出庭作证。在上述情形下，人民警察有出庭作证的义务。

第3款规定了鉴定人出庭作证。根据本款规定，鉴定人出庭需同时满足如下两个条件：（1）控辩双方对鉴定意见有异议；（2）人民法院认为鉴定人有必要出庭。满足上述两项条件，鉴定人就应当出庭。本款没有将“鉴定意见对案件的定罪量刑有重大影响”规定为鉴定人出庭的必要条件，但事实上，鉴定意见一般都对案件定罪量刑具有重大影响。经人民法院通知证人拒不出庭的，其庭前证言并非一概排除。但鉴定人拒不出庭的，其鉴定意见不得作为定案的根据。

第一百九十三条　【证人强制出庭作证】

经人民法院通知，证人没有正当理由不出庭作证的，人民法院可以强制其到庭，但是被告人的配偶、父母、子女除外。

证人没有正当理由拒绝出庭或者出庭后拒绝作证的，予以训诫，情节严重的，经院长批准，处以十日以下的拘留。被处罚人对拘留决定不服的，可以向上一级人民法院申请复议。复议期间不停止执行。

条文主旨

证人强制出庭作证

修改内容

本条未作修改。

条文解读与适用指引

本条分为两款。第1款规定了强制证人出庭作证的条件及例外。依据本款规定，经人民法院通知，证人没有正当理由不到庭作证的，人民法院可以强制其到庭，强制到庭的方式是拘传。例外情形是被告人的配偶、父母和子女不得强制到庭。

第2款规定了证人没有正当理由拒绝出庭或者出庭后拒绝作证的法律后果。一般的情形予以训诫，情节严重的经院长批准，处十日以下拘留。被处罚人对于法院拘留决定不服的，可以向上一级人民法院申请复议。但是复议期间不停止拘留的执行。

第一百九十四条 【询问证人、鉴定人】

证人作证，审判人员应当告知他要如实地提供证言和有意作伪证或者隐匿罪证要负的法律责任。公诉人、当事人和辩护人、诉讼代理人经审判长许可，可以对证人、鉴定人发问。审判长认为发问的内容与案件无关的时候，应当制止。

审判人员可以询问证人、鉴定人。

条文主旨

询问证人、鉴定人

修改内容

本条未作修改。

条文解读与适用指引

本条分为两款。第1款规定了审判人员对证人的告知义务和控辩双方向证人、鉴定人发问的程序。证人作证前，审判人员应告知其要如实作证，并告知其故意作伪证或者隐匿罪证需要负的法律责任。这里的法律责任，主要是指我国《刑法》第305条规定的伪证罪及其刑事责任。公诉人、当事人、辩护人、诉讼代理人在经过审判长许可后，可以对证人、鉴定人进行发问。发问应当与案件内容有关，否则审判长应当制止。

第2款规定了审判人员可以对证人、鉴定人进行询问，以进一步核实有关信息。

第一百九十五条　【出示物证、书证】

公诉人、辩护人应当向法庭出示物证，让当事人辨认，对未到庭的证人的证言笔录、鉴定人的鉴定意见、勘验笔录和其他作为证据的文书，应当当庭宣读。审判人员应当听取公诉人、当事人和辩护人、诉讼代理人的意见。

条文主旨

出示物证、书证

修改内容

本条未作修改。

条文解读与适用指引

本条有三层含义：（1）对于物证，公诉人、辩护人应当向法庭出示，让当事人辨认。（2）对于书证，包括未到庭的证人的证言笔录、鉴定人的鉴定意见、勘验笔录和其他作为证据的文书，应当当庭宣读。（3）审判人员应当听取公诉人、当事人和辩护人、诉讼代理人的意见。

第一百九十六条　【庭审中合议庭对证据存疑和法院调查核实证据】

法庭审理过程中，合议庭对证据有疑问的，可以宣布休庭，对证据进行调查核实。

人民法院调查核实证据，可以进行勘验、检查、查封、扣押、鉴定和查询、冻结。

条文主旨

庭审中合议庭对证据存疑和法院调查核实证据

修改内容

本条未作修改。

条文解读与适用指引

本条分为两款。第 1 款规定了关于庭审过程中，如果合议庭对证据有疑问，可以休庭进行调查核实。根据本款规定，对“证据有疑问”是合议庭休庭对证据进行调查核实的条件。合议庭“对证据有疑问”，主要是指合议庭在庭审过程中，认为认定案件事实的主要证据不足或矛盾，无法查明事实，可能影响定罪量刑。法庭无法在庭审中辨明真伪，必须休庭对证据进行进一步调查核实。

第 2 款规定了人民法院在调查核实证据时可使用的具体措施。本款规定，人民法院在调查核实证据时可以勘验、检查、查封、扣押、鉴定和查询、冻结。“勘验、检查”主要是指对与犯罪有关的场所 、物品或尸体等亲临查看、了解与检验，以发现和固定犯罪活动所遗留下来的各种痕迹和物品。“查封、扣押”主要是指可用以证明被告人有罪或者无罪的各种财物、文件，应当予以封存或留置；与案件无关的财物、文件，不得查封、扣押。对查封、扣押的财物、文件，要妥善保管或者封存，不得使用、调换或者损毁。“鉴定”主要是指为查明案情，指派或聘请具有专门知识的人，就案件中某些专门性问题进行鉴别和判断并出具鉴定意见。“查询、冻结”主要是指依照规定查询、冻结被告人的存款、汇款、债券、股票、基金份额等财产。

第一百九十七条　【申请新证人到庭、调取新物证，申请重新鉴定、勘验及申请有专门知识的人出庭】

法庭审理过程中，当事人和辩护人、诉讼代理人有权申请通知新的证人到庭，调取新的物证，申请重新鉴定或者勘验。

公诉人、当事人和辩护人、诉讼代理人可以申请法庭通知有专门知识的人出庭，就鉴定人作出的鉴定意见提出意见。

法庭对于上述申请，应当作出是否同意的决定。

第2款规定的有专门知识的人出庭，适用鉴定人的有关规定。

条文主旨

申请新证人到庭，调取新物证，申请重新鉴定、勘验以及申请有专门知识的人出庭

修改内容

本条未作修改。

条文解读与适用指引

本条分为四款。第1款规定了当事人和辩护人、诉讼代理人有权申请新的证人到庭、调取新的物证、申请重新鉴定或者勘验。有权申请新证人到庭、调取新物证、申请重新鉴定或勘验的主体是“当事人和辩护人、诉讼代理人”，注意没有公诉人。在庭审中，如果当事人和辩护人、诉讼代理人有权以口头或者书面形式向法庭提出申请。

第2款规定了申请有专门知识的人出庭就鉴定意见提出意见。依据本条规定，有权申请法庭通知有专门知识的人出庭就鉴定意见提出意见的主体是公诉人、当事人和辩护人、诉讼代理人，就鉴定意见发表意见的人必须具有专门知识，其仅能就鉴定意见发表意见，不得就案件事实表达意见。

第3款规定了法庭对于上述申请应当作出是否同意的决定。根据本款规定，对于当事人和辩护人、诉讼代理人提出的申请新的证人到庭、调取新的物证、重新鉴定或者勘验的申请，以及对于公诉人、当事人和辩护人、诉讼代理人提出的具有专门知识的人出庭就鉴定意见提出意见的申请，法庭应当决定是否同意。法庭可以根据具体情况，作出同意或者不同意的决定。

第4款规定了有专门知识的人出庭适用鉴定人有关规则，如接受质证，真实、客观、科学地发表专门性意见等。

第一百九十八条 【法庭辩论和被告人最后陈述权利】

法庭审理过程中，对与定罪、量刑有关的事实、证据都应当进行调查、辩论。

经审判长许可，公诉人、当事人和辩护人、诉讼代理人可以对证据和案件情况发表意见并且可以互相辩论。

审判长在宣布辩论终结后，被告人有最后陈述的权利。

条文主旨

法庭辩论和被告人最后陈述权利

修改内容

本条未作修改。

条文解读与适用指引

本条分为三款。第1款规定了法庭调查和辩论的对象。根据本款规定，在庭审过程中，所有与定罪、量刑有关的事实、证据均应进行调查、辩论。在法庭上调查、辩论的事实、证据，既包括与定罪有关的事实、证据，又包括与量刑有关的事实、证据。在法庭调查中，可以根据案件具体情况先调查犯罪事实、证据，后调查量刑事实、证据；在法庭辩论中，可以先辩论定罪问题，后辩论量刑问题。但量刑程序与定罪程序并非完全分离，在法庭的定罪事实、证据调查阶段，应当一并调查与定罪和量刑有关的犯罪事实、证据，之后再调查其他与犯罪无关的量刑事实、证据。

第2款规定了法庭辩论的主体和辩论内容。根据本款规定，公诉人、当事人和辩护人、诉讼代理人在发表意见并互相辩护之前，应当征得审判长同意。在庭审中，发表意见和互相辩论的发言机会应当是均等的。公诉人、当事人和辩护人、诉讼代理人应当客观理性地发表意见，围绕案件事实认定和量刑情节发表意见和展开辩论。不得就与案件的定罪量刑无关的事实发言，没有新意见时不应纠缠某具体问题反复发言。审判长经征求以上各方是否还有新的意见后，应当宣布辩论结束。如果在辩论中发现证据存疑或需要调取新的物证、申请新的证人作证或需要重新鉴定、勘验的，为了进一步调查核实证据，合议庭可以宣布休庭，决定案件延期审理。

第3款规定了被告人最后陈述的权利。被告人最后陈述是法庭审判的重要独立阶段。根据本条规定，被告人发表最后陈述的权利应当在法庭辩论结束后。审判长应当告知并保证被告人的该项权利。在最后陈述阶段，被告人可以提出自己罪与非罪、此罪与彼罪、罪重与罪轻的意见，可以申请法庭调查核对证据，可以表达自己认罪态度、请求法庭宽大处理等。

第一百九十九条　【庭审过程中诉讼参与人或者旁听人员违反法庭秩序的后果】

在法庭审判过程中，如果诉讼参与人或者旁听人员违反法庭秩序，审判长应当警告制止。对不听制止的，可以强行带出法庭；情节严重的，处以一千元以下的罚款或者十五日以下的拘留。罚款、拘留必须经院长批准。被处罚人对罚款、拘留的决定不服的，可以向上一级人民法院申请复议。复议期间不停止执行。

对聚众哄闹、冲击法庭或者侮辱、诽谤、威胁、殴打司法工作人员或者诉讼参与人，严重扰乱法庭秩序，构成犯罪的，依法追究刑事责任。

条文主旨

庭审过程中诉讼参与人或者旁听人员违反法庭秩序的后果

修改内容

本条未作修改。

条文解读与适用指引

本条分为两款。第1款规定了诉讼参与人或者旁听人员违反法庭秩序的具体处理程序。“诉讼参与人”是指当事人、法定代理人、诉讼代理人、辩护人、证人、鉴定人和翻译人员。“旁听人员”是指依法进行公开审判的案件，在法庭里旁听的群众以及在场采访的记者等人员。“法庭秩序”是指为保证法庭审理的正常进行，诉讼参与人、旁听人员应当遵守的有关纪律和规定。法庭审判是国家司法威严的集中体现，任何诉讼参与人或旁听人员均必须严守法庭秩序。诉讼参与人在法庭上应当经审判长同意后才能发言，不得大声喧哗、吵闹，应当听从审判长指挥等。诉讼参与人或旁听人员应当遵守的规则或纪律在法庭审判开始时，应当由书记员当庭宣布。根据本款的规定，对诉讼参与人或者旁听人员违反法庭秩序的处罚有如下四个层级：(1) 警告。对于违反法庭秩序的诉讼参与人或旁听人员，审判长应当警告制止。(2) 对不听制止的诉讼参与人或旁听人员，可以强行带出法庭。“不听制止”的，是指经审判长警告仍然不收敛不悔改，继续从事危害法庭秩序的行为。(3) 情节严重的，处一千元以下的罚款。(4) 情节严重的，可以处十五日以下的拘留。“情节严重的”，是指违反法庭秩序者的态度比较恶劣，造成的影响比较坏，损害法庭尊严致使审判活动不能正常进行。罚款、拘留的处罚，应当经过法院院长批准。被处罚人对罚款、拘留的决定不服，可以向上一级人民法院申请复议，复议期间不停止执行。

第 2 款规定了严重扰乱法庭秩序构成犯罪，要依法追究刑事责任。对于严重扰乱法庭秩序构成犯罪的行为人，应当追究其刑事责任。根据本款规定，该“严重扰乱法庭秩序”的行为，包括聚众哄闹、冲击法庭或者侮辱、诽谤、威胁、殴打司法工作人员或者诉讼参与人。从事了这类“严重扰乱法庭秩序”的行为，应当达到构成犯罪的程度。“司法工作人员”主要指审判人员、公诉人以及司法警察等人员。“依法追究刑事责任”是指依照我国《刑法》和《刑事诉讼法》的规定追究行为人的刑事责任。

第二百条　【合议庭评议和判决】

在被告人最后陈述后，审判长宣布休庭，合议庭进行评议，根据已经查明的事实、证据和有关的法律规定，分别作出以下判决：

（一）案件事实清楚，证据确实、充分，依据法律认定被告人有罪的，应当作出有罪判决；

（二）依据法律认定被告人无罪的，应当作出无罪判决；

（三）证据不足，不能认定被告人有罪的，应当作出证据不足、指控的犯罪不能成立的无罪判决。

条文主旨

合议庭评议和判决

修改内容

本条未作修改。

条文解读与适用指引

根据本条规定，在被告人最后陈述后，审判长应当宣布休庭，合议庭进行评议，经过评议后作出判决。合议庭的“评议”是指合议庭全体成员讨论和议决案件处理结果的活动。在被告人最后陈述以后，审判长宣布休庭，然后合议庭根据已查明的事实、证据和有关法律规定进行评议，作出被告人是否有罪、所犯何罪、适用何种刑罚或免除刑罚的判决。评议秘密进行。合议庭成员不论是审判员或人民陪审员，在评议中均有同等权利。评议实行少数服从多数的原则，不同意见应记入笔录。对疑难、复杂、重大的案件，可在评议后提请院长提交审判委员会讨论决定。本条规定，判决有以下三种情形：（1）案件事实清楚，证据确实、充分，依据法律认定被告人有罪的，应当作出有罪判决。判决包括犯了何罪、处以何刑以及具体刑期等内容。（2）依据法律认定被告人无罪的，应当作出无罪判决。（3）证据不足，不能认定被告人有罪的，应当作出证据不足、指控的犯罪不能成立的无罪判决。这是无罪推定原则的具体体现。

第二百零一条　【认罪认罚案件量刑建议的采纳】

对于认罪认罚案件，人民法院依法作出判决时，一般应当采纳人民检察院指控的罪名和量刑建议，但有下列情形的除外：

（一）被告人的行为不构成犯罪或者不应当追究其刑事责任的；

（二）被告人违背意愿认罪认罚的；

（三）被告人否认指控的犯罪事实的；

（四）起诉指控的罪名与审理认定的罪名不一致的；

（五）其他可能影响公正审判的情形。

人民法院经审理认为量刑建议明显不当，或者被告人、辩护人对量刑建议提出异议的，人民检察院可以调整量刑建议。人民检察院不调整量刑建议或者调整量刑建议后仍然明显不当的，人民法院应当依法作出判决。

条文主旨

认罪认罚案件量刑建议的采纳

修改内容

本条为新增条款。

修改背景

最高人民法院、最高人民检察院、公安部、司法部《关于在部分地区开展刑事案件速裁程序试点工作的办法》第9条规定，“对于人民检察院建议适用速裁程序并且按照第八条规定提供相关材料的案件，人民法院经审查认为事实清楚、证据充分，人民检察院提出的量刑建议适当的，可以决定适用速裁程序，并通知人民检察院和辩护人”。此条将量刑建议适当作为适用速裁程序的条件之一，但是并没有规定人民法院就人民检察院提出的量刑建议如何处理。

后来，最高人民法院、最高人民检察院、公安部、国家安全部、司法部

《关于在部分地区开展刑事案件认罪认罚从宽制度试点工作的办法》（以下简称《办法》）第20条规定，对于认罪认罚案件，人民法院依法作出判决时，一般应当采纳人民检察院指控的罪名和量刑建议，但具有下列情形的除外：（一）被告人不构成犯罪或者不应当追究刑事责任的；（二）被告人违背意愿认罪认罚的；（三）被告人否认指控的犯罪事实的；（四）起诉指控的罪名与审理认定的罪名不一致的；（五）其他可能影响公正审判的情形。

同时，《办法》第21条规定，人民法院经审理认为，人民检察院的量刑建议明显不当，或者被告人、辩护人对量刑建议提出异议的，人民法院可以建议人民检察院调整量刑建议，人民检察院不同意调整量刑建议或者调整量刑建议后被告人、辩护人仍有异议的，人民法院应当依法作出判决。

本条规定在总结试点经验的基础上吸收了上述规定的合理内容。

条文解读与适用指引

本条分为两款。第1款规定了人民法院对认罪认罚案件作出判决的一般做法及例外情形。根据本款规定，对于认罪认罚案件，人民法院在作出判决时，一般应当采纳人民检察院指控的罪名和量刑建议。“认罪认罚案件”，是指本法第15条规定的“犯罪嫌疑人、被告人自愿如实供述自己的罪行，承认指控的犯罪事实，愿意接受处罚的，可以依法从宽处理”的案件，犯罪嫌疑人、被告人不仅要自愿如实供述自己的罪行，而且要承认检察机关所指控的犯罪事实，还要明确表示愿意接受处罚。对于认罪认罚案件，人民法院应当采纳人民检察院指控的罪名和量刑建议作出判决。但是，出现以下情形的，人民法院不应采纳检察机关指控的罪名和量刑建议：（1）被告人的行为不构成犯罪或者不应当追究其刑事责任。“不构成犯罪”是指不符合我国《刑法》规定的任何一种犯罪的构成要件。“不应当追究其刑事责任”是指满足本法第16条规定的六种情形之一，一是情节显著轻微、危害不大，不认为是犯罪的；二是犯罪已过追诉时效期限的；三是经特赦令免除刑罚的；四是依照《刑法》告诉才处理的犯罪，没有告诉或者撤回告诉的；五是犯罪嫌疑人、被告人死亡的；六是其他法律规定免予追究刑事责任的。

（2）被告人违背意愿认罪认罚的。被告人违背意愿，是指被告人不知道认罪认罚法律后果而作出同意认罪认罚决定，或者明知认罪认罚的法律后果却由于检察机关或辩护人的误导、胁迫而作出了认罪认罚决定。（3）被告人否认指控的犯罪事实的。被告人否认指控的犯罪事实，是指在法庭上当庭否认检察机关指控的犯罪事实，包括否认发生过的犯罪事实、承认的犯罪事实与检察机关指控的犯罪事实不一致等。（4）起诉指控的罪名与审理认定的罪名不一致的。检察机关起诉指控的罪名与人民法院审理认定的罪名不一致，是指两机关对此罪与彼罪的认定不一致。（5）其他可能影响公正审判的情形。这是兜底条款，应由人民法院认定是否可能影响公正审判。

第 2 款规定了人民法院认为人民检察院量刑建议不当时的做法。根据本款规定，人民检察院在两种情形下，可以调整量刑建议，一是人民法院经审理认为量刑建议明显不当的，这种“不当”应达到了“明显”的程度；二是被告人、辩护人仅对量刑建议提出异议，对检察机关指控的罪名没有异议。人民检察院坚持不予调整量刑建议，或调整后仍然明显不当的，人民法院应当根据审理认定的结果依法作出判决。

第二百零二条　【宣告判决和送达判决书】

宣告判决，一律公开进行。

当庭宣告判决的，应当在五日以内将判决书送达当事人和提起公诉的人民检察院；定期宣告判决的，应当在宣告后立即将判决书送达当事人和提起公诉的人民检察院。判决书应当同时送达辩护人、诉讼代理人。

条文主旨

宣告判决和送达判决书

修改内容

本条未作修改。

条文解读与适用指引

本条分为两款。第1款规定了宣告判决一律公开进行。根据本法规定，法庭审理分为公开审理和不公开审理两种情形。例如，人民法院审判第一审案件，以公开审理为原则，以不公开审理为例外。有关国家秘密或者个人隐私的案件不公开审理，涉及商业秘密的案件当事人申请不公开的，可以不公开审理。根据本款规定，不论法庭审判是否公开，宣告判决阶段一律公开。这里的“公开”是指允许群众旁听，允许媒体报道。对于不宜公开的内容不应写入判决书。

第2款规定了送达判决书的程序。宣判分为当庭宣判和定期宣判两种情形，对于案情比较简单、刑罚处罚较轻的案件，合议庭经过讨论可以当庭作出判决的，可以当庭宣告判决；对于案情比较疑难、复杂、重大的，合议庭需要长时间讨论、评议的案件，需要另择日期宣告判决。本款表达了三层意思：（1）当庭宣判的，应当在宣判后五日内将判决书送达，送达对象是当事人和提起公诉的人民检察院。根据本法第108条的规定，“当事人”是指被害人、自诉人、犯罪嫌疑人、被告人、附带民事诉讼的原告人和被告人。（2）定期宣判的，应当在宣告后立即将判决书送达当事人和提起公诉的人民检察院。（3）不论是当庭宣判还是定期宣判，判决书均应当同时送达辩护人和诉讼代理人。

第二百零三条 【判决书的署名和上诉信息】

判决书应当由审判人员和书记员署名，并且写明上诉的期限和上诉的法院。

条文主旨

判决书的署名和上诉信息

修改内容

本条未作修改。

条文解读与适用指引

“判决书”是指是人民法院依照《刑事诉讼法》规定的程序，对刑事案件审理终结，根据查明的事实和证据，依法对被告人定罪量刑问题作出的具有法律效力的司法文书，是刑事执行的依据。“审判人员”既包括审判长、审判员又包括组成合议庭的人民陪审员。根据本条规定，判决书上应当由审判人员和书记员署名，没有署名或者署名不全的判决书没有法律效力。判决书上应当注明上诉的期限和接受上诉的法院。根据本法第230条的规定，不服判决的上诉和抗诉期限为十日，从接到判决书的第二日起算。接受上诉的法院为作出生效判决的上一级人民法院。

第二百零四条　【延期审理】

在法庭审判过程中，遇有下列情形之一，影响审判进行的，可以延期审理：

（一）需要通知新的证人到庭，调取新的物证，重新鉴定或者勘验的；

（二）检察人员发现提起公诉的案件需要补充侦查，提出建议的；

（三）由于申请回避而不能进行审判的。

条文主旨

延期审理

修改内容

本条未作修改。

条文解读与适用指引

此处的“延期审理”，是指由于出现某种法定事由，使开庭审理不能如期进行，或者已经开始的庭审无法继续进行，从而决定暂时中止法庭审判，可以待法定事由完成后再继续审理。延期的时间不计算在审理期限内。根据本条规定，法定事由有三种：(1) 需要通知新的证人到庭，调取新的物证，重新鉴定或者勘验的。根据本法第 197 条的规定，当事人和辩护人、诉讼代理人有权申请通知新的证人到庭，调取新的物证，申请重新鉴定或者勘验。法庭应当作出是否同意的决定。法庭同意且当庭无法解决的，应当延期审理。(2) 检察人员发现提起公诉的案件需要补充侦查，提出建议的。审判过程中，检察人员可能发现案件事实不清、证据不足，需要补充侦查，向法庭提出建议，可以延期审理。根据《人民检察院刑事诉讼规则（试行)》第 455 条第 1 款规定："法庭审判过程中遇有下列情形之一的，公诉人可以建议法庭延期审理：(一) 发现事实不清、证据不足，或者遗漏罪行、遗漏同案犯罪嫌疑人，需要补充侦查或者补充提供证据的；(二) 被告人揭发他人犯罪行为或者提供重要线索，需要补充侦查进行查证的；(三) 发现遗漏罪行或者遗漏同案犯罪嫌疑人，虽不需要补充侦查和补充提供证据，但需要补充、追加或者变更起诉的；(四) 申请人民法院通知证人、鉴定人出庭作证或者有专门知识的人出庭提出意见的；(五) 需要调取新的证据，重新鉴定或者勘验的；(六) 公诉人出示、宣读开庭前移送人民法院的证据以外的证据，或者补充、变更起诉，需要给予被告人、辩护人必要时间进行辩护准备的；(七) 被告人、辩护人向法庭出示公诉人不掌握的与定罪量刑有关的证据，需要调查核实的；(八) 公诉人对证据收集的合法性进行证明，需要调查核实的。(3) 由于申请回避而不能进行审判的。回避分为自行回避、申请回避和指令回避。根据本法第 29 条规定，当事人及其法定代理人有权要求与本案有如下关系的审判人员、检察人员、侦查人员回避：是本案的当事人或者是当事人的近亲属的；本人或者他的近亲属和本案有利害关系的；担任过本案的证人、鉴定人、辩护人、诉讼代理人的；与本案当事人有其他关系，可能影响公正处理案件的。此外，根据本法第 30 条的规定，审判人员、检察人员、侦查人员接受当事人及其委托的人的请客送礼，违反规定会见当事人及其委托的人的，当事人及其法定代理人有权要求其回避。根据本法第

31 条的规定，审判人员、检察人员、侦查人员的回避，应当分别由院长、检察长、公安机关负责人决定；院长的回避，由本院审判委员会决定；检察长和公安机关负责人的回避，由同级人民检察院检察委员会决定。对于回避申请，如果当庭不能决定的，或者需要更换合议庭成员、书记员、公诉人、翻译人或鉴定人的，可以延期审理。本法第 32 条规定，关于回避的规定适用于书记员、翻译人员和鉴定人。辩护人、诉讼代理人可以依照本章的规定要求回避，申请复议。

第二百零五条　【法庭审理阶段的补充侦查期限】

依照本法第二百零四条第二项的规定延期审理的案件，人民检察院应当在一个月以内补充侦查完毕。

条文主旨

法庭审理阶段的补充侦查期限

修改内容

本条未作修改。

条文解读与适用指引

"依照本法第二百零四条第二项的规定延期审理的案件"，是指检察人员发现提起公诉的案件需要补充侦查，向法庭提出建议的案件。对于人民检察院自己提出的补充侦查建议，应当在一个月内补充侦查完毕。

第二百零六条　【中止审理】

在审判过程中，有下列情形之一，致使案件在较长时间内无法继续审理的，可以中止审理：

（一）被告人患有严重疾病，无法出庭的；

（二）被告人脱逃的；

（三）自诉人患有严重疾病，无法出庭，未委托诉讼代理人出庭的；

（四）由于不能抗拒的原因。

中止审理的原因消失后，应当恢复审理。中止审理的期间不计入审理期限。

条文主旨

中止审理

修改内容

本条未作修改。

条文解读与适用指引

本条分为两款。第 1 款规定了中止审理的四种情形。此处的“中止审理”，是指人民法院在审判过程中，在作出判决之前，出现了某些使审判在一定期限内无法继续进行的情况时，决定暂时停止案件审理，待有关情形消失后，再行恢复审判的活动。根据本款规定，有下列四种情形之一，导致案件在较长时间内无法继续审理，可以中止审理：（1）被告人患有严重疾病，无法出庭的。（2）被告人脱逃的。根据本法第295 条第1 款的规定，按照缺席审判程序审理的案件，在审理过程中，被告人自动投案或者被抓获的，人民法院应当重新审理。（3）自诉人患有严重疾病，无法出庭，未委托诉讼代理人出庭的。（4）由于不能抗拒的原因。

第 2 款规定了中止审理的原因消失后，应当恢复审理。中止审理的期间不计入审理期限。

第二百零七条　【法庭笔录】

法庭审判的全部活动，应当由书记员写成笔录，经审判长审阅后，由审判长和书记员签名。

法庭笔录中的证人证言部分，应当当庭宣读或者交给证人阅读。证人在承认没有错误后，应当签名或者盖章。

法庭笔录应当交给当事人阅读或者向他宣读。当事人认为记载有遗漏或者差错的，可以请求补充或者改正。当事人承认没有错误后，应当签名或者盖章。

条文主旨

法庭笔录

修改内容

本条未作修改。

条文解读与适用指引

本条分为三款。第1款规定了法庭笔录应当由书记员制作，并由审判长和书记员签名。法庭笔录是记载全部审判活动的文字记录，既是合议庭研究评议案件的重要依据，也是审查庭审是否合法的主要依据。制作法庭笔录，必须将全部审判活动严格按照时间顺序客观、真实、准确、全面地记录下来，经审判长审阅后，由审判长和书记员签名。没有审判长和书记员签名的法庭笔录没有效力。

第2款规定了证人证言宣读及签名的规则。根据本款规定，法庭笔录中的证人证言部分，应当当庭宣读或者交给证人本人阅读。向证人宣读或其本人阅读的，仅是法庭笔录中的证人证言部分。证人确认证言笔录没有错误后，应当签名或者盖章，签名与盖章具有同等法律效力。如果证人指出证言笔录存在错误，应当允许改正，经证人再次确认无误后签名或盖章。

第3款规定了法庭笔录的宣读及签名的规则。根据本款规定，法庭笔录应当交给当事人阅读或者向他宣读。向当事人宣读或交其阅读的，是全部法庭笔录。当事人认为记载不完整、不准确的，可以请求补充或更正。经当事人本人确认无误后，当事人应当签名或者盖章。

第二百零八条 【公诉案件一审期限】

人民法院审理公诉案件，应当在受理后二个月以内宣判，至迟不得超过三个月。对于可能判处死刑的案件或者附带民事诉讼的案件，以及有本法第一百五十八条规定情形之一的，经上一级人民法院批准，可以延长三个月；因特殊情况还需要延长的，报请最高人民法院批准。

人民法院改变管辖的案件，从改变后的人民法院收到案件之日起计算审理期限。

人民检察院补充侦查的案件，补充侦查完毕移送人民法院后，人民法院重新计算审理期限。

条文主旨

公诉案件一审期限

修改内容

本条未作修改。

条文解读与适用指引

本条分为三款。第1款规定了人民法院审理第一审公诉案件的审理期限。这里的“期限”是指从人民法院受理案件时起到人民法院依法宣判止的期间。本款规定表达了三层意思：（1）对于一般刑事案件，人民法院应当在受理后二个月以内宣判，至迟不得超过三个月。（2）以下案件经上一级人民法院批准可以延长三个月，即至迟不得超过六个月：可能判处死刑的案件；附带民事诉讼的案件；交通十分不便的边远地区的重大复杂案件；重大的犯罪集团案件；流窜作案的重大复杂案件；犯罪涉及面广，取证困难的重大复杂案件。（3）因特殊情况还需要延长的，报请最高人民法院批准。

第2款规定了人民法院改变管辖的案件的审理期限起算规则。根据本法

第24条的规定，上级人民法院在必要的时候，可以审判下级人民法院管辖的第一审刑事案件；下级人民法院认为案情重大、复杂需要由上级人民法院审判的第一审刑事案件，可以请求移送上一级人民法院审判。本法第25条规定，刑事案件由犯罪地的人民法院管辖。如果由被告人居住地的人民法院审判更为适宜的，可以由被告人居住地的人民法院管辖。本法第26条规定，几个同级人民法院都有权管辖的案件，由最初受理的人民法院审判。在必要的时候，可以移送主要犯罪地的人民法院审判。根据本款规定，当人民法院改变管辖时，案件审理的期限从改变后的人民法院“收到”案件之日起开始计算，注意不是改变后的人民法院“受理”案件之日。

第3款规定了人民检察院补充侦查的案件重新移送人民法院的期限计算规则。根据本款规定，人民检察院补充侦查的期间，不计入人民法院审理期限。待人民检察院补充侦查完毕移送人民法院后，人民法院重新计算审理期限。

第二百零九条　【人民检察院对人民法院审判活动的监督】

人民检察院发现人民法院审理案件违反法律规定的诉讼程序，有权向人民法院提出纠正意见。

条文主旨

人民检察院对人民法院审判活动的监督

修改内容

本条未作修改。

条文解读与适用指引

根据本条规定，人民检察院有权向人民法院提出书面的纠正意见，理由是发现人民法院在审理案件的过程中存在程序性违法事实。

第二节　自 诉 案 件

第二百一十条　【人民法院自诉案件的受理范围】

自诉案件包括下列案件：

（一）告诉才处理的案件；

（二）被害人有证据证明的轻微刑事案件；

（三）被害人有证据证明对被告人侵犯自己人身、财产权利的行为应当依法追究刑事责任，而公安机关或者人民检察院不予追究被告人刑事责任的案件。

条文主旨

人民法院自诉案件的受理范围

修改内容

本条未作修改。

条文解读与适用指引

本条明确了三类案件为自诉案件。所谓“告诉”，是指被害人及其代理人、近亲属直接向人民法院提起诉讼的刑事案件。案件罪名具体包括：侮辱、诽谤罪、虐待罪、暴力干涉婚姻自由罪、侵占罪等；有证据证明的轻微刑事案件，重点强调了自诉人的举证责任和轻微案件。具体包括：故意伤害（轻伤）、非法侵入住宅、侵犯通信自由、重婚、遗弃……等罪名案件；该条第3项所述的“公安机关或者人民检察院不予追究被告人刑事责任的案件”，是指两机关已经作出不立案、撤销案件、不起诉等书面决定的案件。

第二百一十一条　【自诉案件审查后的处理及调查核实证据】

人民法院对于自诉案件进行审查后，按照下列情形分别处理：

（一）犯罪事实清楚，有足够证据的案件，应当开庭审判；

（二）缺乏罪证的自诉案件，如果自诉人提不出补充证据，应当说服自诉人撤回自诉，或者裁定驳回。

自诉人经两次依法传唤，无正当理由拒不到庭的，或者未经法庭许可中途退庭的，按撤诉处理。

法庭审理过程中，审判人员对证据有疑问，需要调查核实的，适用本法第一百九十六条的规定。

条文主旨

自诉案件审查后的处理及调查核实证据

修改内容

本条未作修改。

条文解读与适用指引

本条分为三款。第1款规定了对自诉案件审查后的处理。有两种情形：一是犯罪事实清楚且有足够证据的案件，应当开庭审判。因此，开庭审判的条件是，犯罪事实清楚且足够证据。凡是缺乏证据的自诉案件均不能得到人民法院的支持。二是缺乏罪证的情况下，可以要求自诉人补充证据，如果自诉人提不出补充证据，则应当说服自诉人撤回自诉，或者裁定驳回。

第2款规定了按照撤诉处理的两种情形。一是自诉人经两次依法传唤，无正当理由拒不到庭，二是未经法庭许可中途退庭的。“按撤诉处理”，是指不可逆地终结刑事诉讼程序，以后没有新的事实和证据再次提起自诉人民法院不再受理。

第3款规定了法庭审理过程中，审判人员对证据有疑问，需要调查核实的，按照本法第196条规定处理。本法第196条规定了“法庭审理过程中，合议庭对证据有疑问的，可以宣布休庭，对证据进行调查核实。人民法院调查核实证据，可以进行勘验、检查、查封、扣押、鉴定和查询、冻结”。

第二百一十二条 【自诉案件的调解、和解、撤诉及审理期限】

人民法院对自诉案件，可以进行调解；自诉人在宣告判决前，可以同被告人自行和解或者撤回自诉。本法第二百一十条第三项规定的案件不适用调解。

人民法院审理自诉案件的期限，被告人被羁押的，适用本法第二百零八条第一款、第二款的规定；未被羁押的，应当在受理后六个月以内宣判。

条文主旨

自诉案件的调解、和解、撤诉及审理期限

修改内容

本条未作修改。

条文解读与适用指引

本条分为两款。第1款规定了三层含义：（1）根据本条规定，人民法院对自诉案件可以进行调解。一般情况下，人民法院鼓励调解，但调解不是必需程序，人民法院也可以不经调解直接判决。刑事调解是刑事自诉案件双方当事人在法院主持的调解下，达成调解协议，并由法院制作调解书的活动。刑事调解是法院结案的一种方式。（2）自诉人可以同被告人自行和解或者撤回自诉，和解或者撤诉必须发生在人民法院宣告判决之前。刑事和解，是刑事契约的典型形态，是刑事自诉案件双方当事人自行达成和解协议，指通过调停人使受害人和加害人直接交谈、共同协商达成经济赔偿和解协议后，司法机关根据具体情况作了有利于加害人的刑事责任处置的诉讼活动，包括经济赔偿和解和刑事责任处置。被害人与加害人可充分阐述犯罪给他们的影响及对刑事责任的意见等方面内容，选择双方认同的方案来弥补犯罪所造成的损害；在刑事责任处置过程中，加害人能获得从轻、减轻或免除处罚。这样，被害人在精神和物质上可以获得双重补偿，而加害人则可以赢得被害人谅解和改过自新、尽快回归社会的机会。撤回自诉后，没有新的事实和证据，将不得就同一案件再次提起自诉，人民法院将不再受理。(3) 本法第210条第3项规定的案件不适用调解。“本法第二百一十条第三项”，是指“被害人有证据证明对被告人侵犯自己人身、财产权利的行为应当依法追究刑事责任，而公安机关或者人民检察院不予追究被告人刑事责任的案件”，即公诉转自诉案件，不适用刑事调解。本条意在鼓励自诉案件在判决前自诉人与被告人达成和解。

第2款规定了人民法院审理自诉案件的期限。有两种情形，一是被告人被羁押的，适用本法第208条第1款、第2款的规定。《刑事诉讼法》第208条第1款规定，“人民法院审理公诉案件，应当在受理后二个月以内宣判，至迟不得超过三个月。对于可能判处死刑的案件或者附带民事诉讼的案件，以及有本法第一百五十八条规定情形之一的，经上一级人民法院批准，可以延长三个月；因特殊情况还需要延长的，报请最高人民法院批准”；第2款规定，“人民法院改变管辖的案件，从改变后的人民法院收到案件之日起计算审理期限”。二是被告人未被羁押的，应当在受理后六个月以内宣判。注意宣判期限的起算点是人民法院“受理后”。

第二百一十三条　【自诉案件中的反诉】

自诉案件的被告人在诉讼过程中，可以对自诉人提起反诉。反诉适用自诉的规定。

条文主旨

自诉案件中的反诉

修改内容

本条未作修改。

条文解读与适用指引

在民事诉讼中，反诉是指在一个已经开始的民事诉讼（诉讼法上称为本诉）程序中，本诉的被告以本诉原告为被告，向受诉法院提出的与本诉有牵连的独立的反请求。刑事自诉案件中借鉴了民事诉讼中反诉的规定。刑事自诉案件中的被告人或者其法定代理人在诉讼过程中，可以对自诉人提起反诉。反诉的对象必须是本案的自诉人；反诉的内容必须是与本案有关的行为；反诉案件适用自诉案件的规定，应当与自诉案件一并审理。自诉人撤诉的，不影响反诉案件的继续审理。根据本条规定，反诉适用自诉的规定，意味着本法关于自诉的规定，如自诉案件受理范围、自诉案件审查后的处理、自诉案件的结案方式等规定，均适用于反诉。

第三节　简易程序

第二百一十四条　【适用简易程序的条件及人民检察院建议适用简易程序】

基层人民法院管辖的案件，符合下列条件的，可以适用简易程序审判：

（一）案件事实清楚、证据充分的；

（二）被告人承认自己所犯罪行，对指控的犯罪事实没有异议的；

（三）被告人对适用简易程序没有异议的。

人民检察院在提起公诉的时候，可以建议人民法院适用简易程序。

条文主旨

适用简易程序的条件及人民检察院建议适用简易程序

修改内容

本条未作修改。

条文解读与适用指引

简易程序，是指基层一审法院为了提高诉讼效率和降低成本，在审理符合简易程序条件的案件时，简化省略普通程序的部分环节所形成的一种快捷高效的诉讼程序。本条分为两款。第 1 款规定了适用简易程序的三个条件，一是案件事实清楚、证据充分，二是被告人承认自己所犯罪行，对指控的犯罪事实没有异议，即被告人认罪悔罪，三是被告人对适用简易程序没有异议，即被告人同意适用简易程序。这三个条件的设定是为了后续的诉讼过程便捷通畅、公平公正。第 2 款规定了人民检察院在提起公诉的时候，可以建议人民法院适用简易程序，根据此款，人民检察院在“提起公诉”之时，“可以”建议人民法院适用简易程序。

第二百一十五条 【不适用简易程序的情形】

有下列情形之一的，不适用简易程序：

（一）被告人是盲、聋、哑人，或者是尚未完全丧失辨认或者控制自己行为能力的精神病人的；

（二）有重大社会影响的；

（三）共同犯罪案件中部分被告人不认罪或者对适用简易程序有异议的；

（四）其他不宜适用简易程序审理的。

条文主旨

不适用简易程序的情形

修改内容

本条未作修改。

条文解读与适用指引

本条列举了三种具体情形和一种概括性情形，均不能适用简易程序，这是适用简易程序的排除性规定。第一种情形是被告人是盲、聋、哑人，或者是尚未完全丧失辨认或者控制自己行为能力的精神病人的。这些人在生理上或精神上有缺陷障碍，但并没有完全丧失辨认或控制自己行为的能力，应充分保障其诉讼权利。因此，为了更加全面地认定犯罪事实和证据，对这类人作被告人的案件不适用简易程序。第二种情形是有重大社会影响的案件。“重大社会影响”是指社会关注程度高、影响广泛。这种案件不适用简易程序体现出对案件的处理应当充分考虑社会效果。第三种情形是共同犯罪案件中部分被告人不认罪或者对适用简易程序有异议的案件。被告人“不认罪”，是指被告人不承认自己的行为构成犯罪、或不承认有犯罪事实。共同犯罪案件中部分被告人不认罪或对适用简易程序有异议，哪怕一个被告人不认罪或不同意适用简易程序审理，均不能适用简易程序。这项规定主要是考虑共同犯罪案件往往案情较为复杂，证据相互关联，被告人供述也需要相互印证，体现出立法的慎重。本条从人权保护、社会危害性大小、被告人的主观恶性强弱等诸多方面考量，排除不适合进行简易程序的情形，以确保诉讼程序合法有序进行。

第二百一十六条 【简易程序的审判组织和人民检察院派员出庭】

适用简易程序审理案件，对可能判处三年有期徒刑以下刑罚的，可以组成合议庭进行审判，也可以由审判员一人独任审判；对可能判处的有期徒刑超过三年的，应当组成合议庭进行审判。

适用简易程序审理公诉案件，人民检察院应当派员出席法庭。

条文主旨

简易程序的审判组织和人民检察院派员出庭

修改内容

本条未作修改。

条文解读与适用指引

本条分为两款。第1款规定了适用简易程序审理案件的审判组织，有两种情形：(1) 对于可能判处三年有期徒刑以下刑罚的，可以组成合议庭进行审判，也可以由审判员一人独任审判。“三年有期徒刑以下刑罚”是指刑法规定的三年以下有期徒刑、拘役、管制、单处罚金、单处剥夺政治权利等刑罚。可能判处三年有期徒刑以下刑罚的案件，一般来说，属于较轻的刑事案件，所以，既可以组成合议庭审判，也可以由审判员一人独任审判。对于需要组成合议庭进行审判的，合议庭的组成人员可以根据本法第 183 条第 1 款的规定，可以由审判员三人或者由审判员和人民陪审员共三人或者七人组成合议庭进行。基层人民法院适用简易程序可以由审判员一人独任审判，有利于及时结案、节约司法资源。(2) 对于可能判处有期徒刑超过三年的，应当组成合议庭进行审判。可能判处有期徒刑超过三年的犯罪，一般较为严重，本条规定必须组成合议庭进行充分的评议、讨论，有利于进一步查明案件事实，有利于案件的公正审判，体现了立法的慎重。根据《刑法》第 45 条的规定，有期徒刑的期限一般为六个月以上十五年以下。根据《刑法》第 69 条第 1 款关于数罪并罚之后刑期的规定，有期徒刑总和刑期不满三十五年的，最高不能超过二十年，总和刑期在三十五年以上的，最高不能超过二十五年。这里的“有期徒刑超过三年”，是指最低刑为三年以上不包括三年有期徒刑，最高刑为二十五年有期徒刑。

第 2 款规定了对于适用简易程序审理公诉案件，人民检察院应当派员出席法庭。此规定强调了检察机关公诉职能。检察机关派员出庭支持公诉，有利于在法庭上查明案件事实真相、调查核实证据，行使宪法赋予的法律监督职能，为下一步是否抗诉作准备。此款规定体现了简易程序的严肃性和立法的慎重。

第二百一十七条　【适用简易程序的审查程序】

适用简易程序审理案件，审判人员应当询问被告人对指控的犯罪事实的意见，告知被告人适用简易程序审理的法律规定，确认被告人是否同意适用简易程序审理。

条文主旨

适用简易程序的审查程序

修改内容

本条未作修改。

条文解读与适用指引

根据本条规定，适用简易程序审理案件，审判人员应当对被告人询问确认如下三项内容：一是应当询问被告人对指控的犯罪事实的意见。人民法院适用简易程序审理案件，开庭后，检察人员或自诉人应当向被告人宣读起诉书，宣读完起诉书，审判人员询问被告人对起诉书中指控他的犯罪事实的意见，是否认罪悔罪。如果被告人不认罪（包括共同犯罪的案件部分被告人不认罪），则不得适用简易程序审理案件。二是应当告知被告人适用简易程序审理的法律规定。本节关于适用简易程序审理的相关规定均应视情况告知被告人，如适用简易程序审理案件的审判组织、被告人在法庭上的诉讼权利、简易程序与普通程序的审理案件的不同之处等。三是应当确认被告人是否同意适用简易程序审理。在询问被告人对指控的犯罪事实的意见、告知被告人适用简易程序审理的法律规定之后，法庭应当确认被告人是否同意适用简易程序审理。被告人应当明确表示同意或者不同意适用简易程序。如果被告人明确表示不同意适用简易程序，或者法庭在调查核实案件事实和证据过程中发现不符合本法第214条、第215条的规定的，应当转为普通程序审理案件。总之，被告人对指控的犯罪事实是否认罪悔罪，是决定是否适用简易程序的重要条件之一，同时被告人有是否同意适用简易程序的知情权和选择权。这既是适用简易程序启动的基本要求，也是对被告人诉讼权利的尊重。

第二百一十八条　【适用简易案件审理中各方法庭辩论的权利】

适用简易程序审理案件，经审判人员许可，被告人及其辩护人

可以同公诉人、自诉人及其诉讼代理人互相辩论。

条文主旨

适用简易案件审理中各方法庭辩论的权利

修改内容

本条未作修改。

条文解读与适用指引

适用简易程序审理公诉和自诉案件，应当先宣读起诉书。在审判人员宣布开庭及有关事项后，向被告人宣读起诉书。如果是公诉案件，应当由公诉人宣读起诉书。自诉案件应当由自诉人或者其诉讼代理人宣读起诉书。之后进入互相辩论阶段。被告人如果不认罪，经审判人员许可，可以与公诉人、自诉人及其诉讼代理人进行辩论。被告人委托辩护律师或其他辩护人的，辩护人也可以参加辩论。辩论必须向审判人员提出发言请求，经许可后进行。辩论没有严格的先后顺序，可以针对起诉书指控的全部或部分事实、理由、证据等辩论。本条款重点强调适用简易程序审理的案件，经审判人员许可，诉讼各方具有相互辩论的权利，可以就起诉书指控的事实情节及量刑幅度等一般性问题进行“互相辩论”。但是，如果出现被告人翻供或辩护人有新的无罪证据等重大情况时，人民法院应当停止适用简易程序审理，转为普通程序。

第二百一十九条　【适用简易程序审理案件的程序简化】

适用简易程序审理案件，不受本章第一节关于送达期限、讯问被告人、询问证人、鉴定人、出示证据、法庭辩论程序规定的限制。但在判决宣告前应当听取被告人的最后陈述意见。

条文主旨

适用简易程序审理案件的程序简化

修改内容

本条未作修改。

条文解读与适用指引

本条规定了在适用简易程序审理案件中，如何实现程序简化。本条表达了两层意思：（1）适用简易程序审理的案件，不受本章第一节关于送达期限、讯问被告人、询问证人、鉴定人、出示证据、法庭辩论程序规定的限制。这些限制，主要是指本法第 187 条规定的人民法院决定开庭审判后，应当将人民检察院的起诉书副本至迟在开庭十日前送达被告人及其辩护人；人民法院确定开庭日期后，应当将开庭的时间、地点通知人民检察院，传唤当事人，通知辩护人、诉讼代理人、证人、鉴定人和翻译人员，传票和通知书至迟在开庭三日以前送达。第 202 条规定的当庭宣告判决的，应当在五日以内将判决书送达当事人和提起公诉的人民检察院；定期宣告判决的，应当在宣告后立即将判决书送达当事人和提起公诉的人民检察院。第 191 条规定的公诉人在法庭上宣读起诉书后，被告人、被害人进行陈述后，公诉人可以讯问被告人；审判人员可以讯问被告人。第 194 条规定的审判人员可以询问证人、鉴定人。第 195 条规定的公诉人、辩护人应当向法庭出示物证，让当事人辨认等规定。“不受限制”，是指人民法院可以根据审理案件的实际需要，决定是否或先后进行某一程序。（2）在判决宣告前，应当听取被告人的最后陈述意见。被告人的最后陈述是必须进行的诉讼程序。被告人最后陈述是被告人的一项重要诉讼权利，不能省略。被告人最后陈述应在法庭调查辩论结束后、判决宣告前进行。

第二百二十条　【简易程序的审理期限】

适用简易程序审理案件，人民法院应当在受理后二十日以内审结；对可能判处的有期徒刑超过三年的，可以延长至一个半月。

条文主旨

简易程序的审理期限

修改内容

本条未作修改。

条文解读与适用指引

本条对适用简易程序审理的案件作了严格的时限规定。本条规定表达了两层意思：（1）人民法院应当在受理后二十日内审结。适用简易程序审理的案件，人民法院在受理后二十日内结案。这里的案件应当是较轻的刑事案件，即可能判处三年有期徒刑以下的刑事案件。“审结”是指人民法院经过开庭审理、作出的结案解决，结案形式可以是调解、和解、撤诉或判决。（2）对可能判处有期徒刑超过三年的，可以延长至一个半月。“可能判处的有期徒刑超过三年”，是指最低刑为三年，最高刑分别为十五年、二十年或二十五年有期徒刑的案件。对于此类较为严重的刑事案件，由于犯罪事实相对复杂、证据交叉繁复，可能需要合议庭反复讨论、评议，因此法律规定了可以延至一个半月审结。

第二百二十一条　【简易程序案件转为普通程序审理】

人民法院在审理过程中，发现不宜适用简易程序的，应当按照本章第一节或者第二节的规定重新审理。

条文主旨

简易程序案件转为普通程序审理

修改内容

本条未作修改。

条文解读与适用指引

本条款是在适用简易程序审理过程中，发生不宜适用的情形时，为了使案件能够及时转入普通程序进行全面审理而制定的衔接条款。“不宜适用简易程序的”，是指不再满足本法第 214 条关于适用简易程序的三个条件，即案件事实清楚、证据充分；被告人承认自己所犯罪行，对指控的犯罪事实没有异议；被告人对适用简易程序没有异议的。此外，如果发生了本法第 215 条规定的适用简易程序的排除性规定，也不再适用简易程序，即被告人是盲、聋、哑人，或者是尚未完全丧失辨认或者控制自己行为能力的精神病人的；有重大社会影响的；共同犯罪案件中部分被告人不认罪或者对适用简易程序有异议的；其他不宜适用简易程序审理的。“本章第一节或者第二节的规定”，是指本法关于第一审普通程序和自诉程序的规定。由于简易程序转入普通程序后，案件需要“重新审理”，所以，最高人民法院对此类案件的审理期限作出了解释。“转为普通程序审理的案件，审理期限应当从决定转为普通程序之日起计算。”

第四节 速裁程序

第二百二十二条 【速裁程序的适用条件和人民检察院可以建议适用速裁程序】

基层人民法院管辖的可能判处三年有期徒刑以下刑罚的案件，案件事实清楚，证据确实、充分，被告人认罪认罚并同意适用速裁程序的，可以适用速裁程序，由审判员一人独任审判。

人民检察院在提起公诉的时候，可以建议人民法院适用速裁程序。

条文主旨

速裁程序的适用条件和人民检察院可以建议适用速裁程序

修改内容

本条为新增条款。

修改背景

2014年6月27日，全国人大常委会表决通过《关于授权最高人民法院、最高人民检察院在部分地区开展刑事案件速裁程序试点工作的决定》，授权“两高”在北京、天津、福州、厦门等18个城市开展程序试点工作。

2014年8月22日，最高人民法院、最高人民检察院、公安部、司法部联合发布了《关于在部分地区开展刑事案件速裁程序试点工作的办法》（以下简称《办法》）。《办法》第1条规定：“对危险驾驶、交通肇事、盗窃、诈骗、抢夺、伤害、寻衅滋事、非法拘禁、毒品犯罪、行贿犯罪、在公共场所实施的扰乱公共秩序犯罪情节较轻、依法可能判处一年以下有期徒刑、拘役、管制的案件，或者依法单处罚金的案件，符合下列条件的，可以适用速裁程序：（一）案件事实清楚、证据充分的；（二）犯罪嫌疑人、被告人承认自己所犯罪行，对指控的犯罪事实没有异议的；（三）当事人对适用法律没有争议，犯罪嫌疑人、被告人同意人民检察院提出的量刑建议的；（四）犯罪嫌疑人、被告人同意适用速裁程序的。”

《办法》第6条规定：“人民检察院经审查认为案件事实清楚、证据充分的，应当拟定量刑建议并讯问犯罪嫌疑人，了解其对指控的犯罪事实、量刑建议及适用速裁程序的意见，告知有关法律规定。犯罪嫌疑人承认自己所犯罪行，对量刑建议及适用速裁程序没有异议并签字具结的，人民检察院可以建议人民法院适用速裁程序审理。”

2016年7月22日，第十八届中央全面深化改革领导小组第二十六次会议审议通过了《关于认罪认罚从宽制度改革试点方案》。

2016年9月3日，全国人大常委会表决通过《关于授权最高人民法院、最高人民检察院在部分地区开展刑事案件认罪认罚从宽制度试点工作的决定》，授权“两高”在北京、天津、福州、厦门等18个城市开展刑事案件认罪认罚从宽制度试点工作，其中刑事速裁程序被纳入到认罪认罚从宽试点工作中，其适用范围扩大到三年有期徒刑以下刑罚的案件。随后两高三部通过的《关于在部分地区开展刑事案件认罪认罚从宽制度试点工作的办法》中，第16条规定："对于基层人民法院管辖的可能判处三年有期徒刑以下刑罚的案件，事实清楚、证据充分，当事人对适用法律没有争议，被告人认罪认罚并同意适用速裁程序的，可以适用速裁程序，由审判员独任审判……"

本条规定是在总结试点经验的基础上吸收了上述规定中的合理内容。

条文解读与适用指引

本条分为两款。第1款规定了适用速裁程序的条件。根据本款的规定，案件满足如下四个条件时，可以适用速裁程序：（1）属于基层人民法院管辖的案件；（2）可能判处三年有期徒刑以下刑罚；（3）案件事实清楚，证据确实、充分；（4）被告人认罪认罚并同意适用速裁程序。值得指出的是，符合这些条件的案件是"可以"适用速裁程序，而不是"应当"适用速裁程序。速裁程序最主要的功能就是通过简化程序来提高诉讼效率，其中包括简化审判组织，也即采取审判员独任审判的形式。

根据第2款的规定，人民检察院在提起公诉的时候，如果认为案件符合适用速裁程序的条件，可以建议人民法院适用速裁程序，为人民法院的程序选择提供参考。

第二百二十三条　【不适用速裁程序的情形】

有下列情形之一的，不适用速裁程序：

（一）被告人是盲、聋、哑人，或者是尚未完全丧失辨认或者控制自己行为能力的精神病人的；

（二）被告人是未成年人的；

（三）案件有重大社会影响的；

（四）共同犯罪案件中部分被告人对指控的犯罪事实、罪名、量刑建议或者适用速裁程序有异议的；

（五）被告人与被害人或者其法定代理人没有就附带民事诉讼赔偿等事项达成调解或者和解协议的；

（六）其他不宜适用速裁程序审理的。

条文主旨

不适用速裁程序的情形

修改内容

本条为新增条款

修改背景

2014年8月22日，最高人民法院、最高人民检察院、公安部、司法部联合发布了《关于在部分地区开展刑事案件速裁程序试点工作的办法》（以下简称《办法》）。《办法》第2条规定："具有下列情形之一的，不适用速裁程序：（一）犯罪嫌疑人、被告人是未成年人，盲、聋、哑人，或者是尚未完全丧失辨认或者控制自己行为能力的精神病人的；（二）共同犯罪案件中部分犯罪嫌疑人、被告人对指控事实、罪名、量刑建议有异议的；（三）犯罪嫌疑人、被告人认罪但经审查认为可能不构成犯罪的，或者辩护人作无罪辩护的；（四）被告人对量刑建议没有异议但经审查认为量刑建议不当的；（五）犯罪嫌疑人、被告人与被害人或者其法定代理人、近亲属没有就赔偿损失、恢复原状、赔礼道歉等事项达成调解或者和解协议的；（六）犯罪嫌疑人、被告人违反取保候审、监视居住规定，严重影响刑事诉讼活动正常进行的；（七）犯罪嫌疑人、被告人具有累犯、教唆未成年人犯罪等法定从重情节的；（八）其他不宜适用速裁程序的情形。"

2016年11月16日，最高人民法院、最高人民检察院、公安部、国家安全部、司法部联合发布的《关于在部分地区开展刑事案件认罪认罚从宽制度试点工作的办法》第17条在合理吸收上述《办法》第2条内容的基础上规定："具有下列情形之一的，不适用速裁程序审理：（一）被告人是盲、聋、哑人的；（二）案件疑难、复杂，或者有重大社会影响的；（三）共同犯罪案件中部分被告人对指控事实、罪名、量刑建议有异议的；（四）被告人与被害人或者其代理人没有就附带民事赔偿等事项达成调解或者和解协议的；（五）其他不宜适用速裁程序的情形。”

本条也是在总结试点经验的基础上吸收了上述规定中的合理内容。

条文解读与适用指引

根据本条规定，不适用速裁程序的情形有：（1）被告人是盲、聋、哑人，或者是尚未完全丧失辨认或者控制自己行为能力的精神病人的。由于被告人的生理缺陷或精神疾病，其对认罪认罚的权利义务及法律后果可能认识不清从而导致不能完全行使诉讼权利，或者适用速裁程序可能无法保障生理或心理有缺陷的被告人的合法诉讼权利，因此在被告人是盲、聋、哑人，或者是尚未完全丧失辨认或者控制自己行为能力的精神病人的情形下，法律规定不能适用速裁程序审理案件。（2）被告人是未成年人的。未成年人由于对事物的认知能力有限，心智状况、语言表达等能力也不成熟，可能无法完全理解认罪认罚的权利义务及法律后果，在速裁程序下可能产生无法查明案件事实、核实证据的后果，因此在被告人是未成年人的情况下，法律规定也不能适用速裁程序。（3）案件有重大社会影响的。案件有重大社会影响，一般是指案情比较复杂、牵涉面广、危害性大、受关注程度高。适用速裁程序不利于查明案件事实，也不利于通过充分的法庭调查和辩论达到教育普法的目的。（4）共同犯罪案件中部分被告人对指控的犯罪事实、罪名、量刑建议或者适用速裁程序有异议的。在此种情形下，共同犯罪被告人对指控的犯罪事实、罪名、量刑建议或者适用速裁程序有异议，说明案件并没有达到“案件事实清楚，证据确实、充分”的程度，应当经过充分的调查和辩论，方有利于查明案件事实、正确适用法律。（5）被告人与被害人或者其法定代理人没有就附带民事诉讼赔偿等事项达成调解或者和解协议的。被告人与被害人或者其法定代理人没有就附带民事诉讼达成调解或和解协议，意味着刑事诉讼的事实认定和法律适用可能存在没有解决的问题，有必要进行充分的法庭调查和法庭辩论，因此不可适用速裁程序。（6）其他不宜适用速裁程序审理的。这是兜底条款，应理解为当存在适用速裁程序可能导致无法查明案件事实、无法核实证据的可能性时，均不适宜适用速裁程序审理案件。

第二百二十四条 【速裁程序的庭审及宣判程序】

适用速裁程序审理案件，不受本章第一节规定的送达期限的限制，一般不进行法庭调查、法庭辩论，但在判决宣告前应当听取辩护人的意见和被告人的最后陈述意见。

适用速裁程序审理案件，应当当庭宣判。

条文主旨

速裁程序的庭审及宣判程序

修改内容

本条为新增条款。

修改背景

《关于在部分地区开展刑事案件速裁程序试点工作的办法》第11条规定："人民法院适用速裁程序审理案件，应当当庭询问被告人对被指控的犯罪事实、量刑建议及适用速裁程序的意见，听取公诉人、辩护人、被害人及其诉讼代理人的意见。被告人当庭认罪、同意量刑建议和使用速裁程序的，不再进行法庭调查、法庭辩论。但在判决宣告前应当听取被告人的最后陈述意见。"

《关于在部分地区开展刑事案件认罪认罚从宽制度试点工作的办法》第16条第1款规定，对于适用速裁程序的，"送达期限不受刑事诉讼法规定的限制，不进行法庭调查、法庭辩论，当庭宣判，但在判决宣告前应当听取被告人的最后陈述。"

本条规定在总结试点经验的基础上吸收了上述规定中的合理内容。

条文解读与适用指引

本条分为两款。第1款规定了速裁程序的送达和庭审程序。根据本款规定，适用速裁程序审理案件可在以下两方面予以简化：一是不受本章第一节规定的送达期限的限制。本章第一节规定的送达期限，是指本法第202条关于判决送达的规定及本法第187条关于起诉书副本、传票、通知书送达的规定。本法第202条规定，当庭宣告判决的，应当在五日以内将判决书送达当事人和提出公诉的人民检察院，定期宣告判决的，应当在宣告后立即将判决书送达当事人和提起公诉的人民检察院。判决书应当同时送达辩护人、诉讼代理人。本法第187条规定，“人民法院决定开庭审判后，应当确定合议庭的组成人员，将人民检察院的起诉书副本至迟在开庭十日以前送达被告人及其辩护人。”“……传票和通知书至迟在开庭三日前送达。”二是一般不进行法庭调查和法庭辩论。由于案件事实清楚、证据确实、充分，控辩双方没有必要对没有争议的事实进行辩论，这大大简化了庭审程序，提高了庭审效率。值得注意的是，有两项具体的程序不能省略，即在判决宣告前听取辩护人的意见和被告人的最后陈述意见。

第2款规定了适用速裁程序审理的案件，应当当庭宣判。适用速裁程序审理的案件，一般来说社会危害性不大、案情简单，且审判员一人独任审判，不需要合议庭的讨论和评议，有条件当庭宣告判决，以实现速裁程序提高诉讼效率之功能。

第二百二十五条　【速裁程序审理期限】

适用速裁程序审理案件，人民法院应当在受理后十日以内审结；对可能判处的有期徒刑超过一年的，可以延长至十五日。

条文主旨

速裁程序审理期限

修改内容

本条为新增条款。

修改背景

《关于在部分地区开展刑事案件速裁程序试点工作的办法》第 15 条规定，“人民法院适用速裁程序审理案件，一般应当在受理后七个工作日内审结”。

后来，《关于在部分地区开展刑事案件认罪认罚从宽制度试点工作的办法》第 16 条第 2 款规定，“适用速裁程序审理案件，人民法院一般应当在十日内审结；对可能判处的有期徒刑超过一年的，可以延长至十五日”。

条文解读与适用指引

根据本条规定，适用速裁程序审理案件，在审限方面可区分两种情况：第一，一般情况下，人民法院应当在受理后十日以内审结，注意审理期限的起算时间是人民法院“受理后”。第二，根据本法第 222 条规定，可能判处三年以下有期徒刑的案件，如果案件事实清楚，证据确实、充分、被告人认罪认罚并同意适用速裁程序的，可以适用速裁程序。如果经过法庭审理，法庭认为该对被告人可能判处一年以上有期徒刑的，由于这种案件案情相对复杂，可以适当延长审理期限，则即可以自人民法院受理该案起后十五日内审结。与普通程序相比，速裁程序的审限很短，体现了其在提高诉讼效率方面的功能与要求。

第二百二十六条　【发现不宜适用速裁程序的处理】

人民法院在审理过程中，发现有被告人的行为不构成犯罪或者不应当追究其刑事责任、被告人违背意愿认罪认罚、被告人否认指控的犯罪事实或者其他不宜适用速裁程序审理的情形的，应当按照本章第一节或者第三节的规定重新审理。

条文主旨

发现不宜适用速裁程序的处理

修改内容

本条为新增条款。

修改背景

《关于在部分地区开展刑事案件速裁程序试点工作的办法》第 14 条规定："人民法院在审理过程中，发现不符合速裁程序适用条件的，应当转为简易程序或者普通程序审理。"没有规定不符合速裁程序的具体情形。

《关于在部分地区开展刑事案件认罪认罚从宽制度试点工作的办法》第 19 条规定："人民法院适用速裁程序或者简易程序审查的认罪认罚案件，有下列情形之一的，应当转为普通程序审理：（一）被告人违背意愿认罪认罚的；（二）被告人否认指控的犯罪事实的；（三）其他不宜适用速裁程序或者简易程序审理的情形。"

本条规定在总结试点经验的基础上吸收了上述规定中的合理内容。

条文解读与适用指引

根据本条规定，人民法院在适用速裁程序审理案件过程中，发现了不宜适用速裁程序的情形，应当按照本章第一节或者第三节的规定重新审理。本章第一节的规定，是指本法第 186 条至第 209 条规定的第一审公诉案件普通程序。本章第三节的规定，是指本法第 214 条至第 221 条规定的简易程序。根据本条规定，发生不宜适用速裁程序审理的情形时，应当按照普通程序或简易程序重新审理。"不宜适用速裁程序审理的情形"，参照本法第 222 条、第 223 条的规定。

第三章　第二审程序

第二百二十七条　【上诉权主体】

被告人、自诉人和他们的法定代理人，不服地方各级人民法院第一审的判决、裁定，有权用书状或者口头向上一级人民法院上诉。被告人的辩护人和近亲属，经被告人同意，可以提出上诉。

附带民事诉讼的当事人和他们的法定代理人，可以对地方各级人民法院第一审的判决、裁定中的附带民事诉讼部分，提出上诉。

对被告人的上诉权，不得以任何借口加以剥夺。

条文主旨

上诉权主体

修改内容

本条未作修改。

条文解读与适用指引

本条共分三款。第1款对被告人、自诉人等的上诉权作了规定。具体而言：第一，被告人、自诉人及其法定代理人有权提起上诉，被告人的辩护人和近亲属在征得被告人同意的情况下也可以提出上诉。根据本法第108条，“法定代理人”是指被代理人的父母、养父母、监护人和负有保护责任的机关、团体的代表；“近亲属”则是指夫、妻、父、母、子、女、同胞兄弟姊妹。第二，提起上诉的原因为不服地方各级人民法院尚未生效的一审判决或裁定，对于二审判决、裁定或者由最高人民法院作出的一审判决、裁定，不得提起上诉。第三，提起上诉的方式包括书面上诉状和口头上诉两种方式。第四，接受上诉的法院为原审人民法院的上一级人民法院。需要注意的是，根据本法第231条规定，被告人、自诉人等权利人既可以直接向原审法院的上一级人民法院提出上诉，也可以通过原审人民法院提出上诉。通过原审人民法院提出上诉的，原审人民法院应在三日以内将上诉状连同案卷、证据移送上一级人民法院。

第2款对附带民事诉讼中民事部分的上诉作了规定。根据该款，附带民事诉讼的当事人及其法定代理人，可以对地方各级人民法院第一审的判决、裁定中的附带民事诉讼部分，提出上诉。

第3款强调了保障被告人上诉权的重要性，根据该款，无论在何种情况下，均不得以任何借口剥夺被告人的上诉权。

第二百二十八条　【人民检察院二审抗诉的条件与程序】

地方各级人民检察院认为本级人民法院第一审的判决、裁定确有错误的时候，应当向上一级人民法院提出抗诉。

条文主旨

人民检察院二审抗诉的条件与程序

修改内容

本条未作修改。

条文解读与适用指引

根据本条规定，地方各级人民检察院认为本级人民法院第一审的判决、裁定确有错误的，应当向作出判决、裁定的人民法院的上一级人民法院提出抗诉。根据相关司法解释，人民检察院对同级人民法院第一审判决、裁定的抗诉，应当制作抗诉书通过原审人民法院向上一级人民法院提出，并将抗诉书副本连同案件材料报送上一级人民检察院。

第二百二十九条　【被害人及其法定代理人请求抗诉的程序】

被害人及其法定代理人不服地方各级人民法院第一审的判决的，

自收到判决书后五日以内，有权请求人民检察院提出抗诉。人民检察院自收到被害人及其法定代理人的请求后五日以内，应当作出是否抗诉的决定并且答复请求人。

条文主旨

被害人及其法定代理人请求抗诉的程序

修改内容

本条未作修改。

条文解读与适用指引

被害人是我国刑事诉讼法规定的当事人之一。作为犯罪行为的直接受害者，被害人与案件的处理结果具有密切关联，通常对案件的处理也有一定的意见和诉求，因此刑事诉讼法赋予其请求人民检察院进行抗诉的权利。根据本条规定，被害人及其法定代理人不服地方各级人民法院第一审的判决的，有权请求一审法院的同级人民检察院提出抗诉，人民检察院应当在收到请求后五日以内作出是否抗诉的决定并答复请求人。具体而言，首先，被害人及其法定代理人有权请求人民检察院进行抗诉。其次，请求抗诉的对象是地方各级人民法院第一审的判决，而不包括裁定。再次，请求抗诉的时间是自收到判决书后五日以内，根据相关司法解释，被害人及其法定代理人在收到判决书五日以后请求人民检察院提出抗诉的，由人民检察院决定是否受理。最后，人民检察院在收到抗诉请求后应当立即进行审查，在收到请求后五日内作出是否抗诉的决定并答复请求人。

第二百三十条　【上诉、抗诉的期限】

不服判决的上诉和抗诉的期限为十日，不服裁定的上诉和抗诉的期限为五日，从接到判决书、裁定书的第二日起算。

条文主旨

上诉、抗诉的期限

修改内容

本条未作修改。

条文解读与适用指引

本条中的上诉和抗诉期限是指根据本法第227条和第228条的规定提出上诉和抗诉的法定期限。在该法定期限内提出的上诉、抗诉具有启动二审程序的法律效力。当事人超出了该法定期限提出上诉的，如果没有本法第106条规定的情况，且没有人民法院认为合理的理由，则不具有法律效力。根据本条规定，一方面，不服判决的上诉和抗诉的期限为十日。即被告人、自诉人和他们的法定代理人，经被告人同意的被告人的辩护人和近亲属，以及附带民事诉讼的当事人和他们的法定代理人，不服地方各级人民法院第一审的判决的上诉期限为十日；地方各级人民检察院对本级人民法院第一审的判决提出抗诉的期限为十日。具体日期从接到判决书的第二日起算。另一方面，不服裁定的上诉期限为五日。即上诉人不服地方各级人民法院第一审的裁定，提出上诉的期限为五日；地方各级人民检察院对本级人民法院第一审的裁定提出抗诉的期限为五日。具体日期从接到判决书的第二日起算。

第二百三十一条　【上诉案件材料的移送】

被告人、自诉人、附带民事诉讼的原告人和被告人通过原审人民法院提出上诉的，原审人民法院应当在三日以内将上诉状连同案卷、证据移送上一级人民法院，同时将上诉状副本送交同级人民检察院和对方当事人。

被告人、自诉人、附带民事诉讼的原告人和被告人直接向第二审人民法院提出上诉的，第二审人民法院应当在三日以内将上诉状

交原审人民法院送交同级人民检察院和对方当事人。

条文主旨

上诉案件材料的移送

修改内容

本条未作修改。

条文解读与适用指引

本条分为两款。根据本条的规定，被告人、自诉人、附带民事诉讼的原告人和被告人既可以通过原审人民法院提出上诉，也可以直接向原审人民法院的上一级人民法院提出上诉。其中，第1款是关于被告人、自诉人、附带民事诉讼的原告人和被告人通过原审人民法院提出上诉时，原审人民法院应当如何移送案件材料的规定。根据该款，前述有权上诉的人通过原审人民法院提出上诉的，原审人民法院应当在三日以内将上诉状连同案卷、证据移送上一级人民法院，同时将上诉状副本送交同级人民检察院和对方当事人。根据相关司法解释的规定，上诉人通过第一审人民法院提出上诉的，第一审人民法院应当审查，上诉符合法律规定的，应当在上诉期满后三日内将上诉状连同案卷、证据移送上一级人民法院，并将上诉状副本送交同级人民检察院和对方当事人。

第2款是关于被告人、自诉人、附带民事诉讼的原告人和被告人直接向第二审人民法院提出上诉时，第二审人民法院应当如何移送案件材料的规定。根据该款及相关司法解释的规定，上诉人直接向第二审人民法院提出上诉的，第二审人民法院应当在收到上诉状后三日内将上诉状交第一审人民法院。第一审人民法院应当审查上诉是否符合法律规定。符合法律规定的，应当在接到上诉状后三日内将上诉状连同案卷、证据移送上一级人民法院，并将上诉状副本送交同级人民检察院和对方当事人。

第二百三十二条　【抗诉案件材料的移送以及撤回抗诉】

地方各级人民检察院对同级人民法院第一审判决、裁定的抗诉，应当通过原审人民法院提出抗诉书，并且将抗诉书抄送上一级人民检察院。原审人民法院应当将抗诉书连同案卷、证据移送上一级人民法院，并且将抗诉书副本送交当事人。

上级人民检察院如果认为抗诉不当，可以向同级人民法院撤回抗诉，并且通知下级人民检察院。

条文主旨

抗诉案件材料的移送以及撤回抗诉

修改内容

本条未作修改。

条文解读与适用指引

本条分为两款。第1款是关于地方各级人民检察院对同级人民法院第一审判决、裁定如何进行抗诉以及原审人民法院应如何移送抗诉案件材料的规定。根据该款，地方各级人民检察院对同级人民法院第一审判决、裁定的抗诉，应当制作抗诉书并通过原审人民法院向上一级人民法院提出，并将抗诉书抄送上一级人民检察院。原审人民法院应当将抗诉书连同案卷、证据移送上一级人民法院，并且将抗诉书副本送交当事人。

第2款是对上级人民检察院认为抗诉不当时可以撤回抗诉的规定。根据相关司法解释的规定，上一级人民检察院对下级人民检察院按照第二审程序提出抗诉的案件，认为抗诉正确的，应当支持抗诉；认为抗诉不当的，应当向同级人民法院撤回抗诉，并且通知下级人民检察院。人民检察院在抗诉期限内撤回抗诉的，第一审人民法院不再向上一级人民法院移送案件；人民检察院在抗诉期满后第二审人民法院宣告裁判前撤回抗诉的，第二审人民法院可以裁定准许，并通知第一审人民法院和当事人。

第二百三十三条 【人民法院对上诉、抗诉案件全面审查的原则】

第二审人民法院应当就第一审判决认定的事实和适用法律进行全面审查，不受上诉或者抗诉范围的限制。

共同犯罪的案件只有部分被告人上诉的，应当对全案进行审查，一并处理。

条文主旨

人民法院对上诉、抗诉案件全面审查的原则

修改内容

本条未作修改。

条文解读与适用指引

本条分为两款。第1款是关于第二审人民法院应当就第一审判决认定的事实和适用法律进行全面审查，不受上诉或者抗诉范围限制的规定。根据相关司法解释，第二审人民法院对上诉、抗诉案件，应当着重审查下列内容：1. 第一审判决认定的事实是否清楚，证据是否确实、充分；2. 第一审判决适用法律是否正确，量刑是否适当；3. 在侦查、审查起诉、第一审程序中，有无违反法定诉讼程序的情形；4. 上诉、抗诉是否提出新的事实、证据；5. 被告人的供述和辩解情况；6. 辩护人的辩护意见及采纳情况；7. 附带民事部分的判决、裁定是否合法、适当；8. 第一审人民法院合议庭、审判委员会讨论的意见。

第2款是关于共同犯罪的案件只有部分被告人上诉时二审人民法院应如何审查及处理的规定。根据刑法的规定，共同犯罪是指二人以上共同故意犯罪。根据本条规定，对于共同犯罪案件，只有部分被告人上诉的，第二审人民法院应当对全案进行审查，一并处理。另根据相关司法解释，共同犯罪案件，自诉人只对部分被告人的判决提出上诉，或者人民检察院只对部分被告人的判决提出抗诉的，第二审人民法院也应当对全案进行审查，一并处理。

第二百三十四条 【第二审案件的审理方式】

第二审人民法院对于下列案件，应当组成合议庭，开庭审理：

（一）被告人、自诉人及其法定代理人对第一审认定的事实、证据提出异议，可能影响定罪量刑的上诉案件；

（二）被告人被判处死刑的上诉案件；

（三）人民检察院抗诉的案件；

（四）其他应当开庭审理的案件。

第二审人民法院决定不开庭审理的，应当讯问被告人，听取其他当事人、辩护人、诉讼代理人的意见。

第二审人民法院开庭审理上诉、抗诉案件，可以到案件发生地或者原审人民法院所在地进行。

条文主旨

第二审案件的审理方式

修改内容

本条未作修改。

条文解读与适用指引

本条分为三款。第1款是关于二审应当开庭审理的案件范围的规定。根据该款，案件具有下列情形之一的，应当组成合议庭开庭审理：第一，被告人、自诉人及其法定代理人对第一审认定的事实、证据提出异议，可能影响定罪量刑的上诉案件。据此，并非所有上诉案件均需要开庭审理，只有上诉人对第一审认定的事实、证据提出异议，可能影响定罪量刑的上诉案件才需要开庭审理。第二，被告人被判处死刑的上诉案件。死刑是最为严厉的刑罚，而被告人被判处死刑的案件往往是重大甚至复杂的案件，为了慎用死刑并且给予被告人合理的救济途径，因此法律规定第二审人民法院对于被告人被判处死刑的上诉案件，必须开庭审理。需要注意的是，这里的被判处死刑是指被告人被判处死刑立即执行的案件，根据相关司法解释，如被判处死刑立即执行的被告人没有上诉，同案的其他被告人上诉的案件，第二审人民法院也应当开庭审理。此外，被告人被判处死刑缓期执行的上诉案件，有条件的，也应当开庭审理。第三，人民检察院抗诉的案件。对于人民检察院提出抗诉的案件，第二审人民法院必须开庭审理。第四，除了以上三种具体情形之外，法律还规定了“其他应当开庭审理的案件”作为兜底条款，以便将司法解释或者第二审人民法院认为其他需要开庭审理的情形纳入其中。本款中的“开庭审理”，即参照第一审案件的开庭程序进行审理。

第 2 款是关于不开庭审理的规定。对于前款应当开庭的情形之外的案件，第二审人民法院决定不开庭审理的，应当讯问被告人，听取其他当事人、辩护人、诉讼代理人的意见。不开庭审理主要是出于节约诉讼资源、提高诉讼效率的考量。不开庭审理的案件，应当讯问被告人并听取其他当事人、辩护人、诉讼代理人的意见。合议庭全体成员应当阅卷，必要时应当提交书面阅卷意见。

第 3 款是关于二审案件审判地点的规定。出于便于参与诉讼、方便了解案情等理由，本款规定了第二审人民法院开庭审理上诉、抗诉案件，可以到案件发生地或者一审人民法院所在地进行。

第二百三十五条　【人民检察院派员出席二审法庭以及查阅案卷的期限】

人民检察院提出抗诉的案件或者第二审人民法院开庭审理的公诉案件，同级人民检察院都应当派员出席法庭。第二审人民法院应当在决定开庭审理后及时通知人民检察院查阅案卷。人民检察院应当在一个月以内查阅完毕。人民检察院查阅案卷的时间不计入审理期限。

条文主旨

人民检察院派员出席二审法庭以及查阅案卷的期限

修改内容

本条未作修改。

条文解读与适用指引

根据本条规定，人民法院应当派员出庭的第二审案件包括以下两种：一是人民检察院提出抗诉的案件；二是第二审人民法院开庭审理的公诉案件。这两类案件中，二审人民法院的同级人民检察院应当派员出席法庭。为了便于人民检察院更好地了解案件情况，本条还规定第二审人民法院应当在决定开庭审理后及时通知人民检察院查阅案卷。人民检察院应当在自收到通知后的一个月以内查阅完毕。此外，人民检察院查阅案卷的时间不计入第二审案件的审理期限。

第二百三十六条　【二审裁判的理由与类型】

第二审人民法院对不服第一审判决的上诉、抗诉案件，经过审理后，应当按照下列情形分别处理：

（一）原判决认定事实和适用法律正确、量刑适当的，应当裁定驳回上诉或者抗诉，维持原判；

（二）原判决认定事实没有错误，但适用法律有错误，或者量刑不当的，应当改判；

（三）原判决事实不清楚或者证据不足的，可以在查清事实后改判；也可以裁定撤销原判，发回原审人民法院重新审判。

原审人民法院对于依照前款第三项规定发回重新审判的案件作出判决后，被告人提出上诉或者人民检察院提出抗诉的，第二审人民法院应当依法作出判决或者裁定，不得再发回原审人民法院重新审判。

条文主旨

二审裁判的理由与类型

修改内容

本条未作修改。

条文解读与适用指引

本条共分两款。第 1 款是关于二审人民法院对上诉、抗诉案件应如何处理的规定。具体包括以下三方面：第一，二审人民法院经审理，认为原判决认定事实和适用法律正确、量刑适当的，应当裁定驳回上诉或者抗诉，维持原判；第二，经审理，对于原判决认定事实没有错误，但适用法律有错误，或者量刑不当的，二审人民法院应当改判。第三，经审理，认为原判决事实不清楚或者证据不足的，二审人民法院可以在查清事实后直接改判，也可以裁定撤销原判，发回原审人民法院重新审判。发回重审的案件，原审人民法院应当另行组成合议庭按照一审程序进行审理，对其作出的判决、裁定仍可以提出上诉、抗诉。

第 2 款是关于发回重新审判以后再次上诉、抗诉的，二审人民法院不得再发回重审的规定。该款是 2012 年《刑事诉讼法》修改时增加的内容，主要是为了解决此前司法实践中对同一案件多次发回重审、久拖不决的问题。根据该款，对于依照前款第 3 项规定发回重审的案件，原审人民法院作出判决后被告人仍可以提出上诉，人民检察院也可以提出抗诉，此时第二审人民法院应当依法作出判决或者裁定，不得以“原判决事实不清楚或者证据不足”为由再次发回原审人民法院重新审判。

第二百三十七条　【上诉不加刑】

第二审人民法院审理被告人或者他的法定代理人、辩护人、近亲属上诉的案件，不得加重被告人的刑罚。第二审人民法院发回原

审人民法院重新审判的案件，除有新的犯罪事实，人民检察院补充起诉的以外，原审人民法院也不得加重被告人的刑罚。

人民检察院提出抗诉或者自诉人提出上诉的，不受前款规定的限制。

条文主旨

上诉不加刑

修改内容

本条未作修改。

条文解读与适用指引

本条分为两款。第1款对上诉不加刑原则作出了规定。本款有如下两层含义：第一，第二审人民法院审理只有被告方上诉的案件，不得加重被告人的刑罚。为了充分保障被告方的上诉权，使其不因忌惮上诉可能导致刑罚加重而对上诉产生顾虑，刑事诉讼法规定了第二审人民法院审理被告人或者他的法定代理人、辩护人、近亲属上诉的案件，判决时只能维持、减轻被告人的刑罚而不得加重其刑罚。根据相关司法解释，人民法院贯彻上诉不加刑原则应当执行下列规定：1. 同案审理的案件，只有部分被告人上诉的，既不得加重上诉人的刑罚，也不得加重其他同案被告人的刑罚；2. 原判事实清楚，证据确实、充分，只是认定的罪名不当的，可以改变罪名，但不得加重刑罚；3. 原判对被告人实行数罪并罚的，不得加重决定执行的刑罚，也不得加重数罪中某罪的刑罚；4. 原判对被告人宣告缓刑的，不得撤销缓刑或者延长缓刑考验期；5. 原判没有宣告禁止令的，不得增加宣告；原判宣告禁止令的，不得增加内容、延长期限；6. 原判对被告人判处死刑缓期执行没有限制减刑的，不得限制减刑；7. 原判事实清楚，证据确实、充分，但判处的刑罚畸轻、应当适用附加刑而没有适用的，不得直接加重刑罚、适用附加刑，也不得以事实不清、证据不足为由发回第一审人民法院重新审判。

必须依法改判的，应当在第二审判决、裁定生效后，依照审判监督程序重新审判。第二，第二审人民法院发回原审人民法院重新审判的案件，原审人民法院也不得加重被告人的刑罚，但有新的犯罪事实，人民检察院补充起诉的除外。这是2012年《刑事诉讼法》修改时增加的规定，目的是防止以发回重审的方式变相加重刑罚。据此，除有新的犯罪事实，人民检察院补充起诉的之外，原审人民法院不得加重被告人的刑罚。

第2款从反面规定了上诉不加刑原则的适用条件。根据本款，上诉不加刑原则在以下两种情况下不适用：第一，人民检察院提出抗诉的；第二，自诉人提出上诉的。符合这两种情况之一的，第二审人民法院对案件进行审理后，如果认为原判过轻，可以判处比原判更重的刑罚。

第二百三十八条　【第二审人民法院发现一审人民法院审理案件违反法定诉讼程序的处理】

第二审人民法院发现第一审人民法院的审理有下列违反法律规定的诉讼程序的情形之一的，应当裁定撤销原判，发回原审人民法院重新审判：

（一）违反本法有关公开审判的规定的；

（二）违反回避制度的；

（三）剥夺或者限制了当事人的法定诉讼权利，可能影响公正审判的；

（四）审判组织的组成不合法的；

（五）其他违反法律规定的诉讼程序，可能影响公正审判的。

条文主旨

第二审人民法院发现一审人民法院审理案件违反法定诉讼程序的处理

修改内容

本条未作修改。

条文解读与适用指引

实体公正和程序公正是刑事诉讼制度中的重要价值和理念。对于违反法定程序的诉讼行为给予程序性救济与惩罚是维护程序公正的重要手段。根据本条的规定，第二审人民法院经全面审查后，发现第一审人民法院的审理中存在本条规定的违反诉讼程序的情形之一的，应当裁定撤销原判，发回原审人民法院重新审判。违反法律规定的诉讼程序的情况具体包括：第一，违反刑事诉讼法有关公开审判的规定的。公开审判是我国刑事诉讼法的基本原则之一。本法第 11 条规定，人民法院审判案件，除本法另有规定的以外，一律公开进行。违反公开审判的规定包括应公开而未公开和不应公开而公开的两种情况。第二，违反回避制度的，即违反刑事诉讼法关于回避制度的规定，致使应当回避的人参与了案件的审理的。第三，剥夺或者限制了当事人的法定诉讼权利，可能影响公正审判的。人民法院应当依法保障当事人的法定诉讼权利的行使，如果一审人民法院的审理中剥夺或者限制了当事人的法定诉讼权利，并且达到了可能影响公正审判的程度，那么二审就应裁定撤销原判，发回重审。第四，审判组织的组成不合法的。本法第 183 条至第 185 条对审判组织作出了明确的规定，违反前述法律规定的，即为审判组织的组成不合法。第五，其他违反法律规定的诉讼程序，可能影响公正审判的。本项是对前四项的补充，二审人民法院经审查发现一审人民法院有其他违反法律规定的诉讼程序的情形，可能影响公正审判的，也应当撤销原判，发回重审。

第二百三十九条　【原审人民法院审判发回重审案件的程序】

原审人民法院对于发回重新审判的案件，应当另行组成合议庭，依照第一审程序进行审判。对于重新审判后的判决，依照本法第二百二十七条、第二百二十八条、第二百二十九条的规定可以上诉、抗诉。

条文主旨

原审人民法院审判发回重审案件的程序

修改内容

本条未作实质性修改，仅更新了援引条文的序号。

条文解读与适用指引

本条规定有两层含义：第一，原审人民法院对于发回重新审判的案件，应当另行组成合议庭，依照第一审程序进行审判。由于发回重新审判的案件或者是因为事实不清或证据不足，或者是由于此前的审理违反了法定程序要求，为了保障重新审理的案件质量，防止先入为主的影响，原审法院应另行组成合议庭，并依照第一审程序进行审判。第二，原审人民法院依照第一审程序对案件进行重新审理判决后，所作判决为一审判决，仍然可以依法提起上诉、抗诉。

第二百四十条　【第二审人民法院对不服第一审裁定的上诉、抗诉的处理】

第二审人民法院对不服第一审裁定的上诉或者抗诉，经过审查后，应当参照本法第二百三十六条、第二百三十八条和第二百三十九条的规定，分别情形用裁定驳回上诉、抗诉，或者撤销、变更原裁定。

条文主旨

第二审人民法院对不服第一审裁定的上诉、抗诉的处理

修改内容

本条未作修改。

条文解读与适用指引

根据本条规定，第二审人民法院对不服第一审裁定的上诉或者抗诉，经过审查后，应当参照本法关于对第一审判决的上诉或抗诉的规定，作出处理。具体而言：第一，参照本法第236条，原裁定认定事实和适用法律正确的，应当裁定驳回上诉或者抗诉，维持原裁定；原裁定认定事实没有错误，但适用法律有错误的，应当以裁定形式变更原裁定；原裁定事实不清楚或者证据不足的，可以在查清事实后以裁定形式变更原裁定，也可以裁定撤销原裁定，发回原审人民法院重新审判。第二，参照本法第238条，第二审人民法院发现第一审人民法院的审理具有违反本法关于公开审判的规定、违反回避制度、剥夺或者限制了当事人的法定诉讼权利并可能影响公正审判的、审判组织的组成不合法，或者其他违反法律规定的诉讼程序可能影响公正审判的，应当裁定撤销原裁定，发回原审人民法院重新审判。第三，参照本法第239条的规定，原审人民法院对于发回重新审判的案件，应当另行组成合议庭，依照第一审程序进行审理并重新作出裁定。对于重新审理后的裁定，依照本法第227条、第228条、第229条的规定可以上诉、抗诉。

第二百四十一条　【发回重审案件的审限计算】

第二审人民法院发回原审人民法院重新审判的案件，原审人民法院从收到发回的案件之日起，重新计算审理期限。

条文主旨

发回重审案件的审限计算

修改内容

本条未作修改。

条文解读与适用指引

对于第二审人民法院发回原审人民法院重新审判的案件，原审人民法院应当另行组成合议庭依照第一审程序进行审判，其审理期限，应当依照本法第 208 条的规定，从收到发回的案件之日起重新计算。考虑到原审人民法院需要另行组成合议庭对案件的证据、事实进行调查核实，在审理上也适用一审程序，因此规定案件审理期限从收到发回的案件之日起重新计算，以便原审人民法院有充足的时间对案件进行审理，保证案件审理质量。

第二百四十二条　【第二审人民法院审判上诉、抗诉案件的程序】

第二审人民法院审判上诉或者抗诉案件的程序，除本章已有规定的以外，参照第一审程序的规定进行。

条文主旨

第二审人民法院审判上诉、抗诉案件的程序

修改内容

本条未作修改。

条文解读与适用指引

根据本条，第二审人民法院审判上诉或者抗诉案件，除本章已有规定外，参照第一审程序的规定进行。根据本章和本法其他相关规定，第二审程序不同于第一审程序之处主要有以下方面：第一，不能适用简易程序或者速裁程序进行审理；第二，须组成合议庭进行审理，且合议庭成员仅由审判员组成，不包括人民陪审员；第三，除依法必须开庭审理的以外，可以不开庭审理，可以到案件发生地或者原审人民法院所在地进行审理；第四，人民检察院派员出庭的，应当通知人民检察院阅卷；第五，二审应对一审判决或裁定进行全面审查，查明一审判决或裁定认定事实、适用法律是否正确；第六，仅有被告方上诉的案件，不能加重被告人的刑罚；第七，审理作出的裁判是终审裁判，不得再上诉或抗诉，等等。除以上规定外，第二审人民法院审判上诉或者抗诉案件，参照第一审程序的规定进行。

第二百四十三条 【上诉、抗诉案件的审理期限】

第二审人民法院受理上诉、抗诉案件，应当在二个月以内审结。对于可能判处死刑的案件或者附带民事诉讼的案件，以及有本法第一百五十八条规定情形之一的，经省、自治区、直辖市高级人民法院批准或者决定，可以延长二个月；因特殊情况还需要延长的，报请最高人民法院批准。

最高人民法院受理上诉、抗诉案件的审理期限，由最高人民法院决定。

条文主旨

上诉、抗诉案件的审理期限

修改内容

本条未作实质性修改，仅更新了援引条文的序号。

条文解读与适用指引

本条分为两款。第 1 款是关于第二审人民法院对上诉、抗诉案件的审理期限的规定。具体而言，主要有以下三方面含义：首先，第二审人民法院受理上诉、抗诉案件，原则上应当在两个月以内审结。其次，对于可能判处死刑或者附带民事诉讼的案件、交通十分不便的边远地区的重大复杂案件、重大的犯罪集团案件、流窜作案的重大复杂案件，犯罪涉及面广、取证困难的重大复杂案件，经省、自治区、直辖市高级人民法院批准或者决定后可以延长二个月。最后，在前述延长期限内仍不能审结，因特殊情况还需要延长的，应报请最高人民法院批准。

第 2 款是关于最高人民法院受理上诉、抗诉案件审理期限的规定。根据本款规定，最高人民法院受理上诉、抗诉案件的审理期限由其自行决定。

第二百四十四条　【终审裁判的范围】

第二审的判决、裁定和最高人民法院的判决、裁定，都是终审的判决、裁定。

条文主旨

终审裁判的范围

修改内容

本条未作修改。

条文解读与适用指引

两审终审制是我国刑事诉讼法的基本原则之一。本法第10条规定，人民法院审判案件，实行两审终审制，因此第二审判决、裁定为终审判决、裁定，一经宣布即发生法律效力。最高人民法院作出的判决、裁定，不论是按照一审程序还是二审程序审理的，都是终审的判决、裁定。根据本条的规定，终审的判决、裁定包括以下两种类型：第一，第二审人民法院作出的判决和裁定；第二，最高人民法院作出的判决和裁定。对于终审的判决、裁定，不能再对其提起上诉、抗诉，如果确有错误的，只能通过审判监督程序予以纠正和救济。需要注意的是，由于我国刑事诉讼法规定了专门的死刑复核程序，因此对于二审判处死刑或死刑缓期执行的案件，其判决或裁定不直接发生法律效力，需要经过死刑复核程序报最高人民法院或高级人民法院核准后才发生效力。

第二百四十五条　【对查封、扣押、冻结的被追诉人财物及其孳息的处理】

公安机关、人民检察院和人民法院对查封、扣押、冻结的犯罪嫌疑人、被告人的财物及其孳息，应当妥善保管，以供核查，并制作清单，随案移送。任何单位和个人不得挪用或者自行处理。对被

害人的合法财产，应当及时返还。对违禁品或者不宜长期保存的物品，应当依照国家有关规定处理。

对作为证据使用的实物应当随案移送，对不宜移送的，应当将其清单、照片或者其他证明文件随案移送。

人民法院作出的判决，应当对查封、扣押、冻结的财物及其孳息作出处理。

人民法院作出的判决生效以后，有关机关应当根据判决对查封、扣押、冻结的财物及其孳息进行处理。对查封、扣押、冻结的赃款赃物及其孳息，除依法返还被害人的以外，一律上缴国库。

司法工作人员贪污、挪用或者私自处理查封、扣押、冻结的财物及其孳息的，依法追究刑事责任；不构成犯罪的，给予处分。

条文主旨

对查封、扣押、冻结的被追诉人财物及其孳息的处理

修改内容

本条未作修改。

条文解读与适用指引

本条分为五款。第1款是对查封、扣押、冻结的财物及其孳息的保管、返还和处理的规定。根据该款：第一，公安机关、人民检察院和人民法院对于查封、扣押、冻结的犯罪嫌疑人、被告人的财物及其孳息，应当予以妥善保管，以供核查，应制作清单并将清单随案移送。查封、扣押、冻结的犯罪嫌疑人、被告人的财物主要指公安司法机关查封、扣押、冻结的与案件有关的，可以用来证明被追诉人有罪或无罪的财物、文件以及根据侦查犯罪的需要冻结的被追诉人的存款、汇款、债券、股票、基金份额等财产。第二，对于前述查封、扣押、冻结的犯罪嫌疑人、被告人财物及其孳息，任何单位和个人不得挪用或者自行处理。第三，查封、扣押、冻结的财物及其孳息中有

属于被害人的合法财产的，应当及时进行返还。第四，对毒品、枪支弹药等违禁品应当依照国家有关规定处理；对容易变质及其他不宜长期保存的物品，如生鲜产品等，应当依照国家有关规定进行变卖处理。

第 2 款是关于对查封、扣押、冻结的财物作为证据使用时应如何移送的规定。根据该款，作为证据使用的实物原则上应当随案移送，对不动产以及生产设备等不宜随案移送的动产，应当将其清单、照片或者其他证明文件随案移送。

第 3 款是关于人民法院作出的判决，应当对查封、扣押、冻结的财物及其孳息作出处理的规定。本款是 2012 年刑事诉讼法修改时增加的规定，根据本款，人民法院在判决中应当在对被告人定罪量刑的同时对前述涉案财物作出处理。

第 4 款是有关机关根据人民法院判决对查封、扣押、冻结的财物及其孳息进行处理的规定，本款也是 2012 年刑事诉讼法修改时增加的规定。根据这一规定，有关机关应当根据人民法院的生效判决对查封、扣押、冻结的财物及其孳息进行处理。对查封、扣押、冻结的赃款赃物及其孳息，除依法返还被害人的以外，一律上缴国库。

第 5 款是关于司法工作人员违法处理涉案财物及其孳息的法律责任。根据该款规定，司法工作人员贪污、挪用或者私自处理查封、扣押、冻结的财物及其孳息，构成犯罪的，应依法追究其刑事责任；不构成犯罪的，应依照《公务员法》等其他法律规定给予相应处分。

第四章　死刑复核程序

第二百四十六条　【死刑核准权的主体】

死刑由最高人民法院核准。

条文主旨

死刑核准权的主体

修改内容

本条未作修改。

条文解读与适用指引

根据本条规定，我国死刑核准权只能由最高人民法院行使。死刑是最为严厉的刑罚，死刑立即执行判决一经执行即无法挽回。为了贯彻落实慎杀、少杀的刑事政策，严格控制死刑的适用，刑事诉讼法专章设立了死刑复核程序。2006 年 10 月 31 日第十届全国人大常委会第二十四次会议通过了《关于修改人民法院组织法的决定》，自 2007 年 1 月 1 日起。死刑除依法由最高人民法院判决的以外，均应当提请最高人民法院核准。需要注意的是，本条的“死刑”仅指死刑立即执行。根据本法第 248 条的规定，中级人民法院判处死刑缓期二年执行的案件，由高级人民法院核准。根据相关司法解释，最高人民法院复核死刑案件，应当按照下列情形分别处理：原判认定事实和适用法律正确、量刑适当、诉讼程序合法的，应当裁定核准；原判认定的某一具体事实或者引用的法律条款等存在瑕疵，但判处被告人死刑并无不当的，可以在纠正后作出核准的判决、裁定；原判事实不清、证据不足的，应当裁定不予核准，并撤销原判，发回重新审判；复核期间出现新的影响定罪量刑的事实、证据的，应当裁定不予核准，并撤销原判，发回重新审判；原判认定事实正确，但依法不应当判处死刑的，应当裁定不予核准，并撤销原判，发回重新审判；原审违反法定诉讼程序，可能影响公正审判的，应当裁定不予核准，并撤销原判，发回重新审判。

第二百四十七条　【死刑立即执行案件的复核程序】

中级人民法院判处死刑的第一审案件，被告人不上诉的，应当由高级人民法院复核后，报请最高人民法院核准。高级人民法院不同意判处死刑的，可以提审或者发回重新审判。

高级人民法院判处死刑的第一审案件被告人不上诉的，和判处

死刑的第二审案件，都应当报请最高人民法院核准。

条文主旨

死刑立即执行案件的复核程序

修改内容

本条未作修改。

条文解读与适用指引

根据本条规定，最高人民法院进行死刑复核的案件包括以下三类：第一，中级人民法院判处死刑，被告人不上诉的第一审案件；第二，高级人民法院判处死刑，被告人不上诉的第一审案件；第三，高级人民法院判处死刑的第二审案件。中级人民法院判处死刑的第一审案件，被告人不上诉的，应当首先由高级人民法院复核。高级人民法院不同意判处死刑的，可以由其直接对案件进行审理并作出判决，或者发回原审的中级人民法院重新审判；高级人民法院同意判处死刑的，再报请最高人民法院核准。对于高级人民法院判处死刑立即执行且被告人不上诉的第一审案件，以及高级人民法院作为二审法院维持或者改判死刑立即执行的第二审案件，均应当报请最高人民法院核准。

第二百四十八条　【死刑缓期二年执行案件的核准程序】

中级人民法院判处死刑缓期二年执行的案件，由高级人民法院核准。

条文主旨

死刑缓期二年执行案件的核准程序

修改内容

本条未作修改。

条文解读与适用指引

根据本条规定，对于中级人民法院判处死刑缓期二年执行的案件，由高级人民法院核准。死刑缓期二年执行是死刑的一种执行方式，而非单独的刑罚种类。根据本法第 261 条第 2 款的规定，被判处死刑缓期二年执行的罪犯，在死刑缓期执行期间，如果没有故意犯罪，则不再执行死刑；如果故意犯罪，情节恶劣，查证属实，应当执行死刑的，仍需要由高级人民法院报请最高人民法院核准。可见，与死刑立即执行相比，死刑缓期二年执行并非一经执行即不可挽回，因此我国将中级人民法院判处死刑缓期二年执行案件交由高级人民法院核准。

第二百四十九条　【死刑复核程序的审判组织】

最高人民法院复核死刑案件，高级人民法院复核死刑缓期执行的案件，应当由审判员三人组成合议庭进行。

条文主旨

死刑复核程序的审判组织

修改内容

本条未作修改。

条文解读与适用指引

本条是关于死刑复核程序审判组织的规定。死刑案件，无论是死刑立即执行还是死刑缓期二年执行，都是非常重大的案件，对审判组织的形式也有较高的要求。根据本条规定，最高人民法院和高级人民法院对死刑立即执行案件的复核，以及高级人民法院对死刑缓期二年执行案件的复核，都应当由审判员三人组成的合议庭进行复核。具体而言：首先，死刑复核程序审判组织的形式只能是合议庭，而不能采取独任审判的方式；其次，该合议庭由审判员组成，不包括人民陪审员；最后，合议庭审判员的组成人数应当为三人。

第二百五十条 【最高人民法院对死刑案件进行复核后的处理】

最高人民法院复核死刑案件，应当作出核准或者不核准死刑的裁定。对于不核准死刑的，最高人民法院可以发回重新审判或者予以改判。

条文主旨

最高人民法院对死刑案件进行复核后的处理

修改内容

本条未作修改。

条文解读与适用指引

本条对最高人民法院对死刑案件进行复核后如何处理作出了明确规定。根据本条的规定，最高人民法院复核死刑案件，只能作出核准死刑或者不核准死刑的裁定。也即最高人民法院对死刑案件的复核结果必须以裁定的方式作出，且结果只能是核准或者不核准两种。最高人民法院不核准死刑的案件，可以由最高人民法院发回二审人民法院或原一审人民法院重新审判，也可以不发回重审，直接由最高人民法院改判。

第二百五十一条 【死刑复核的具体程序及法律监督】

最高人民法院复核死刑案件，应当讯问被告人，辩护律师提出要求的，应当听取辩护律师的意见。

在复核死刑案件过程中，最高人民检察院可以向最高人民法院提出意见。最高人民法院应当将死刑复核结果通报最高人民检察院。

条文主旨

死刑复核的具体程序及法律监督

修改内容

本条未作修改。

条文解读与适用指引

本条分为两款。第 1 款是对最高人民法院死刑复核中讯问被告人和听取辩护律师意见的规定。为了更好地查明案件事实，提升死刑复核的案件质量，最高人民法院进行死刑复核必须对被告人本人进行讯问，听取其供述和辩解；同时，最高人民法院在死刑复核程序中可以听取辩护律师的意见，辩护律师提出要求的，则必须听取其意见。

第 2 款是关于最高人民检察院对死刑复核程序的法律监督。根据本款规定，一方面，最高人民检察院有权就死刑复核向最高人民法院提出相关意见；另一方面，最高人民法院应将核准或不核准的最终结果及时通报最高人民检察院。

第五章　审判监督程序

第二百五十二条　【申诉的主体及效力】

当事人及其法定代理人、近亲属，对已经发生法律效力的判决、裁定，可以向人民法院或者人民检察院提出申诉，但是不能停止判决、裁定的执行。

条文主旨

申诉的主体及效力

修改内容

本条未作修改。

条文解读与适用指引

案件当事人及其法定代理人、近亲属，认为已经发生法律效力的判决、裁定有错误的，可以向人民法院或者人民检察院提出申诉。首先，有权提出申诉的主体是当事人及其法定代理人、近亲属。根据本法第108条的规定，“当事人”是指被害人、自诉人、犯罪嫌疑人、被告人、附带民事诉讼的原告人和被告人；“法定代理人”是指被代理人的父母、养父母、监护人和负有保护责任的机关、团体的代表；“近亲属”是指夫、妻、父、母、子、女、同胞兄弟姊妹。申诉的对象必须是已经发生法律效力的判决、裁定。其次，申诉的对象应当是已经发生法律效力的判决或裁定。如判决和裁定尚未发生法律效力，则可以上诉通过二审程序进行救济，没有必要申诉通过审判监督程序救济。最后，接受申诉的机关是人民法院或者人民检察院。生效判决、裁定具有相应的既判力和法律效力，不能仅仅因为当事人及其法定代理人、近亲属提出了申诉就轻易停止判决、裁定的执行，只有人民法院最终启动审判监督程序并作出新的判决、裁定或者依据本法第257条决定中止原判决、裁定执行的，才能停止执行原判决、裁定。

第二百五十三条　【对申诉案件重新审判的条件】

当事人及其法定代理人、近亲属的申诉符合下列情形之一的，人民法院应当重新审判：

（一）有新的证据证明原判决、裁定认定的事实确有错误，可能影响定罪量刑的；

（二）据以定罪量刑的证据不确实、不充分、依法应当予以排除，或者证明案件事实的主要证据之间存在矛盾的；

（三）原判决、裁定适用法律确有错误的；

（四）违反法律规定的诉讼程序，可能影响公正审判的；

（五）审判人员在审理该案件的时候，有贪污受贿，徇私舞弊，枉法裁判行为的。

条文主旨

对申诉案件重新审判的条件

修改内容

本条未作修改。

条文解读与适用指引

根据本条规定，当事人及其法定代理人、近亲属的申诉符合五种情形之一的，人民法院应当重新审判。具体而言，第一种情形是有新的证据证明原判决、裁定认定的事实确有错误，可能影响定罪量刑的。根据相关司法解释，“新的证据”是指：1. 原判决、裁定生效后新发现的证据；2. 原判决、裁定生效前已经发现，但未予收集的证据；3. 原判决、裁定生效前已经收集，但未经质证的证据；4. 原判决、裁定所依据的鉴定意见，勘验、检查等笔录或者其他证据被改变或者否定的。“可能影响定罪量刑的”要求新的证据不仅能证明原判决、裁定在认定事实上有错误，并且前述事实认定错误可能会影响该案定罪量刑。这是2012年刑事诉讼法修改时增加的限制条件，据此，虽然新的证据能够证明原判决、裁定认定事实确实存在错误，但在该错误对被告人的定罪和量刑并无影响的情况下，基于维护司法既判力和节约诉讼资源的考量，则无必要按照审判监督程序重新予以审理。第二种情形是据以定罪量刑的证据不确实、不充分、依法应当予以排除，或者证明案件事实的主要证据之间存在矛盾的。证据是认定案件事实的基础，如果据以定罪量刑的证据没有达到法律规定的“确实、充分”的要求，或者是证明案件事实的主要证据存在矛盾，就无法保证案件事实认定的准确性。据以定罪量刑的证据为非法证据依法应当排除而未排除的，则既可能影响案件事实认定的准确性，也违背了正当程序的要求。“依法应当予以排除”是2012年刑事诉讼法修改时增加的规定，是非法证据排除制度的组成部分。第三种情形是原判决、裁定适用法律确有错误的。除准确认定案件事实外，正确适用法律也是保障判决、裁定正确性的基本前提，如果法律适用存在错误，那么原审判决、裁定的正确性必然存在疑问。适用法律确有错误是指据以定罪、量刑的法律适用存在错误。第四种情形是，违反法律规定的诉讼程序，可能影响公正审判的。这是2012年刑事诉讼法修改时增加的再审情形，在一定程度上表明了我国对刑事诉讼程序正当性的强调和重视。需要注意的是，违反法律规定的诉讼程序必须要达到“可能影响公正审判”的程度，如果仅仅是对法定诉讼程序的违反而未对案件的公正审判造成影响的，则不符合提起再审的条件。第五种情形是审判人员在审理该案件的时候，有贪污受贿，徇私舞弊，枉法裁判行为的。基于案件事实和法律规定依法进行裁判是审判人员的基本职责。如果审理该案过程中存在贪污受贿、徇私舞弊、枉法裁判行为的，人民法院即应当依照审判监督程序对案件进行重新审判。

第二百五十四条 【提起审判监督的主体和程序】

各级人民法院院长对本院已经发生法律效力的判决和裁定，如果发现在认定事实上或者在适用法律上确有错误，必须提交审判委员会处理。

最高人民法院对各级人民法院已经发生法律效力的判决和裁定，上级人民法院对下级人民法院已经发生法律效力的判决和裁定，如果发现确有错误，有权提审或者指令下级人民法院再审。

最高人民检察院对各级人民法院已经发生法律效力的判决和裁定，上级人民检察院对下级人民法院已经发生法律效力的判决和裁定，如果发现确有错误，有权按照审判监督程序向同级人民法院提出抗诉。

人民检察院抗诉的案件，接受抗诉的人民法院应当组成合议庭

重新审理，对于原判决事实不清楚或者证据不足的，可以指令下级人民法院再审。

条文主旨

提起审判监督的主体和程序

修改内容

本条未作修改。

条文解读与适用指引

本条是对不同主体提起审判监督的具体程序的规定，根据本条规定，提起审判监督的主体不同，适用的程序也有所不同。本条分为四款。第 1 款是关于各级人民法院院长对本院已经发生法律效力的判决和裁定提请再审的规定。根据本款，各级人民法院院长如果发现本院已生效判决或裁定认定事实或适用法律确有错误的，应当提交审判委员会讨论决定是否再审，审委会讨论决定再审的，应当另行组成合议庭对案件重新进行审理。

第 2 款是关于最高人民法院对各级人民法院，以及上级人民法院对下级人民法院已经发生法律效力的判决和裁定进行审判监督的规定。根据本款，最高人民法院对地方各级人民法院，上级人民法院对下级人民法院已经发生法律效力的判决和裁定，发现确有错误的，有权提审，即由本院直接对案件进行审理，也可以指令下级人民法院对案件进行重新审理。根据相关司法解释，上级人民法院发现下级人民法院已经发生法律效力的判决、裁定确有错误的，可以指令下级人民法院再审；原判决、裁定认定事实正确但适用法律错误，或者案件疑难、复杂、重大，或者有不宜由原审人民法院审理情形的，也可以提审。上级人民法院指令下级人民法院再审的，一般应当指令原审人民法院以外的下级人民法院审理；由原审人民法院审理更有利于查明案件事实、纠正裁判错误的，可以指令原审人民法院审理。

第 3 款是关于最高人民检察院对各级人民法院，上级人民检察院对下级人民法院已经发生法律效力的判决和裁定，发现确有错误提出审判监督抗诉的规定。根据该款，最高人民检察院对包括最高人民法院在内的各级人民法院已经发生法律效力的判决和裁定，上级人民检察院对下级人民法院已经发生法律效力的判决和裁定，如果发现确有错误，有权按照审判监督程序向同级人民法院提出抗诉。根据相关解释，最高人民检察院发现各级人民法院已经发生法律效力的判决或者裁定，上级人民检察院发现下级人民法院已经发生法律效力的判决或者裁定确有错误时，可以直接向同级人民法院提出抗诉，或者指令作出生效判决、裁定的人民法院的上一级人民检察院向同级人民法院提出抗诉。

第4款是对再审抗诉案件如何审理的规定。根据该款，对于人民检察院提出抗诉的案件，接受抗诉的同级人民法院应当组成合议庭重新审理并作出判决或裁定，对于原判决事实不清楚或者证据不足的，接受抗诉的人民法院也可以指令下级人民法院对案件进行重新审理。

第二百五十五条　【指令再审案件的审理法院】

上级人民法院指令下级人民法院再审的，应当指令原审人民法院以外的下级人民法院审理；由原审人民法院审理更为适宜的，也可以指令原审人民法院审理。

条文主旨

指令再审案件的审理法院

修改内容

本条未作修改。

条文解读与适用指引

2012年刑事诉讼法修改之前，法律仅对上级人民法院指令下级人民法院再审作出原则性规定，没有明确指令原审法院再审和指令其他下级法院再审的具体适用情况。根据本条规定，上级人民法院指令下级人民法院再审的，应当指令原审人民法院以外的下级人民法院审理，由原审人民法院审理更为适宜的，也可以指令原审人民法院审理。根据相关司法解释，上级人民法院指令下级人民法院再审的，一般应当指令原审人民法院以外的下级人民法院审理；由原审人民法院审理更有利于查明案件事实、纠正裁判错误的，可以指令原审人民法院审理。

第二百五十六条　【再审案件的审理程序】

人民法院按照审判监督程序重新审判的案件，由原审人民法院审理的，应当另行组成合议庭进行。如果原来是第一审案件，应当依照第一审程序进行审判，所作的判决、裁定，可以上诉、抗诉；如果原来是第二审案件，或者是上级人民法院提审的案件，应当依照第二审程序进行审判，所作的判决、裁定，是终审的判决、裁定。

人民法院开庭审理的再审案件，同级人民检察院应当派员出席法庭。

条文主旨

再审案件的审理程序

修改内容

本条未作修改。

条文解读与适用指引

本条分为两款。根据本条第1款的规定，人民法院按照审判监督程序重新审判的案件，由原审人民法院审理的，应当另行组成合议庭进行审理。根据本法第255条的规定，上级人民法院指令下级人民法院再审的，原则上应当指令原审人民法院以外的下级人民法院审理，此时不存在“另行”组成合议庭的问题；因原审人民法院审理更为适宜而指令原审人民法院进行审理的，为了防止其先入为主，保证案件重新审理能够正确认定事实和适用法律，因此规定原审人民法院应当另行组成合议庭对案件进行审理。如果原来是第一审案件，重新审理时应当依照第一审程序进行审判，所作的判决、裁定，可以上诉、抗诉；如果原来是第二审案件，或者是上级人民法院提审的案件，重新审理时应当依照第二审程序进行审判，所作的判决、裁定，是终审的判决、裁定。

本条第 2 款是 2012 年刑事诉讼法修改时增加的条款，明确了对于人民法院开庭审理的再审案件，再审法院的同级人民检察院应当派员出席法庭。根据本法第 234 条的规定，二审案件除法定的几类应当开庭审理的情形外，可以不开庭审理。对于开庭审理的再审案件，为了更好地发挥检察机关的支持公诉和法律监督职能，保证再审案件审理质量，因此要求再审法院的同级人民检察院必须派员出庭。

第二百五十七条　【再审案件中强制措施的适用以及原判决、裁定的中止执行】

人民法院决定再审的案件，需要对被告人采取强制措施的，由人民法院依法决定；人民检察院提出抗诉的再审案件，需要对被告人采取强制措施的，由人民检察院依法决定。

人民法院按照审判监督程序审判的案件，可以决定中止原判决、裁定的执行。

条文主旨

再审案件中强制措施的适用以及原判决、裁定的中止执行

修改内容

本条未作修改。

条文解读与适用指引

本条分为两款。根据第 1 款的规定，对于再审案件，由提起再审的机关

决定对被告人采取强制措施。具体而言，对于人民法院决定再审的案件，需要对被告人采取强制措施的，则由人民法院依法决定；对于人民检察院提出抗诉的再审案件，需要对被告人采取强制措施的，则由人民检察院依法决定。

第 2 款规定了人民法院按照审判监督程序审判的案件，可以决定中止原判决、裁定的执行。根据相关司法解释的规定，人民法院对案件进行再审期间，不停止原判决、裁定的执行，但被告人可能经再审改判无罪，或者可能经再审减轻原判刑罚而致刑期届满的，可以决定中止原判决、裁定的执行。

第二百五十八条　【再审期限】

人民法院按照审判监督程序重新审判的案件，应当在作出提审、再审决定之日起三个月以内审结，需要延长期限的，不得超过六个月。

接受抗诉的人民法院按照审判监督程序审判抗诉的案件，审理期限适用前款规定；对需要指令下级人民法院再审的，应当自接受抗诉之日起一个月以内作出决定，下级人民法院审理案件的期限适用前款规定。

条文主旨

再审期限

修改内容

本条未作修改。

条文解读与适用指引

本条分为两款。第 1 款是关于人民法院按照审判监督程序重新审判案件的审理期限的规定。根据该款，人民法院按照审判监督程序重新审判的案件，应在作出提审或者由下级人民法院再审的决定之日起三个月内审结，需要延长期限的，总共的审理期限不得超过六个月。

第 2 款是关于人民法院审理再审抗诉案件的审理期限的规定，依据该款，接受抗诉的人民法院按照审判监督程序审判抗诉的案件，应当在接受抗诉之日起三个月内审结，需要延长期限的，审限不得超过六个月；对需要指令下级人民法院再审的，应当自接受抗诉之日起一个月以内作出决定，下级人民法院应当在接到再审指令的三个月内将案件审结，需要延长期限的，审限不得超过六个月。

第四编　执　　行

第二百五十九条　【判决和裁定执行的条件以及发生法律效力的判决和裁定的情形】

判决和裁定在发生法律效力后执行。

下列判决和裁定是发生法律效力的判决和裁定：

（一）已过法定期限没有上诉、抗诉的判决和裁定；

（二）终审的判决和裁定；

（三）最高人民法院核准的死刑的判决和高级人民法院核准的死刑缓期二年执行的判决。

条文主旨

判决和裁定执行的条件以及发生法律效力的判决和裁定的情形

修改背景

本条未作修改。

条文解读与适用指引

本条分为两款。第 1 款规定了执行对象，即已经发生法律效力的判决和裁定，这是执行判决和裁定的条件。人民法院作出的判决、裁定，只有在发生法律效力后才能执行。

第 2 款规定了判决和裁定发生法律效力的三种情形：

1. 上诉、抗诉期限届满而未提出上诉、抗诉的判决和裁定。在法定期限内，被告人、自诉人和他们的法定代理人、被告人的辩护人和近亲属、附带民事诉讼的当事人和他们的法定代理人没有提出上诉，同级人民检察院没有提出抗诉的情况下，人民法院作出的一审判决、裁定即发生法律效力。根据本法第230条，不服判决的上诉和抗诉的期限为十日，不服裁定的上诉和抗诉的期限为五日，从接到判决书、裁定书的第二日起算。

2. 终审的判决和裁定。终审的判决、裁定即第二审的判决、裁定和最高人民法院的判决、裁定，包括中级、高级人民法院和最高人民法院对第二审案件的判决和裁定；最高人民法院是我国最高审判机关，其审理的第一审案件的判决和裁定也是终审的判决和裁定。

3. 最高人民法院核准的死刑的判决和高级人民法院核准的死刑缓期二年执行的判决。为了保障死刑的正确适用，贯彻少杀、慎杀的刑事政策，统一死刑标准，防止冤错案件，本法第三编第四章规定了死刑复核程序。死刑由最高人民法院核准；中级人民法院判处死刑缓期二年执行的案件，由高级人民法院核准。因此，对于判处死刑立即执行和死刑缓期二年执行的案件，无论是一审程序还是二审程序均不发生法律效力，而是要经过死刑复核程序核准后才能生效。

第二百六十条 【一审无罪判决和免除刑事处罚判决的被告人如何处理】

第一审人民法院判决被告人无罪、免除刑事处罚的，如果被告人在押，在宣判后应当立即释放。

条文主旨

一审无罪判决和免除刑事处罚判决的被告人如何处理

修改背景

本条未作修改。

条文解读与适用指引

无罪判决是指经人民法院依法审理，认为被告人的行为不构成犯罪或者依法不追究刑事责任，或者证据不足、指控的犯罪不能成立的判决。免除刑事处罚判决是指经人民法院依法审理，认为被告人有罪，但因其具有法定免除刑罚的情形而免于刑事处罚的判决。

一般情况下，一审判决在宣判后并不立即发生法律效力，但是无罪判决和免除刑事处罚判决一经宣判，在其发生法律效力之前，就应当释放在押的被告人。即使宣判后被告人等提出上诉，或者人民检察院提出抗诉，也应当立即释放。

对于被判决无罪或免除刑事处罚的在押被告人立即释放，是否属于执行在理论上仍然存在争议。本条被视为执行的特殊规定，宣告无罪、免除刑事处罚的被告人，其行为不构成犯罪或社会危害性较小，无继续羁押的必要性。立即释放的目的是及时解除羁押对人身权利不合法的限制，恢复无罪被告人的人身自由和名誉，对于有罪但应当免除刑事处罚的被告人，也要保护其合法权利。

第二百六十一条 【死刑执行命令的签发，以及死刑缓期二年执行的减刑或执行死刑】

最高人民法院判处和核准的死刑立即执行的判决，应当由最高人民法院院长签发执行死刑的命令。

被判处死刑缓期二年执行的罪犯，在死刑缓期执行期间，如果没有故意犯罪，死刑缓期执行期满，应当予以减刑的，由执行机关提出书面意见，报请高级人民法院裁定；如果故意犯罪，情节恶劣，查证属实，应当执行死刑的，由高级人民法院报请最高人民法院核准；对于故意犯罪未执行死刑的，死刑缓期执行的期间重新计算，并报最高人民法院备案。

条文主旨

死刑执行命令的签发，以及死刑缓期二年执行的减刑或执行死刑

修改内容

原《刑事诉讼法》第250条第2款	新《刑事诉讼法》第261条第2款
被判处死刑缓期二年执行的罪犯，在死刑缓期执行期间，如果没有故意犯罪，死刑缓期执行期满，应当予以减刑，由执行机关提出书面意见，报请高级人民法院裁定；如果故意犯罪，查证属实，应当执行死刑，由高级人民法院报请最高人民法院核准。	被判处死刑缓期二年执行的罪犯，在死刑缓期执行期间，如果没有故意犯罪，死刑缓期执行期满，应当予以减刑的，由执行机关提出书面意见，报请高级人民法院裁定；如果故意犯罪，情节恶劣，查证属实，应当执行死刑的，由高级人民法院报请最高人民法院核准；对于故意犯罪未执行死刑的，死刑缓期执行的期间重新计算，并报最高人民法院备案。

修改背景

1979年《刑事诉讼法》第153条第2款规定："被判处死刑缓期二年执行的罪犯，在死刑缓期执行期间，如果确有悔改或者有立功表现应当依法予以减刑的，由执行机关提出书面意见，报请当地高级人民法院裁定；如果抗拒改造情节恶劣、查证属实，应当执行死刑的，高级人民法院必须报请最高人民法院核准。"对于被判处死刑缓期二年执行的罪犯，如果在缓刑期间既没有悔改或立功表现，又没有恶劣的抗拒改造情节的，应该如何处理，成为司法实践中的问题。1996年《刑事诉讼法》对本款作出修改，放宽了减刑条件，被判处死刑缓期二年执行的罪犯"没有故意犯罪"，即应当予以减刑。2012年《刑事诉讼法》未作修改。为了进一步贯彻少杀、慎杀原则，2018年《刑事诉讼法》对故意犯罪的执行死刑条件进行了更为严格的限制，改为"故意犯罪，情节恶劣"，才可依法经核准执行死刑。故意犯罪未达到"情节恶劣"程度的，重新计算死刑缓期执行的期间。

条文解读与适用指引

本条分为两款。第1款规定了签发死刑执行命令。死刑是剥夺犯罪行为人生命的刑罚，是刑法规定的最为严厉的刑种。为了体现对死刑案件的谨慎态度，本款规定死刑立即执行的判决应当由最高人民法院院长签发执行死刑的命令。死刑执行令签发后，经高级人民法院交付原审人民法院执行。

第2款规定了被判处死刑缓期二年执行的罪犯的减刑或者执行死刑的条件和程序。被判处死刑缓期二年执行的罪犯，在缓刑期满后有三种处理方式：一是没有故意犯罪，被减为无期徒刑或有期徒刑，无论是否有抗拒改造的行为或过失犯罪；二是虽然有故意犯罪，但未达到情节恶劣程度的，重新计算死刑缓期执行的期间；三是故意犯罪，情节恶劣的，查证属实后执行死刑。

关于报请减刑的程序，被判处死刑缓期二年执行的罪犯，符合减刑条件的，由所在监狱提出减刑建议，报经省、自治区、直辖市监狱管理机关审核后，报请当地高级人民法院裁定。关于执行死刑的程序，是由所在监狱进行侦查，侦查终结后移送人民检察院审查起诉，由罪犯服刑地的中级人民法院依法审判，符合执行死刑条件的，由当地高级人民法院报请最高人民法院核准执行死刑。最高人民法院核准后，由院长签发执行死刑的命令，并交付罪犯服刑地的中级人民法院执行。

本条规定的死刑缓期执行的期间，从判决或者裁定核准死刑缓期执行的法律文书宣告或者送达之日起计算。死刑缓期执行期满减为无期徒刑、有期徒刑的，刑期自死刑缓期执行期满之日起计算。

第二百六十二条 【死刑的交付执行、停止执行和恢复执行】

下级人民法院接到最高人民法院执行死刑的命令后，应当在七日以内交付执行。但是发现有下列情形之一的，应当停止执行，并且立即报告最高人民法院，由最高人民法院作出裁定：

（一）在执行前发现判决可能有错误的；

（二）在执行前罪犯揭发重大犯罪事实或者有其他重大立功表现，可能需要改判的；

（三）罪犯正在怀孕。

前款第一项、第二项停止执行的原因消失后，必须报请最高人民法院院长再签发执行死刑的命令才能执行；由于前款第三项原因停止执行的，应当报请最高人民法院依法改判。

条文主旨

死刑的交付执行、停止执行和恢复执行

修改背景

本条未作修改。

条文解读与适用指引

本条分为两款。第1款规定了死刑交付执行和停止执行。最高人民法院的执行死刑命令，由高级人民法院交付第一审人民法院执行。第一审人民法院接到执行死刑命令后，应当在七日内执行。第一审人民法院在接到执行死刑命令后、执行前，发现有本款规定的情形之一的，应当暂停执行，并立即将请求停止执行死刑的报告和相关材料层报最高人民法院。死刑停止执行的情况包括：一是在执行前发现判决可能有错误的，具体是指：（1）罪犯可能有其他犯罪的，最高人民法院确认罪犯有其他犯罪，依法应当追诉的，应当裁定不予核准死刑，撤销原判，发回重新审判；（2）共同犯罪的其他犯罪嫌疑人到案，可能影响罪犯量刑的；（3）共同犯罪的其他罪犯被暂停或者停止执行死刑，可能影响罪犯量刑的；（4）判决、裁定可能有影响定罪量刑的其他错误的。二是在执行前罪犯揭发重大犯罪事实或者有其他重大立功表现，可能需要改判的。“揭发重大犯罪事实”是司法机关尚未掌握或尚未完全掌握的重大犯罪的嫌疑人、重要线索或主要证据等，“其他重大立功表现”是指除揭发重大犯罪事实外的涉及国家安全、公共安全、经济、科技等方面的重大立功表现。三是罪犯正在怀孕的，根据《刑法》第49条规定，审判的时候怀孕的妇女不适用死刑，这是出于人道主义的考虑。对于上述情形，最高人民法院经审查，认为可能影响罪犯定罪量刑的，应当裁定停止执行死刑；认为不影响的，应当决定继续执行死刑。

第2款规定了死刑恢复执行的情形和程序。在停止执行的原因消失后，死刑是否恢复执行分为两种情形。对于因第1款前两项原因停止执行死刑的，停止执行的原因消失后，必须报请最高人民法院院长再签发执行死刑的命令才能执行。“停止执行的原因消失”是指，最高人民法院审查后确认原判决、裁定没有错误，罪犯没有重大立功表现，或者重大立功表现不影响原判决、裁定执行的情况。由于第1款第3项原因停止执行的，应当报请最高人民法院依法改判。

第二百六十三条　【死刑执行的程序】

人民法院在交付执行死刑前，应当通知同级人民检察院派员临场监督。

死刑采用枪决或者注射等方法执行。

死刑可以在刑场或者指定的羁押场所内执行。

指挥执行的审判人员，对罪犯应当验明正身，讯问有无遗言、信札，然后交付执行人员执行死刑。在执行前，如果发现可能有错误，应当暂停执行，报请最高人民法院裁定。

执行死刑应当公布，不应示众。

执行死刑后，在场书记员应当写成笔录。交付执行的人民法院应当将执行死刑情况报告最高人民法院。

执行死刑后，交付执行的人民法院应当通知罪犯家属。

条文主旨

死刑执行的程序

修改背景

本条未作修改。

条文解读与适用指引

本条分为七款。第1款规定了人民检察院派员临场监督的通知。第一审人民法院在执行死刑三日前，应当通知同级人民检察院派员临场监督。死刑执行临场监督由人民检察院刑事执行检察部门负责；必要时，刑事执行检察部门应当在执行前向公诉部门了解案件有关情况，公诉部门应当提供有关情况。执行死刑临场监督，由检察人员担任，并配备书记员担任记录工作。人民检察院死刑临场监督的主要内容包括：第一，收到人民法院通知后，应当查明其是否收到最高人民法院核准死刑的裁定或者作出的死刑判决、裁定和执行死刑的命令。第二，查明被执行人是否为应当执行死刑的罪犯。第三，依法监督执行死刑的场所、方法和执行死刑的活动是否合法，视情况提出纠正意见。第四，查明是否有本法第262条规定的停止执行情形，如果有应当停止执行情形，应建议人民法院立即停止执行。第五，在执行死刑过程中，监督人员根据需要可以进行拍照、录像；执行死刑后，检查罪犯是否确已死亡，并填写死刑执行临场监督笔录，签名后入卷归档。第六，人民检察院发现人民法院在执行死刑活动中有侵犯被执行死刑罪犯的人身权、财产权或者其近亲属、继承人合法权利等违法情形的，应当依法向人民法院提出纠正意见。

第2款规定了死刑执行的方式。死刑采用枪决或者注射等方法执行。“等方法”是指也可以采用其他文明、人道的死刑执行方法。采用枪决、注射以外的其他方法执行死刑的，应当事先层报最高人民法院批准。

第3款规定了死刑执行的场所。死刑可以在刑场或指定的羁押场所内执行。“指定的羁押场所”指的是由司法机关统一规定的羁押场所，并非在所有羁押场所均可执行死刑。对执行场所的规定是为了充分考虑安全因素，以及场地和设备等条件。

第4款规定了执行死刑的程序。执行死刑前，指挥执行的审判人员应当对罪犯验明正身，讯问有无遗言、信札，并制作笔录，再交执行人员执行死刑。执行前，如果发现有本法第262条规定的停止执行情形，应当暂停执行，报请最高人民法院裁定。

第5款规定了死刑执行的公布。执行死刑应通过布告进行公布，一般应在专门的布告栏或机关、团体、企事业单位内部张贴。同时，禁止游街示众或者其他有辱罪犯人格的行为，禁止以“示众”的方式执行死刑。

第6款规定了执行死刑的笔录。执行死刑时，人民法院应派书记员在场，将执行经过制作笔录，执行完毕后十五日内，负责执行的人民法院应当将执行情况，包括罪犯被执行死刑前后的照片，上报最高人民法院。

第7款规定了执行后通知家属。交付执行的人民法院在对罪犯执行死刑后，应当通知其家属，并应当及时审查罪犯的遗书、遗言笔录，涉及财产继承、债务清偿、家事嘱托等内容的，将遗书、遗言笔录交给家属，同时复制附卷备查。人民法院通知罪犯家属在限期内领取罪犯骨灰；没有火化条件或者因民族、宗教等原因不宜火化的，通知领取尸体；过期不领取的，由人民法院通知有关单位处理，并要求有关单位出具处理情况的说明；对罪犯骨灰或者尸体的处理情况，应当记录在案。

第二百六十四条　【死缓、无期徒刑、有期徒刑和拘役的执行】

罪犯被交付执行刑罚的时候，应当由交付执行的人民法院在判决生效后十日以内将有关的法律文书送达公安机关、监狱或者其他执行机关。

对被判处死刑缓期二年执行、无期徒刑、有期徒刑的罪犯，由公安机关依法将该罪犯送交监狱执行刑罚。对被判处有期徒刑的罪犯，在被交付执行刑罚前，剩余刑期在三个月以下的，由看守所代为执行。对被判处拘役的罪犯，由公安机关执行。

对未成年犯应当在未成年犯管教所执行刑罚。

执行机关应当将罪犯及时收押，并且通知罪犯家属。

判处有期徒刑、拘役的罪犯，执行期满，应当由执行机关发给释放证明书。

条文主旨

死缓、无期徒刑、有期徒刑和拘役的执行

修改背景

本条未作修改。

条文解读与适用指引

本条分为五款。第1款规定了交付执行的人民法院向监狱等执行机关送达有关法律文书。判决生效后，应当将罪犯交付执行刑罚。人民法院应当在判决生效后十日内，将相关法律文书送达公安机关、监狱或者其他执行机关。“法律文书”是指判决书、裁定书、起诉书副本、自诉状复印件、执行通知书、结案登记表等。“其他执行机关”指的是看守所、未成年犯管教所、社区矫正机构等执行机关。

第2款规定了公安机关将罪犯送交监狱执行刑罚及刑罚执行机关的分工。由于将罪犯送交执行需要一定的警力，由公安机关送交更为适宜。被判处死刑缓期二年执行、无期徒刑、有期徒刑、拘役的罪犯，交付执行时在押的，第一审人民法院将有关的法律文书送达看守所后，由公安机关将罪犯交付执行。对被判处死刑缓期二年执行、无期徒刑和有期徒刑的罪犯，公安机关在接到人民法院生效的判决书、裁定书以及执行通知书后，应当在一个月以内将罪犯送交监狱执行。因此，死缓、无期徒刑、有期徒刑这三类刑罚的执行机关为监狱。但是，对于被判处有期徒刑，在被交付执行前剩余刑期在三个月以下的，由看守所代为执行。被判处拘役的罪犯，由公安机关执行。

第3款规定了未成年犯执行的场所。未成年犯应当在未成年犯管教所执行刑罚。我国对成年罪犯和未成年罪犯一直坚持“分管分押”的原则。根据《未成年人保护法》等相关规定，对羁押、服刑的未成年人，应当与成年人分别关押。因此，对未成年犯执行刑罚的场所，应当与成年罪犯有所区别。未成年犯管教所是一种特殊的国家刑罚执行机关，对未成年犯执行刑罚应当以教育改造为主。未成年犯的劳动，应当符合未成年人的特点，以学习文化和生产技能为主。并且执行场所应当配合国家、社会、学校等教育机构，为未成年犯接受义务教育提供必要的条件。未成年犯年满十八周岁时，剩余刑期不超过两年的，仍可以留在未成年犯管教所执行剩余刑期。

第 4 款规定了执行机关应当将罪犯及时收押，并且通知罪犯家属。对于公安机关送交执行的罪犯，执行机关必须立即收押，但以下情况除外：（1）交付执行的人民法院未送交人民检察院的起诉书副本、人民法院的判决书、执行通知书、结案登记表的，不得收监。（2）上述法律文书不齐全或记载有误的，作出生效判决的人民法院应当及时补充齐全或者作出更正；对其中可能导致错误收监的，不予收监。（3）罪犯收监后，监狱应当对其进行身体检查，对于具有暂予监外执行情形的，监狱可以提出书面意见，报省级以上监狱管理机关批准。执行机关对罪犯收押后，应当及时通知罪犯家属。

第 5 款规定了刑罚执行期满释放罪犯。被判处有期徒刑、拘役的罪犯服刑期满，执行机关应当按期释放并发给释放证明书，公安机关凭释放证明书办理户籍登记。

第二百六十五条　【暂予监外执行的条件及程序】

对被判处有期徒刑或者拘役的罪犯，有下列情形之一的，可以暂予监外执行：

（一）有严重疾病需要保外就医的；

（二）怀孕或者正在哺乳自己婴儿的妇女；

（三）生活不能自理，适用暂予监外执行不致危害社会的。

对被判处无期徒刑的罪犯，有前款第二项规定情形的，可以暂予监外执行。

对适用保外就医可能有社会危险性的罪犯，或者自伤自残的罪犯，不得保外就医。

对罪犯确有严重疾病，必须保外就医的，由省级人民政府指定的医院诊断并开具证明文件。

在交付执行前，暂予监外执行由交付执行的人民法院决定；在交付执行后，暂予监外执行由监狱或者看守所提出书面意见，报省级以上监狱管理机关或者设区的市一级以上公安机关批准。

条文主旨

暂予监外执行的条件及程序

修改背景

本条未作修改。

条文解读与适用指引

本条分为五款。第1款规定了对被判处有期徒刑或者拘役的罪犯可以暂予监外执行的情形。“暂予监外执行”是指对依照法律规定不适宜在监狱或者其他执行机关执行刑罚的罪犯，暂时采用不予关押的方式执行原判刑罚的变通方法。根据本款规定，对于被判处有期徒刑或者拘役的罪犯，在三种情况下可以暂予监外执行：患有严重疾病符合保外就医条件的；是怀孕或正在哺乳自己婴儿的妇女；生活不能自理、适用暂予监外执行不致危害社会的。如果罪犯从无期徒刑减刑为有期徒刑，在符合本款规定的情况下，也可暂予监外执行。

第2款规定了被判处无期徒刑的罪犯可以暂予监外执行的例外情况。被判处无期徒刑的罪犯罪行比较严重，具有一定的社会危险性，但如果是怀孕或者正在哺乳自己婴儿的妇女，出于人道主义考虑，也不适宜收监服刑。在综合衡量其社会危害性后，可以适用暂予监外执行。在哺乳期结束后，应当予以收监。

第3款规定了不得保外就医的情形。根据本款规定，在两种情况下不得保外就医：适用保外就医可能有社会危险性的罪犯；自伤自残的罪犯。“可能有社会危险性”，是指可能再犯罪、可能有打击报复或者其他严重违法行为的。“自伤自残”是指罪犯为逃避服刑而吞食异物或故意伤残自己肢体等情况。对于自伤自残的罪犯，不得保外就医，但应当采取必要措施进行治疗。

第 4 款规定了保外就医的条件。被判处有期徒刑或者拘役的罪犯患有严重疾病，需要保外就医的，应当由指定的医疗机构予以诊断并出具证明。指定的医疗机构是指省级人民政府事先指定的医院，由其按照规定的程序进行诊断，认为罪犯符合需要保外就医的条件时，开具相关证明。

第 5 款规定了暂予监外执行的审批主体及程序。暂予监外执行的决定或批准区分为两个阶段：在交付执行前，由交付执行的人民法院决定暂予监外执行。被判处无期徒刑、有期徒刑或者拘役的罪犯，符合本条第 1 款、第 2 款的规定，人民法院决定暂予监外执行的，应当制作暂予监外执行决定书，写明罪犯基本情况、判决确定的罪名和刑罚、决定暂予监外执行的原因、依据等，通知罪犯居住地的县级司法行政机关派员办理交接手续，并将暂予监外执行决定书抄送罪犯居住地的县级人民检察院和公安机关。

在交付执行后，监狱或看守所发现罪犯符合暂予监外执行的情形的，可以提出书面材料和意见，报省级以上监狱管理机关或者设区的市一级以上公安机关批准。在监狱执行的，罪犯收监后，监狱应当对其进行身体检查。经检查，对于具有暂予监外执行情形的，监狱可以提出书面意见，报省、自治区、直辖市监狱管理机关批准。在看守所执行的，看守所应当提出书面意见，报设区的市一级以上公安机关批准，同时将书面意见抄送同级人民检察院。

第二百六十六条　【人民检察院对暂予监外执行进行监督的原则】

监狱、看守所提出暂予监外执行的书面意见的，应当将书面意见的副本抄送人民检察院。人民检察院可以向决定或者批准机关提

出书面意见。

条文主旨

人民检察院对暂予监外执行进行监督的原则

修改背景

本条未作修改。

条文解读与适用指引

根据本法第265条第5款的规定，暂予监外执行在交付执行前由人民法院决定；在交付执行后由监狱或者看守所提出书面意见，层报审批。本条是对人民检察院对于交付执行后，监狱或者看守所提出暂予监外执行意见进行监督的规定，不适用于交付执行前由人民法院决定的暂予监外执行。

监狱、看守所发现存在本法第265条规定的符合暂予监外执行的情形的，在报请省级监狱管理机关或设区的市一级以上公安机关批准的同时，还应将书面意见抄送人民检察院。人民检察院收到监狱、看守所抄送的暂予监外执行书面意见副本后，应当逐案进行审查，发现罪犯不符合暂予监外执行法定条件或者提请暂予监外执行违反法定程序的，应当在十日内向决定或者批准机关提出书面检察意见，同时也可以向监狱、看守所提出书面纠正意见。

人民检察院作为法律监督机关，有权对刑事诉讼活动各环节进行监督，本条规定赋予人民检察院在批准机关批准暂予监外执行之前行使法律监督职权，是一种事前监督，从而加强了监督的力度和时效性。

第二百六十七条　【人民检察院对决定或者批准暂予监外执行进行监督的程序】

决定或者批准暂予监外执行的机关应当将暂予监外执行决定抄送人民检察院。人民检察院认为暂予监外执行不当的，应当自接到

通知之日起一个月以内将书面意见送交决定或者批准暂予监外执行的机关，决定或者批准暂予监外执行的机关接到人民检察院的书面意见后，应当立即对该决定进行重新核查。

条文主旨

人民检察院对决定或者批准暂予监外执行进行监督的程序

修改背景

本条未作修改。

条文解读与适用指引

人民检察院对决定或者批准暂予监外执行的活动进行监督，是其履行刑事执行法律监督职能的重要内容之一。本法第265条第5款规定了暂予监外执行的决定或批准区分为两个阶段：一是在交付执行前，人民法院发现罪犯符合法律规定的暂予监外执行情形的，可以作出暂予监外执行的决定；二是在交付执行后，监狱或者看守所在刑罚执行过程中发现罪犯符合暂予监外执行条件的，可以提出书面意见，报省级以上监狱管理机关或者设区的市一级以上公安机关批准。因此，本条中的“决定或者批准暂予监外执行的机关”，包括人民法院、省、自治区、直辖市监狱管理机关和主管看守所的设区的市一级以上公安机关。

人民法院决定暂予监外执行的，将暂予监外执行决定书抄送罪犯居住地的县级人民检察院和公安机关。

监狱管理机关批准暂予监外执行的，应将决定通知公安机关和原判人民法院，并抄送人民检察院。

公安机关决定对罪犯暂予监外执行的，应当将暂予监外执行决定书交被暂予监外执行的罪犯和负责监外执行的社区矫正机构，同时抄送同级人民检察院。

人民检察院接到决定或者批准机关抄送的暂予监外执行决定书后，应当进行审查。审查的内容包括：(一) 是否属于被判处有期徒刑或者拘役的罪犯；(二) 是否属于有严重疾病需要保外就医的罪犯；(三) 是否属于怀孕或者正在哺乳自己婴儿的妇女；(四) 是否属于生活不能自理，适用暂予监外执行不致危害社会的罪犯；(五) 是否属于适用保外就医可能有社会危险性的罪犯，或者自伤自残的罪犯；(六) 决定或者批准机关是否符合《刑事诉讼法》第265条第5款的规定；(七) 办理暂予监外执行是否符合法定程序。检察人员审查暂予监外执行决定的手段，主要是向罪犯所在单位和有关人员调查、向有关机关调阅有关材料。

在审查后，人民检察院认为暂予监外执行不当的，应当自接到通知之日起一个月以内，报经检察长批准，向决定或者批准暂予监外执行的机关提出书面纠正意见。下级人民检察院认为暂予监外执行不当的，应当立即层报决定或者批准暂予监外执行的机关的同级人民检察院，由其决定是否向决定或者批准暂予监外执行的机关提出书面纠正意见。决定或者批准暂予监外执行的机关接到人民检察院的书面意见后，应当立即对该决定进行重新核查。

人民检察院向决定或者批准暂予监外执行的机关提出不同意暂予监外执行的书面意见后，还应当监督其对决定或者批准暂予监外执行的结果进行重新核查，并监督重新核查的结果是否符合法律规定。对核查不符合法律规定的，应当依法提出纠正意见，并向上一级人民检察院报告。

第二百六十八条　【对暂予监外执行的罪犯收监的情形、程序，通过非法手段被暂予监外执行、暂予监外执行期间脱逃的刑期计算，以及罪犯在暂予监外执行期间死亡的处理】

对暂予监外执行的罪犯，有下列情形之一的，应当及时收监：

(一) 发现不符合暂予监外执行条件的；

(二) 严重违反有关暂予监外执行监督管理规定的；

(三) 暂予监外执行的情形消失后，罪犯刑期未满的。

对于人民法院决定暂予监外执行的罪犯应当予以收监的，由人民法院作出决定，将有关的法律文书送达公安机关、监狱或者其他

执行机关。

不符合暂予监外执行条件的罪犯通过贿赂等非法手段被暂予监外执行的，在监外执行的期间不计入执行刑期。罪犯在暂予监外执行期间脱逃的，脱逃的期间不计入执行刑期。

罪犯在暂予监外执行期间死亡的，执行机关应当及时通知监狱或者看守所。

条文主旨

对暂予监外执行的罪犯收监的情形、程序，通过非法手段被暂予监外执行、暂予监外执行期间脱逃的刑期计算，以及罪犯在暂予监外执行期间死亡的处理

修改背景

本条未作修改。

条文解读与适用指引

本条分为四款。第 1 款规定了终止暂予监外执行的情形，具体包括三种情况：（一）发现不符合暂予监外执行条件的。决定暂予监外执行的人民法院、批准暂予监外执行的监狱管理机关和公安机关，以及负有法律监督职责的人民检察院，发现罪犯不符合暂予监外执行条件，原暂予监外执行决定不当的，应当终止对罪犯的暂予监外执行。（二）严重违反有关暂予监外执行监督管理规定的。即暂予监外执行的罪犯从事相关法律规范及司法解释中规定的禁止性行为，达到严重程度的。（三）暂予监外执行的情形消失后，罪犯刑期未满的。本法第 265 条规定的暂予监外执行的情形消失，如罪犯身体恢复健康，婴儿哺乳期已满而刑期未满的，应当及时收监。由于对暂予监外执行的罪犯，由社区矫正机构负责执行社区矫正。因此，原暂予监外执行由监狱管理机关批准的，社区矫正机构应当及时通知监狱收监。原暂予监外执行由公安机关批准的，在公安机关作出收监执行的决定后，由暂予监外执行地看守所将罪犯收监执行。

第2款规定了对人民法院决定暂予监外执行的罪犯应当予以收监的如何处理。对于人民法院作出的暂予监外执行决定，监狱或看守所并未对罪犯收监。出现应终止暂予监外执行情形的，由人民法院进行核查。暂予监外执行的罪犯具有下列情形之一的，原作出暂予监外执行决定的人民法院，应当作出收监执行的决定：（一）不符合暂予监外执行条件的；（二）未经批准离开所居住的市、县，经警告拒不改正，或者拒不报告行踪，脱离监管的；（三）因违反监督管理规定受到治安管理处罚，仍不改正的；（四）受到执行机关两次警告，仍不改正的；（五）保外就医期间不按规定提交病情复查情况，经警告拒不改正的；（六）暂予监外执行的情形消失后，刑期未满的；（七）保证人丧失保证条件或者因不履行义务被取消保证人资格，不能在规定期限内提出新的保证人的；（八）违反法律、行政法规和监督管理规定，情节严重的其他情形。人民法院收监执行决定书，一经作出，立即生效。人民法院应当将收监执行决定书送交罪犯居住地的县级司法行政机关，由其根据有关规定将罪犯交付执行。收监执行决定书应当同时抄送罪犯居住地的同级人民检察院和公安机关。

第3款规定了通过非法手段被暂予监外执行、暂予监外执行期间脱逃的刑期计算。“暂予监外执行”是对暂时不适宜收监的罪犯，采取不予关押的方式执行原判刑罚的变通方法，因此，在监外执行的期间也相当于服刑。本款规定了两种例外情况，即在以下情形中暂予监外执行的期间不计入执行刑期：一是不符合暂予监外执行条件的罪犯通过贿赂等非法手段被暂予监外执行的，这里的“非法手段”除了贿赂以外，还包括欺骗等。二是罪犯在暂予监外执行期间脱逃的，脱逃的期间不计入执行刑期。“脱逃”是指被暂予监外执行人员违反监督管理规定，未向执行机关报告而逃离执行地，脱离监管的行为。执行刑期从其被抓获或主动投案之日起继续计算。

第4款规定了罪犯在暂予监外执行期间死亡的处理。对暂予监外执行的罪犯，由社区矫正机构负责执行社区矫正。罪犯在暂予监外执行期间死亡的，依法判处的刑罚即终结。社区矫正机构应当及时书面通知原执行机关，并告知罪犯死亡的原因及经过。

第二百六十九条 【管制、宣告缓刑、假释和暂予监外执行的执行】

对被判处管制、宣告缓刑、假释或者暂予监外执行的罪犯，依法实行社区矫正，由社区矫正机构负责执行。

条文主旨

管制、宣告缓刑、假释和暂予监外执行的执行

修改背景

本条未作修改。

条文解读与适用指引

社区矫正与监禁矫正相对应，是一种非监禁刑罚的执行方式，是指将符合社区矫正条件的罪犯置于社区内，由专门的国家机关在相关社会团体和民间组织以及社会志愿者的协助下，在判决、裁定或决定确定的期限内，矫正其犯罪心理和行为恶习，并促进其顺利回归社会的非监禁刑罚执行活动。2011 年《刑法修正案（八）》修改了管制、宣告缓刑、假释的执行方式，规定由社区矫正机构执行，2012 年《刑事诉讼法》也作出了相应调整。自此，管制、宣告缓刑、假释或者暂予监外执行的执行机关统一规定为司法行政机关管理下的社区矫正机构。

社区矫正是一项综合性很强的工作，需要利用各种社会资源、整合社会各方面力量，对罪犯在社区中进行有针对性的管理、教育和改造，因此，需要各有关部门的分工配合。司法行政机关负责指导管理、组织实施社区矫正工作。县级司法行政机关社区矫正机构对社区矫正人员进行监督管理和教育帮助。司法所承担社区矫正的日常工作，应当为社区矫正人员确定专门的矫正小组，并制订矫正方案，在对社区矫正人员被判处的刑罚种类、犯罪情况、悔罪表现、个性特征和生活环境等情况进行综合评估的基础上，制定有针对性的监管、教育和帮助措施。另外，社会工作者和志愿者在社区矫正机

构的组织指导下参与社区矫正工作。有关部门、村（居）民委员会、社区矫正人员所在单位、就读学校、家庭成员或者监护人、保证人等协助社区矫正机构进行社区矫正。人民检察院对社区矫正各执法环节依法实行法律监督。公安机关对违反治安管理规定和重新犯罪的社区矫正人员及时依法处理。

第二百七十条 【剥夺政治权利的执行及期满后的处理】

对被判处剥夺政治权利的罪犯，由公安机关执行。执行期满，应当由执行机关书面通知本人及其所在单位、居住地基层组织。

条文主旨

剥夺政治权利的执行及期满后的处理

修改背景

本条未作修改。

条文解读与适用指引

剥夺政治权利是我国刑法规定的附加刑的一种，可以附加于主刑适用，也可以单独适用。“政治权利”是指选举权和被选举权；言论、出版、集会、结社、游行、示威自由的权利；担任国家机关职务的权利；担任国有公司、企业、事业单位和人民团体领导职务的权利。对单处剥夺政治权利的罪犯不进行关押，但要对其监督管理改造，促使其悔罪。

根据本条规定，剥夺政治权利的执行机关为公安机关。对单处剥夺政治权利的罪犯，人民法院应当在判决、裁定生效后十日内，将判决书、裁定书、执行通知书等法律文书送达罪犯居住地的县级公安机关，并抄送罪犯居住地的县级人民检察院。负责执行剥夺政治权利的派出所应当按照人民法院的判决，向罪犯及其所在单位、居住地基层组织宣布其犯罪事实、被剥夺政治权利的期限，以及罪犯在执行期间应当遵守的规定。被剥夺政治权利的罪犯违反应当遵守的规定，但尚未构成新的犯罪的，公安机关依法可以给予治安管理处罚。剥夺政治权利执行期满，公安机关应当书面通知本人及其所在单位、居住地基层组织，告知恢复政治权利。人民检察院依法对公安机关执行剥夺政治权利的活动实行监督，发现公安机关未依法执行或者剥夺政治权利执行期满未书面通知本人及其所在单位、居住地基层组织等违法情形的，应当依法提出纠正意见。本条的“居住地基层组织”是指罪犯居住地的居委会、村委会。

第二百七十一条　【罚金的执行】

被判处罚金的罪犯，期满不缴纳的，人民法院应当强制缴纳；如果由于遭遇不能抗拒的灾祸等原因缴纳确实有困难的，经人民法院裁定，可以延期缴纳、酌情减少或者免除。

条文主旨

罚金的执行

修改内容

原《刑事诉讼法》第 260 条	新《刑事诉讼法》第 271 条
被判处罚金的罪犯，期满不缴纳的，人民法院应当强制缴纳；如果由于遭遇不能抗拒的灾祸缴纳确实有困难的，可以裁定减少或者免除。	被判处罚金的罪犯，期满不缴纳的，人民法院应当强制缴纳；如果由于遭遇不能抗拒的灾祸等原因缴纳确实有困难的，经人民法院裁定，可以延期缴纳、酌情减少或者免除。

修改背景

2015 年 8 月 29 日第十二届全国人大常委会第十六次会议通过了《刑法修正案（九）》，将《刑法》第 53 条修改为：“罚金在判决指定的期限内一次或者分期缴纳。期满不缴纳的，强制缴纳。对于不能全部缴纳罚金的，人民法院在任何时候发现被执行人有可以执行的财产，应当随时追缴。由于遭遇不能抗拒的灾祸等原因缴纳确实有困难的，经人民法院裁定，可以延期缴纳、酌情减少或者免除。”进一步完善了因灾祸等事由缴纳罚金确有困难时，相关缴纳方式和缴纳程序的规定，加大了罚金的缴纳力度。本次修改吸纳了《刑法修正案（九）》的相关修正内容。

条文解读与适用指引

本条在原《刑事诉讼法》第260条的基础上进行了修改。原规定“如果由于遭遇不能抗拒的灾祸缴纳确实有困难的，可以裁定减少或者免除”，修改为“如果由于遭遇不能抗拒的灾祸等原因缴纳确实有困难的，经人民法院裁定，可以延期缴纳、酌情减少或者免除”。修改涉及三处：一是将“遭遇不能抗拒的灾祸”修改为“遭遇不能抗拒的灾祸等原因”，扩大了缴纳确有困难的原因。二是在原条文基础上，增加了“经人民法院裁定”，明确了由于遭遇不能抗拒的灾祸等原因致使缴纳确有困难的，延期缴纳、酌情减少或者免除罚金须经人民法院裁定的程序性规定。三是将“减少或者免除”改为“延期缴纳、酌情减少或者免除”，增加了执行方式。

罚金是刑法规定的附加刑之一，属于财产刑，既可以附加适用，又可以单独适用。被判处罚金的罪犯，应当在判决指定的期限内一次或者分期缴纳。期满无故不缴纳或者未足额缴纳的，人民法院应当强制缴纳。“强制缴纳”是指人民法院采取查封、拍卖犯罪分子的财产，冻结、扣划存款，扣留工资或其他收入等办法，迫使犯罪分子缴纳罚金。经强制缴纳仍不能全部缴纳的，在任何时候，包括主刑执行完毕后，发现被执行人有可供执行的财产的，应当追缴。罚金由第一审人民法院负责裁判执行的机构执行。

为了维护判决的严肃性，对于逾期不缴纳罚金的应当强制缴纳，但是，在一些特殊情况下，人民法院可以裁定延期缴纳、酌情减少或者免除罚金。从人道主义出发，由于遭遇不能抗拒的灾祸等原因缴纳确实有困难的，被执行人可申请减少或者免除罚金。被执行人应当提交相关证明材料，人民法院应当在收到申请后一个月内作出裁定。符合法定减免条件的，应当准许；不符合条件的，驳回申请。“不能抗拒的灾祸等原因”是指遭受水灾、地震等自然灾害，或者遭受事故等不可抗拒的人为灾祸，确实没有财产可供执行等情况。原条文只规定了可裁定“减少或者免除”罚金，本次修改新增加了“延期缴纳”，是考虑到因不能抗拒的灾祸等原因缴纳确实有困难的情况消失后，仍可缴纳罚金，而无须减少或者免除。

第二百七十二条 【没收财产的执行】

没收财产的判决，无论附加适用或者独立适用，都由人民法院执行；在必要的时候，可以会同公安机关执行。

条文主旨

没收财产的执行

修改背景

本条未作修改。

条文解读与适用指引

没收财产是刑法规定的附加刑之一，属于财产刑，是没收犯罪分子个人所有财产的一部或者全部的刑罚。根据本条规定，人民法院是没收财产刑的执行主体，无论没收财产是附加适用还是独立适用。在司法实践中，可能会出现执行没收财产刑时遭遇干涉、阻挠、妨碍判决执行的情形，为了保障刑罚的顺利执行，在必要时，需要采取强制措施的情况下，人民法院可以会同公安机关执行。

需要注意的是，没收财产的范围，只限于犯罪分子个人所有财产。没收全部财产的，应当对犯罪分子个人及其扶养的家属保留必需的生活费用，不得没收属于犯罪分子家属所有或者应有的财产。在没收财产以前，犯罪分子所负的正当债务，如需要以没收的财产偿还的，债权人可以提出申请，由人民法院裁定。

第二百七十三条 【刑罚执行期间新罪、漏罪的追诉，以及减刑、假释的裁定和监督】

罪犯在服刑期间又犯罪的，或者发现了判决的时候所没有发现的罪行，由执行机关移送人民检察院处理。

被判处管制、拘役、有期徒刑或者无期徒刑的罪犯，在执行期间确有悔改或者立功表现，应当依法予以减刑、假释的时候，由执行机关提出建议书，报请人民法院审核裁定，并将建议书副本抄送人民检察院。人民检察院可以向人民法院提出书面意见。

条文主旨

刑罚执行期间新罪、漏罪的追诉，以及减刑、假释的裁定和监督

修改背景

本条未作修改。

条文解读与适用指引

本条分为两款。第1款规定了罪犯在服刑期间又犯新罪，或者发现了判决时没有发现的罪行应如何处理。根据刑法规定，判决宣告以后，刑罚执行完毕以前，如果被判刑的犯罪分子又犯罪的，应当对新犯的罪作出判决，把前罪没有执行的刑罚和后罪所判处的刑罚，依照《刑法》第69条的规定实行并罚；如果发现被判刑的犯罪分子在判决宣告以前还有其他罪没有判决的，应当对新发现的罪作出判决，把前后两个判决所判处的刑罚，依照《刑法》第69条的规定实行并罚，已经执行的刑期，应当计算在新判决决定的刑期以内。本款的“执行机关”包括监狱、看守所、公安机关、未成年犯管教所、社区矫正机构等执行刑罚的机关。执行机关如发现上述情况，应当移送人民检察院处理。

对罪犯在监狱内犯新罪的，由监狱进行侦查。侦查终结后，写出起诉意

见书，连同案卷材料、证据一并移送人民检察院。如果罪犯不是在监狱内服刑，则由公安机关进行侦查。对留看守所执行刑罚的罪犯，在暂予监外执行期间又犯新罪的，由犯罪地公安机关立案侦查，并通知批准机关。批准机关作出收监执行决定后，应当根据侦查、审判需要，由犯罪地看守所或者暂予监外执行地看守所收监执行。被剥夺政治权利、管制、宣告缓刑和假释的罪犯在执行期间又犯新罪的，由犯罪地公安机关立案侦查。公安机关侦查终结后写出起诉意见书，连同案卷材料、证据一并移送人民检察院处理。

对于发现了判决时没有发现的罪行的，应当按照本法第 19 条规定的管辖范围，区分情况由人民检察院或者由公安机关进行侦查。

第 2 款规定了减刑、假释的裁定和监督。根据刑法规定，被判处管制、拘役、有期徒刑、无期徒刑的犯罪分子，在执行期间，如果认真遵守监规，接受教育改造，确有悔改表现的，或者有立功表现的，可以减刑；有《刑法》第 78 条第 1 款所规定的重大立功表现之一的，应当减刑。被判处有期徒刑的犯罪分子，执行原判刑期二分之一以上，被判处无期徒刑的犯罪分子，实际执行十三年以上，如果认真遵守监规，接受教育改造，确有悔改表现，没有再犯罪的危险的，可以假释。如果有特殊情况，经最高人民法院核准，可以不受上述执行刑期的限制。

根据本款规定，对罪犯依法予以减刑、假释时，由执行机关根据考核结果，提出减刑、假释建议书，报请人民法院审核裁定，并将建议书副本抄送人民检察院。罪犯在监狱服刑的，减刑、假释建议由监狱向人民法院提出，人民法院应当自收到建议书之日起一个月内予以审核裁定；案情复杂或者情况特殊的，可以延长一个月。罪犯在看守所执行刑罚，符合减刑、假释条件的，由看守所制作减刑、假释建议书，经设区的市一级以上公安机关审查同意后，报请所在地中级以上人民法院审核裁定。社区矫正人员符合法定减刑条件的，由居住地县级司法行政机关提出减刑建议书并附相关证明材料，经地（市）级司法行政机关审核同意后提请社区矫正人员居住地的中级人民法院裁定。人民检察院对执行机关向人民法院提出减刑、假释建议书的活动实行监督，在收到执行机关抄送的减刑、假释建议书副本后，应当逐案进行审查，发现减刑、假释建议不当或者提请减刑、假释违反法定程序的，应当在十日以内向审理减刑、假释案件的人民法院提出书面检察意见，同时也可以向执行机关提出书面纠正意见。

第二百七十四条 【人民检察院对减刑、假释裁定的监督】

人民检察院认为人民法院减刑、假释的裁定不当，应当在收到裁定书副本后二十日以内，向人民法院提出书面纠正意见。人民法院应当在收到纠正意见后一个月以内重新组成合议庭进行审理，作出最终裁定。

条文主旨

人民检察院对减刑、假释裁定的监督

修改背景

本条未作修改。

条文解读与适用指引

人民检察院对人民法院减刑、假释的裁定进行监督，经审查认为人民法院减刑、假释的裁定不当的，应当在收到裁定书副本后二十日以内报经检察长批准，向作出减刑、假释裁定的人民法院提出书面纠正意见。对人民法院减刑、假释裁定的纠正意见，由作出减刑、假释裁定的人民法院的同级人民检察院书面提出。下级人民检察院发现人民法院减刑、假释裁定不当的，应当向作出减刑、假释裁定的人民法院的同级人民检察院报告。

人民检察院向人民法院提出的书面纠正意见将导致作出原裁定的人民法院重新审理。人民检察院应当监督人民法院是否在收到纠正意见后一个月以内重新组成合议庭进行审理，并监督重新作出的裁定是否符合法律规定。对最终裁定不符合法律规定的，应当向同级人民法院提出纠正意见。

第二百七十五条　【执行机关对错案和申诉的处理】

监狱和其他执行机关在刑罚执行中，如果认为判决有错误或者罪犯提出申诉，应当转请人民检察院或者原判人民法院处理。

条文主旨

执行机关对错案和申诉的处理

修改背景

本条未作修改。

条文解读与适用指引

申诉是公民的宪法权利。对于已经发生法律效力的判决、裁定，当事人可以向人民法院或人民检察院提出申诉。在刑罚执行过程中，罪犯也可以提出申诉，执行机关不得以任何形式阻拦或者扣押。执行机关收到罪犯提出的申诉材料，应当及时转请人民检察院或者原判人民法院处理。人民检察院或者人民法院应及时审查。根据《监狱法》的相关规定，监狱在执行刑罚过程中，根据罪犯的申诉，认为判决可能有错误的，应当提请人民检察院或者人民法院处理，人民检察院或者人民法院应当自收到监狱提请处理意见书之日起六个月内将处理结果通知监狱。监狱和其他执行机关在刑罚执行中，认为判决有错误的，也应当转请人民检察院或者原判人民法院处理。

第二百七十六条　【人民检察院对刑罚执行活动进行监督】

人民检察院对执行机关执行刑罚的活动是否合法实行监督。如果发现有违法的情况，应当通知执行机关纠正。

条文主旨

人民检察院对刑罚执行活动进行监督

修改背景

本条未作修改。

条文解读与适用指引

本法第8条规定，人民检察院依法对刑事诉讼实行法律监督。本条再次明确了人民检察院对执行机关执行刑罚的活动是否合法实施监督。对刑事判决、裁定执行活动的监督由人民检察院刑事执行检察部门负责。本条中的“执行机关”是指负有执行刑罚职责的监狱、看守所、未成年犯管教所、社区矫正机构、公安机关、人民法院等。人民检察院监督执行刑罚活动的内容主要包括：交付执行是否合法，如交付执行的判决和裁定是否已经发生法律效力，交付执行的法律手续是否完备等；变更执行行为是否合法，如符合法定条件的罪犯是否已被减刑、假释，已被减刑、假释的罪犯是否符合法定条件，减刑、假释的法律手续是否齐备，依法应当撤销缓刑、假释是否及时撤销，依法应当收监执行的罪犯是否及时收监执行等；执行机关的管理活动是否合法，如监狱、看守所等执行机关在管理、教育改造罪犯等活动中是否有违法行为，社区矫正机构是否对社区矫正人员有殴打、体罚、虐待、侮辱人格、强迫参加超时间或者超体力社区服务等侵犯其合法权利的行为，等等。

人民检察院在发现执行机关的刑罚执行活动存在违法情况的，应当依法提出纠正意见，及时通知执行机关纠正。执行机关接到人民检察院的纠正通知后，应当及时自查并予以纠正。

第五编　特别程序

第一章　未成年人刑事案件诉讼程序

第二百七十七条　【办理未成年人刑事案件的方针、原则和总体要求】

对犯罪的未成年人实行教育、感化、挽救的方针，坚持教育为主、惩罚为辅的原则。

人民法院、人民检察院和公安机关办理未成年人刑事案件，应当保障未成年人行使其诉讼权利，保障未成年人得到法律帮助，并由熟悉未成年人身心特点的审判人员、检察人员、侦查人员承办。

条文主旨

办理未成年人刑事案件的方针、原则和总体要求

修改背景

本条未作修改。

条文解读与适用指引

本条分为两款。第1款规定了办理未成年人刑事案件的方针和原则。未成年人群体的特殊性决定了未成年人刑事司法的特殊性。未成年人犯罪，更深层次原因在于学校、家庭、社会等多方面的责任，在刑事诉讼中应当更加凸显国家对未成年人的保护职责。对未成年犯罪行为人的处理应当与成年人相区分，少年未成年人刑事司法的目的是使其获得教育矫治并促进其重新回归社会，而非对其进行惩罚，要根据未成年人的身心特点进行刑事诉讼程序

的设置。因此，本条明确将“教育、感化、挽救”作为办理未成年人刑事案件的方针，将“教育为主、惩罚为辅”列为未成年人刑事司法工作的原则。并且，《未成年人保护法》等相关法律也对此作出规定，对违法犯罪的未成年人实行教育、感化、挽救的方针，坚持教育为主、惩罚为辅的原则。对违法犯罪的未成年人，应当依法从轻、减轻或者免除处罚。

“教育、感化、挽救”方针是指公安司法机关在办理未成年人刑事案件过程中，应当立足于对未成年犯罪嫌疑人、被告人进行教育、感化和挽救，帮助其重新回归社会。未成年人身心、智力尚未成熟，易受外界的影响，相对成年人来说也具有更大的可塑性，对其教育、感化、挽救也是可能的。“教育为主、惩罚为辅”原则是指在未成年人刑事案件诉讼程序中，对于未成年犯罪嫌疑人、被告人应当坚持以教育和矫治为主，只有在必要的时候才能对其进行惩罚，刑罚的目的也是教育挽救。在教育与惩罚的关系中，教育是主要方式，但并不意味着对涉罪未成年人一味地纵容，在尽可能地给予其改过自新的机会的同时，也要防止走向过于宽纵的另一种极端，对必要判处刑罚的应当依法予以处罚。

本款规定的方针和原则，适用于刑事诉讼的整个过程，公安机关在侦查阶段，检察机关在审查起诉阶段，法院在审判阶段，执行机关在执行阶段，都应当遵守教育、感化、挽救的方针，坚持教育为主、惩罚为辅的原则。

第 2 款规定了公安司法机关应保障未成年人诉讼权利，以及办案人员的专业化。根据《未成年人保护法》第 55 条规定，公安机关、人民检察院、人民法院办理未成年人犯罪案件和涉及未成年人权益保护案件，应当照顾未成年人身心发展特点，尊重他们的人格尊严，保障他们的合法权益，并根据需要设立专门机构或者指定专人办理。在办理未成年人刑事案件中，公安司法机关应当充分保障未成年人依法享有的各项权利，使其得到相关法律帮助。除了普通程序中规定的申请回避权、辩护权、上诉权等诉讼权利，未成年犯罪嫌疑人、被告人还依法享有一些特殊诉讼权利，如获得法律援助辩护的权利、讯问时法定代理人、合适成年人到场的权利等。

办案人员专业化是指由熟悉未成年人身心特点的审判人员、检察人员、侦查人员承办未成年人刑事案件。未成年人办案机构、人员的专业化、专门化是未成年人刑事司法制度的发展完善的必然趋势。由熟悉未成年人身心特点的司法职业群体负责未成年人刑事案件的侦查、起诉、审判和执行等诉讼活动，可保证集中精力办理未成年人犯罪案件，更加有利于保障涉罪未成年人的诉讼权利，并对其进行有针对性的教育、感化、挽救。因此，相关司法解释和部门规章也对此作出规定。主要包括：公安机关应当设置专门机构或者配备专职人员办理未成年人刑事案件，未成年人刑事案件应当由熟悉未成年人身心特点，善于做未成年人思想教育工作，具有一定办案经验的人员办理。人民检察院应当指定熟悉未成年人身心特点的检察人员办理未成年人刑事案件。审理未成年人刑事案件，应当由熟悉未成年人身心特点、善于做未成年人思想教育工作的审判人员进行，并应当保持有关审判人员工作的相对稳定性。未成年人刑事案件的人民陪审员，一般由熟悉未成年人身心特点，热心教育、感化、挽救失足未成年人工作，并经过必要培训的共青团、妇联、工会、学校、未成年人保护组织等单位的工作人员或者有关单位的退休人员担任。

第二百七十八条　【未成年犯罪嫌疑人、被告人有权获得法律援助】

未成年犯罪嫌疑人、被告人没有委托辩护人的，人民法院、人民检察院、公安机关应当通知法律援助机构指派律师为其提供辩护。

条文主旨

未成年犯罪嫌疑人、被告人有权获得法律援助

修改背景

本条未作修改。

条文解读与适用指引

相较于成年人，未成年人的社会经验和对法律知识的了解更加欠缺，自

我保护意识也比较淡薄，并且由于身心尚未成熟，在表达个人意见、依法行使诉讼权利、正确理解诉讼活动及其后果方面也存在一定的限制。因此，未成年人犯罪嫌疑人、被告人在刑事诉讼中弱势地位更加明显，需要获得国家提供的法律援助。这是联合国刑事司法准则以及我国其他相关法律共同要求的。

对于没有委托辩护人的未成年犯罪嫌疑人、被告人，公安司法机关必须通知法律援助机构指派律师为其辩护。通知法律援助机构的义务主体是人民法院、人民检察院、公安机关。在侦查阶段，未成年犯罪嫌疑人没有委托辩护人的，公安机关应当通知法律援助机构指派律师。人民检察院受理案件后，应当向未成年犯罪嫌疑人及其法定代理人了解其委托辩护人的情况，并告知其有权委托辩护人。没有委托辩护人的，人民检察院应当书面通知法律援助机构指派律师为其提供辩护。在审判阶段，由人民法院进行通知。根据相关法律规定，直辖市、设区的市或者县级人民政府司法行政部门根据需要确定本行政区域的法律援助机构，负责受理、审查法律援助申请，指派或者安排人员为符合条件的公民提供法律援助。法律援助机构在接到公安司法机关的通知后，应当及时指派律师提供法律援助。

第二百七十九条　【未成年人社会调查制度】

公安机关、人民检察院、人民法院办理未成年人刑事案件，根据情况可以对未成年犯罪嫌疑人、被告人的成长经历、犯罪原因、监护教育等情况进行调查。

条文主旨

未成年人社会调查制度

修改背景

本条未作修改。

条文解读与适用指引

未成年人犯罪的深层次原因更多在于家庭、学校、社会等方面，查清未成年人走上犯罪道路的原因，从个体层面，有助于对其进行更有针对性的教育、矫治，从整体层面，是从根源上解决并预防未成年人犯罪的前提条件。目前，《联合国少年司法最低限度标准规则》等刑事司法准则和世界各国立法普遍确立了未成年犯罪社会调查制度。未成年人社会调查制度是指，在办理未成年人刑事案件的过程中，由特定的调查主体对未成年人的生理、心理特征、性格特点、家庭、学校情况、成长经历以及社会交往等进行调查，并作为如何作出处理和教育矫正的参考依据。

根据本条规定，社会调查的主体是公安机关、人民检察院、人民法院。公安司法机关可以自行调查，也可以委托有关机构或者组织进行调查。在侦查阶段，公安机关进行社会调查并制作调查报告的，在提请批准逮捕、移送审查起诉时，应当结合案情综合考虑，并将调查报告与案卷材料一并移送人民检察院。人民检察院根据情况可以进行社会调查，并制作社会调查报告，作为办案和教育的参考，并应当随案移送人民法院。对公安机关移送的社会调查报告，人民检察院应当进行审查，必要时可以进行补充调查。对人民检察院移送的关于未成年被告人性格特点、家庭情况、社会交往、成长经历、犯罪原因、犯罪前后的表现、监护教育等情况的调查报告，以及辩护人提交的反映未成年被告人上述情况的书面材料，法庭应当接受。必要时，人民法院可以自行社会调查，或者委托未成年被告人居住地的县级司法行政机关、共青团组织以及其他社会团体组织对未成年被告人的情况进行调查。这些报告和材料可以作为法庭教育和量刑的参考。

对于本条的理解需要注意的是，社会调查的内容不仅限于成长经历、犯罪原因和监护教育，还可以结合案件需要和未成年人具体情况对其他与案件处理相关的内容进行调查。虽然本条规定的是“根据情况可以”进行社会调查，但在实践中，原则上都应当进行调查。社会调查报告制度自立案开始一直到执行完毕贯穿整个刑事诉讼过程的始终。

第二百八十条　【对未成年人严格适用逮捕措施以及分押分管分教原则】

对未成年犯罪嫌疑人、被告人应当严格限制适用逮捕措施。人民检察院审查批准逮捕和人民法院决定逮捕，应当讯问未成年犯罪嫌疑人、被告人，听取辩护律师的意见。

对被拘留、逮捕和执行刑罚的未成年人与成年人应当分别关押、分别管理、分别教育。

条文主旨

对未成年人严格适用逮捕措施以及分押分管分教原则

修改背景

本条未作修改。

条文解读与适用指引

本条分为两款。第1款规定了对未成年犯罪嫌疑人、被告人应严格限制适用逮捕措施以及逮捕的具体程序。对于未成年犯罪嫌疑人、被告人，要严格限制适用逮捕措施。这主要是由于，在我国，对犯罪嫌疑人、被告人的逮捕几乎等同于审前羁押，长期的羁押状态会给社会化尚未完成的未成年人身心健康带来巨大影响，同时，易使其在羁押场所受到交叉感染。本款规定的"严格限制适用逮捕措施"，即对未成年犯罪嫌疑人、被告人应当尽量不适用逮捕措施，可捕可不捕的不捕。人民检察院办理未成年犯罪嫌疑人审查逮捕案件，应当根据未成年犯罪嫌疑人涉嫌犯罪的事实、主观恶性、有无监护与社会帮教条件等，综合衡量其社会危险性，严格限制适用逮捕措施。对于罪行较轻，具备有效监护条件或者社会帮教措施，没有社会危险性或者社会危险性较小，不逮捕不致妨害诉讼正常进行的未成年犯罪嫌疑人，应当不批准逮捕。对于罪行比较严重，但主观恶性不大，有悔罪表现，具备有效监护条件或者社会帮教措施，具有下列情形之一，不逮捕不致妨害诉讼正常进行的未成年犯罪嫌疑人，可以不批准逮捕：（一）初次犯罪、过失犯罪的；（二）犯罪预备、中止、未遂的；（三）有自首或者立功表现的；（四）犯罪后如实交代罪行，真诚悔罪，积极退赃，尽力减少和赔偿损失，被害人谅解的；（五）不属于共同犯罪的主犯或者集团犯罪中的首要分子的；（六）属于已满十四周岁不满十六周岁的未成年人或者系在校学生的；（七）其他可以不批准逮捕的情形。

在逮捕程序上，人民检察院审查批准逮捕和人民法院决定逮捕，应当讯问未成年犯罪嫌疑人、被告人，听取辩护律师的意见。对辩护律师提出的意见及相关材料，应当认真听取，这有助于全面评估未成年人的社会危害性以及逮捕的必要性。

第2款规定了分押分管分教的原则。分押分管分教是未成年人刑事案件分案处理原则的重要内容之一。在刑事诉讼过程中，办案机关应对未成年人案件与成年人案件实行诉讼程序分离，分案审理，分别关押、管理、教育，分别执行。由于未成年人身心尚未成熟，易受外界环境的影响，如果被拘留、逮捕和执行刑罚时将其与成年人关押在一起，易造成交叉感染，加大重新犯罪的可能性，增加教育矫治的难度。对于在押未成年人的管理和教育也应当采取与成年人不同的方式。在分押分管时，要根据未成年人生理和心理特点在生活和学习方面给予照顾。对于未成年人的刑罚执行，《监狱法》也规定了不同于成年人的教育改造方式，未成年犯应当在未成年犯管教所执行刑罚。对未成年犯执行刑罚应当以教育改造为主。未成年犯的劳动，应当符合未成年人的特点，以学习文化和生产技能为主。监狱应当配合国家、社会、学校等教育机构，为未成年犯接受义务教育提供必要的条件。

第二百八十一条 【讯问、审判未成年犯罪嫌疑人、被告人以及询问未成年被害人、证人的程序】

对于未成年人刑事案件，在讯问和审判的时候，应当通知未成年犯罪嫌疑人、被告人的法定代理人到场。无法通知、法定代理人不能到场或者法定代理人是共犯的，也可以通知未成年犯罪嫌疑人、

被告人的其他成年亲属，所在学校、单位、居住地基层组织或者未成年人保护组织的代表到场，并将有关情况记录在案。到场的法定代理人可以代为行使未成年犯罪嫌疑人、被告人的诉讼权利。

到场的法定代理人或者其他人员认为办案人员在讯问、审判中侵犯未成年人合法权益的，可以提出意见。讯问笔录、法庭笔录应当交给到场的法定代理人或者其他人员阅读或者向他宣读。

讯问女性未成年犯罪嫌疑人，应当有女工作人员在场。

审判未成年人刑事案件，未成年被告人最后陈述后，其法定代理人可以进行补充陈述。

询问未成年被害人、证人，适用第一款、第二款、第三款的规定。

条文主旨

讯问、审判未成年犯罪嫌疑人、被告人以及询问未成年被害人、证人的程序

修改背景

本条未作修改。

条文解读与适用指引

本条分为五款。第 1 款规定了讯问和审判未成年犯罪嫌疑人、被告人时，法定代理人或其他合适成年人应到场。由于未成年人具有不完全的责任能力，理解能力和认知能力也有限，公安司法机关在讯问和审判时应当通知法定代理人等到场，以保障未成年人依法行使相关诉讼权利，同时也有助于消除其恐惧和抵抗心理。根据本法第 108 条，“法定代理人”是指被代理人的父母、养父母、监护人和负有保护责任的机关、团体的代表。“应当通知”法定代理人，是指通知法定代理人是未成年人案件讯问和审判的必经程序。但是，在法定代理人无法通知、因种种原因不能到场或者法定代理人

是共犯时，也可以通知未成年犯罪嫌疑人、被告人的其他成年亲属，所在学校、单位、居住地基层组织或者未成年人保护组织的代表到场，维护未成年人的相关权益。这时，公安司法机关应当将法定代理人不能到场的原因、其他合适成年人到场的具体情况记录在案。到场的法定代理人可以代为行使未成年犯罪嫌疑人、被告人的诉讼权利。

第2款规定了到场的法定代理人或者其他合适成年人应如何维护未成年人的权益。到场的法定代理人或者其他人员认为办案人员在讯问、审判中侵犯未成年人合法权益的，可以提出意见，相关机关应当认真核查。在讯问或者审判结束后，讯问笔录、法庭笔录应当交给到场的法定代理人或者其他人员阅读或者向他宣读。对讯问笔录、法庭笔录内容有异议的，公安司法机关应当核实清楚，准予更正或者补充。

第3款规定了讯问女性未成年犯罪嫌疑人的特殊要求。侦查机关和检察机关讯问女性未成年犯罪嫌疑人时，应当有女工作人员在场。这是为了充分照顾女性未成年犯罪嫌疑人的生理、心理特点，对其实施的特殊保护。

第4款规定了审判时法定代理人有补充陈述的权利。根据本法第198条规定，审判长在宣布辩论终结后，被告人有最后陈述的权利。将最后陈述权留给被告人，是法律赋予其的重要诉讼权利，使其有充分机会进行辩护或表达悔罪态度。对于未成年被告人来说，可能由于其表达和认知能力的有限性而影响这项权利的行使。因此在庭审中，未成年被告人最后陈述后，其法定代理人可以进行补充陈述。

第5款规定了询问未成年被害人、证人的要求。未成年被害人、证人同样需要特殊保护，在对其进行询问或者出庭时，也适用本条第1款、第2款、第3款的规定。即应当通知未成年被害人、证人的法定代理人或其他合适成年人到场，询问女性未成年被害人、证人应当有女工作人员在场，以保护其合法权益。

第二百八十二条　【未成年人附条件不起诉的适用条件及程序】

对于未成年人涉嫌刑法分则第四章、第五章、第六章规定的犯

罪，可能判处一年有期徒刑以下刑罚，符合起诉条件，但有悔罪表现的，人民检察院可以作出附条件不起诉的决定。人民检察院在作出附条件不起诉的决定以前，应当听取公安机关、被害人的意见。

对附条件不起诉的决定，公安机关要求复议、提请复核或者被害人申诉的，适用本法第一百七十九条、第一百八十条的规定。

未成年犯罪嫌疑人及其法定代理人对人民检察院决定附条件不起诉有异议的，人民检察院应当作出起诉的决定。

条文主旨

未成年人附条件不起诉的适用条件及程序

修改背景

本条未作修改。

条文解读与适用指引

本条分为三款。第1款规定了未成年人附条件不起诉的适用条件以及检察机关听取意见。根据本款规定，对涉嫌犯罪的未成年人适用附条件不起诉应当同时符合以下四个条件：一是涉嫌刑法分则第四章、第五章、第六章规定的犯罪。刑法分则第四章为“侵犯公民人身权利、民主权利罪”，第五章为“侵犯财产罪”，第六章为“妨害社会管理秩序罪”。如果未成年人涉嫌上述范围以外的其他犯罪，则不得适用附条件不起诉。二是可能判处一年有期徒刑以下刑罚。根据刑法规定，涉罪未成年人可能被判处的刑罚为一年以下有期徒刑、拘役、管制、单处附加刑的案件，才可适用附条件不起诉。需要注意的是，“可能判处一年有期徒刑以下刑罚”是指未成年人一旦交付审判，法官可能对其宣告的刑罚，而不是其所涉嫌罪名的法定最高刑，包括一年以下的有期徒刑、拘役、管制或者单处附加刑。三是符合起诉条件。起诉条件即人民检察院认为犯罪嫌疑人的犯罪事实已经查清，证据确实、充分，依法应当追究刑事责任。即案件本身可以起诉到法院进行审判的才可能适用附条件不起诉。如果犯罪情节轻微，依照刑法规定不需要判处刑罚或者免除刑罚的，人民检察院可以直接作出不起诉决定。四是有悔罪表现。具体表现为承认自己所犯罪行，如实供述犯罪事实，表示悔改，向被害人道歉，赔偿被害人损失，积极退赃等。只有在上述条件都具备时，人民检察院才可以作出附条件不起诉的决定。并且，在作出附条件不起诉的决定以前，人民检察院还应当听取公安机关、被害人的意见。听取公安机关的意见，能够更加全面地了解案件全貌，保证附条件不起诉决定的准确适用。公安机关应当提出书面意见，经县级以上公安机关负责人批准，移送同级人民检察院。征求被害人的意见体现了对被害人诉讼权利的充分尊重，也有利于争取其谅解，化解社会矛盾。公安机关、被害人提出的意见很重要，但检察机关作出附条件不起诉的决定，并不一定需要公安机关、被害人同意。

第 2 款规定了公安机关和被害人对附条件不起诉有异议时如何救济。根据本款规定，公安机关要求对附条件不起诉的决定进行复议、提请复核的，适用本法第 179 条的规定，被害人对附条件不起诉的决定有异议的，适用第 180 条的规定进行申诉。本法第 179 条规定："对于公安机关移送起诉的案件，人民检察院决定不起诉的，应当将不起诉决定书送达公安机关。公安机关认为不起诉的决定有错误的时候，可以要求复议，如果意见不被接受，可以向上一级人民检察院提请复核。"人民检察院作出附条件不起诉的决定后，应当制作附条件不起诉决定书，并在三日以内送达公安机关、被害人或者其近亲属及其诉讼代理人、未成年犯罪嫌疑人及其法定代理人、辩护人。公安机关认为人民检察院作出的附条件不起诉决定有错误的，应当在收到不起诉决定书后七日以内制作要求复议意见书，经县级以上公安机关负责人批准，移送同级人民检察院复议。要求复议的意见不被接受的，可以在收到人民检察院的复议决定书后七日以内制作提请复核意见书，经县级以上公安机关负责人批准后，连同人民检察院的复议决定书，一并提请上一级人民检察院复核。本法第 180 条规定："对于有被害人的案件，决定不起诉的，人民检察院应当将不起诉决定书送达被害人。被害人如果不服，可以自收到决定书后七日以内向上一级人民检察院申诉，请求提起公诉。人民检察院应当将复查决定告知被害人。对人民检察院维持不起诉决定的，被害人可以向人民法院起诉。被害人也可以不经申诉，直接向人民法院起诉。人民法院受理案件后，人民检察院应当将有关案件材料移送人民法院。”

在2012年刑事诉讼法公布后，本条就引发了异议。如果在附条件不起诉决定作出后，被害人向法院起诉，法院受理，就会出现一个案件同时进行两种不同程序的矛盾情况，会对司法实践造成适用上的困扰。因此，对于被害人是否有自诉权的问题，2014年4月24日第十二届全国人大常委会第八次会议通过了《全国人大常委会关于〈刑事诉讼法〉第二百七十一条第二款的解释》①，明确规定：人民检察院办理未成年人刑事案件，在作出附条件不起诉的决定以及考验期满作出不起诉的决定以前，应当听取被害人的意见。被害人对人民检察院对未成年犯罪嫌疑人作出的附条件不起诉的决定和不起诉的决定，可以向上一级人民检察院申诉，不适用《刑事诉讼法》第176条关于被害人可以向人民法院起诉的规定。

第3款规定了未成年犯罪嫌疑人及其法定代理人的异议权。如果未成年犯罪嫌疑人及其法定代理人对人民检察院决定附条件不起诉有异议的，人民检察院应当作出起诉的决定。因此，未成年犯罪嫌疑人及其法定代理人的同意是适用附条件不起诉的必备条件。

第二百八十三条　【对被附条件不起诉的未成年人进行监督考察】

在附条件不起诉的考验期内，由人民检察院对被附条件不起诉的未成年犯罪嫌疑人进行监督考察。未成年犯罪嫌疑人的监护人，应当对未成年犯罪嫌疑人加强管教，配合人民检察院做好监督考察工作。

附条件不起诉的考验期为六个月以上一年以下，从人民检察院作出附条件不起诉的决定之日起计算。

被附条件不起诉的未成年犯罪嫌疑人，应当遵守下列规定：

---

① 即2018年《刑事诉讼法》第282条第2款。

（一）遵守法律法规，服从监督；

（二）按照考察机关的规定报告自己的活动情况；

（三）离开所居住的市、县或者迁居，应当报经考察机关批准；

（四）按照考察机关的要求接受矫治和教育。

条文主旨

对被附条件不起诉的未成年人进行监督考察

修改背景

本条未作修改。

条文解读与适用指引

本条分为三款。第 1 款规定了附条件不起诉监督考察的主体。适用附条件不起诉的未成年犯罪嫌疑人已经符合了起诉条件，表明其已经具有社会危害性，必须设置一定的考察期，对其进行监督考察和矫治。检察机关是附条件不起诉的决定机关，并且负责在附条件不起诉的考验期内对未成年人进行监督考察。附条件不起诉决定作出后，人民检察院应当当面向未成年犯罪嫌疑人及其法定代理人宣布，告知考验期限、在考验期内应当遵守的规定以及违反规定应负的法律责任，并制作笔录附卷。在考验期内，未成年犯罪嫌疑人的监护人，应当对未成年犯罪嫌疑人加强管教，配合人民检察院做好监督考察工作。人民检察院可以会同未成年犯罪嫌疑人的监护人、所在学校、单位、居住地的村民委员会、居民委员会、未成年人保护组织等的有关人员，定期对未成年犯罪嫌疑人进行考察、教育，实施跟踪帮教。对被附条件不起诉的未成年人在考验期间的监督考察工作，仅靠检察机关一家的力量是远远不够的，未成年犯罪嫌疑人的监护人本身就有抚养、教育未成年人的义务，应当配合人民检察院做好监督考察工作。并且，监督考察还需动员社会各方力量，使更多专业人员参与到帮教工作中去，才能有效发挥附条件不起诉制度的功能。

第2款规定了附条件不起诉的考验期。人民检察院作出附条件不起诉决定的，应当确定一段时间的考验期。根据本款规定，考验期为六个月以上一年以下，从人民检察院作出附条件不起诉的决定之日起计算。

第3款规定了被附条件不起诉的未成年犯罪嫌疑人应当遵守的规定。主要包括四项：一是遵守法律法规，服从监督。在考验期间，未成年犯罪嫌疑人不得重新实施违法犯罪，这是其应遵守的最基本的行为要求。“服从监督”是指服从人民检察院的监督考察。二是按照考察机关的规定报告自己的活动情况。检察机关应掌握考验期间未成年人的活动情况，以便对其思想变化、行为倾向进行评估。三是离开所居住的市、县或者迁居，应当报经考察机关批准。被附条件不起诉的未成年人如果离开居住地，可能会脱离检察机关监管，在考验期结束前，是否要对其提起公诉还处于未确定的状态，因此检察机关需要掌握其行踪。四是按照考察机关的要求接受矫治和教育，主要包括：（一）完成戒瘾治疗、心理辅导或者其他适当的处遇措施；（二）向社区或者公益团体提供公益劳动；（三）不得进入特定场所，与特定的人员会见或者通信，从事特定的活动；（四）向被害人赔偿损失、赔礼道歉等；（五）接受相关教育；（六）遵守其他保护被害人安全以及预防再犯的禁止性规定。

第二百八十四条　【附条件不起诉的撤销情形和最终作出不起诉的决定】

被附条件不起诉的未成年犯罪嫌疑人，在考验期内有下列情形之一的，人民检察院应当撤销附条件不起诉的决定，提起公诉：

（一）实施新的犯罪或者发现决定附条件不起诉以前还有其他犯罪需要追诉的；

（二）违反治安管理规定或者考察机关有关附条件不起诉的监督管理规定，情节严重的。

被附条件不起诉的未成年犯罪嫌疑人，在考验期内没有上述情形，考验期满的，人民检察院应当作出不起诉的决定。

条文主旨

附条件不起诉的撤销情形和最终作出不起诉的决定

修改背景

本条未作修改。

条文解读与适用指引

本条分为两款。第1款规定了附条件不起诉的撤销情形。考验期的表现是衡量未成年犯罪嫌疑人是否悔罪，是否需要追究其刑事责任的重要因素。在考验期内，如果被附条件不起诉的未成年犯罪嫌疑人出现以下两种情况，人民检察院应当撤销附条件不起诉的决定，提起公诉：一是实施新的犯罪或者发现决定附条件不起诉以前还有其他犯罪需要追诉的。未成年人在考验期内实施了新的犯罪或者被发现有漏罪，应当撤销附条件不起诉的决定，提起公诉。二是违反治安管理规定或者考察机关有关附条件不起诉的监督管理规定，情节严重的。未成年人违反治安管理规定或者考察机关有关附条件不起诉的监督管理规定，必须达到“情节严重”的程度，才可撤销附条件不起诉的决定，提起公诉。主要是指：违反治安管理规定，造成严重后果，或者多次违反治安管理规定的；违反考察机关有关附条件不起诉的监督管理规定，造成严重后果，或者多次违反考察机关有关附条件不起诉的监督管理规定的。

第2款规定了不起诉决定的最终作出。考验期届满，检察机关办案人员应当制作附条件不起诉考察意见书，提出起诉或者不起诉的意见，经部门负责人审核，报请检察长决定。如果被附条件不起诉的未成年犯罪嫌疑人，在考验期内没有前款规定的情形，人民检察院应当作出不起诉的决定。

第二百八十五条　【未成年人案件不公开审理的原则】

审判的时候被告人不满十八周岁的案件，不公开审理。但是，

经未成年被告人及其法定代理人同意，未成年被告人所在学校和未成年人保护组织可以派代表到场。

条文主旨

未成年人案件不公开审理的原则

修改背景

本条未作修改。

条文解读与适用指引

公开审理是我国刑事审判的基本原则，但是对未成年人案件不得公开审理，是为了维护未成年人的名誉，防止公开审理对其造成精神创伤，不利于对其进行教育改造。根据本条规定，开庭审理时被告人不满十八周岁的案件，一律不公开审理。即不允许其他人员旁听庭审，也不允许媒体对案件审理情况进行报道，不得向外界披露该未成年人的姓名、住所、照片以及可能推断出该未成年人身份的其他资料。但是，在未成年被告人及其法定代理人同意的情况下，未成年被告人所在学校和未成年人保护组织可以派代表到场。上述代表到场，是为了参与对未成年被告人的法庭教育工作。到场代表的人数和范围，由法庭决定。

除了庭审不公开以外，查阅、摘抄、复制的未成年人刑事案件的案卷材料，也不得公开和传播。

第二百八十六条　【未成年人犯罪记录的封存】

犯罪的时候不满十八周岁，被判处五年有期徒刑以下刑罚的，应当对相关犯罪记录予以封存。

犯罪记录被封存的，不得向任何单位和个人提供，但司法机关为办案需要或者有关单位根据国家规定进行查询的除外。依法进行查询的单位，应当对被封存的犯罪记录的情况予以保密。

条文主旨

未成年人犯罪记录的封存。

修改背景

本条未作修改。

条文解读与适用指引

本条分为两款。第1款规定了犯罪记录封存的条件。未成年人刑事司法贯彻“教育、感化、挽救”的方针，目的是使被判处刑罚的未成年人顺利回归社会，降低未成年犯的再犯罪率。然而犯罪记录的存在会对未成年人日后的升学、就业、生活等方面造成消极影响，阻碍了其再社会化。因此，法律规定了犯罪记录封存制度，对符合相关条件的未成年犯的犯罪记录采取保密措施妥善保存。根据本款规定，犯罪记录封存的适用条件包括两个方面：一是犯罪的时候不满十八周岁。这里的年龄条件是“犯罪的时候”的年龄，即使在审判时已满十八周岁，仍应封存其犯罪记录。二是被判处五年有期徒刑以下刑罚。五年有期徒刑以下刑罚也包括拘役、管制在内，“被判处五年有期徒刑以下刑罚”说明未成年人犯罪行为的社会危害性较小，人身危险性较低。这里规定的被封存的犯罪记录，应当包括未成年人刑事案件侦查、审查起诉、审判过程中形成的各种相关材料。封存的义务机关包括公安机关、人民检察院及人民法院。

第2款规定了犯罪记录封存的效力和例外的情形。对于符合上款规定的条件的未成年人，公安机关、人民检察院应当在收到人民法院生效判决后，对其犯罪记录予以封存。未成年人犯罪记录、卷宗等相关材料应妥善保存，不得向任何单位和个人提供，也不得提供未成年人有犯罪记录的证明。但是，在两种例外情况下可以查询：一是司法机关为办案需要进行查询，即如果不是由于办案需要，司法机关也无权查询。二是有关单位根据国家规定进行查询，这是为了维护国家和公共利益的需要，但是，有关单位进行查询必须根据国家规定。并且，在上述两种例外情况下进行的查询，查询单位也应当履行保密义务，对被封存的犯罪记录的情况予以保密，查询信息只能用于特定范围。

第二百八十七条 【办理未成年人刑事案件如何适用法律】

办理未成年人刑事案件，除本章已有规定的以外，按照本法的其他规定进行。

条文主旨

办理未成年人刑事案件如何适用法律

修改背景

本条未作修改。

条文解读与适用指引

本章“未成年人刑事案件诉讼程序”是刑事诉讼法规定的一种特别程序。公安司法机关办理未成年人刑事案件时，对于本章有规定的，应当首先适用本章规定。如果特别程序没有规定的，就应当按照本法其他规定进行。

第二章 当事人和解的公诉案件诉讼程序

第二百八十八条 【公诉案件当事人和解的条件、案件范围及例外情形】

下列公诉案件，犯罪嫌疑人、被告人真诚悔罪，通过向被害人赔偿损失、赔礼道歉等方式获得被害人谅解，被害人自愿和解的，双方当事人可以和解：

（一）因民间纠纷引起，涉嫌刑法分则第四章、第五章规定的

犯罪案件，可能判处三年有期徒刑以下刑罚的；

（二）除渎职犯罪以外的可能判处七年有期徒刑以下刑罚的过失犯罪案件。

犯罪嫌疑人、被告人在五年以内曾经故意犯罪的，不适用本章规定的程序。

条文主旨

公诉案件当事人和解的条件、案件范围及例外情形

修改背景

本条未作修改。

条文解读与适用指引

本条分为两款。第 1 款规定了公诉案件当事人和解的条件和案件的范围。适用条件包括以下三个方面：一是犯罪嫌疑人、被告人真诚悔罪。当事人和解并非花钱买刑，不意味着犯罪嫌疑人、被告人通过赔偿就能减免刑罚，换取较宽缓的处理。和解的目的是修复被犯罪破坏的社会关系，关注加害人重新回归社会，因此要以犯罪嫌疑人、被告人真诚悔罪为前提条件。即犯罪嫌疑人、被告人发自内心地认识到了自己的犯罪行为给被害人及其亲属所造成的伤害，并为自己的行为真诚悔过。二是通过向被害人赔偿损失、赔礼道歉等方式获得被害人谅解。犯罪嫌疑人、被告人真诚悔罪需要通过一定的形式表现出来，如向被害人赔礼道歉、赔偿被害人物质损失、弥补被害人的精神损害等，从而获得被害人的谅解，双方达成和解的合意。被害人谅解犯罪嫌疑人、被告人是和解不可或缺的条件。三是被害人自愿和解。被害人的权利是和解中首先需要得以保障的，被害人的和解意愿必须出于自愿，得到充分的尊重。这是为了防止被害人在被威胁、恐吓的情况下违背自己的意愿同意和解。“自愿”是指办案机关、犯罪嫌疑人、被告人及其他任何人都不能采用任何方式干扰、强迫被害人，使其同意和解。被害人的意思表示必

须是自愿作出的。

根据本款规定，可以适用刑事和解的案件包括：第一，因民间纠纷引起，涉嫌刑法分则第四章、第五章规定的犯罪案件，并且可能判处三年有期徒刑以下刑罚的。这里的“民间纠纷”，是指公民之间由于人身权益、财产权益、家庭关系等问题引发的纠纷，如因家庭矛盾激化引发的案件、农村邻里之间因宅基地纠纷而导致的案件等。如果这些案件涉嫌的是刑法分则第四章规定的“侵犯公民人身权利、民主权利罪”和第五章规定的“侵犯财产罪”，并且可能判处三年以下有期徒刑、拘役、管制或者独立适用附加刑，可以适用当事人和解程序。由于此类犯罪不涉及国家利益、公共利益，允许当事人进行和解有利于修复社会关系。根据《公安机关办理刑事案件程序规定》第323条的规定，有下列情形之一的，不属于因民间纠纷引起的犯罪案件：（一）雇凶伤害他人的；（二）涉及黑社会性质组织犯罪的；（三）涉及寻衅滋事的；（四）涉及聚众斗殴的；（五）多次故意伤害他人身体的；（六）其他不宜和解的。第二，除渎职犯罪外的可能判处七年有期徒刑以下刑罚的过失犯罪案件。相较于故意犯罪，过失犯罪行为人的主观恶性较小，获得被害人谅解的可能性也较大。因此，对于一些后果相对严重、可能判处的刑罚相对较高的过失犯罪，也可适当地允许双方当事人进行和解。但是刑法分则第九章规定的“渎职罪”属于例外，因为渎职罪中的过失表现为国家机关工作人员存在滥用职权、玩忽职守的行为，涉及国家利益、公共利益的损害，不应适用刑事和解。

第2款规定了刑事和解的例外情形。犯罪嫌疑人、被告人在五年以内曾经故意犯罪的，不适用本章规定的程序。这里的“五年以内”，是指距离上次实施犯罪的时间在五年以内。上次犯罪为过失犯罪的，不在此限。

第二百八十九条　【公安司法机关对和解协议的审查与主持制作和解协议书】

双方当事人和解的，公安机关、人民检察院、人民法院应当听取当事人和其他有关人员的意见，对和解的自愿性、合法性进行审

查，并主持制作和解协议书。

条文主旨

公安司法机关对和解协议的审查与主持制作和解协议书

修改背景

本条未作修改。

条文解读与适用指引

公诉案件体现了国家对犯罪的追诉，办案机关作为国家公权力的代表，应对公诉案件中的当事人和解进行监督，以防止出现损害国家利益、公共利益或有违公平、自愿原则的情况。并且，公权力机关介入当事人的和解，也有利于保障和解协议的履行以及达成和解协议的案件处理。当事人和解可以在侦查、审查起诉和审判任何阶段进行，因此介入审查和主持制作和解协议书的机关包括公安机关、人民检察院、人民法院。公安司法机关对当事人双方和解的自愿性、合法性进行审查，主要方式是听取当事人和其他有关人员的意见。有关人员是指受到犯罪影响和与案件处理有关的人员。例如，未成年当事人的监护人与法定代理人、双方当事人聘请的律师等。审查自愿性是指双方当事人达成和解是否是发自内心的愿意，而非受到外部各种压力的作用。审查合法性是指当事人之间达成和解的过程和和解的内容应当符合法律的规定。经公安司法机关审查，和解系自愿、合法的，应当主持制作和解协议书，由双方当事人签名，作为后续履行协议和依法从宽处理的依据。

具体来说，在侦查阶段，双方当事人和解的，公安机关应当审查案件事实是否清楚，被害人是否自愿和解，是否符合规定的条件。公安机关审查时，应当听取双方当事人的意见，并记录在案；必要时，可以听取双方当事人亲属、当地居民委员会或者村民委员会人员以及其他了解案件情况的相关人员的意见。在审查起诉阶段，人民检察院对于符合条件的公诉案件，可以建议当事人进行和解，并告知相应的权利义务，必要时可以提供法律咨询。

人民检察院对和解的自愿性、合法性进行审查，重点审查以下内容：（一）双方当事人是否自愿和解；（二）犯罪嫌疑人是否真诚悔罪，是否向被害人赔礼道歉，经济赔偿数额与其所造成的损害和赔偿能力是否相适应；（三）被害人及其法定代理人或者近亲属是否明确表示对犯罪嫌疑人予以谅解；（四）是否符合法律规定；（五）是否损害国家、集体和社会公共利益或者他人的合法权益；（六）是否符合社会公德。审查时，应当听取双方当事人和其他有关人员对和解的意见，告知刑事案件可能从宽处理的法律后果和双方的权利义务，并制作笔录附卷。人民检察院主持制作和解协议书，可以写明和解协议书系在人民检察院主持下制作，但检察人员不在当事人和解协议书上签字，也不加盖人民检察院印章。在审判阶段，对公安机关、人民检察院主持制作的和解协议书，当事人提出异议的，人民法院应当审查。经审查，和解自愿、合法的，予以确认，无须重新制作和解协议书；和解不具有自愿性、合法性的，应当认定无效。和解协议被认定无效后，双方当事人重新达成和解的，人民法院应当主持制作新的和解协议书。在审前未进行和解的，对符合条件的公诉案件，事实清楚、证据充分的，人民法院应当告知当事人可以自行和解；当事人提出申请的，人民法院可以主持双方当事人协商以达成和解。根据案件情况，人民法院可以邀请人民调解员、辩护人、诉讼代理人、当事人亲友等参与促成双方当事人和解。审判期间，双方当事人和解的，人民法院应当听取当事人及其法定代理人等有关人员的意见。双方当事人在庭外达成和解的，人民法院应当通知人民检察院，并听取其意见。人民法院主持制作和解协议书，应当由双方当事人和审判人员签名，但不加盖人民法院印章。

需要注意的是，双方当事人可以就赔偿损失、赔礼道歉等民事责任事项进行和解，并且可以就被害人及其法定代理人或者近亲属是否要求或者同意公安机关、人民检察院、人民法院对犯罪嫌疑人、被告人依法从宽处理进行协商，但不得对案件的事实认定、证据采信、法律适用和定罪量刑等依法属于公安机关、人民检察院、人民法院职权范围的事宜进行协商。协议中包括不追究犯罪嫌疑人、被告人刑事责任的内容的，对公安司法机关不具有约束力。

第二百九十条　【当事人和解的案件如何处理】

对于达成和解协议的案件，公安机关可以向人民检察院提出从宽处理的建议。人民检察院可以向人民法院提出从宽处罚的建议；对于犯罪情节轻微，不需要判处刑罚的，可以作出不起诉的决定。人民法院可以依法对被告人从宽处罚。

条文主旨

当事人和解的案件如何处理

修改背景

本条未作修改。

条文解读与适用指引

对于达成刑事和解的案件，对犯罪嫌疑人、被告人可以作出相对宽缓的处理。因此，和解协议具有一定的法律效果，有助于促使犯罪嫌疑人、被告人认罪悔罪，履行赔偿，使被害人在经济上得到一定的弥补，精神方面得到抚慰，从而最大程度地修复被犯罪损害的社会关系。

在侦查阶段，公安机关对和解的自愿性和合法性进行审查。对达成和解协议的案件，经县级以上公安机关负责人批准，公安机关将案件移送人民检察院审查起诉时，可以提出从宽处理的建议。人民检察院在审查逮捕和审查起诉时应当充分考虑公安机关的建议。对于公安机关提请批准逮捕的案件，双方当事人达成和解协议的，可以作为有无社会危险性或者社会危险性大小的因素予以考虑，经审查认为不需要逮捕的，人民检察院可以作出不批准逮捕的决定；在审查起诉阶段可以依法变更强制措施。对于公安机关移送审查起诉的案件，双方当事人达成和解协议的，可以作为是否需要判处刑罚或者免除刑罚的因素予以考虑，符合法律规定的不起诉条件的，人民检察院可以决定不起诉。对于依法应当提起公诉的，人民检察院可以向人民法院提出从宽处罚的量刑建议。人民检察院拟对当事人达成和解的公诉案件作出不起诉决定的，应当听取双方当事人对和解的意见，并且查明犯罪嫌疑人是否已经切实履行和解协议、不能即时履行的是否已经提供有效担保，将其作为是否决定不起诉的因素予以考虑。对达成和解协议的案件，人民法院应当对被告人从轻处罚；符合非监禁刑适用条件的，应当适用非监禁刑；判处法定最低刑仍然过重的，可以减轻处罚；综合全案认为犯罪情节轻微不需要判处刑罚的，可以免除刑事处罚。

需要注意的是，犯罪嫌疑人或者其亲友等以暴力、威胁、欺骗或者其他非法方法强迫、引诱被害人和解，或者在协议履行完毕之后威胁、报复被害人的，应当认定和解协议无效。已经作出不批准逮捕或者不起诉决定的，人民检察院根据案件情况可以撤销原决定，对犯罪嫌疑人批准逮捕或者提起公诉。双方当事人在侦查、审查起诉期间已经达成和解协议并全部履行，被害人或者其法定代理人、近亲属又提起附带民事诉讼的，人民法院不予受理。和解协议已经全部履行，当事人反悔的，人民法院不予支持。但有证据证明和解违反自愿、合法原则的，不受此限。

第三章　缺席审判程序

第二百九十一条　【针对潜逃境外贪污贿赂等案件被追诉人的缺席审判程序的适用条件、管辖以及审判组织】

对于贪污贿赂犯罪案件，以及需要及时进行审判，经最高人民检察院核准的严重危害国家安全犯罪、恐怖活动犯罪案件，犯罪嫌疑人、被告人在境外，监察机关、公安机关移送起诉，人民检察院认为犯罪事实已经查清，证据确实、充分，依法应当追究刑事责任的，可以向人民法院提起公诉。人民法院进行审查后，对于起诉书中有明确的指控犯罪事实，符合缺席审判程序适用条件的，应当决定开庭审判。

前款案件，由犯罪地、被告人离境前居住地或者最高人民法院指定的中级人民法院组成合议庭进行审理。

条文主旨

针对潜逃境外贪污贿赂等案件被追诉人的缺席审判程序的适用条件、管辖以及审判组织

修改内容

本条为新增法条。

修改背景

党的十八大以来，党中央高度重视反腐败和国际追逃追赃工作及相关法律制度建设，随着党和国家反腐力度的加强加深，如何加大追责力度成为一个紧迫的问题。2012 年刑事诉讼法修改时增加了犯罪嫌疑人、被告人逃匿、死亡案件违法所得的没收程序。当时，由于直接创设缺席审判程序的时机尚不成熟，立法者采取了一个折中方案，设立了对物的独立没收程序。这一没收程序针对贪污贿赂犯罪、恐怖活动犯罪等重大犯罪案件，主要解决的是在犯罪嫌疑人、被告人逃匿、死亡的情况下，对其违法所得及其他涉案财产如何及时冻结、追缴的问题，是一种对物不对人的独立诉讼程序。

然而，违法所得没收程序只是针对涉案财产进行的裁定，而不对缺席的犯罪嫌疑人、被告人的罪责进行判处。对物进行“裁定”的权威性相对法院作出的定罪判决仍然较弱。根据相关国际公约的规定，对于外逃资产的追回，原则上要求有对犯罪人定罪的生效裁判。在司法实践中，有的国家正是以没有生效裁判为由，拒绝我国追逃追赃的合理请求。对于这类犯罪嫌疑人的追逃，如果能先经司法机关依法审理作出裁判，就能成为相关国家给予配合的法律依据，因此，建立缺席审判制度就显得尤为必要了。2014 年，中央反腐败协调小组会议提出了建立刑事缺席审判制度的任务。2016 年 7 月，全国人大常委会法工委提出了关于建立刑事缺席审判制度的研究报告。中央

纪委建议在配合监察体制改革修改刑事诉讼法时，对刑事缺席审判制度作出规定。2018 年 10 月 26 日，十三届全国人大常委会第六次会议表决通过的《关于修改刑事诉讼法的决定》中，正式确立了刑事缺席审判制度，规定于《刑事诉讼法》第五编“特别程序”的第三章。

在 2018 年 4 月 25 日提请十三届全国人大常委会审议的刑诉法修正草案一审稿中，规定“缺席审判适用于犯罪嫌疑人、被告人潜逃境外的贪污贿赂等犯罪案件”。后来根据各方建议，对缺席审判的适用范围作了相应扩大，严重危害国家安全犯罪、恐怖活动犯罪案件，需要及时进行审判的，经最高人民检察院核准也可适用。因此，建立缺席审判制度是从反腐败追逃追赃角度提出的，但不仅限于贪污贿赂案件，严重危害国家安全犯罪、恐怖活动犯罪案件确有必要及时追究的，在充分保障诉讼权利的前提下，也可以进行缺席审判。通过缺席审判制度，明确外逃人员的刑事责任，既为相关国家配合追逃工作提供法律依据，也向外逃人员表明态度，使其可以正确评估自己的处境。这一修改，为海外追逃追赃工作奠定了更加坚实的法律基础，也是与我国已加入的《联合国反腐败公约》的要求相契合的，对于以法治方式推进反腐败具有重要意义。

条文解读与适用指引

本条规定了适用缺席审判的第一种情况，即针对潜逃境外的贪污贿赂等案件被追诉人的缺席审判。

本条分为两款。第 1 款规定了刑事缺席审判程序的适用条件。第一，缺席审判适用的案件范围。根据本款规定，刑事缺席审判适用于以下案件：一是贪污贿赂犯罪案件，即刑法分则第八章所规定的犯罪。二是需要及时进行审判，经最高人民检察院核准的严重危害国家安全犯罪、恐怖活动犯罪案件。危害国家安全犯罪即刑法分则第一章所规定的犯罪，但并非所有危害国家安全犯罪均可适用缺席审判，只有达到严重程度的时候才可适用。恐怖活动犯罪包括刑法分则第 120 条至第 120－6 条规定的组织、领导、参加恐怖组织罪，帮助恐怖活动罪，准备实施恐怖活动罪，宣扬恐怖主义、极端主义、煽动实施恐怖活动罪，利用极端主义破坏法律实施罪，强制穿戴宣扬恐怖主义、极端主义服饰、标志罪，非法持有宣扬恐怖主义、极端主义物品罪等。对于危害国家安全犯罪、恐怖活动犯罪案件，只有需要及时进行审判的情况下，经最高人民检察院核准，才可适用缺席审判。之所以这样规定，是由于缺席审判是在被告人不参与庭审的情形下对其作出的判决的特殊程序，对被告人诉讼权利的保障相对较弱，应严格限制适用范围，仅限于一些具有紧迫性的重大犯罪。并且在程序上更加严格规制，要经过最高人民检察院的核准，这也体现了对缺席审判的慎重和严肃态度。

第二，犯罪嫌疑人、被告人在境外。设立缺席审判制度，是为了针对腐败犯罪分子为逃避法律制裁而将赃款转移潜逃境外的情况。如果犯罪嫌疑人、被告人逃匿追诉，但仍在国内的，不得适用缺席审判。

第三，监察机关、公安机关移送起诉。2018 年 3 月十三届全国人大一次会议通过并施行的《监察法》，将职务犯罪的管辖权从检察院转移到监察委行使。监察委员会依照《监察法》和有关法律规定，对涉嫌贪污贿赂、滥用职权、玩忽职守、权力寻租、利益输送、徇私舞弊以及浪费国家资财等职务违法和职务犯罪履行监督、调查、处置职责。因此，贪污贿赂案件由监察机关调查后，移送人民检察院审查起诉。危害国家安全犯罪、恐怖活动犯罪则由国家安全机关、公安机关侦查后移送审查起诉。

第四，人民检察院认为犯罪事实已经查清，证据确实、充分，依法应当追究刑事责任的，可以向人民法院提起公诉。根据刑事诉讼法的规定，人民检察院认为犯罪嫌疑人的犯罪事实已经查清，证据确实、充分，依法应当追究刑事责任的，应当作出起诉决定。因此，提起公诉的条件包括三点：犯罪事实已经查清；证据确实、充分；依法应当追究刑事责任。因此，在缺席审判中，并没有降低对起诉条件的要求。对于符合条件的犯罪，人民检察院可以向人民法院提起公诉。

人民检察院向人民法院提起公诉后，人民法院应当进行审查。审查内容包括：一是起诉书中有明确的指控犯罪事实；二是符合缺席审判程序适用条件，满足上述条件的，人民法院应当决定开庭审判。

第2款规定了缺席审判的审判管辖与审判组织。包括两个方面的内容：第一，关于审判管辖，缺席审判的案件，由犯罪地、被告人离境前居住地或者最高人民法院指定的中级人民法院审理。在级别管辖方面，由中级人民法院管辖。这主要是考虑到被告人出逃境外的因素，由中级法院审理便于与外国司法机构对接，以顺利完成送达、司法协助等司法活动。并且根据刑事诉讼法的规定，中级人民法院管辖危害国家安全、恐怖活动以及可能判处无期徒刑、死刑的一审刑事案件。作为一种新确立的特别程序，尤其是涉及的案件均为性质比较严重或案情重大的案件，缺席审判案件由级别较高、业务能力相对较强的法院管辖，是比较合理的。在地区管辖方面，则由犯罪地、被告人离境前居住地或者最高人民法院指定的法院管辖。“犯罪地”既包括犯罪预备地、犯罪行为实施地，也包括犯罪结果地和销赃地。“离境前居住地”是指犯罪嫌疑人、被告人离境前户籍所在地或离境前经常居住地。此外，还可由最高人民法院指定适宜的法院管辖。第二，关于审判组织，由合议庭进行审理。我国刑事审判组织包括独任庭和合议庭两种，独任制适用于基层法院按照简易程序、速裁程序审理的案件。本章规定的刑事缺席审判程序由中级人民法院管辖，应当组成合议庭进行审理。

第二百九十二条　【缺席审判中送达传票和起诉书的方式以及法庭审判程序】

人民法院应当通过有关国际条约规定的或者外交途径提出的司法协助方式，或者被告人所在地法律允许的其他方式，将传票和人民检察院的起诉书副本送达被告人。传票和起诉书副本送达后，被告人未按要求到案的，人民法院应当开庭审理，依法作出判决，并对违法所得及其他涉案财产作出处理。

条文主旨

缺席审判中送达传票和起诉书的方式以及法庭审判程序

修改内容

本条为新增法条。

修改背景

被告人出席庭审是其享有的一项重要诉讼权利，有关国际公约等也对被告人审判时的在场权作出了规定。因此，针对特定被告人进行的审判，应当给予其一切必要的通知。缺席审判在提升打击犯罪和加强国际追逃追赃力度的同时，也减损了被告人的诉讼权利，需要设置一系列的程序保障机制。为了保障被告人的诉讼知情权，在其出逃境外时，也应当最大程度地尽到告知义务，包括告知审判时间、地点、被指控的罪名以及被要求出席法庭审判等。这既是缺席审判取得合法性的基础，也是后续基于缺席判决要求返还涉案财物与引渡被告人的必要条件。

条文解读与适用指引

在缺席审判中，人民法院应按照法定程序和方式，将诉讼文书送达被告人，使其能够及时了解诉讼权利和义务并参与诉讼活动。根据本条规定，人民法院给被告人送达传票和人民检察院的起诉书副本，可以通过以下方式进行：一是通过有关国际条约规定的或者外交途径提出的司法协助方式。刑事司法协助制度是对不同国家的司法机关之间，根据本国缔结或参加的国际条约或者互惠原则，彼此相互协作，代对方作出某种诉讼行为的制度。本法第18条规定："根据中华人民共和国缔结或者参加的国际条约，或者按照互惠原则，我国司法机关和外国司法机关可以相互请求刑事司法协助。"刑事司法文书的送达是刑事司法协助的方式之一。进行刑事司法协助的根据是我国缔结或参加的国际条约，如果没有同我国签订刑事司法协助条约，或者未与我国共同参加某一司法协助条约，也可按照互惠原则通过外交途径提出司法协助。二是被告人所在地法律允许的其他方式。即被告人所在地的法律允许的送达方式，如邮寄送达等。

被告人出庭既然被视为一种权利，则该权利自然可以放弃。传票和起诉书副本送达后，人民法院即尽到了告知义务。被告人在收到传票和起诉书副本后，明知审判日期与地点的情况下仍不到案的，可以视为对出庭权的放弃。被告人未按要求到案的，人民法院应当开庭审理，依法作出判决，并对违法所得及其他涉案财产作出处理。人民法院根据已经查明的事实、证据和有关的法律规定，作出有罪或者无罪判决，并且应当对违法所得及其他涉案财产作出没收等处理。这里的“违法所得”是指通过实施犯罪直接或者间接产生、获得的任何财产，“其他涉案财产”包括被告人非法持有的违禁品、供犯罪所用的本人财物。

第二百九十三条　【缺席审判的委托辩护和法律援助】

人民法院缺席审判案件，被告人有权委托辩护人，被告人的近亲属可以代为委托辩护人。被告人及其近亲属没有委托辩护人的，人民法院应当通知法律援助机构指派律师为其提供辩护。

条文主旨

缺席审判的委托辩护和法律援助

修改内容

本条为新增法条。

修改背景

只有出席法庭，被告人才能有效行使自己的辩护权及其他诉讼权利。缺席审判作为一种特殊的诉讼程序，使被告人的辩护权受到一定的限制。在缺席审判中，被告人无法在场亲自行使辩护权、与不利于自己的证人对质权、最后陈述权等，更加需要获得律师的帮助。2018 年刑事诉讼法的修正在构建缺席审判制度时对被告人权利的保障问题相当重视，本条规定的委托辩护权和法律援助权也是充分保障被告人的诉讼权利的重要组成部分。同时，保障缺席被告人获得有效辩护也是被告人所在地承认缺席审判判决的关键因素。

2012年刑事诉讼法修改，对犯罪嫌疑人、被告人的法律援助辩护进行了完善。扩大了国家机关应当依职权提供法律援助辩护的对象，将可能被判处无期徒刑而没有委托辩护人的犯罪嫌疑人、被告人纳入应当提供法律援助辩护的范围。人民法院、人民检察院和公安机关应当通知法律援助机构指派律师提供辩护的情形包括：犯罪嫌疑人、被告人是盲、聋、哑人，或者是尚未完全丧失辨认或者控制自己行为能力的精神病人，没有委托辩护人的；犯罪嫌疑人、被告人可能被判处无期徒刑、死刑，没有委托辩护人的；未成年犯罪嫌疑人、被告人没有委托辩护人的。本次修正又新增加了缺席审判时通知法律援助机构指派律师提供辩护的情形。

条文解读与适用指引

根据本条规定，尽管被告人不出庭参加审判，但是有权委托辩护人在法庭上为其提供辩护。由于被告人在境外，其近亲属也可以代为委托辩护人。近亲属是指被告人的夫、妻、父、母、子、女、同胞兄弟姊妹。并且，对刑事缺席审判的案件实行强制法律援助辩护制度，在被告人及其近亲属没有委托辩护人的情况下，人民法院应当通知法律援助机构指派律师为其提供辩护。在制度设计中，对被告人辩护权的保障是比较全面的。

第二百九十四条　【缺席审判的上诉、抗诉】

人民法院应当将判决书送达被告人及其近亲属、辩护人。被告人或者其近亲属不服判决的，有权向上一级人民法院上诉。辩护人经被告人或者其近亲属同意，可以提出上诉。

人民检察院认为人民法院的判决确有错误的，应当向上一级人民法院提出抗诉。

条文主旨

缺席审判的上诉、抗诉

修改内容

本条为新增法条。

修改背景

上诉权是被告人依法享有的重要诉讼权利之一。为了充分保障被告人行使上诉权，人民法院在作出判决后，应当及时送达判决书。2012 年刑事诉讼法修改，扩大了判决书送达的范围，在送达当事人和提起公诉的人民检察院的基础上，增加了“判决书应当同时送达辩护人、诉讼代理人”的内容。这是为了让辩护人、诉讼代理人更有效地履行诉讼职责，要保证他们享有充分的知悉权，以便其为实施下一步的诉讼活动做好准备。2018 年刑事诉讼法的修改在缺席审判中也相应进行了规定，将判决书同时送达被告人的近亲属、辩护人，也体现了对缺席判决的被告人诉讼权利的充分重视。

条文解读与适用指引

本条分为两款。第 1 款规定了缺席审判的上诉。根据本款规定，缺席审判的判决书应当送达被告人及其近亲属、辩护人。由于被告人在境外，判决书的送达也可参照本法第 292 条规定的送达传票和人民检察院的起诉书副本的方式，通过有关国际条约规定的或者外交途径提出的司法协助方式，或者被告人所在地法律允许的其他方式送达。被告人或者其近亲属不服判决的，有权向上一级人民法院上诉。本款关于缺席审判上诉权主体的规定，与普通刑事诉讼程序审理的案件有所不同。在普通程序中，被告人具有独立的上诉权，可直接提起上诉，辩护人和近亲属，经被告人同意，才可提出上诉。而本款中赋予了被告人的近亲属独立的上诉权，近亲属不服判决的，也有权直接向上一级人民法院上诉。辩护人由于不具有独立的上诉权，在经被告人或者其近亲属同意后，可以提出上诉。

第 2 款规定了缺席审判的抗诉。人民检察院是国家法律监督机关，应对人民法院的审判活动实行监督。人民检察院认为人民法院的判决确有错误的，应当向上一级人民法院提出抗诉。错误的情形，既包括不利于被告人的情形，也包括有利于被告人的情形。

第二百九十五条　【缺席审判的重新审理以及涉案财产的返还、赔偿】

在审理过程中，被告人自动投案或者被抓获的，人民法院应当重新审理。

罪犯在判决、裁定发生法律效力后到案的，人民法院应当将罪犯交付执行刑罚。交付执行刑罚前，人民法院应当告知罪犯有权对判决、裁定提出异议。罪犯对判决、裁定提出异议的，人民法院应当重新审理。

依照生效判决、裁定对罪犯的财产进行的处理确有错误的，应当予以返还、赔偿。

条文主旨

缺席审判的重新审理以及涉案财产的返还、赔偿

修改内容

本条为新增法条。

修改背景

缺席审判作为一种特别程序，应当在极为例外的情况下才可适用。对于被告人到案的案件，不应再适用缺席审判进行审理。对于缺席判决、裁定发生法律效力后到案的罪犯，也应赋予其一定的异议权，以弥补其未到庭审判而减损的诉讼权利。这一规定是基于刑事诉讼的公正审判和程序参与原则，体现了对被告人诉讼主体地位的尊重。同时，给予某些被缺席判决有罪的被追诉者获得重新审判的机会，也符合国际上通行的司法准则的要求。

条文解读与适用指引

本条分为三款。第1款规定了缺席审判过程中对到案的被告人重新进行审理。在缺席审判过程中，如果被告人自动投案或者被抓获，其无法参加庭审的条件已经消失。为了保障被告人的合法利益，贯彻程序正义的要求，应当按照普通刑事案件诉讼程序对被告人出席庭审的规定，重新进行审理。

第2款规定了判决、裁定发生效力后到案的罪犯的异议权。判决、裁定发生法律效力后，对于被遣返回国、引渡回国等已经归案的罪犯，应当交付执行刑罚。由于缺席审判对被判刑人的诉讼权利的减损，使其无法充分行使辩护权、质证权，无法亲自在庭审中对事实、证据发表意见，在交付执行刑罚前，法律赋予罪犯对判决、裁定提出异议的权利。在交付执行前，人民法院应当告知罪犯有权对判决、裁定提出异议。罪犯对缺席判决提出异议的，人民法院应当受理，并按照普通刑事案件诉讼程序的规定，重新审理。

第3款规定了涉案财产的返还、赔偿。人民法院作出缺席判决，要对违法所得及其他涉案财产作出处理。在被告人未出庭的情况下，对其财产权益进行司法处置，由于并未能适用严格的证据规则，法庭可能作出错误的裁判。依照生效判决、裁定对罪犯的财产进行的处理确有错误的，应当予以返还、赔偿。在财产处理确有错误的情况下，对于已经没收的财产，应当及时返还；原物已经出卖、拍卖的，应当退还价款；造成财产损失的，应当依法赔偿。

第二百九十六条　【被告人因患病无法出庭情形的缺席审判】

因被告人患有严重疾病无法出庭，中止审理超过六个月，被告人仍无法出庭，被告人及其法定代理人、近亲属申请或者同意恢复审理的，人民法院可以在被告人不出庭的情况下缺席审理，依法作出判决。

条文主旨

被告人因患病无法出庭情形的缺席审判

修改内容

本条为新增法条。

修改背景

原则上，被告人都应当出席庭审，这是基于刑事诉讼正当程序与人权保障的价值要求，是刑事审判的一项原则。但是，在某些特定情形下，一味要求被告人出庭将损害更大的价值。为此，2018 年《刑事诉讼法》修正规定了适用缺席审判的第二种情况，即对于被告人患有严重疾病无法出庭情形的缺席审判。

2012 年《刑事诉讼法》修改，增加了法庭审理过程中由于特殊事由而中止审理的规定。2012 年《刑事诉讼法》第 200 条（2018 年《刑事诉讼法》第 206 条）规定："在审判过程中，有下列情形之一，致使案件在较长时间内无法继续审理的，可以中止审理：（一）被告人患有严重疾病，无法出庭的；（二）被告人脱逃的；（三）自诉人患有严重疾病，无法出庭，未委托诉讼代理人出庭的；（四）由于不能抗拒的原因。中止审理的原因消失后，应当恢复审理。中止审理的期间不计入审理期限。"在被告人患有严重疾病，无法出庭，并且又无法估计疾病何时能痊愈的情况下，案件可能在较长时间内无法继续进行审理，这时法庭可暂时停止对案件的审理。待中止审理的原因消失后，经人民检察院、当事人、辩护人的申请，或者人民法院依职权恢复审理。然而，如果被告人的严重疾病使其一直不具备出庭的身体条件，诉讼也不能长时期地延误。久拖不决的诉讼不仅会加大查明案件事实真相的难度，更会使公民长期处于诉累之中，给程序公正带来消极影响。因此，出于诉讼效率的考虑，在被告人因疾病长期无法出庭的情况下，如其自愿放弃庭审在场权，也可以进行缺席审判。

条文解读与适用指引

在被告人患有严重疾病无法出庭的情况下，人民法院可以中止审理。本条规定的中止审理的期限为六个月，在六个月后被告人仍无法出庭，人民法院可以在被告人不出庭的情况下缺席审理，依法作出判决。本条规定的缺席审判的前提是，被告人及其法定代理人、近亲属申请或者同意恢复审理。这里的“被告人”既包括公诉案件，也包括自诉案件的被告人。“患有严重疾病”主要包括因患严重疾病无法辨认、控制自己的行为，无法表达自己的真实意思，或者一旦出庭可能影响其生命安全的情形。在被告人因病丧失辨认、控制、表达能力的情况下，法定代理人、近亲属也可申请或者同意恢复审理。只要被告人及其法定代理人、近亲属表明被告人自愿放弃庭审在场权，人民法院就可以恢复审判，以尽快解决纠纷，实现诉讼效益。

第二百九十七条　【死亡被告人的缺席审判】

被告人死亡的，人民法院应当裁定终止审理，但有证据证明被告人无罪，人民法院经缺席审理确认无罪的，应当依法作出判决。

人民法院按照审判监督程序重新审判的案件，被告人死亡的，人民法院可以缺席审理，依法作出判决。

条文主旨

死亡被告人的缺席审判

修改内容

本条为新增法条。

修改背景

根据本法第16条的规定，犯罪嫌疑人、被告人死亡是依法不追究刑事责任的情形之一。我国刑法规定，追究刑事责任的对象只能是实施犯罪行为者本人，既然犯罪嫌疑人、被告人已经死亡，追究其刑事责任的活动即已失去意义。在审判阶段被告人死亡的，人民法院应裁定终止审理。但根据已经查明的案件事实和认定的证据材料，能够确认被告人无罪的，应当宣告被告人无罪。在司法实践中，按照审判监督程序对已死亡的原审被告人进行的缺席审理已经存在，其目的在于保障死亡的被告人及其亲友的人格利益与合法权益。因此，为了贯彻司法公正的要求，2018 年刑事诉讼法修正规定了适用缺席审判的第三种情况，即对于死亡被告人的缺席审判。

条文解读与适用指引

本条分为两款。第 1 款规定了有证据证明死亡被告人无罪的缺席审判。被告人死亡的，人民法院应当裁定终止审理。在司法实践中，有些案件的证据能够证明被告人实施了犯罪，仅是由于其死亡才终止追究刑事责任；而有些案件的证据并不充分，甚至有证据证明被告人无罪，在这种情况下如果只是终止审理，难以恢复死亡被告人的清誉，也将对后续可能的民事程序造成影响。并且，对于死亡被告人的亲友而言，不同的司法处理方式的意义明显存在差异。因此，根据现有证据能够证明被告人无罪的，人民法院经缺席审理予以确认并依法作出无罪判决。

第 2 款规定了按照审判监督程序对已死亡的原审被告人进行的缺席审理。审判监督程序的任务是，正确认定案件事实和适用法律，纠正确有错误的生效裁判，做到既准确而有效地惩罚犯罪分子，又保障无罪的人不受刑事追究。在被告人死亡的情况下，人民法院按照审判监督程序重新审判的案件，可以缺席审理并依法作出判决。2018 年刑事诉讼法修正是对实践中已经存在的该制度予以明确。

第四章　犯罪嫌疑人、被告人逃匿、死亡案件违法所得的没收程序

第二百九十八条　【违法所得没收程序的适用条件、申请程序以及查封、扣押、冻结措施】

对于贪污贿赂犯罪、恐怖活动犯罪等重大犯罪案件，犯罪嫌疑人、被告人逃匿，在通缉一年后不能到案，或者犯罪嫌疑人、被告

人死亡，依照刑法规定应当追缴其违法所得及其他涉案财产的，人民检察院可以向人民法院提出没收违法所得的申请。

公安机关认为有前款规定情形的，应当写出没收违法所得意见书，移送人民检察院。

没收违法所得的申请应当提供与犯罪事实、违法所得相关的证据材料，并列明财产的种类、数量、所在地及查封、扣押、冻结的情况。

人民法院在必要的时候，可以查封、扣押、冻结申请没收的财产。

条文主旨

违法所得没收程序的适用条件、申请程序以及查封、扣押、冻结措施

修改背景

本条未作修改。

条文解读与适用指引

本条分为四款。第 1 款规定了犯罪嫌疑人、被告人逃匿、死亡案件违法所得没收程序的适用条件。具体包括三个方面的内容：

第一，适用的案件范围。在普通刑事诉讼程序中，只有解决了被告人定罪量刑的问题，才能对涉案赃款赃物进行处理。如果犯罪嫌疑人、被告人逃匿不能到案，诉讼程序无法继续进行，如果犯罪嫌疑人、被告人死亡，应撤销案件，或者不起诉，或者终止审理，就无法解决依附于对被告人定罪量刑的没收赃款赃物问题。因此，本章规定的违法所得没收程序是一种相对独立的对物诉讼程序，只适用于特殊情况下犯罪嫌疑人、被告人无法到案的部分案件。具体包括两种情况：

一是贪污贿赂犯罪、恐怖活动犯罪等重大犯罪案件，犯罪嫌疑人、被告人逃匿，在通缉一年后不能到案的。贪污贿赂犯罪是指刑法分则第八章所规

定的犯罪。根据2015年12月27日第十二届全国人民代表大会常务委员会第十八次会议通过的《中华人民共和国反恐怖主义法》第3条第2款规定，本法所称恐怖活动，是指恐怖主义性质的下列行为：（一）组织、策划、准备实施、实施造成或者意图造成人员伤亡、重大财产损失、公共设施损坏、社会秩序混乱等严重社会危害的活动的；（二）宣扬恐怖主义，煽动实施恐怖活动，或者非法持有宣扬恐怖主义的物品，强制他人在公共场所穿戴宣扬恐怖主义的服饰、标志的；（三）组织、领导、参加恐怖活动组织的；（四）为恐怖活动组织、恐怖活动人员、实施恐怖活动或者恐怖活动培训提供信息、资金、物资、劳务、技术、场所等支持、协助、便利的；（五）其他恐怖活动。恐怖活动犯罪包括刑法分则第120条至第120－6条规定的组织、领导、参加恐怖组织罪、帮助恐怖活动罪、准备实施恐怖活动罪、宣扬恐怖主义、极端主义、煽动实施恐怖活动罪、利用极端主义破坏法律实施罪、强制穿戴宣扬恐怖主义、极端主义服饰、标志罪、非法持有宣扬恐怖主义、极端主义物品罪。需要注意的是，并非所有的贪污贿赂犯罪、恐怖活动犯罪案件都能适用这一特别程序，只有重大案件才可对犯罪嫌疑人、被告人启动违法所得没收程序，情节较轻的不适用。这里的“重大犯罪案件”是指：（一）犯罪嫌疑人、被告人可能被判处无期徒刑以上刑罚的；（二）案件在本省、自治区、直辖市或者全国范围内有较大影响的；（三）其他重大犯罪案件。

2017年1月施行的《最高人民法院、最高人民检察院关于适用犯罪嫌疑人、被告人逃匿、死亡案件违法所得没收程序若干问题的规定》第1条进一步明确了案件范围，应当认定为本款规定的“犯罪案件”包括：（一）贪污、挪用公款、巨额财产来源不明、隐瞒境外存款、私分国有资产、私分罚没财物犯罪案件；（二）受贿、单位受贿、利用影响力受贿、行贿、对有影响力的人行贿、对单位行贿、介绍贿赂、单位行贿犯罪案件；（三）组织、领导、参加恐怖组织，帮助恐怖活动，准备实施恐怖活动，宣扬恐怖主义、极端主义、煽动实施恐怖活动，利用极端主义破坏法律实施，强制穿戴宣扬恐怖主义、极端主义服饰、标志，非法持有宣扬恐怖主义、极端主义物品犯罪案件；（四）危害国家安全、走私、洗钱、金融诈骗、黑社会性质的组织、毒品犯罪案件。电信诈骗、网络诈骗犯罪案件，依照前款规定的犯罪案件处理。

上述案件，在犯罪嫌疑人、被告人逃匿，通缉一年后不能到案的情况下，可适用违法所得没收程序。即立案后犯罪嫌疑人、被告人在逃，由公安机关发布通缉令一年后仍未到案的情况。这里“逃匿”是指犯罪嫌疑人、被告人为逃避侦查和刑事追究潜逃、隐匿，或者在刑事诉讼过程中脱逃。如果犯罪嫌疑人、被告人因意外事故下落不明满二年，或者因意外事故下落不明，经有关机关证明其不可能生存的，也依照此规定处理。“通缉”是指公安机关发布通缉令或者公安部通过国际刑警组织发布红色国际通报。

二是犯罪嫌疑人、被告人死亡的情况下，可启动没收违法所得程序，即根据已经收集的证据能够认定犯罪嫌疑人、被告人已经死亡的案件。

第二，依照刑法规定应当追缴其违法所得及其他涉案财产的。这里规定了两种没收的对象：一是违法所得，即犯罪嫌疑人、被告人通过实施犯罪直接或者间接产生、获得的任何财产，违法所得已经部分或者全部转变、转化为其他财产的，转变、转化后的财产应当视为“违法所得”，来自违法所得转变、转化后的财产收益，或者来自已经与违法所得相混合财产中违法所得相应部分的收益，也应当视为“违法所得”；二是其他涉案财产，包括犯罪嫌疑人、被告人非法持有的违禁品、供犯罪所用的本人财物。对犯罪嫌疑人、被告人及其亲属所有的合法财产不得予以没收。

第三，由人民检察院向人民法院提出没收违法所得的申请。在侦查、审查起诉过程中，如果案件符合本章规定的没收违法所得条件的，由人民检察院向人民法院提出没收违法所得的申请。但是，在审判阶段，人民法院不得主动启动没收违法所得的程序。在案件审理过程中，被告人死亡而终止审理，或者被告人脱逃而中止审理的，人民检察院可以依法另行向人民法院提出没收违法所得的申请。

第 2 款规定了公安机关移送没收违法所得意见书。在侦查过程中，公安机关办理的恐怖活动犯罪等重大犯罪案件，犯罪嫌疑人逃匿，在通缉一年后不能到案的，或者犯罪嫌疑人死亡的案件，如果按照刑法规定应当追缴其违法所得及其他涉案财产的，经县级以上公安机关负责人批准，应当写出没收违法所得意见书，连同相关证据材料一并移送同级人民检察院。没收违法所得意见书应当包括以下内容：（一）犯罪嫌疑人的基本情况；（二）犯罪事实和相关的证据材料；（三）犯罪嫌疑人逃匿、被通缉或者死亡的情况；（四）犯罪嫌疑人的违法所得及其他涉案财产的种类、数量、所在地；（五）查封、扣押、冻结的情况等。在接到公安机关移送的没收违法所得意见书后，人民检察院应当进行审查，并在三十日以内作出是否提出没收违法所得申请的决定。三十日以内不能作出决定的，经检察长批准，可以延长十五日。经审查认为不符合本章规定的没收违法所得条件的，应当作出不提出没收违法所得申请的决定，并向公安机关书面说明理由；认为需要补充证据的，应当书面要求公安机关补充证据，必要时也可以自行调查。没收违法所得意见书移送人民检察院后，在逃的犯罪嫌疑人自动投案或者被抓获的，公安机关应当及时通知同级人民检察院。

司法实践中，犯罪嫌疑人、被告人逃匿，违法所得或者其他涉案财产可能已转移到境外。这时，负责立案侦查的公安机关等侦查机关应当制作查封、扣押、冻结的法律文书以及协助执行查封、扣押、冻结的请求函，层报系统最高上级机关后，由系统最高上级机关依照国际刑事司法协助法、刑事司法协助条约、多边公约，或者按照对等互惠原则，向违法所得或者其他涉案财产所在地国（区）的主管机关请求协助执行。如果被请求国（区）的主管机关提出，查封、扣押、冻结法律文书的制发主体必须是法院的，负责立案侦查的公安机关等侦查机关可以向同级人民法院提出查封、扣押、冻结的申请，人民法院经审查同意后制作查封、扣押、冻结令以及协助执行查封、扣押、冻结令的请求函，层报最高人民法院后，由最高人民法院依照国际刑事司法协助法、刑事司法协助条约、多边公约，或者按照对等互惠原则，向违法所得或者其他涉案财产所在地国（区）的主管机关请求协助执行。

第 3 款规定了人民检察院向人民法院提出没收违法所得的申请的内容。

人民检察院提出申请时应当提供犯罪事实、违法所得相关的证据材料，并列明财产的种类、数量、所在地及查封、扣押、冻结的情况。人民法院审理没收违法所得的案件，需要确认申请没收的财产确属犯罪嫌疑人、被告人违法所得及其他涉案财产。因此，需要检察机关提供犯罪事实、违法所得相关的证据材料。为了防止公民合法的财产权利受到侵犯，人民检察院申请没收的财产必须具有明确的针对性，列明申请没收财物的具体种类、数量与所在地，而不能仅仅提出一个大概的范围。检察机关还要说明申请没收财产的查封、扣押、冻结情况，以便法院了解这些财物的现状，采取相应的保全措施。综上，检察机关制作的没收违法所得申请书的具体内容包括：（一）犯罪嫌疑人、被告人的基本情况；（二）案由及案件来源；（三）犯罪嫌疑人、被告人涉嫌犯罪的事实及相关证据材料；（四）犯罪嫌疑人、被告人逃匿、被通缉、脱逃、下落不明、死亡的情况；（五）申请没收的财产的种类、数量、所在地以及已查封、扣押、冻结财产的清单和相关法律手续；（六）申请没收的财产属于违法所得及其他涉案财产的相关事实及证据材料；（七）提出没收违法所得申请的理由和法律依据；（八）有无利害关系人以及利害关系人的姓名、身份、住址、联系方式；（九）其他应当载明的内容。

第4款规定了人民法院采取查封、扣押和冻结等临时性的保全措施。对于人民检察院提出没收违法所得的申请时尚未查封、扣押、冻结申请没收的财产，或者查封、扣押、冻结期限即将届满，涉案财产有被隐匿、转移或者毁损、灭失危险的，人民法院根据情况可以查封、扣押、冻结申请没收的财产，以保障没收违法所得程序的顺利进行。

第二百九十九条　【犯罪嫌疑人、被告人逃匿、死亡案件违法所得没收程序的审判管辖、审判组织、公告程序与审理程序】

没收违法所得的申请，由犯罪地或者犯罪嫌疑人、被告人居住地的中级人民法院组成合议庭进行审理。

人民法院受理没收违法所得的申请后，应当发出公告。公告期间为六个月。犯罪嫌疑人、被告人的近亲属和其他利害关系人有权

申请参加诉讼，也可以委托诉讼代理人参加诉讼。

人民法院在公告期满后对没收违法所得的申请进行审理。利害关系人参加诉讼的，人民法院应当开庭审理。

条文主旨

犯罪嫌疑人、被告人逃匿、死亡案件违法所得没收程序的审判管辖、审判组织、公告程序与审理程序

修改背景

本条未作修改。

条文解读与适用指引

本条分为三款。第1款规定了违法所得没收程序的审判管辖与审判组织。包括两个方面的内容：第一，关于审判管辖，没收违法所得的申请，由犯罪地或者犯罪嫌疑人、被告人居住地的中级人民法院审理。在级别管辖方面，由中级人民法院管辖。因此，没收违法所得的申请，应当由与有管辖权的中级人民法院相对应的人民检察院提出。根据刑事诉讼法的规定，中级人民法院管辖危害国家安全、恐怖活动以及可能判处无期徒刑、死刑的一审刑事案件，均为性质比较严重或案情重大的案件。本章规定的违法所得没收程序涉及重大犯罪案件，由中级人民法院管辖更为适宜，也体现了对这一特别程序的谨慎态度，并且恐怖活动犯罪本身就是由中级人民法院一审。在地区管辖方面，则由犯罪地或者犯罪嫌疑人、被告人居住地法院管辖。“犯罪地”既包括犯罪预备地、犯罪行为实施地，也包括犯罪结果地和销赃地。“居住地”是指犯罪嫌疑人、被告人户籍所在地或经常居住地。

第二，关于审判组织，由合议庭进行审理。我国刑事审判组织包括独任庭和合议庭两种，独任庭适用于基层人民法院按照简易程序、速裁程序审理的案件。本章规定的违法所得没收程序由中级人民法院管辖，应当组成合议庭进行审理。

第2款规定了公告程序及相关人员参加诉讼。对于人民检察院提出没收违法所得的申请，人民法院应当在三十日内审查完毕。决定受理没收违法所得的申请后，人民法院应当在十五日内发布公告，公告应当载明以下内容：（一）案由、案件来源以及属于本院管辖；（二）犯罪嫌疑人、被告人的基本情况；（三）犯罪嫌疑人、被告人涉嫌犯罪的事实；（四）犯罪嫌疑人、被告人逃匿、被通缉、脱逃、下落不明、死亡的情况；（五）申请没收的财产的种类、数量、价值、所在地以及已查封、扣押、冻结财产的清单和相关法律手续；（六）申请没收的财产属于违法所得及其他涉案财产的相关事实；（七）申请没收的理由和法律依据；（八）利害关系人申请参加诉讼的期限、方式以及未按照该期限、方式申请参加诉讼可能承担的不利后果；（九）其他应当公告的情况。公告应当在全国公开发行的报纸、信息网络等媒体和最高人民法院的官方网站刊登、发布，并在人民法院公告栏张贴。必要时，公告可以在犯罪地及犯罪嫌疑人、被告人居住地或者被申请没收财产所在地张贴。公告最后被刊登、发布、张贴日期为公告日期。人民法院张贴公告的，应当采取拍照、录像等方式记录张贴过程。人民法院已经掌握境内利害关系人联系方式的，应当直接送达含有公告内容的通知；直接送达有困难的，可以委托代为送达、邮寄送达。经受送达人同意的，可以采用传真、电子邮件等能够确认其收悉的方式告知其公告内容，并记录在案；人民法院已经掌握境外犯罪嫌疑人、被告人、利害关系人联系方式，经受送达人同意的，可以采用传真、电子邮件等能够确认其收悉的方式告知其公告内容，并记录在案；受送达人未作出同意意思表示，或者人民法院未掌握境外犯罪嫌疑人、被告人、利害关系人联系方式，其所在地国（区）主管机关明确提出应当向受送达人送达含有公告内容的通知的，受理没收违法所得申请案件的人民法院可以决定是否送达。决定送达的，应当将公告内容层报最高人民法院，由最高人民法院依照刑事司法协助条约、多边公约，或者按照对等互惠原则，请求受送达人所在地国（区）的主管机关协助送达。

公告期为六个月。公告期间不适用中止、中断、延长的规定。公告的目的在于告知犯罪嫌疑人、被告人的近亲属和潜在的利害关系人，人民法院即将开始审理没收违法所得的申请，相关人员可以申请参加诉讼，以维护自己的合法权益。因此，法律规定长达六个月的公告期，是为了保障相关人员有充分时间获悉这一情况，并做好参加审理程序的准备。利害关系人申请参加诉讼的，应当在公告期间内提出，并提供与犯罪请嫌疑人、被告人关系的证明材料或者证明其可以对违法所得及其他涉案财产主张权利的证据材料。利害关系人可以委托诉讼代理人参加诉讼。利害关系人在境外委托的，应当委托具有中华人民共和国律师资格并依法取得执业证书的律师，依照《最高人民法院关于适用〈中华人民共和国刑事诉讼法〉的解释》第 403 条的规定对授权委托进行公证、认证。利害关系人在公告期满后申请参加诉讼，能够合理说明理由的，人民法院应当准许。本款“其他利害关系人”是指其他对申请没收的财产主张权利的自然人和单位。

第 3 款规定了违法所得没收的审理程序。六个月公告期满后，人民法院应当对没收违法所得的申请进行审理，人民检察院应当承担举证责任。利害关系人申请参加及委托诉讼代理人参加诉讼的，人民法院应当开庭审理。利害关系人及其诉讼代理人无正当理由拒不到庭，且无其他利害关系人和其他诉讼代理人参加诉讼的，人民法院可以不开庭审理。有利害关系人参加法庭审理时，人民检察院派员出席法庭，形成了控辩审三方构造，应当开庭审理。

审理程序包括：出庭的检察人员宣读申请书；利害关系人、诉讼代理人发表意见；法庭调查，出示有关证据并进行质证；法庭辩论；合议庭作出裁定。利害关系人接到通知后无正当理由拒不到庭，或者未经法庭许可中途退庭的，可以转为不开庭审理，但还有其他利害关系人参加诉讼的除外。如果没有利害关系人参加法庭审理，合议庭将主要审查检察机关提供的证据材料。这里“利害关系人”包括犯罪嫌疑人、被告人的近亲属和其他对申请没收的财产主张权利的自然人和单位。

第三百条　【违法所得没收程序的裁定与救济】

人民法院经审理，对经查证属于违法所得及其他涉案财产，除

依法返还被害人的以外，应当裁定予以没收；对不属于应当追缴的违法所得或其他涉案财产的，应当裁定驳回申请，解除查封、扣押、冻结措施。

对于人民法院依照前款规定作出的裁定，犯罪嫌疑人、被告人的近亲属和其他利害关系人或者人民检察院可以提出上诉、抗诉。

条文主旨

违法所得没收程序的裁定与救济

修改背景

本条未作修改。

条文解读与适用指引

本条分为两款。第1款规定了人民法院审理违法所得没收案件作出的裁定。对申请没收违法所得的案件，人民法院审理后，应当按照下列情形分别处理：（一）案件事实清楚，证据确实、充分，申请没收的财产确属违法所得及其他涉案财产的，除依法返还被害人的以外，应当裁定没收；（二）不符合本章规定的没收违法所得条件，不属于应当追缴的违法所得或其他涉案财产的，应当裁定驳回申请，并且解除查封、扣押、冻结措施。

需要注意的是，犯罪嫌疑人、被告人逃匿，可能已将财产转移出境。违法所得或者其他涉案财产在境外，受理没收违法所得申请案件的人民法院经审理裁定没收的，应当制作没收令以及协助执行没收令的请求函，层报最高人民法院后，由最高人民法院依照国际刑事司法协助法、刑事司法协助条约、多边公约，或者按照对等互惠原则，向违法所得或者其他涉案财产所在地国（区）的主管机关请求协助执行。

第2款规定了没收违法所得裁定的上诉和抗诉。对于中级人民法院作出的没收违法所得或者驳回申请的裁定，犯罪嫌疑人、被告人的近亲属和其他利害关系人或者人民检察院可以在五日内提出上诉、抗诉。第二审人民法院经审理，应当按照下列情形分别作出裁定：（一）原裁定正确的，应当驳回上诉或者抗诉，维持原裁定；（二）原裁定确有错误的，可以在查清事实后改变原裁定；也可以撤销原裁定，发回重新审判；（三）原审违反法定诉讼程序，可能影响公正审判的，应当撤销原裁定，发回重新审判。

第三百零一条　【违法所得没收程序的终止审理与错误没收的返还与赔偿】

在审理过程中，在逃的犯罪嫌疑人、被告人自动投案或者被抓获的，人民法院应当终止审理。

没收犯罪嫌疑人、被告人财产确有错误的，应当予以返还、赔偿。

条文主旨

违法所得没收程序的终止审理与错误没收的返还与赔偿

修改背景

本条未作修改。

条文解读与适用指引

本条分为两款。第1款规定了违法所得没收程序的终止审理。违法所得没收程序的前提条件是犯罪嫌疑人、被告人逃匿或者死亡，要解决的是犯罪嫌疑人、被告人死亡或者长期不能到案时追缴其违法所得及其他涉案财产的问题。在法庭审理过程中，如果在逃的犯罪嫌疑人、被告人自动投案或者被抓获，违法所得没收程序的前提就不复存在，应当按照刑事诉讼普通程序对其进行审理，在追究犯罪嫌疑人、被告人的刑事责任的同时，附带处理犯罪所得与其他涉案财产。这时，违法所得没收程序就没有继续进行的必要了，应当终止审理。

第2款规定了错误没收时的返还与赔偿。在犯罪嫌疑人、被告人不到场的情况下，对其财产权益进行司法处置，由于并未能适用严格的证明标准和证据规则，法庭可能作出错误的裁判。在没收违法所得裁定确有错误的情况下，对于已经没收的财产，应当及时返还；财产已经上缴国库的，由原没收机关从财政机关申请退库，予以返还；原物已经出卖、拍卖的，应当退还价款；造成犯罪嫌疑人、被告人以及利害关系人财产损失的，应当依法赔偿。

第五章　依法不负刑事责任的精神病人的强制医疗程序

第三百零二条　【强制医疗程序的适用条件】

实施暴力行为，危害公共安全或者严重危害公民人身安全，经法定程序鉴定依法不负刑事责任的精神病人，有继续危害社会可能的，可以予以强制医疗。

条文主旨

强制医疗程序的适用条件

修改背景

本条未作修改。

条文解读与适用指引

《刑法》第18条规定了特殊人员的刑事责任能力，其中第1款规定，精神病人在不能辨认或者不能控制自己行为的时候造成危害结果，经法定程序鉴定确认的，不负刑事责任，但是应当责令他的家属或者监护人严加看管和医疗；在必要的时候，由政府强制医疗。对于不能辨认或者不能控制自己行为的精神病人，应该予以看护并进行治疗。但在实践中，家属或监护人往往无力承担照顾和看护的职责，尤其是对于一些实施暴力行为的精神病人疏于治疗，成为严重的社会治安问题。因此，在必要的时候，政府可对实施暴力行为的精神病人使用强制性医疗方法治疗精神疾病，以免其继续实施危害公共安全或者公民人身安全的行为。同时，也要防止将一些不需要被强制医疗的人，随意进行强制医疗。为了维护社会公共安全及公民人身安全，保障精神病人的合法利益，对实施暴力行为的精神病人的强制医疗程序应当予以严格规范。

根据本条规定，强制医疗应当符合以下条件：第一，实施了暴力行为，危害公共安全或者严重危害公民人身安全。这里的“暴力行为”是指以人身、财产为侵害目标，采取暴力手段，对被害人的身心健康和生命财产安全造成极大的损害，直接危及人的生命、健康与自由的一种行为。暴力行为必须危害了公共安全或者严重危害公民人身安全。“公共安全”是指广大群众的生命、健康和公私财产的安全，“严重危害公民人身安全”是指危害公民的生命、健康安全达到严重的程度。

第二，经法定程序鉴定依法不负刑事责任的精神病人。这里包括两层含义：首先，必须是依法不负刑事责任的精神病人。根据《刑法》第 18 条第 1 款的规定，精神病人在不能辨认或者不能控制自己行为的时候造成危害结果，经法定程序鉴定确认的，不负刑事责任。其次，必须经法定程序鉴定。根据刑事诉讼法和相关司法鉴定问题的法律法规规定，司法精神病的鉴定应当由具备法定资质的鉴定机构和鉴定人按照法律规定的程序进行。

第三，有继续危害社会可能的。这是对精神病人社会危害性的判断，是指精神病人的暴力行为及其状态是否会使社会处于危险境况。如果精神病人虽然实施了暴力行为，但进行评估后认为不再具有继续危害社会的可能，就不得采取强制医疗措施。

第三百零三条　【强制医疗的决定机关、申请程序和临时的保护性约束措施】

根据本章规定对精神病人强制医疗的，由人民法院决定。

公安机关发现精神病人符合强制医疗条件的，应当写出强制医疗意见书，移送人民检察院。对于公安机关移送的或者在审查起诉

过程中发现的精神病人符合强制医疗条件的，人民检察院应当向人民法院提出强制医疗的申请。人民法院在审理案件过程中发现被告人符合强制医疗条件的，可以作出强制医疗的决定。

对实施暴力行为的精神病人，在人民法院决定强制医疗前，公安机关可以采取临时的保护性约束措施。

条文主旨

强制医疗的决定机关、申请程序和临时的保护性约束措施

修改背景

本条未作修改。

条文解读与适用指引

本条分为三款。第1款规定了强制医疗的决定机关。强制医疗程序涉及对公民人身自由的限制和剥夺，必须由人民法院决定。人民法院应当对强制医疗案件审理，作出对被申请人强制医疗或者驳回强制医疗申请的决定。

第2款规定了强制医疗的申请程序。强制医疗的申请程序包括：第一，公安机关发现精神病人符合强制医疗条件的，应当写出强制医疗意见书，移送人民检察院。在侦查过程中，公安机关发现犯罪嫌疑人可能是精神病人的，应当依法进行精神病鉴定。对于符合强制医疗条件的案件，公安机关应当在七日以内写出强制医疗意见书，经县级以上公安机关负责人批准，连同相关证据材料和鉴定意见一并移送同级人民检察院。

第二，对于公安机关移送的或者在审查起诉过程中发现的精神病人符合强制医疗条件的，人民检察院应当向人民法院提出强制医疗的申请。对于公安机关移送的强制医疗案件，人民检察院收到强制医疗意见书后，应当在三十日以内作出是否提出强制医疗申请的决定。人民检察院对强制医疗意见书进行审查：（一）是否属于本院管辖；（二）涉案精神病人身份状况是否清楚，包括姓名、性别、国籍、出生年月日、职业和单位等；（三）涉案精神

病人实施危害公共安全或者严重危害公民人身安全的暴力行为的事实；（四）公安机关对涉案精神病人进行鉴定的程序是否合法，涉案精神病人是否依法不负刑事责任；（五）涉案精神病人是否有继续危害社会的可能；（六）证据材料是否随案移送，不宜移送的证据的清单、复制件、照片或者其他证明文件是否随案移送；（七）证据是否确实、充分；（八）采取的临时保护性约束措施是否适当。人民检察院经审查，认为公安机关移送的强制医疗案件不符合本法规定条件的，应当作出不提出强制医疗申请的决定，并向公安机关书面说明理由；认为需要补充证据的，应当书面要求公安机关补充证据，必要时也可以自行调查。在审查起诉中，犯罪嫌疑人经鉴定系依法不负刑事责任的精神病人的，人民检察院应当作出不起诉决定。认为符合本法规定的强制医疗条件的，应当向人民法院提出强制医疗的申请。人民检察院向人民法院提出强制医疗的申请，应当制作强制医疗申请书。主要内容包括：（一）涉案精神病人的基本情况，包括姓名、性别、出生年月日、出生地、户籍地、身份证号码、民族、文化程度、职业、工作单位及职务、住址、采取临时保护性约束措施的情况及处所等；（二）涉案精神病人的法定代理人的基本情况，包括姓名、住址、联系方式等；（三）案由及案件来源；（四）涉案精神病人实施危害公共安全或者严重危害公民人身安全的暴力行为的事实，包括实施暴力行为的时间、地点、手段、后果等及相关证据情况；（五）涉案精神病人不负刑事责任的依据，包括有关鉴定意见和其他证据材料；（六）涉案精神病人继续危害社会的可能；（七）提出强制医疗申请的理由和法律依据。

第三，人民法院在审理案件过程中发现被告人符合强制医疗条件的，可以作出强制医疗的决定。人民法院决定强制医疗的案件分为两种情况：一是人民法院在审理普通刑事案件过程中发现被告人可能符合强制医疗条件的。这时应当依照法定程序对被告人进行法医精神病鉴定。经鉴定，被告人属于依法不负刑事责任的精神病人的，应当适用强制医疗程序，对案件进行审理。二是对人民检察院提出强制医疗申请的案件作出决定。在收到人民检察院提出的强制医疗申请后，人民法院应当审查以下内容：（一）是否属于本院管辖；（二）是否写明被申请人的身份，实施暴力行为的时间、地点、手段、所造成的损害等情况，并附相关证据材料；（三）是否附有法医精神病鉴定意见和其他证明被申请人属于依法不负刑事责任的精神病人的证据材料；（四）是否列明被申请人的法定代理人的姓名、住址、联系方式；（五）需要审查的其他事项。人民法院应当在七日内审查完毕，并按照下列情形作出处理：（一）不属于本院管辖的，应当退回人民检察院；（二）材料不全的，应当通知人民检察院在三日内补送；（三）属于强制医疗程序受案范围和本院管辖，且材料齐全的，应当受理。受理的案件经过审理后，作出决定。

第3款规定了临时的保护性约束措施。在人民法院决定强制医疗前，公安机关可以对实施暴力行为的精神病人采取临时的保护性约束措施。对实施暴力行为的精神病人，由于其具有一定的社会危害性，在人民法院决定强制医疗前，还有可能继续实施危害社会和公民人身安全的行为，法律赋予公安机关采取临时的保护性约束措施的职责。经县级以上公安机关负责人批准，公安机关可以采取临时的保护性约束措施。必要时，可以将精神病人送精神病医院接受治疗。采取临时的保护性约束措施时，应当对精神病人严加看管，并注意约束的方式、方法和力度，以避免和防止危害他人和精神病人的自身安全为限度。这种措施只是临时性的，如果精神病人已没有继续危害社会可能，解除约束后不致发生社会危险性，公安机关应当及时解除保护性约束措施。人民检察院对临时保护性约束措施进行监督，认为措施不当的，或者发现公安机关对涉案精神病人采取临时保护性约束措施时有体罚、虐待等违法情形的，应当提出纠正意见。

第三百零四条 【强制医疗案件的审判程序】

人民法院受理强制医疗的申请后，应当组成合议庭进行审理。

人民法院审理强制医疗案件，应当通知被申请人或者被告人的法定代理人到场。被申请人或者被告人没有委托诉讼代理人的，人民法院应当通知法律援助机构指派律师为其提供法律帮助。

条文主旨

强制医疗案件的审判程序

修改背景

本条未作修改。

条文解读与适用指引

本条分为两款。第1款规定了强制医疗案件的审判组织。根据我国刑事诉讼法及相关法律规定，审判组织有合议制和独任制两种形式。对于强制医疗案件，人民法院应组成合议庭，开庭审理。但是，被申请人、被告人的法定代理人请求不开庭审理，并经人民法院审查同意的除外。

第2款规定了被申请人或者被告人的法定代理人到场和法律援助制度。人民法院审理强制医疗案件，应当通知被申请人或者被告人的法定代理人到场。本章规定的可能被强制医疗的精神病人，属于无责任能力的人，应当通知其法定代理人到场代行其诉讼权利。为维护其合法权益，保障审判活动的顺利进行，被申请人或者被告人没有委托诉讼代理人的，人民法院应当通知法律援助机构指派律师担任其诉讼代理人，为其提供法律帮助。这里的“被申请人”是指由检察机关向人民法院提出强制医疗申请案件中的精神病人；“被告人”是指在人民法院审理案件过程中发现被告人符合强制医疗条件可能作出强制医疗决定的案件中的精神病人。

第三百零五条　【强制医疗案件的审理期限和救济程序】

人民法院经审理，对于被申请人或者被告人符合强制医疗条件的，应当在一个月以内作出强制医疗的决定。

被决定强制医疗的人、被害人及其法定代理人、近亲属对强制医疗决定不服的，可以向上一级人民法院申请复议。

条文主旨

强制医疗案件的审理期限和救济程序

修改背景

本条未作修改。

条文解读与适用指引

本条分为两款。第1款规定了强制医疗案件的审理期限。人民法院经审理，对于被申请人或者被告人符合强制医疗条件的，应当在一个月以内作出强制医疗的决定。人民法院审理强制医疗案件应区分两种情况：一是对检察机关申请强制医疗的案件。人民法院审理后，应当按照下列情形分别处理：(一) 符合本法规定的强制医疗条件的，应当作出对被申请人强制医疗的决定。(二) 被申请人属于依法不负刑事责任的精神病人，但不符合强制医疗条件的，应当作出驳回强制医疗申请的决定；被申请人已经造成危害结果的，应当同时责令其家属或者监护人严加看管和医疗。(三) 被申请人具有完全或者部分刑事责任能力，依法应当追究刑事责任的，应当作出驳回强制医疗申请的决定，并退回人民检察院依法处理。

二是人民法院在审理普通刑事案件过程中发现被告人可能符合强制医疗条件的。按照强制医疗程序审理后，人民法院应当按照下列情形分别处理：(一) 被告人符合强制医疗条件的，应当判决宣告被告人不负刑事责任，同时作出对被告人强制医疗的决定。(二) 被告人属于依法不负刑事责任的精神病人，但不符合强制医疗条件的，应当判决宣告被告人无罪或者不负刑事责任；被告人已经造成危害结果的，应当同时责令其家属或者监护人严加看管和医疗。(三) 被告人具有完全或者部分刑事责任能力，依法应当追究刑事责任的，应当依照普通程序继续审理。

第2款规定了强制医疗案件的救济程序。在强制医疗案件中，被决定强制医疗的人、被害人及其法定代理人、近亲属对强制医疗决定不服的，可以向作出强制医疗决定法院的上一级人民法院申请复议。上述人员可以自收到决定书之日起五日内向上一级人民法院申请复议，复议期间不停止执行强制医疗的决定。上一级人民法院应当组成合议庭审理复议申请，并在一个月内作出复议决定。

第三百零六条 【对被强制医疗的人进行定期评估及解除强制医疗】

强制医疗机构应当定期对被强制医疗的人进行诊断评估。对于已不具有人身危险性，不需要继续强制医疗的，应当及时提出解除意见，报决定强制医疗的人民法院批准。

被强制医疗的人及其近亲属有权申请解除强制医疗。

条文主旨

对被强制医疗的人进行定期评估及解除强制医疗

修改背景

本条未作修改。

条文解读与适用指引

本条分为两款。第 1 款规定了强制医疗机构进行定期评估以及解除强制医疗。强制医疗的根本目的在于治疗，由于涉及对人身自由的限制，在被强制医疗的人恢复健康，不再具有社会危害性后，应当及时予以解除。强制医疗机构在对被强制医疗的人进行治疗的同时，应当定期对其诊断评估，如果认为已不具有人身危险性，不需要继续强制医疗的，应当及时向决定强制医疗的人民法院提出解除强制医疗的意见，并附上诊断评估报告。人民法院应当审查，及时作出处理决定。

第 2 款规定了有权申请解除强制医疗的主体。被强制医疗的人及其近亲属有权申请解除强制医疗。即被强制医疗的人如果认为自己已经康复或者不再具有人身危险性，不需要继续强制医疗的，可以申请解除强制医疗。被强制医疗的近亲属如果认为不再需要强制医疗，也可以申请解除。

上述两款规定的强制医疗机构提出解除强制医疗意见，或者被强制医疗的人及其近亲属申请解除强制医疗的，人民法院应当组成合议庭进行审查，并在一个月内，按照下列情形分别处理：（一）被强制医疗的人已不具有人身危险性，不需要继续强制医疗的，应当作出解除强制医疗的决定，并可责令被强制医疗的人的家属严加看管和医疗；（二）被强制医疗的人仍具有人身危险性，需要继续强制医疗的，应当作出继续强制医疗的决定。人民法院应当在作出决定后五日内，将决定书送达强制医疗机构、申请解除强制医疗的人、被决定强制医疗的人和人民检察院。决定解除强制医疗的，应当通知强制医疗机构在收到决定书的当日解除强制医疗。

第三百零七条　【对强制医疗的检察监督】

人民检察院对强制医疗的决定和执行实行监督。

条文主旨

对强制医疗的检察监督

修改背景

本条未作修改。

条文解读与适用指引

根据宪法和刑事诉讼法的规定，人民检察院是法律监督机关，依法对刑事诉讼实行法律监督。强制医疗程序也属于人民检察院的监督范围。人民检察院对强制医疗的决定和执行活动实行监督。人民检察院对强制医疗的决定进行监督，既包括对人民法院作出强制医疗的决定是否符合法律规定进行监督，也包括对公安机关移送的强制医疗意见书、对精神病人进行鉴定、采取临时的保护性约束措施是否合法等进行监督。人民检察院对强制医疗的执行进行监督，既包括对强制医疗机构的执行活动进行监督，又包括对人民法院解除强制医疗的批准活动进行监督。对强制医疗机构的监督主要包括：是否依照法律、行政法规等规定对被决定强制医疗的人实施必要的医疗的；是否存在殴打、体罚、虐待或者变相体罚、虐待被强制医疗的人，违反规定对被强制医疗的人使用械具、约束措施，以及其他侵犯被强制医疗的人合法权利；是否依照规定定期对被强制医疗的人进行诊断评估的；对于被强制医疗的人不需要继续强制医疗的，是否及时提出解除意见；对被强制医疗的人及其近亲属、法定代理人提出的解除强制医疗的申请没有及时进行审查处理，或者没有及时转送决定强制医疗的人民法院的；等等。

人民检察院对强制医疗的决定和执行进行监督，发现有违法行为的，应当依法提出纠正意见。并且，对于被强制医疗的人及其近亲属、法定代理人的控告、举报和申诉，人民检察院应当受理并及时审查处理。

附　　则

第三百零八条　【其他机关对特定案件的侦查权】

军队保卫部门对军队内部发生的刑事案件行使侦查权。

中国海警局履行海上维权执法职责，对海上发生的刑事案件行使侦查权。

对罪犯在监狱内犯罪的案件由监狱进行侦查。

军队保卫部门、中国海警局、监狱办理刑事案件，适用本法的有关规定。

条文主旨

其他机关对特定案件的侦查权

修改内容

原《刑事诉讼法》第 290 条	新《刑事诉讼法》第 308 条
军队保卫部门对军队内部发生的刑事案件行使侦查权。 对罪犯在监狱内犯罪的案件由监狱进行侦查。 军队保卫部门、监狱办理刑事案件，适用本法的有关规定。	军队保卫部门对军队内部发生的刑事案件行使侦查权。 中国海警局履行海上维权执法职责，对海上发生的刑事案件行使侦查权。 对罪犯在监狱内犯罪的案件由监狱进行侦查。 军队保卫部门、中国海警局、监狱办理刑事案件，适用本法的有关规定。

修改背景

2013年7月22日，中国海警局正式成立。2018年6月22日，第十三届全国人民代表大会常务委员会第三次会议通过了《关于中国海警局行使海上维权执法职权的决定》(以下简称《决定》)，《决定》明确规定："为了贯彻落实党的十九大和十九届三中全会精神，按照党中央批准的《深化党和国家机构改革方案》和《武警部队改革实施方案》决策部署，海警队伍整体划归中国人民武装警察部队领导指挥，调整组建中国人民武装警察部队海警总队，称中国海警局，中国海警局统一履行海上维权执法职责。"并规定："中国海警局履行海上维权执法职责，包括执行打击海上违法犯罪活动……"因此，2018年刑事诉讼法修改增加了"中国海警局履行海上维权执法职责，对海上发生的刑事案件行使侦查权"的规定。

条文解读与适用指引

本条分为四款，分别规定了军队保卫部门、中国海警局、监狱的侦查管辖范围。

第1款规定了军队保卫部门的管辖范围，即对军队内部发生的刑事案件行使侦查权。"军队内部发生的刑事案件"主要指军队现役军人（含在编职工）犯罪的案件，军队现役军人（含在编职工）在地方上作案的，也属于军队内部的刑事案件，由军队保卫部门进行侦查。

第2款规定了中国海警局的管辖范围。中国海警局是履行海上维权执法职责的专门机关，凡海上发生的刑事案件均由中国海警局侦查。

第3款规定了监狱的管辖范围。由监狱进行侦查的案件须满足两个方面的条件：第一，犯罪主体为在监狱服刑的罪犯；第二，犯罪地点在监狱内。监管人员在监狱内犯罪的案件及罪犯在监狱外犯罪的案件，不由监狱管辖。

第4款规定了军队保卫部门、中国海警局、监狱办理刑事案件，适用本法的有关规定，也即其享有本法赋予侦查机关的各种职权，有权进行收集证据、查明案情的工作和采取有关的强制性措施，同时有义务遵守本法规定的各种原则、规则和程序。

附录

全国人民代表大会常务委员会关于修改《中华人民共和国刑事诉讼法》的决定

（2018 年 10 月 26 日第十三届全国人民代表大会常务委员会第六次会议通过）

第十三届全国人民代表大会常务委员会第六次会议决定对《中华人民共和国刑事诉讼法》作如下修改：

一、增加一条，作为第十五条：“犯罪嫌疑人、被告人自愿如实供述自己的罪行，承认指控的犯罪事实，愿意接受处罚的，可以依法从宽处理。”

二、将第十八条改为第十九条，第二款修改为：“人民检察院在对诉讼活动实行法律监督中发现的司法工作人员利用职权实施的非法拘禁、刑讯逼供、非法搜查等侵犯公民权利、损害司法公正的犯罪，可以由人民检察院立案侦查。对于公安机关管辖的国家机关工作人员利用职权实施的重大犯罪案件，需要由人民检察院直接受理的时候，经省级以上人民检察院决定，可以由人民检察院立案侦查。”

三、将第三十二条改为第三十三条，增加一款，作为第三款：“被开除公职和被吊销律师、公证员执业证书的人，不得担任辩护人，但系犯罪嫌疑人、被告人的监护人、近亲属的除外。”

四、增加一条，作为第三十六条：“法律援助机构可以在人民法院、看守所等场所派驻值班律师。犯罪嫌疑人、被告人没有委托辩护人，法律援助机构没有指派律师为其提供辩护的，由值班律师为犯罪嫌疑人、被告人提供法律咨询、程序选择建议、申请变更强制措施、对案件处理提出意见等法律帮助。

“人民法院、人民检察院、看守所应当告知犯罪嫌疑人、被告人有权约见值班律师，并为犯罪嫌疑人、被告人约见值班律师提供便利。”

五、将第三十七条改为第三十九条，第三款修改为：“危害国家安全犯罪、恐怖活动犯罪案件，在侦查期间辩护律师会见在押的犯罪嫌疑人，应当经侦查机关许可。上述案件，侦查机关应当事先通知看守所。”

六、将第七十三条改为第七十五条，第一款修改为：“监视居住应当在犯罪嫌疑人、被告人的住处执行；无固定住处的，可以在指定的居所执行。对于涉嫌危害国家安全犯罪、恐怖活动犯罪，在住处执行可能有碍侦查的，经上一级公安机关批准，也可以在指定的居所执行。但是，不得在羁押场所、专门的办案场所执行。”

七、将第七十九条改为第八十一条，增加一款，作为第二款：“批准或者决定逮捕，应当将犯罪嫌疑人、被告人涉嫌犯罪的性质、情节，认罪认罚等情况，作为是否可能发生社会危险性的考虑因素。”

八、将第一百零六条改为第一百零八条，第一项修改为：“（一）‘侦查’是指公安机关、人民检察院对于刑事案件，依照法律进行的收集证据、查明案情的工作和有关的强制性措施”。

九、将第一百一十八条改为第一百二十条，第二款修改为：“侦查人员在讯问犯罪嫌疑人的时候，应当告知犯罪嫌疑人享有的诉讼权利，如实供述自己罪行可以从宽处理和认罪认罚的法律规定。”

十、将第一百四十八条改为第一百五十条，第二款修改为：“人民检察院在立案后，对于利用职权实施的严重侵犯公民人身权利的重大犯罪案件，根据侦查犯罪的需要，经过严格的批准手续，可以采取技术侦查措施，按照规定交有关机关执行。”

十一、将第一百六十条改为第一百六十二条，增加一款，作为第二款：“犯罪嫌疑人自愿认罪的，应当记录在案，随案移送，并在起诉意见书中写明有关情况。”

十二、增加一条，作为第一百七十条：“人民检察院对于监察机关移送起诉的案件，依照本法和监察法的有关规定进行审查。人民检察院经审查，认为需要补充核实的，应当退回监察机关补充调查，必要时可以自行补充侦查。

“对于监察机关移送起诉的已采取留置措施的案件，人民检察院应当对犯罪嫌疑人先行拘留，留置措施自动解除。人民检察院应当在拘留后的十日以内作出是否逮捕、取保候审或者监视居住的决定。在特殊情况下，决定的时间可以延长一日至四日。人民检察院决定采取强制措施的期间不计入审查起诉期限。”

十三、将第一百六十九条改为第一百七十二条，第一款修改为：“人民检察院对于监察机关、公安机关移送起诉的案件，应当在一个月以内作出决定，重大、复杂的案件，可以延长十五日；犯罪嫌疑人认罪认罚，符合速裁程序适用条件的，应当在十日以内作出决定，对可能判处的有期徒刑超过一年的，可以延长至十五日。”

十四、将第一百七十条改为第一百七十三条，修改为：“人民检察院审查案件，应当讯问犯罪嫌疑人，听取辩护人或者值班律师、被害人及其诉讼代理人的意见，并记录在案。辩护人或者值班律师、被害人及其诉讼代理人提出书面意见的，应当附卷。

“犯罪嫌疑人认罪认罚的，人民检察院应当告知其享有的诉讼权利和认罪认罚的法律规定，听取犯罪嫌疑人、辩护人或者值班律师、被害人及其诉讼代理人对下列事项的意见，并记录在案：

“（一）涉嫌的犯罪事实、罪名及适用的法律规定；

“（二）从轻、减轻或者免除处罚等从宽处罚的建议；

“（三）认罪认罚后案件审理适用的程序；

“（四）其他需要听取意见的事项。

“人民检察院依照前两款规定听取值班律师意见的，应当提前为值班律师了解案件有关情况提供必要的便利。”

十五、增加一条，作为第一百七十四条：“犯罪嫌疑人自愿认罪，同意量刑建议和程序适用的，应当在辩护人或者值班律师在场的情况下签署认罪认罚具结书。

“犯罪嫌疑人认罪认罚，有下列情形之一的，不需要签署认罪认罚具结书：

“（一）犯罪嫌疑人是盲、聋、哑人，或者是尚未完全丧失辨认或者控制自己行为能力的精神病人的；

“（二）未成年犯罪嫌疑人的法定代理人、辩护人对未成年人认罪认罚有异议的；

“（三）其他不需要签署认罪认罚具结书的情形。”

十六、将第一百七十二条改为第一百七十六条，增加一款，作为第二款：“犯罪嫌疑人认罪认罚的，人民检察院应当就主刑、附加刑、是否适用缓刑等提出量刑建议，并随案移送认罪认罚具结书等材料。”

十七、将第一百七十三条改为第一百七十七条，第三款修改为：“人民检察院决定不起诉的案件，应当同时对侦查中查封、扣押、冻结的财物解除查封、扣押、冻结。对被不起诉人需要给予行政处罚、处分或者需要没收其违法所得的，人民检察院应当提出检察意见，移送有关主管机关处理。有关主管机关应当将处理结果及时通知人民检察院。”

十八、第二编第三章增加一条，作为第一百八十二条：“犯罪嫌疑人自愿如实供述涉嫌犯罪的事实，有重大立功或者案件涉及国家重大利益的，经最高人民检察院核准，公安机关可以撤销案件，人民检察院可以作出不起诉决定，也可以对涉嫌数罪中的一项或者多项不起诉。

“根据前款规定不起诉或者撤销案件的，人民检察院、公安机关应当及时对查封、扣押、冻结的财物及其孳息作出处理。”

十九、将第一百七十八条改为第一百八十三条，修改为：“基层人民法院、中级人民法院审判第一审案件，应当由审判员三人或者由审判员和人民陪审员共三人或者七人组成合议庭进行，但是基层人民法院适用简易程序、速裁程序的案件可以由审判员一人独任审判。

“高级人民法院审判第一审案件，应当由审判员三人至七人或者由审判员和人民陪审员共三人或者七人组成合议庭进行。

“最高人民法院审判第一审案件，应当由审判员三人至七人组成合议庭进行。

“人民法院审判上诉和抗诉案件，由审判员三人或者五人组成合议庭进行。

“合议庭的成员人数应当是单数。”

二十、将第一百八十五条改为第一百九十条，增加一款，作为第二款：“被告人认罪认罚的，审判长应当告知被告人享有的诉讼权利和认罪认罚的法律规定，审查认罪认罚的自愿性和认罪认罚具结书内容的真实性、合法性。”

二十一、增加一条，作为第二百零一条：“对于认罪认罚案件，人民法院依法作出判决时，一般应当采纳人民检察院指控的罪名和量刑建议，但有下列情形的除外：

“（一）被告人的行为不构成犯罪或者不应当追究其刑事责任的；

“（二）被告人违背意愿认罪认罚的；

“（三）被告人否认指控的犯罪事实的；

“（四）起诉指控的罪名与审理认定的罪名不一致的；

“（五）其他可能影响公正审判的情形。

“人民法院经审理认为量刑建议明显不当，或者被告人、辩护人对量刑建议提出异议的，人民检察院可以调整量刑建议。人民检察院不调整量刑建议或者调整量刑建议后仍然明显不当的，人民法院应当依法作出判决。”

二十二、第三编第二章增加一节，作为第四节：

“第四节　速裁程序

“第二百二十二条　基层人民法院管辖的可能判处三年有期徒刑以下刑罚的案件，案件事实清楚，证据确实、充分，被告人认罪认罚并同意适用速裁程序的，可以适用速裁程序，由审判员一人独任审判。

“人民检察院在提起公诉的时候，可以建议人民法院适用速裁程序。

“第二百二十三条　有下列情形之一的，不适用速裁程序：

“（一）被告人是盲、聋、哑人，或者是尚未完全丧失辨认或者控制自己行为能力的精神病人的；

“（二）被告人是未成年人的；

“（三）案件有重大社会影响的；

“（四）共同犯罪案件中部分被告人对指控的犯罪事实、罪名、量刑建议或者适用速裁程序有异议的；

“（五）被告人与被害人或者其法定代理人没有就附带民事诉讼赔偿等事项达成调解或者和解协议的；

“（六）其他不宜适用速裁程序审理的。

“第二百二十四条　适用速裁程序审理案件，不受本章第一节规定的送达期限的限制，一般不进行法庭调查、法庭辩论，但在判决宣告前应当听取辩护人的意见和被告人的最后陈述意见。

“适用速裁程序审理案件，应当当庭宣判。

“第二百二十五条　适用速裁程序审理案件，人民法院应当在受理后十日以内审结；对可能判处的有期徒刑超过一年的，可以延长至十五日。

“第二百二十六条　人民法院在审理过程中，发现有被告人的行为不构成犯罪或者不应当追究其刑事责任、被告人违背意愿认罪认罚、被告人否认指控的犯罪事实或者其他不宜适用速裁程序审理的情形的，应当按照本章第一节或者第三节的规定重新审理。”

二十三、将第二百五十条改为第二百六十一条，第二款修改为：“被判处死刑缓期二年执行的罪犯，在死刑缓期执行期间，如果没有故意犯罪，死刑缓期执行期满，应当予以减刑的，由执行机关提出书面意见，报请高级人民法院裁定；如果故意犯罪，情节恶劣，查证属实，应当执行死刑的，由高级人民法院报请最高人民法院核准；对于故意犯罪未执行死刑的，死刑缓期执行的期间重新计算，并报最高人民法院备案。”

二十四、将第二百六十条改为第二百七十一条，修改为：“被判处罚金的罪犯，期满不缴纳的，人民法院应当强制缴纳；如果由于遭遇不能抗拒的灾祸等原因缴纳确实有困难的，经人民法院裁定，可以延期缴纳、酌情减少或者免除。”

二十五、第五编增加一章，作为第三章：

“第三章　缺席审判程序

“第二百九十一条　对于贪污贿赂犯罪案件，以及需要及时进行审判，经最高人民检察院核准的严重危害国家安全犯罪、恐怖活动犯罪案件，犯罪嫌疑人、被告人在境外，监察机关、公安机关移送起诉，人民检察院认为犯罪事实已经查清，证据确实、充分，依法应当追究刑事责任的，可以向人民法院提起公诉。人民法院进行审查后，对于起诉书中有明确的指控犯罪事实，符合缺席审判程序适用条件的，应当决定开庭审判。

“前款案件，由犯罪地、被告人离境前居住地或者最高人民法院指定的中级人民法院组成合议庭进行审理。

“第二百九十二条　人民法院应当通过有关国际条约规定的或者外交途径提出的司法协助方式，或者被告人所在地法律允许的其他方式，将传票和人民检察院的起诉书副本送达被告人。传票和起诉书副本送达后，被告人未按要求到案的，人民法院应当开庭审理，依法作出判决，并对违法所得及其他涉案财产作出处理。

“第二百九十三条　人民法院缺席审判案件，被告人有权委托辩护人，被告人的近亲属可以代为委托辩护人。被告人及其近亲属没有委托辩护人的，人民法院应当通知法律援助机构指派律师为其提供辩护。

“第二百九十四条　人民法院应当将判决书送达被告人及其近亲属、辩护人。被告人或者其近亲属不服判决的，有权向上一级人民法院上诉。辩护人经被告人或者其近亲属同意，可以提出上诉。

“人民检察院认为人民法院的判决确有错误的，应当向上一级人民法院提出抗诉。

“第二百九十五条　在审理过程中，被告人自动投案或者被抓获的，人民法院应当重新审理。

“罪犯在判决、裁定发生法律效力后到案的，人民法院应当将罪犯交付执行刑罚。交付执行刑罚前，人民法院应当告知罪犯有权对判决、裁定提出异议。罪犯对判决、裁定提出异议的，人民法院应当重新审理。

“依照生效判决、裁定对罪犯的财产进行的处理确有错误的，应当予以返还、赔偿。

“第二百九十六条　因被告人患有严重疾病无法出庭，中止审理超过六个月，被告人仍无法出庭，被告人及其法定代理人、近亲属申请或者同意恢复审理的，人民法院可以在被告人不出庭的情况下缺席审理，依法作出判决。

“第二百九十七条　被告人死亡的，人民法院应当裁定终止审理，但有证据证明被告人无罪，人民法院经缺席审理确认无罪的，应当依法作出判决。

“人民法院按照审判监督程序重新审判的案件，被告人死亡的，人民法院可以缺席审理，依法作出判决。”

二十六、将第二百九十条改为第三百零八条，修改为：“军队保卫部门对军队内部发生的刑事案件行使侦查权。

“中国海警局履行海上维权执法职责，对海上发生的刑事案件行使侦查权。

“对罪犯在监狱内犯罪的案件由监狱进行侦查。

“军队保卫部门、中国海警局、监狱办理刑事案件，适用本法的有关规定。”

刑事诉讼法的有关章节及条文序号，根据本决定作相应调整。

本决定自公布之日起施行。

《中华人民共和国刑事诉讼法》根据本决定作相应修改，重新公布。

中华人民共和国刑事诉讼法

（1979年7月1日第五届全国人民代表大会第二次会议通过　根据1996年3月17日第八届全国人民代表大会第四次会议《关于修改〈中华人民共和国刑事诉讼法〉的决定》第一次修正　根据2012年3月14日第十一届全国人民代表大会第五次会议《关于修改〈中华人民共和国刑事诉讼法〉的决定》第二次修正　根据2018年10月26日第十三届全国人民代表大会常务委员会第六次会议《关于修改〈中华人民共和国刑事诉讼法〉的决定》第三次修正）

目　　录

第一编 总　　则

第一章 任务和基本原则

第一条 为了保证刑法的正确实施，惩罚犯罪，保护人民，保障国家安全和社会公共安全，维护社会主义社会秩序，根据宪法，制定本法。

第二条 中华人民共和国刑事诉讼法的任务，是保证准确、及时地查明犯罪事实，正确应用法律，惩罚犯罪分子，保障无罪的人不受刑事追究，教育公民自觉遵守法律，积极同犯罪行为作斗争，维护社会主义法制，尊重和保障人权，保护公民的人身权利、财产权利、民主权利和其他权利，保障社会主义建设事业的顺利进行。

第三条 对刑事案件的侦查、拘留、执行逮捕、预审，由公安机关负责。检察、批准逮捕、检察机关直接受理的案件的侦查、提起公诉，由人民检察院负责。审判由人民法院负责。除法律特别规定的以外，其他任何机关、团体和个人都无权行使这些权力。

人民法院、人民检察院和公安机关进行刑事诉讼，必须严格遵守本法和其他法律的有关规定。

第四条 国家安全机关依照法律规定，办理危害国家安全的刑事案件，行使与公安机关相同的职权。

第五条 人民法院依照法律规定独立行使审判权，人民检察院依照法律规定独立行使检察权，不受行政机关、社会团体和个人的干涉。

第六条 人民法院、人民检察院和公安机关进行刑事诉讼，必须依靠群众，必须以事实为根据，以法律为准绳。对于一切公民，在适用法律上一律平等，在法律面前，不允许有任何特权。

第七条 人民法院、人民检察院和公安机关进行刑事诉讼，应当分工负责，互相配合，互相制约，以保证准确有效地执行法律。

第八条 人民检察院依法对刑事诉讼实行法律监督。

第九条 各民族公民都有用本民族语言文字进行诉讼的权利。人民法院、人民检察院和公安机关对于不通晓当地通用的语言文字的诉讼参与人，应当为他们翻译。

在少数民族聚居或者多民族杂居的地区，应当用当地通用的语言进行审讯，用当地通用的文字发布判决书、布告和其他文件。

第十条 人民法院审判案件，实行两审终审制。

第十一条 人民法院审判案件，除本法另有规定的以外，一律公开进行。被告人有权获得辩护，人民法院有义务保证被告人获得辩护。

第十二条 未经人民法院依法判决，对任何人都不得确定有罪。

第十三条 人民法院审判案件，依照本法实行人民陪审员陪审的制度。

第十四条 人民法院、人民检察院和公安机关应当保障犯罪嫌疑人、被告人和其他诉讼参与人依法享有的辩护权和其他诉讼权利。

诉讼参与人对于审判人员、检察人员和侦查人员侵犯公民诉讼权利和人身侮辱的行为，有权提出控告。

第十五条 犯罪嫌疑人、被告人自愿如实供述自己的罪行，承认指控的犯罪事实，愿意接受处罚的，可以依法从宽处理。

第十六条 有下列情形之一的，不追究刑事责任，已经追究的，应当撤销案件，或者不起诉，或者终止审理，或者宣告无罪：

（一）情节显著轻微、危害不大，不认为是犯罪的；

（二）犯罪已过追诉时效期限的；

（三）经特赦令免除刑罚的；

（四）依照刑法告诉才处理的犯罪，没有告诉或者撤回告诉的；

（五）犯罪嫌疑人、被告人死亡的；

（六）其他法律规定免予追究刑事责任的。

第十七条 对于外国人犯罪应当追究刑事责任的，适用本法的规定。

对于享有外交特权和豁免权的外国人犯罪应当追究刑事责任的，通过外交途径解决。

第十八条 根据中华人民共和国缔结或者参加的国际条约，或者按照互惠原则，我国司法机关和外国司法机关可以相互请求刑事司法协助。

第二章 管 辖

第十九条 刑事案件的侦查由公安机关进行，法律另有规定的除外。

人民检察院在对诉讼活动实行法律监督中发现的司法工作人员利用职权实施的非法拘禁、刑讯逼供、非法搜查等侵犯公民权利、损害司法公正的犯罪，可以由人民检察院立案侦查。对于公安机关管辖的国家机关工作人员利用职权实施的重大犯罪案件，需要由人民检察院直接受理的时候，经省级以上人民检察院决定，可以由人民检察院立案侦查。

自诉案件，由人民法院直接受理。

第二十条 基层人民法院管辖第一审普通刑事案件，但是依照本法由上级人民法院管辖的除外。

第二十一条 中级人民法院管辖下列第一审刑事案件：

（一）危害国家安全、恐怖活动案件；

（二）可能判处无期徒刑、死刑的案件。

第二十二条 高级人民法院管辖的第一审刑事案件，是全省（自治区、直辖市）性的重大刑事案件。

第二十三条 最高人民法院管辖的第一审刑事案件，是全国性的重大刑事案件。

第二十四条 上级人民法院在必要的时候，可以审判下级人民法院管辖的第一审刑事案件；下级人民法院认为案情重大、复杂需要由上级人民法院审判的第一审刑事案件，可以请求移送上一级人民法院审判。

第二十五条 刑事案件由犯罪地的人民法院管辖。如果由被告人居住地的人民法院审判更为适宜的，可以由被告人居住地的人民法院管辖。

第二十六条 几个同级人民法院都有权管辖的案件，由最初受理的人民法院审判。在必要的时候，可以移送主要犯罪地的人民法院审判。

第二十七条 上级人民法院可以指定下级人民法院审判管辖不明的案件，也可以指定下级人民法院将案件移送其他人民法院审判。

第二十八条 专门人民法院案件的管辖另行规定。

第三章 回 避

第二十九条 审判人员、检察人员、侦查人员有下列情形之一的，应当自行回避，当事人及其法定代理人也有权要求他们回避：

（一）是本案的当事人或者是当事人的近亲属的；

（二）本人或者他的近亲属和本案有利害关系的；

（三）担任过本案的证人、鉴定人、辩护人、诉讼代理人的；

（四）与本案当事人有其他关系，可能影响公正处理案件的。

第三十条 审判人员、检察人员、侦查人员不得接受当事人及其委托的人的请客送礼，不得违反规定会见当事人及其委托的人。

审判人员、检察人员、侦查人员违反前款规定的，应当依法追究法律责任。当事人及其法定代理人有权要求他们回避。

第三十一条 审判人员、检察人员、侦查人员的回避，应当分别由院长、检察长、公安机关负责人决定；院长的回避，由本院审判委员会决定；检察长和公安机关负责人的回避，由同级人民检察院检察委员会决定。

对侦查人员的回避作出决定前，侦查人员不能停止对案件的侦查。

对驳回申请回避的决定，当事人及其法定代理人可以申请复议一次。

第三十二条 本章关于回避的规定适用于书记员、翻译人员和鉴定人。

辩护人、诉讼代理人可以依照本章的规定要求回避、申请复议。

第四章 辩护与代理

第三十三条 犯罪嫌疑人、被告人除自己行使辩护权以外，还可以委托一至二人作为辩护人。下列的人可以被委托为辩护人：

（一）律师；

（二）人民团体或者犯罪嫌疑人、被告人所在单位推荐的人；

（三）犯罪嫌疑人、被告人的监护人、亲友。

正在被执行刑罚或者依法被剥夺、限制人身自由的人，不得担任辩护人。

被开除公职和被吊销律师、公证员执业证书的人，不得担任辩护人，但系犯罪嫌疑人、被告人的监护人、近亲属的除外。

第三十四条 犯罪嫌疑人自被侦查机关第一次讯问或者采取强制措施之日起，有权委托辩护人；在侦查期间，只能委托律师作为辩护人。被告人有权随时委托辩护人。

侦查机关在第一次讯问犯罪嫌疑人或者对犯罪嫌疑人采取强制措施的时候，应当告知犯罪嫌疑人有权委托辩护人。人民检察院自收到移送审查起诉的案件材料之日起三日以内，应当告知犯罪嫌疑人有权委托辩护人。人民法院自受理案件之日起三日以内，应当告知被告人有权委托辩护人。犯罪嫌疑人、被告人在押期间要求委托辩护人的，人民法院、人民检察院和公安机关应当及时转达其要求。

犯罪嫌疑人、被告人在押的，也可以由其监护人、近亲属代为委托辩护人。

辩护人接受犯罪嫌疑人、被告人委托后，应当及时告知办理案件的机关。

第三十五条 犯罪嫌疑人、被告人因经济困难或者其他原因没有委托辩护人的，本人及其近亲属可以向法律援助机构提出申请。对符合法律援助条件的，法律援助机构应当指派律师为其提供辩护。

犯罪嫌疑人、被告人是盲、聋、哑人，或者是尚未完全丧失辨认或者控制自己行为能力的精神病人，没有委托辩护人的，人民法院、人民检察院和公安机关应当通知法律援助机构指派律师为其提供辩护。

犯罪嫌疑人、被告人可能被判处无期徒刑、死刑，没有委托辩护人的，人民法院、人民检察院和公安机关应当通知法律援助机构指派律师为其提供辩护。

第三十六条 法律援助机构可以在人民法院、看守所等场所派驻值班律师。犯罪嫌疑人、被告人没有委托辩护人，法律援助机构没有指派律师为其提供辩护的，由值班律师为犯罪嫌疑人、被告人提供法律咨询、程序选择建议、申请变更强制措施、对案件处理提出意见等法律帮助。

人民法院、人民检察院、看守所应当告知犯罪嫌疑人、被告人有权约见值班律师，并为犯罪嫌疑人、被告人约见值班律师提供便利。

第三十七条 辩护人的责任是根据事实和法律，提出犯罪嫌疑人、被告人无罪、罪轻或者减轻、免除其刑事责任的材料和意见，维护犯罪嫌疑人、被告人的诉讼权利和其他合法权益。

第三十八条 辩护律师在侦查期间可以为犯罪嫌疑人提供法律帮助；代理申诉、控告；申请变更强制措施；向侦查机关了解犯罪嫌疑人涉嫌的罪名和案件有关情况，提出意见。

第三十九条 辩护律师可以同在押的犯罪嫌疑人、被告人会见和通信。其他辩护人经人民法院、人民检察院许可，也可以同在押的犯罪嫌疑人、被告人会见和通信。

辩护律师持律师执业证书、律师事务所证明和委托书或者法律援助公函要求会见在押的犯罪嫌疑人、被告人的，看守所应当及时安排会见，至迟不得超过四十八小时。

危害国家安全犯罪、恐怖活动犯罪案件，在侦查期间辩护律师会见在押的犯罪嫌疑人，应当经侦查机关许可。上述案件，侦查机关应当事先通知看守所。

辩护律师会见在押的犯罪嫌疑人、被告人，可以了解案件有关情况，提供法律咨询等；自案件移送审查起诉之日起，可以向犯罪嫌疑人、被告人核实有关证据。辩护律师会见犯罪嫌疑人、被告人时不被监听。

辩护律师同被监视居住的犯罪嫌疑人、被告人会见、通信，适用第一款、第三款、第四款的规定。

第四十条 辩护律师自人民检察院对案件审查起诉之日起，可以查阅、摘抄、复制本案的案卷材料。其他辩护人经人民法院、人民检察院许可，也可以查阅、摘抄、复制上述材料。

第四十一条 辩护人认为在侦查、审查起诉期间公安机关、人民检察院收集的证明犯罪嫌疑人、被告人无罪或者罪轻的证据材料未提交的，有权申请人民检察院、人民法院调取。

第四十二条 辩护人收集的有关犯罪嫌疑人不在犯罪现场、未达到刑事责任年龄、属于依法不负刑事责任的精神病人的证据，应当及时告知公安机关、人民检察院。

第四十三条 辩护律师经证人或者其他有关单位和个人同意，可以向他们收集与本案有关的材料，也可以申请人民检察院、人民法院收集、调取证据，或者申请人民法院通知证人出庭作证。

辩护律师经人民检察院或者人民法院许可，并且经被害人或者其近亲属、被害人提供的证人同意，可以向他们收集与本案有关的材料。

第四十四条 辩护人或者其他任何人，不得帮助犯罪嫌疑人、被告人隐匿、毁灭、伪造证据或者串供，不得威胁、引诱证人作伪证以及进行其他干扰司法机关诉讼活动的行为。

违反前款规定的，应当依法追究法律责任，辩护人涉嫌犯罪的，应当由办理辩护人所承办案件的侦查机关以外的侦查机关办理。辩护人是律师的，应当及时通知其所在的律师事务所或者所属的律师协会。

第四十五条 在审判过程中，被告人可以拒绝辩护人继续为他辩护，也可以另行委托辩护人辩护。

第四十六条 公诉案件的被害人及其法定代理人或者近亲属，附带民事诉讼的当事人及其法定代理人，自案件移送审查起诉之日起，有权委托诉讼代理人。自诉案件的自诉人及其法定代理人，附带民事诉讼的当事人及其法定代理人，有权随时委托诉讼代理人。

人民检察院自收到移送审查起诉的案件材料之日起三日以内，应当告知被害人及其法定代理人或者其近亲属、附带民事诉讼的当事人及其法定代理人有权委托诉讼代理人。人民法院自受理自诉案件之日起三日以内，应当告知自诉人及其法定代理人、附带民事诉讼的当事人及其法定代理人有权委托诉讼代理人。

第四十七条 委托诉讼代理人，参照本法第三十三条的规定执行。

第四十八条 辩护律师对在执业活动中知悉的委托人的有关情况和信息，有权予以保密。但是，辩护律师在执业活动中知悉委托人或者其他人，准备或者正在实施危害国家安全、公共安全以及严重危害他人人身安全的犯罪的，应当及时告知司法机关。

第四十九条 辩护人、诉讼代理人认为公安机关、人民检察院、人民法院及其工作人员阻碍其依法行使诉讼权利的，有权向同级或者上一级人民检察院申诉或者控告。人民检察院对申诉或者控告应当及时进行审查，情况属实的，通知有关机关予以纠正。

第五章　证　　据

第五十条 可以用于证明案件事实的材料，都是证据。

证据包括：

（一）物证；

（二）书证；

（三）证人证言；

（四）被害人陈述；

（五）犯罪嫌疑人、被告人供述和辩解；

（六）鉴定意见；

（七）勘验、检查、辨认、侦查实验等笔录；

（八）视听资料、电子数据。

证据必须经过查证属实，才能作为定案的根据。

第五十一条 公诉案件中被告人有罪的举证责任由人民检察院承担，自诉案件中被告人有罪的举证责任由自诉人承担。

第五十二条 审判人员、检察人员、侦查人员必须依照法定程序，收集能够证实犯罪嫌疑人、被告人有罪或者无罪、犯罪情节轻重的各种证据。严禁刑讯逼供和以威胁、引诱、欺骗以及其他非法方法收集证据，不得强迫任何人证实自己有罪。必须保证一切与案件有关或者了解案情的公民，有客观地充分地提供证据的条件，除特殊情况外，可以吸收他们协助调查。

第五十三条 公安机关提请批准逮捕书、人民检察院起诉书、人民法院判决书，必须忠实于事实真象。故意隐瞒事实真象的，应当追究责任。

第五十四条 人民法院、人民检察院和公安机关有权向有关单位和个人收集、调取证据。有关单位和个人应当如实提供证据。

行政机关在行政执法和查办案件过程中收集的物证、书证、视听资料、电子数据等证据材料，在刑事诉讼中可以作为证据使用。

对涉及国家秘密、商业秘密、个人隐私的证据，应当保密。

凡是伪造证据、隐匿证据或者毁灭证据的，无论属于何方，必须受法律追究。

第五十五条 对一切案件的判处都要重证据，重调查研究，不轻信口供。只有被告人供述，没有其他证据的，不能认定被告人有罪和处以刑罚；没有被告人供述，证据确实、充分的，可以认定被告人有罪和处以刑罚。

证据确实、充分，应当符合以下条件：

（一）定罪量刑的事实都有证据证明；

（二）据以定案的证据均经法定程序查证属实；

（三）综合全案证据，对所认定事实已排除合理怀疑。

第五十六条 采用刑讯逼供等非法方法收集的犯罪嫌疑人、被告人供述和采用暴力、威胁等非法方法收集的证人证言、被害人陈述，应当予以排除。收集物证、书证不符合法定程序，可能严重影响司法公正的，应当予以补正或者作出合理解释；不能补正或者作出合理解释的，对该证据应当予以排除。

在侦查、审查起诉、审判时发现有应当排除的证据的，应当依法予以排除，不得作为起诉意见、起诉决定和判决的依据。

第五十七条 人民检察院接到报案、控告、举报或者发现侦查人员以非法方法收集证据的，应当进行调查核实。对于确有以非法方法收集证据情形的，应当提出纠正意见；构成犯罪的，依法追究刑事责任。

第五十八条 法庭审理过程中，审判人员认为可能存在本法第五十六条规定的以非法方法收集证据情形的，应当对证据收集的合法性进行法庭调查。

当事人及其辩护人、诉讼代理人有权申请人民法院对以非法方法收集的证据依法予以排除。申请排除以非法方法收集的证据的，应当提供相关线索或者材料。

第五十九条 在对证据收集的合法性进行法庭调查的过程中，人民检察院应当对证据收集的合法性加以证明。

现有证据材料不能证明证据收集的合法性的，人民检察院可以提请人民法院通知有关侦查人员或者其他人员出庭说明情况；人民法院可以通知有关侦查人员或者其他人员出庭说明情况。有关侦查人员或者其他人员也可以要求出庭说明情况。经人民法院通知，有关人员应当出庭。

第六十条 对于经过法庭审理，确认或者不能排除存在本法第五十六条规定的以非法方法收集证据情形的，对有关证据应当予以排除。

第六十一条 证人证言必须在法庭上经过公诉人、被害人和被告人、辩护人双方质证并且查实以后，才能作为定案的根据。法庭查明证人有意作伪证或者隐匿罪证的时候，应当依法处理。

第六十二条 凡是知道案件情况的人，都有作证的义务。

生理上、精神上有缺陷或者年幼，不能辨别是非、不能正确表达的人，不能作证人。

第六十三条 人民法院、人民检察院和公安机关应当保障证人及其近亲属的安全。

对证人及其近亲属进行威胁、侮辱、殴打或者打击报复，构成犯罪的，依法追究刑事责任；尚不够刑事处罚的，依法给予治安管理处罚。

第六十四条 对于危害国家安全犯罪、恐怖活动犯罪、黑社会性质的组织犯罪、毒品犯罪等案件，证人、鉴定人、被害人因在诉讼中作证，本人或者其近亲属的人身安全面临危险的，人民法院、人民检察院和公安机关应当采取以下一项或者多项保护措施：

（一）不公开真实姓名、住址和工作单位等个人信息；

（二）采取不暴露外貌、真实声音等出庭作证措施；

（三）禁止特定的人员接触证人、鉴定人、被害人及其近亲属；

（四）对人身和住宅采取专门性保护措施；

（五）其他必要的保护措施。

证人、鉴定人、被害人认为因在诉讼中作证，本人或者其近亲属的人身安全面临危险的，可以向人民法院、人民检察院、公安机关请求予以保护。

人民法院、人民检察院、公安机关依法采取保护措施，有关单位和个人应当配合。

第六十五条 证人因履行作证义务而支出的交通、住宿、就餐等费用，应当给予补助。证人作证的补助列入司法机关业务经费，由同级政府财政予以保障。

有工作单位的证人作证，所在单位不得克扣或者变相克扣其工资、奖金及其他福利待遇。

第六章　强 制 措 施

第六十六条　人民法院、人民检察院和公安机关根据案件情况，对犯罪嫌疑人、被告人可以拘传、取保候审或者监视居住。

第六十七条　人民法院、人民检察院和公安机关对有下列情形之一的犯罪嫌疑人、被告人，可以取保候审：

（一）可能判处管制、拘役或者独立适用附加刑的；

（二）可能判处有期徒刑以上刑罚，采取取保候审不致发生社会危险性的；

（三）患有严重疾病、生活不能自理，怀孕或者正在哺乳自己婴儿的妇女，采取取保候审不致发生社会危险性的；

（四）羁押期限届满，案件尚未办结，需要采取取保候审的。

取保候审由公安机关执行。

第六十八条　人民法院、人民检察院和公安机关决定对犯罪嫌疑人、被告人取保候审，应当责令犯罪嫌疑人、被告人提出保证人或者交纳保证金。

第六十九条　保证人必须符合下列条件：

（一）与本案无牵连；

（二）有能力履行保证义务；

（三）享有政治权利，人身自由未受到限制；

（四）有固定的住处和收入。

第七十条　保证人应当履行以下义务：

（一）监督被保证人遵守本法第七十一条的规定；

（二）发现被保证人可能发生或者已经发生违反本法第七十一条规定的行为的，应当及时向执行机关报告。

被保证人有违反本法第七十一条规定的行为，保证人未履行保证义务的，对保证人处以罚款，构成犯罪的，依法追究刑事责任。

第七十一条　被取保候审的犯罪嫌疑人、被告人应当遵守以下规定：

（一）未经执行机关批准不得离开所居住的市、县；

（二）住址、工作单位和联系方式发生变动的，在二十四小时以内向执行机关报告；

（三）在传讯的时候及时到案；

（四）不得以任何形式干扰证人作证；

（五）不得毁灭、伪造证据或者串供。

人民法院、人民检察院和公安机关可以根据案件情况，责令被取保候审的犯罪嫌疑人、被告人遵守以下一项或者多项规定：

（一）不得进入特定的场所；

（二）不得与特定的人员会见或者通信；

（三）不得从事特定的活动；

（四）将护照等出入境证件、驾驶证件交执行机关保存。

被取保候审的犯罪嫌疑人、被告人违反前两款规定，已交纳保证金的，没收部分或者全部保证金，并且区别情形，责令犯罪嫌疑人、被告人具结悔过，重新交纳保证金、提出保证人，或者监视居住、予以逮捕。

对违反取保候审规定，需要予以逮捕的，可以对犯罪嫌疑人、被告人先行拘留。

第七十二条 取保候审的决定机关应当综合考虑保证诉讼活动正常进行的需要，被取保候审人的社会危险性，案件的性质、情节，可能判处刑罚的轻重，被取保候审人的经济状况等情况，确定保证金的数额。

提供保证金的人应当将保证金存入执行机关指定银行的专门账户。

第七十三条 犯罪嫌疑人、被告人在取保候审期间未违反本法第七十一条规定的，取保候审结束的时候，凭解除取保候审的通知或者有关法律文书到银行领取退还的保证金。

第七十四条 人民法院、人民检察院和公安机关对符合逮捕条件，有下列情形之一的犯罪嫌疑人、被告人，可以监视居住：

（一）患有严重疾病、生活不能自理的；

（二）怀孕或者正在哺乳自己婴儿的妇女；

（三）系生活不能自理的人的唯一扶养人；

（四）因为案件的特殊情况或者办理案件的需要，采取监视居住措施更为适宜的；

（五）羁押期限届满，案件尚未办结，需要采取监视居住措施的。

对符合取保候审条件，但犯罪嫌疑人、被告人不能提出保证人，也不交纳保证金的，可以监视居住。

监视居住由公安机关执行。

第七十五条 监视居住应当在犯罪嫌疑人、被告人的住处执行；无固定住处的，可以在指定的居所执行。对于涉嫌危害国家安全犯罪、恐怖活动犯罪，在住处执行可能有碍侦查的，经上一级公安机关批准，也可以在指定的居所执行。但是，不得在羁押场所、专门的办案场所执行。

指定居所监视居住的，除无法通知的以外，应当在执行监视居住后二十四小时以内，通知被监视居住人的家属。

被监视居住的犯罪嫌疑人、被告人委托辩护人，适用本法第三十四条的规定。

人民检察院对指定居所监视居住的决定和执行是否合法实行监督。

第七十六条 指定居所监视居住的期限应当折抵刑期。被判处管制的，监视居住一日折抵刑期一日；被判处拘役、有期徒刑的，监视居住二日折抵刑期一日。

第七十七条 被监视居住的犯罪嫌疑人、被告人应当遵守以下规定：

（一）未经执行机关批准不得离开执行监视居住的处所；

（二）未经执行机关批准不得会见他人或者通信；

（三）在传讯的时候及时到案；

（四）不得以任何形式干扰证人作证；

（五）不得毁灭、伪造证据或者串供；

（六）将护照等出入境证件、身份证件、驾驶证件交执行机关保存。

被监视居住的犯罪嫌疑人、被告人违反前款规定，情节严重的，可以予以逮捕；需要予以逮捕的，可以对犯罪嫌疑人、被告人先行拘留。

第七十八条 执行机关对被监视居住的犯罪嫌疑人、被告人，可以采取电子监控、不定期检查等监视方法对其遵守监视居住规定的情况进行监督；在侦查期间，可以对被监视居住的犯罪嫌疑人的通信进行监控。

第七十九条 人民法院、人民检察院和公安机关对犯罪嫌疑人、被告人取保候审最长不得超过十二个月，监视居住最长不得超过六个月。

在取保候审、监视居住期间，不得中断对案件的侦查、起诉和审理。对于发现不应当追究刑事责任或者取保候审、监视居住期限届满的，应当及时解除取保候审、监视居住。解除取保候审、监视居住，应当及时通知被取保候审、监视居住人和有关单位。

第八十条 逮捕犯罪嫌疑人、被告人，必须经过人民检察院批准或者人民法院决定，由公安机关执行。

第八十一条 对有证据证明有犯罪事实，可能判处徒刑以上刑罚的犯罪嫌疑人、被告人，采取取保候审尚不足以防止发生下列社会危险性的，应当予以逮捕：

（一）可能实施新的犯罪的；

（二）有危害国家安全、公共安全或者社会秩序的现实危险的；

（三）可能毁灭、伪造证据，干扰证人作证或者串供的；

（四）可能对被害人、举报人、控告人实施打击报复的；

（五）企图自杀或者逃跑的。

批准或者决定逮捕，应当将犯罪嫌疑人、被告人涉嫌犯罪的性质、情节，认罪认罚等情况，作为是否可能发生社会危险性的考虑因素。

对有证据证明有犯罪事实，可能判处十年有期徒刑以上刑罚的，或者有证据证明有犯罪事实，可能判处徒刑以上刑罚，曾经故意犯罪或者身份不明的，应当予以逮捕。

被取保候审、监视居住的犯罪嫌疑人、被告人违反取保候审、监视居住规定，情节严重的，可以予以逮捕。

第八十二条 公安机关对于现行犯或者重大嫌疑分子，如果有下列情形之一的，可以先行拘留：

（一）正在预备犯罪、实行犯罪或者在犯罪后即时被发觉的；

（二）被害人或者在场亲眼看见的人指认他犯罪的；

（三）在身边或者住处发现有犯罪证据的；

（四）犯罪后企图自杀、逃跑或者在逃的；

（五）有毁灭、伪造证据或者串供可能的；

（六）不讲真实姓名、住址，身份不明的；

（七）有流窜作案、多次作案、结伙作案重大嫌疑的。

第八十三条 公安机关在异地执行拘留、逮捕的时候，应当通知被拘留、逮捕人所在地的公安机关，被拘留、逮捕人所在地的公安机关应当予以配合。

第八十四条 对于有下列情形的人，任何公民都可以立即扭送公安机关、人民检察院或者人民法院处理：

（一）正在实行犯罪或者在犯罪后即时被发觉的；

（二）通缉在案的；

（三）越狱逃跑的；

（四）正在被追捕的。

第八十五条 公安机关拘留人的时候，必须出示拘留证。

拘留后，应当立即将被拘留人送看守所羁押，至迟不得超过二十四小时。除无法通知或者涉嫌危害国家安全犯罪、恐怖活动犯罪通知可能有碍侦查的情形以外，应当在拘留后二十四小时以内，通知被拘留人的家属。有碍侦查的情形消失以后，应当立即通知被拘留人的家属。

第八十六条 公安机关对被拘留的人，应当在拘留后的二十四小时以内进行讯问。在发现不应当拘留的时候，必须立即释放，发给释放证明。

第八十七条 公安机关要求逮捕犯罪嫌疑人的时候，应当写出提请批准逮捕书，连同案卷材料、证据，一并移送同级人民检察院审查批准。必要的时候，人民检察院可以派人参加公安机关对于重大案件的讨论。

第八十八条 人民检察院审查批准逮捕，可以讯问犯罪嫌疑人；有下列情形之一的，应当讯问犯罪嫌疑人：

（一）对是否符合逮捕条件有疑问的；

（二）犯罪嫌疑人要求向检察人员当面陈述的；

（三）侦查活动可能有重大违法行为的。

人民检察院审查批准逮捕，可以询问证人等诉讼参与人，听取辩护律师的意见；辩护律师提出要求的，应当听取辩护律师的意见。

第八十九条 人民检察院审查批准逮捕犯罪嫌疑人由检察长决定。重大案件应当提交检察委员会讨论决定。

第九十条 人民检察院对于公安机关提请批准逮捕的案件进行审查后，应当根据情况分别作出批准逮捕或者不批准逮捕的决定。对于批准逮捕的决定，公安机关应当立即执行，并且将执行情况及时通知人民检察院。对于不批准逮捕的，人民检察院应当说明理由，需要补充侦查的，应当同时通知公安机关。

第九十一条 公安机关对被拘留的人，认为需要逮捕的，应当在拘留后的三日以内，提请人民检察院审查批准。在特殊情况下，提请审查批准的时间可以延长一日至四日。

对于流窜作案、多次作案、结伙作案的重大嫌疑分子，提请审查批准的时间可以延长至三十日。

人民检察院应当自接到公安机关提请批准逮捕书后的七日以内，作出批准逮捕或者不批准逮捕的决定。人民检察院不批准逮捕的，公安机关应当在接到通知后立即释放，并且将执行情况及时通知人民检察院。对于需要继续侦查，并且符合取保候审、监视居住条件的，依法取保候审或者监视居住。

第九十二条 公安机关对人民检察院不批准逮捕的决定，认为有错误的时候，可以要求复议，但是必须将被拘留的人立即释放。如果意见不被接受，可以向上一级人民检察院提请复核。上级人民检察院应当立即复核，作出是否变更的决定，通知下级人民检察院和公安机关执行。

第九十三条 公安机关逮捕人的时候，必须出示逮捕证。

逮捕后，应当立即将被逮捕人送看守所羁押。除无法通知的以外，应当在逮捕后二十四小时以内，通知被逮捕人的家属。

第九十四条 人民法院、人民检察院对于各自决定逮捕的人，公安机关对于经人民检察院批准逮捕的人，都必须在逮捕后的二十四小时以内进行讯问。在发现不应当逮捕的时候，必须立即释放，发给释放证明。

第九十五条 犯罪嫌疑人、被告人被逮捕后，人民检察院仍应当对羁押的必要性进行审查。对不需要继续羁押的，应当建议予以释放或者变更强制措施。有关机关应当在十日以内将处理情况通知人民检察院。

第九十六条 人民法院、人民检察院和公安机关如果发现对犯罪嫌疑人、被告人采取强制措施不当的，应当及时撤销或者变更。公安机关释放被逮捕的人或者变更逮捕措施的，应当通知原批准的人民检察院。

第九十七条 犯罪嫌疑人、被告人及其法定代理人、近亲属或者辩护人有权申请变更强制措施。人民法院、人民检察院和公安机关收到申请后，应当在三日以内作出决定；不同意变更强制措施的，应当告知申请人，并说明不同意的理由。

第九十八条 犯罪嫌疑人、被告人被羁押的案件，不能在本法规定的侦查羁押、审查起诉、一审、二审期限内办结的，对犯罪嫌疑人、被告人应当予以释放；需要继续查证、审理的，对犯罪嫌疑人、被告人可以取保候审或者监视居住。

第九十九条 人民法院、人民检察院或者公安机关对被采取强制措施法定期限届满的犯罪嫌疑人、被告人，应当予以释放、解除取保候审、监视居住或者依法变更强制措施。犯罪嫌疑人、被告人及其法定代理人、近亲属或者辩护人对于人民法院、人民检察院或者公安机关采取强制措施法定期限届满的，有权要求解除强制措施。

第一百条 人民检察院在审查批准逮捕工作中，如果发现公安机关的侦查活动有违法情况，应当通知公安机关予以纠正，公安机关应当将纠正情况通知人民检察院。

第七章 附带民事诉讼

第一百零一条 被害人由于被告人的犯罪行为而遭受物质损失的，在刑事诉讼过程中，有权提起附带民事诉讼。被害人死亡或者丧失行为能力的，被害人的法定代理人、近亲属有权提起附带民事诉讼。

如果是国家财产、集体财产遭受损失的，人民检察院在提起公诉的时候，可以提起附带民事诉讼。

第一百零二条 人民法院在必要的时候，可以采取保全措施，查封、扣押或者冻结被告人的财产。附带民事诉讼原告人或者人民检察院可以申请人民法院采取保全措施。人民法院采取保全措施，适用民事诉讼法的有关规定。

第一百零三条 人民法院审理附带民事诉讼案件，可以进行调解，或者根据物质损失情况作出判决、裁定。

第一百零四条 附带民事诉讼应当同刑事案件一并审判，只有为了防止刑事案件审判的过分迟延，才可以在刑事案件审判后，由同一审判组织继续审理附带民事诉讼。

第八章 期间、送达

第一百零五条 期间以时、日、月计算。

期间开始的时和日不算在期间以内。

法定期间不包括路途上的时间。上诉状或者其他文件在期满前已经交邮的，不算过期。

期间的最后一日为节假日的，以节假日后的第一日为期满日期，但犯罪嫌疑人、被告人或者罪犯在押期间，应当至期满之日为止，不得因节假日而延长。

第一百零六条 当事人由于不能抗拒的原因或者有其他正当理由而耽误期限的，在障碍消除后五日以内，可以申请继续进行应当在期满以前完成的诉讼活动。

前款申请是否准许，由人民法院裁定。

第一百零七条 送达传票、通知书和其他诉讼文件应当交给收件人本人；如果本人不在，可以交给他的成年家属或者所在单位的负责人员代收。

收件人本人或者代收人拒绝接收或者拒绝签名、盖章的时候，送达人可以邀请他的邻居或者其他见证人到场，说明情况，把文件留在他的住处，在送达证上记明拒绝的事由、送达的日期，由送达人签名，即认为已经送达。

第九章　其他规定

第一百零八条　本法下列用语的含意是：

（一）“侦查”是指公安机关、人民检察院对于刑事案件，依照法律进行的收集证据、查明案情的工作和有关的强制性措施；

（二）“当事人”是指被害人、自诉人、犯罪嫌疑人、被告人、附带民事诉讼的原告人和被告人；

（三）“法定代理人”是指被代理人的父母、养父母、监护人和负有保护责任的机关、团体的代表；

（四）“诉讼参与人”是指当事人、法定代理人、诉讼代理人、辩护人、证人、鉴定人和翻译人员；

（五）“诉讼代理人”是指公诉案件的被害人及其法定代理人或者近亲属、自诉案件的自诉人及其法定代理人委托代为参加诉讼的人和附带民事诉讼的当事人及其法定代理人委托代为参加诉讼的人；

（六）“近亲属”是指夫、妻、父、母、子、女、同胞兄弟姊妹。

第二编　立案、侦查和提起公诉

第一章　立　　案

第一百零九条　公安机关或者人民检察院发现犯罪事实或者犯罪嫌疑人，应当按照管辖范围，立案侦查。

第一百一十条　任何单位和个人发现有犯罪事实或者犯罪嫌疑人，有权利也有义务向公安机关、人民检察院或者人民法院报案或者举报。

被害人对侵犯其人身、财产权利的犯罪事实或者犯罪嫌疑人，有权向公安机关、人民检察院或者人民法院报案或者控告。

公安机关、人民检察院或者人民法院对于报案、控告、举报，都应当接受。对于不属于自己管辖的，应当移送主管机关处理，并且通知报案人、控告人、举报人；对于不属于自己管辖而又必须采取紧急措施的，应当先采取紧急措施，然后移送主管机关。

犯罪人向公安机关、人民检察院或者人民法院自首的，适用第三款规定。

第一百一十一条 报案、控告、举报可以用书面或者口头提出。接受口头报案、控告、举报的工作人员，应当写成笔录，经宣读无误后，由报案人、控告人、举报人签名或者盖章。

接受控告、举报的工作人员，应当向控告人、举报人说明诬告应负的法律责任。但是，只要不是捏造事实，伪造证据，即使控告、举报的事实有出入，甚至是错告的，也要和诬告严格加以区别。

公安机关、人民检察院或者人民法院应当保障报案人、控告人、举报人及其近亲属的安全。报案人、控告人、举报人如果不愿公开自己的姓名和报案、控告、举报的行为，应当为他保守秘密。

第一百一十二条 人民法院、人民检察院或者公安机关对于报案、控告、举报和自首的材料，应当按照管辖范围，迅速进行审查，认为有犯罪事实需要追究刑事责任的时候，应当立案；认为没有犯罪事实，或者犯罪事实显著轻微，不需要追究刑事责任的时候，不予立案，并且将不立案的原因通知控告人。控告人如果不服，可以申请复议。

第一百一十三条 人民检察院认为公安机关对应当立案侦查的案件而不立案侦查的，或者被害人认为公安机关对应当立案侦查的案件而不立案侦查，向人民检察院提出的，人民检察院应当要求公安机关说明不立案的理由。人民检察院认为公安机关不立案理由不能成立的，应当通知公安机关立案，公安机关接到通知后应当立案。

第一百一十四条 对于自诉案件，被害人有权向人民法院直接起诉。被害人死亡或者丧失行为能力的，被害人的法定代理人、近亲属有权向人民法院起诉。人民法院应当依法受理。

第二章 侦　　查

第一节 一般规定

第一百一十五条 公安机关对已经立案的刑事案件，应当进行侦查，收集、调取犯罪嫌疑人有罪或者无罪、罪轻或者罪重的证据材料。对现行犯或者重大嫌疑分子可以依法先行拘留，对符合逮捕条件的犯罪嫌疑人，应当依法逮捕。

第一百一十六条 公安机关经过侦查，对有证据证明有犯罪事实的案件，应当进行预审，对收集、调取的证据材料予以核实。

第一百一十七条 当事人和辩护人、诉讼代理人、利害关系人对于司法机关及其工作人员有下列行为之一的，有权向该机关申诉或者控告：

（一）采取强制措施法定期限届满，不予以释放、解除或者变更的；

（二）应当退还取保候审保证金不退还的；

（三）对与案件无关的财物采取查封、扣押、冻结措施的；

（四）应当解除查封、扣押、冻结不解除的；

（五）贪污、挪用、私分、调换、违反规定使用查封、扣押、冻结的财物的。

受理申诉或者控告的机关应当及时处理。对处理不服的，可以向同级人民检察院申诉；人民检察院直接受理的案件，可以向上一级人民检察院申诉。人民检察院对申诉应当及时进行审查，情况属实的，通知有关机关予以纠正。

第二节 讯问犯罪嫌疑人

第一百一十八条 讯问犯罪嫌疑人必须由人民检察院或者公安机关的侦查人员负责进行。讯问的时候，侦查人员不得少于二人。

犯罪嫌疑人被送交看守所羁押以后，侦查人员对其进行讯问，应当在看守所内进行。

第一百一十九条 对不需要逮捕、拘留的犯罪嫌疑人，可以传唤到犯罪嫌疑人所在市、县内的指定地点或者到他的住处进行讯问，但是应当出示人民检察院或者公安机关的证明文件。对在现场发现的犯罪嫌疑人，经出示工作证件，可以口头传唤，但应当在讯问笔录中注明。

传唤、拘传持续的时间不得超过十二小时；案情特别重大、复杂，需要采取拘留、逮捕措施的，传唤、拘传持续的时间不得超过二十四小时。

不得以连续传唤、拘传的形式变相拘禁犯罪嫌疑人。传唤、拘传犯罪嫌疑人，应当保证犯罪嫌疑人的饮食和必要的休息时间。

第一百二十条 侦查人员在讯问犯罪嫌疑人的时候，应当首先讯问犯罪嫌疑人是否有犯罪行为，让他陈述有罪的情节或者无罪的辩解，然后向他提出问题。犯罪嫌疑人对侦查人员的提问，应当如实回答。但是对与本案无关的问题，有拒绝回答的权利。

侦查人员在讯问犯罪嫌疑人的时候，应当告知犯罪嫌疑人享有的诉讼权利，如实供述自己罪行可以从宽处理和认罪认罚的法律规定。

第一百二十一条 讯问聋、哑的犯罪嫌疑人，应当有通晓聋、哑手势的人参加，并且将这种情况记明笔录。

第一百二十二条 讯问笔录应当交犯罪嫌疑人核对，对于没有阅读能力的，应当向他宣读。如果记载有遗漏或者差错，犯罪嫌疑人可以提出补充或者改正。犯罪嫌疑人承认笔录没有错误后，应当签名或者盖章。侦查人员也应当在笔录上签名。犯罪嫌疑人请求自行书写供述的，应当准许。必要的时候，侦查人员也可以要犯罪嫌疑人亲笔书写供词。

第一百二十三条 侦查人员在讯问犯罪嫌疑人的时候，可以对讯问过程进行录音或者录像；对于可能判处无期徒刑、死刑的案件或者其他重大犯罪案件，应当对讯问过程进行录音或者录像。

录音或者录像应当全程进行，保持完整性。

第三节 询问证人

第一百二十四条 侦查人员询问证人，可以在现场进行，也可以到证人所在单位、住处或者证人提出的地点进行，在必要的时候，可以通知证人到人民检察院或者公安机关提供证言。在现场询问证人，应当出示工作证件，到证人所在单位、住处或者证人提出的地点询问证人，应当出示人民检察院或者公安机关的证明文件。

询问证人应当个别进行。

第一百二十五条 询问证人，应当告知他应当如实地提供证据、证言和有意作伪证或者隐匿罪证要负的法律责任。

第一百二十六条 本法第一百二十二条的规定，也适用于询问证人。

第一百二十七条 询问被害人，适用本节各条规定。

第四节 勘验、检查

第一百二十八条 侦查人员对于与犯罪有关的场所、物品、人身、尸体应当进行勘验或者检查。在必要的时候，可以指派或者聘请具有专门知识的人，在侦查人员的主持下进行勘验、检查。

第一百二十九条 任何单位和个人，都有义务保护犯罪现场，并且立即通知公安机关派员勘验。

第一百三十条 侦查人员执行勘验、检查，必须持有人民检察院或者公安机关的证明文件。

第一百三十一条 对于死因不明的尸体，公安机关有权决定解剖，并且通知死者家属到场。

第一百三十二条 为了确定被害人、犯罪嫌疑人的某些特征、伤害情况或者生理状态，可以对人身进行检查，可以提取指纹信息，采集血液、尿液等生物样本。

犯罪嫌疑人如果拒绝检查，侦查人员认为必要的时候，可以强制检查。

检查妇女的身体，应当由女工作人员或者医师进行。

第一百三十三条 勘验、检查的情况应当写成笔录，由参加勘验、检查的人和见证人签名或者盖章。

第一百三十四条 人民检察院审查案件的时候，对公安机关的勘验、检查，认为需要复验、复查时，可以要求公安机关复验、复查，并且可以派检察人员参加。

第一百三十五条 为了查明案情，在必要的时候，经公安机关负责人批准，可以进行侦查实验。

侦查实验的情况应当写成笔录，由参加实验的人签名或者盖章。

侦查实验，禁止一切足以造成危险、侮辱人格或者有伤风化的行为。

第五节　搜　　查

第一百三十六条 为了收集犯罪证据、查获犯罪人，侦查人员可以对犯罪嫌疑人以及可能隐藏罪犯或者犯罪证据的人的身体、物品、住处和其他有关的地方进行搜查。

第一百三十七条 任何单位和个人，有义务按照人民检察院和公安机关的要求，交出可以证明犯罪嫌疑人有罪或者无罪的物证、书证、视听资料等证据。

第一百三十八条 进行搜查，必须向被搜查人出示搜查证。

在执行逮捕、拘留的时候，遇有紧急情况，不另用搜查证也可以进行搜查。

第一百三十九条 在搜查的时候，应当有被搜查人或者他的家属，邻居或者其他见证人在场。

搜查妇女的身体，应当由女工作人员进行。

第一百四十条 搜查的情况应当写成笔录，由侦查人员和被搜查人或者他的家属，邻居或者其他见证人签名或者盖章。如果被搜查人或者他的家属在逃或者拒绝签名、盖章，应当在笔录上注明。

第六节 查封、扣押物证、书证

第一百四十一条 在侦查活动中发现的可用以证明犯罪嫌疑人有罪或者无罪的各种财物、文件，应当查封、扣押；与案件无关的财物、文件，不得查封、扣押。

对查封、扣押的财物、文件，要妥善保管或者封存，不得使用、调换或者损毁。

第一百四十二条 对查封、扣押的财物、文件，应当会同在场见证人和被查封、扣押财物、文件持有人查点清楚，当场开列清单一式二份，由侦查人员、见证人和持有人签名或者盖章，一份交给持有人，另一份附卷备查。

第一百四十三条 侦查人员认为需要扣押犯罪嫌疑人的邮件、电报的时候，经公安机关或者人民检察院批准，即可通知邮电机关将有关的邮件、电报检交扣押。

不需要继续扣押的时候，应即通知邮电机关。

第一百四十四条 人民检察院、公安机关根据侦查犯罪的需要，可以依照规定查询、冻结犯罪嫌疑人的存款、汇款、债券、股票、基金份额等财产。有关单位和个人应当配合。

犯罪嫌疑人的存款、汇款、债券、股票、基金份额等财产已被冻结的，不得重复冻结。

第一百四十五条 对查封、扣押的财物、文件、邮件、电报或者冻结的存款、汇款、债券、股票、基金份额等财产，经查明确实与案件无关的，应当在三日以内解除查封、扣押、冻结，予以退还。

第七节 鉴 定

第一百四十六条 为了查明案情，需要解决案件中某些专门性问题的时候，应当指派、聘请有专门知识的人进行鉴定。

第一百四十七条 鉴定人进行鉴定后，应当写出鉴定意见，并且签名。

鉴定人故意作虚假鉴定的，应当承担法律责任。

第一百四十八条 侦查机关应当将用作证据的鉴定意见告知犯罪嫌疑人、被害人。如果犯罪嫌疑人、被害人提出申请，可以补充鉴定或者重新鉴定。

第一百四十九条 对犯罪嫌疑人作精神病鉴定的期间不计入办案期限。

第八节 技术侦查措施

第一百五十条 公安机关在立案后，对于危害国家安全犯罪、恐怖活动犯罪、黑社会性质的组织犯罪、重大毒品犯罪或者其他严重危害社会的犯罪案件，根据侦查犯罪的需要，经过严格的批准手续，可以采取技术侦查措施。

人民检察院在立案后，对于利用职权实施的严重侵犯公民人身权利的重大犯罪案件，根据侦查犯罪的需要，经过严格的批准手续，可以采取技术侦查措施，按照规定交有关机关执行。

追捕被通缉或者批准、决定逮捕的在逃的犯罪嫌疑人、被告人，经过批准，可以采取追捕所必需的技术侦查措施。

第一百五十一条 批准决定应当根据侦查犯罪的需要，确定采取技术侦查措施的种类和适用对象。批准决定自签发之日起三个月以内有效。对于不需要继续采取技术侦查措施的，应当及时解除；对于复杂、疑难案件，期限届满仍有必要继续采取技术侦查措施的，经过批准，有效期可以延长，每次不得超过三个月。

第一百五十二条 采取技术侦查措施，必须严格按照批准的措施种类、适用对象和期限执行。

侦查人员对采取技术侦查措施过程中知悉的国家秘密、商业秘密和个人隐私，应当保密；对采取技术侦查措施获取的与案件无关的材料，必须及时销毁。

采取技术侦查措施获取的材料，只能用于对犯罪的侦查、起诉和审判，不得用于其他用途。

公安机关依法采取技术侦查措施，有关单位和个人应当配合，并对有关情况予以保密。

第一百五十三条 为了查明案情，在必要的时候，经公安机关负责人决定，可以由有关人员隐匿其身份实施侦查。但是，不得诱使他人犯罪，不得采用可能危害公共安全或者发生重大人身危险的方法。

对涉及给付毒品等违禁品或者财物的犯罪活动，公安机关根据侦查犯罪的需要，可以依照规定实施控制下交付。

第一百五十四条 依照本节规定采取侦查措施收集的材料在刑事诉讼中可以作

为证据使用。如果使用该证据可能危及有关人员的人身安全，或者可能产生其他严重后果的，应当采取不暴露有关人员身份、技术方法等保护措施，必要的时候，可以由审判人员在庭外对证据进行核实。

第九节　通　　缉

第一百五十五条　应当逮捕的犯罪嫌疑人如果在逃，公安机关可以发布通缉令，采取有效措施，追捕归案。

各级公安机关在自己管辖的地区以内，可以直接发布通缉令；超出自己管辖的地区，应当报请有权决定的上级机关发布。

第十节　侦查终结

第一百五十六条　对犯罪嫌疑人逮捕后的侦查羁押期限不得超过二个月。案情复杂、期限届满不能终结的案件，可以经上一级人民检察院批准延长一个月。

第一百五十七条　因为特殊原因，在较长时间内不宜交付审判的特别重大复杂的案件，由最高人民检察院报请全国人民代表大会常务委员会批准延期审理。

第一百五十八条　下列案件在本法第一百五十六条规定的期限届满不能侦查终结的，经省、自治区、直辖市人民检察院批准或者决定，可以延长二个月：

（一）交通十分不便的边远地区的重大复杂案件；

（二）重大的犯罪集团案件；

（三）流窜作案的重大复杂案件；

（四）犯罪涉及面广，取证困难的重大复杂案件。

第一百五十九条　对犯罪嫌疑人可能判处十年有期徒刑以上刑罚，依照本法第一百五十八条规定延长期限届满，仍不能侦查终结的，经省、自治区、直辖市人民检察院批准或者决定，可以再延长二个月。

第一百六十条　在侦查期间，发现犯罪嫌疑人另有重要罪行的，自发现之日起依照本法第一百五十六条的规定重新计算侦查羁押期限。

犯罪嫌疑人不讲真实姓名、住址，身份不明的，应当对其身份进行调查，侦查羁押期限自查清其身份之日起计算，但是不得停止对其犯罪行为的侦查取证。对于犯罪事实清楚，证据确实、充分，确实无法查明其身份的，也可以按其自报的姓名起诉、审判。

第一百六十一条 在案件侦查终结前，辩护律师提出要求的，侦查机关应当听取辩护律师的意见，并记录在案。辩护律师提出书面意见的，应当附卷。

第一百六十二条 公安机关侦查终结的案件，应当做到犯罪事实清楚，证据确实、充分，并且写出起诉意见书，连同案卷材料、证据一并移送同级人民检察院审查决定；同时将案件移送情况告知犯罪嫌疑人及其辩护律师。

犯罪嫌疑人自愿认罪的，应当记录在案，随案移送，并在起诉意见书中写明有关情况。

第一百六十三条 在侦查过程中，发现不应对犯罪嫌疑人追究刑事责任的，应当撤销案件；犯罪嫌疑人已被逮捕的，应当立即释放，发给释放证明，并且通知原批准逮捕的人民检察院。

第十一节 人民检察院对直接受理的案件的侦查

第一百六十四条 人民检察院对直接受理的案件的侦查适用本章规定。

第一百六十五条 人民检察院直接受理的案件中符合本法第八十一条、第八十二条第四项、第五项规定情形，需要逮捕、拘留犯罪嫌疑人的，由人民检察院作出决定，由公安机关执行。

第一百六十六条 人民检察院对直接受理的案件中被拘留的人，应当在拘留后的二十四小时以内进行讯问。在发现不应当拘留的时候，必须立即释放，发给释放证明。

第一百六十七条 人民检察院对直接受理的案件中被拘留的人，认为需要逮捕的，应当在十四日以内作出决定。在特殊情况下，决定逮捕的时间可以延长一日至三日。对不需要逮捕的，应当立即释放；对需要继续侦查，并且符合取保候审、监视居住条件的，依法取保候审或者监视居住。

第一百六十八条 人民检察院侦查终结的案件，应当作出提起公诉、不起诉或者撤销案件的决定。

第三章 提起公诉

第一百六十九条 凡需要提起公诉的案件，一律由人民检察院审查决定。

第一百七十条 人民检察院对于监察机关移送起诉的案件，依照本法和监察法的有关规定进行审查。人民检察院经审查，认为需要补充核实的，应当退回监察机关补充调查，必要时可以自行补充侦查。

对于监察机关移送起诉的已采取留置措施的案件，人民检察院应当对犯罪嫌疑人先行拘留，留置措施自动解除。人民检察院应当在拘留后的十日以内作出是否逮捕、取保候审或者监视居住的决定。在特殊情况下，决定的时间可以延长一日至四日。人民检察院决定采取强制措施的期间不计入审查起诉期限。

第一百七十一条 人民检察院审查案件的时候，必须查明：

（一）犯罪事实、情节是否清楚，证据是否确实、充分，犯罪性质和罪名的认定是否正确；

（二）有无遗漏罪行和其他应当追究刑事责任的人；

（三）是否属于不应追究刑事责任的；

（四）有无附带民事诉讼；

（五）侦查活动是否合法。

第一百七十二条 人民检察院对于监察机关、公安机关移送起诉的案件，应当在一个月以内作出决定，重大、复杂的案件，可以延长十五日；犯罪嫌疑人认罪认罚，符合速裁程序适用条件的，应当在十日以内作出决定，对可能判处的有期徒刑超过一年的，可以延长至十五日。

人民检察院审查起诉的案件，改变管辖的，从改变后的人民检察院收到案件之日起计算审查起诉期限。

第一百七十三条 人民检察院审查案件，应当讯问犯罪嫌疑人，听取辩护人或者值班律师、被害人及其诉讼代理人的意见，并记录在案。辩护人或者值班律师、被害人及其诉讼代理人提出书面意见的，应当附卷。

犯罪嫌疑人认罪认罚的，人民检察院应当告知其享有的诉讼权利和认罪认罚的法律规定，听取犯罪嫌疑人、辩护人或者值班律师、被害人及其诉讼代理人对下列事项的意见，并记录在案：

（一）涉嫌的犯罪事实、罪名及适用的法律规定；

（二）从轻、减轻或者免除处罚等从宽处罚的建议；

（三）认罪认罚后案件审理适用的程序；

（四）其他需要听取意见的事项。

人民检察院依照前两款规定听取值班律师意见的，应当提前为值班律师了解案件有关情况提供必要的便利。

第一百七十四条 犯罪嫌疑人自愿认罪，同意量刑建议和程序适用的，应当在辩护人或者值班律师在场的情况下签署认罪认罚具结书。

犯罪嫌疑人认罪认罚，有下列情形之一的，不需要签署认罪认罚具结书：

（一）犯罪嫌疑人是盲、聋、哑人，或者是尚未完全丧失辨认或者控制自己行为能力的精神病人的；

（二）未成年犯罪嫌疑人的法定代理人、辩护人对未成年人认罪认罚有异议的；

（三）其他不需要签署认罪认罚具结书的情形。

第一百七十五条 人民检察院审查案件，可以要求公安机关提供法庭审判所必需的证据材料；认为可能存在本法第五十六条规定的以非法方法收集证据情形的，可以要求其对证据收集的合法性作出说明。

人民检察院审查案件，对于需要补充侦查的，可以退回公安机关补充侦查，也可以自行侦查。

对于补充侦查的案件，应当在一个月以内补充侦查完毕。补充侦查以二次为限。补充侦查完毕移送人民检察院后，人民检察院重新计算审查起诉期限。

对于二次补充侦查的案件，人民检察院仍然认为证据不足，不符合起诉条件的，应当作出不起诉的决定。

第一百七十六条 人民检察院认为犯罪嫌疑人的犯罪事实已经查清，证据确实、充分，依法应当追究刑事责任的，应当作出起诉决定，按照审判管辖的规定，向人民法院提起公诉，并将案卷材料、证据移送人民法院。

犯罪嫌疑人认罪认罚的，人民检察院应当就主刑、附加刑、是否适用缓刑等提出量刑建议，并随案移送认罪认罚具结书等材料。

第一百七十七条 犯罪嫌疑人没有犯罪事实，或者有本法第十六条规定的情形之一的，人民检察院应当作出不起诉决定。

对于犯罪情节轻微，依照刑法规定不需要判处刑罚或者免除刑罚的，人民检察院可以作出不起诉决定。

人民检察院决定不起诉的案件，应当同时对侦查中查封、扣押、冻结的财物解除查封、扣押、冻结。对被不起诉人需要给予行政处罚、处分或者需要没收其违法所得的，人民检察院应当提出检察意见，移送有关主管机关处理。有关主管机关应当将处理结果及时通知人民检察院。

第一百七十八条 不起诉的决定，应当公开宣布，并且将不起诉决定书送达被不起诉人和他的所在单位。如果被不起诉人在押，应当立即释放。

第一百七十九条 对于公安机关移送起诉的案件，人民检察院决定不起诉的，应当将不起诉决定书送达公安机关。公安机关认为不起诉的决定有错误的时候，可以要求复议，如果意见不被接受，可以向上一级人民检察院提请复核。

第一百八十条 对于有被害人的案件，决定不起诉的，人民检察院应当将不起诉决定书送达被害人。被害人如果不服，可以自收到决定书后七日以内向上一级人民检察院申诉，请求提起公诉。人民检察院应当将复查决定告知被害人。对人民检察院维持不起诉决定的，被害人可以向人民法院起诉。被害人也可以不经申诉，直接向人民法院起诉。人民法院受理案件后，人民检察院应当将有关案件材料移送人民法院。

第一百八十一条 对于人民检察院依照本法第一百七十七条第二款规定作出的不起诉决定，被不起诉人如果不服，可以自收到决定书后七日以内向人民检察院申诉。人民检察院应当作出复查决定，通知被不起诉的人，同时抄送公安机关。

第一百八十二条 犯罪嫌疑人自愿如实供述涉嫌犯罪的事实，有重大立功或者案件涉及国家重大利益的，经最高人民检察院核准，公安机关可以撤销案件，人民检察院可以作出不起诉决定，也可以对涉嫌数罪中的一项或者多项不起诉。

根据前款规定不起诉或者撤销案件的，人民检察院、公安机关应当及时对查封、扣押、冻结的财物及其孳息作出处理。

第三编 审　判

第一章 审判组织

第一百八十三条 基层人民法院、中级人民法院审判第一审案件，应当由审判员三人或者由审判员和人民陪审员共三人或者七人组成合议庭进行，但是基层人民法院适用简易程序、速裁程序的案件可以由审判员一人独任审判。

高级人民法院审判第一审案件，应当由审判员三人至七人或者由审判员和人民陪审员共三人或者七人组成合议庭进行。

最高人民法院审判第一审案件，应当由审判员三人至七人组成合议庭进行。

人民法院审判上诉和抗诉案件，由审判员三人或者五人组成合议庭进行。

合议庭的成员人数应当是单数。

第一百八十四条 合议庭进行评议的时候，如果意见分歧，应当按多数人的意见作出决定，但是少数人的意见应当写入笔录。评议笔录由合议庭的组成人员签名。

第一百八十五条 合议庭开庭审理并且评议后，应当作出判决。对于疑难、复杂、重大的案件，合议庭认为难以作出决定的，由合议庭提请院长决定提交审判委员会讨论决定。审判委员会的决定，合议庭应当执行。

第二章 第一审程序

第一节 公诉案件

第一百八十六条 人民法院对提起公诉的案件进行审查后，对于起诉书中有明确的指控犯罪事实的，应当决定开庭审判。

第一百八十七条 人民法院决定开庭审判后，应当确定合议庭的组成人员，将人民检察院的起诉书副本至迟在开庭十日以前送达被告人及其辩护人。

在开庭以前，审判人员可以召集公诉人、当事人和辩护人、诉讼代理人，对回避、出庭证人名单、非法证据排除等与审判相关的问题，了解情况，听取意见。

人民法院确定开庭日期后，应当将开庭的时间、地点通知人民检察院，传唤当事人，通知辩护人、诉讼代理人、证人、鉴定人和翻译人员，传票和通知书至迟在开庭三日以前送达。公开审判的案件，应当在开庭三日以前先期公布案由、被告人姓名、开庭时间和地点。

上述活动情形应当写入笔录，由审判人员和书记员签名。

第一百八十八条 人民法院审判第一审案件应当公开进行。但是有关国家秘密或者个人隐私的案件，不公开审理；涉及商业秘密的案件，当事人申请不公开审理的，可以不公开审理。

不公开审理的案件，应当当庭宣布不公开审理的理由。

第一百八十九条 人民法院审判公诉案件，人民检察院应当派员出席法庭支持公诉。

第一百九十条 开庭的时候，审判长查明当事人是否到庭，宣布案由；宣布合议庭的组成人员、书记员、公诉人、辩护人、诉讼代理人、鉴定人和翻译人员的名单；告知当事人有权对合议庭组成人员、书记员、公诉人、鉴定人和翻译人员申请回避，告知被告人享有辩护权利。

被告人认罪认罚的，审判长应当告知被告人享有的诉讼权利和认罪认罚的法律规定，审查认罪认罚的自愿性和认罪认罚具结书内容的真实性、合法性。

第一百九十一条　公诉人在法庭上宣读起诉书后，被告人、被害人可以就起诉书指控的犯罪进行陈述，公诉人可以讯问被告人。

被害人、附带民事诉讼的原告人和辩护人、诉讼代理人，经审判长许可，可以向被告人发问。

审判人员可以讯问被告人。

第一百九十二条　公诉人、当事人或者辩护人、诉讼代理人对证人证言有异议，且该证人证言对案件定罪量刑有重大影响，人民法院认为证人有必要出庭作证的，证人应当出庭作证。

人民警察就其执行职务时目击的犯罪情况作为证人出庭作证，适用前款规定。

公诉人、当事人或者辩护人、诉讼代理人对鉴定意见有异议，人民法院认为鉴定人有必要出庭的，鉴定人应当出庭作证。经人民法院通知，鉴定人拒不出庭作证的，鉴定意见不得作为定案的根据。

第一百九十三条　经人民法院通知，证人没有正当理由不出庭作证的，人民法院可以强制其到庭，但是被告人的配偶、父母、子女除外。

证人没有正当理由拒绝出庭或者出庭后拒绝作证的，予以训诫，情节严重的，经院长批准，处以十日以下的拘留。被处罚人对拘留决定不服的，可以向上一级人民法院申请复议。复议期间不停止执行。

第一百九十四条　证人作证，审判人员应当告知他要如实地提供证言和有意作伪证或者隐匿罪证要负的法律责任。公诉人、当事人和辩护人、诉讼代理人经审判长许可，可以对证人、鉴定人发问。审判长认为发问的内容与案件无关的时候，应当制止。

审判人员可以询问证人、鉴定人。

第一百九十五条　公诉人、辩护人应当向法庭出示物证，让当事人辨认，对未到庭的证人的证言笔录、鉴定人的鉴定意见、勘验笔录和其他作为证据的文书，应当当庭宣读。审判人员应当听取公诉人、当事人和辩护人、诉讼代理人的意见。

第一百九十六条　法庭审理过程中，合议庭对证据有疑问的，可以宣布休庭，对证据进行调查核实。

人民法院调查核实证据，可以进行勘验、检查、查封、扣押、鉴定和查询、冻结。

第一百九十七条 法庭审理过程中，当事人和辩护人、诉讼代理人有权申请通知新的证人到庭，调取新的物证，申请重新鉴定或者勘验。

公诉人、当事人和辩护人、诉讼代理人可以申请法庭通知有专门知识的人出庭，就鉴定人作出的鉴定意见提出意见。

法庭对于上述申请，应当作出是否同意的决定。

第二款规定的有专门知识的人出庭，适用鉴定人的有关规定。

第一百九十八条 法庭审理过程中，对与定罪、量刑有关的事实、证据都应当进行调查、辩论。

经审判长许可，公诉人、当事人和辩护人、诉讼代理人可以对证据和案件情况发表意见并且可以互相辩论。

审判长在宣布辩论终结后，被告人有最后陈述的权利。

第一百九十九条 在法庭审判过程中，如果诉讼参与人或者旁听人员违反法庭秩序，审判长应当警告制止。对不听制止的，可以强行带出法庭；情节严重的，处以一千元以下的罚款或者十五日以下的拘留。罚款、拘留必须经院长批准。被处罚人对罚款、拘留的决定不服的，可以向上一级人民法院申请复议。复议期间不停止执行。

对聚众哄闹、冲击法庭或者侮辱、诽谤、威胁、殴打司法工作人员或者诉讼参与人，严重扰乱法庭秩序，构成犯罪的，依法追究刑事责任。

第二百条 在被告人最后陈述后，审判长宣布休庭，合议庭进行评议，根据已经查明的事实、证据和有关的法律规定，分别作出以下判决：

（一）案件事实清楚，证据确实、充分，依据法律认定被告人有罪的，应当作出有罪判决；

（二）依据法律认定被告人无罪的，应当作出无罪判决；

（三）证据不足，不能认定被告人有罪的，应当作出证据不足、指控的犯罪不能成立的无罪判决。

第二百零一条 对于认罪认罚案件，人民法院依法作出判决时，一般应当采纳人民检察院指控的罪名和量刑建议，但有下列情形的除外：

（一）被告人的行为不构成犯罪或者不应当追究其刑事责任的；

（二）被告人违背意愿认罪认罚的；

（三）被告人否认指控的犯罪事实的；

（四）起诉指控的罪名与审理认定的罪名不一致的；

（五）其他可能影响公正审判的情形。

人民法院经审理认为量刑建议明显不当，或者被告人、辩护人对量刑建议提出异议的，人民检察院可以调整量刑建议。人民检察院不调整量刑建议或者调整量刑建议后仍然明显不当的，人民法院应当依法作出判决。

第二百零二条 宣告判决，一律公开进行。

当庭宣告判决的，应当在五日以内将判决书送达当事人和提起公诉的人民检察院；定期宣告判决的，应当在宣告后立即将判决书送达当事人和提起公诉的人民检察院。判决书应当同时送达辩护人、诉讼代理人。

第二百零三条 判决书应当由审判人员和书记员署名，并且写明上诉的期限和上诉的法院。

第二百零四条 在法庭审判过程中，遇有下列情形之一，影响审判进行的，可以延期审理：

（一）需要通知新的证人到庭，调取新的物证，重新鉴定或者勘验的；

（二）检察人员发现提起公诉的案件需要补充侦查，提出建议的；

（三）由于申请回避而不能进行审判的。

第二百零五条 依照本法第二百零四条第二项的规定延期审理的案件，人民检察院应当在一个月以内补充侦查完毕。

第二百零六条 在审判过程中，有下列情形之一，致使案件在较长时间内无法继续审理的，可以中止审理：

（一）被告人患有严重疾病，无法出庭的；

（二）被告人脱逃的；

（三）自诉人患有严重疾病，无法出庭，未委托诉讼代理人出庭的；

（四）由于不能抗拒的原因。

中止审理的原因消失后，应当恢复审理。中止审理的期间不计入审理期限。

第二百零七条 法庭审判的全部活动，应当由书记员写成笔录，经审判长审阅后，由审判长和书记员签名。

法庭笔录中的证人证言部分，应当当庭宣读或者交给证人阅读。证人在承认没有错误后，应当签名或者盖章。

法庭笔录应当交给当事人阅读或者向他宣读。当事人认为记载有遗漏或者差错的，可以请求补充或者改正。当事人承认没有错误后，应当签名或者盖章。

第二百零八条 人民法院审理公诉案件，应当在受理后二个月以内宣判，至迟不得超过三个月。对于可能判处死刑的案件或者附带民事诉讼的案件，以及有本法第一百五十八条规定情形之一的，经上一级人民法院批准，可以延长三个月；因特殊情况还需要延长的，报请最高人民法院批准。

人民法院改变管辖的案件，从改变后的人民法院收到案件之日起计算审理期限。

人民检察院补充侦查的案件，补充侦查完毕移送人民法院后，人民法院重新计算审理期限。

第二百零九条 人民检察院发现人民法院审理案件违反法律规定的诉讼程序，有权向人民法院提出纠正意见。

第二节 自诉案件

第二百一十条 自诉案件包括下列案件：

（一）告诉才处理的案件；

（二）被害人有证据证明的轻微刑事案件；

（三）被害人有证据证明对被告人侵犯自己人身、财产权利的行为应当依法追究刑事责任，而公安机关或者人民检察院不予追究被告人刑事责任的案件。

第二百一十一条 人民法院对于自诉案件进行审查后，按照下列情形分别处理：

（一）犯罪事实清楚，有足够证据的案件，应当开庭审判；

（二）缺乏罪证的自诉案件，如果自诉人提不出补充证据，应当说服自诉人撤回自诉，或者裁定驳回。

自诉人经两次依法传唤，无正当理由拒不到庭的，或者未经法庭许可中途退庭的，按撤诉处理。

法庭审理过程中，审判人员对证据有疑问，需要调查核实的，适用本法第一百九十六条的规定。

第二百一十二条 人民法院对自诉案件，可以进行调解；自诉人在宣告判决前，可以同被告人自行和解或者撤回自诉。本法第二百一十条第三项规定的案件不适用调解。

人民法院审理自诉案件的期限，被告人被羁押的，适用本法第二百零八条第一款、第二款的规定；未被羁押的，应当在受理后六个月以内宣判。

第二百一十三条 自诉案件的被告人在诉讼过程中，可以对自诉人提起反诉。反诉适用自诉的规定。

第三节 简易程序

第二百一十四条 基层人民法院管辖的案件，符合下列条件的，可以适用简易程序审判：

（一）案件事实清楚、证据充分的；

（二）被告人承认自己所犯罪行，对指控的犯罪事实没有异议的；

（三）被告人对适用简易程序没有异议的。

人民检察院在提起公诉的时候，可以建议人民法院适用简易程序。

第二百一十五条 有下列情形之一的，不适用简易程序：

（一）被告人是盲、聋、哑人，或者是尚未完全丧失辨认或者控制自己行为能力的精神病人的；

（二）有重大社会影响的；

（三）共同犯罪案件中部分被告人不认罪或者对适用简易程序有异议的；

（四）其他不宜适用简易程序审理的。

第二百一十六条 适用简易程序审理案件，对可能判处三年有期徒刑以下刑罚的，可以组成合议庭进行审判，也可以由审判员一人独任审判；对可能判处的有期徒刑超过三年的，应当组成合议庭进行审判。

适用简易程序审理公诉案件，人民检察院应当派员出席法庭。

第二百一十七条 适用简易程序审理案件，审判人员应当询问被告人对指控的犯罪事实的意见，告知被告人适用简易程序审理的法律规定，确认被告人是否同意适用简易程序审理。

第二百一十八条 适用简易程序审理案件，经审判人员许可，被告人及其辩护人可以同公诉人、自诉人及其诉讼代理人互相辩论。

第二百一十九条 适用简易程序审理案件，不受本章第一节关于送达期限、讯问被告人、询问证人、鉴定人、出示证据、法庭辩论程序规定的限制。但在判决宣告前应当听取被告人的最后陈述意见。

第二百二十条 适用简易程序审理案件，人民法院应当在受理后二十日以内审结；对可能判处的有期徒刑超过三年的，可以延长至一个半月。

第二百二十一条 人民法院在审理过程中，发现不宜适用简易程序的，应当按照本章第一节或者第二节的规定重新审理。

第四节 速裁程序

第二百二十二条 基层人民法院管辖的可能判处三年有期徒刑以下刑罚的案件，案件事实清楚，证据确实、充分，被告人认罪认罚并同意适用速裁程序的，可以适用速裁程序，由审判员一人独任审判。

人民检察院在提起公诉的时候，可以建议人民法院适用速裁程序。

第二百二十三条 有下列情形之一的，不适用速裁程序：

（一）被告人是盲、聋、哑人，或者是尚未完全丧失辨认或者控制自己行为能力的精神病人的；

（二）被告人是未成年人的；

（三）案件有重大社会影响的；

（四）共同犯罪案件中部分被告人对指控的犯罪事实、罪名、量刑建议或者适用速裁程序有异议的；

（五）被告人与被害人或者其法定代理人没有就附带民事诉讼赔偿等事项达成调解或者和解协议的；

（六）其他不宜适用速裁程序审理的。

第二百二十四条 适用速裁程序审理案件，不受本章第一节规定的送达期限的限制，一般不进行法庭调查、法庭辩论，但在判决宣告前应当听取辩护人的意见和被告人的最后陈述意见。

适用速裁程序审理案件，应当当庭宣判。

第二百二十五条 适用速裁程序审理案件，人民法院应当在受理后十日以内审结；对可能判处的有期徒刑超过一年的，可以延长至十五日。

第二百二十六条 人民法院在审理过程中，发现有被告人的行为不构成犯罪或者不应当追究其刑事责任、被告人违背意愿认罪认罚、被告人否认指控的犯罪事实或者其他不宜适用速裁程序审理的情形的，应当按照本章第一节或者第三节的规定重新审理。

第三章 第二审程序

第二百二十七条 被告人、自诉人和他们的法定代理人，不服地方各级人民法院第一审的判决、裁定，有权用书状或者口头向上一级人民法院上诉。被告人的辩护人和近亲属，经被告人同意，可以提出上诉。

附带民事诉讼的当事人和他们的法定代理人，可以对地方各级人民法院第一审的判决、裁定中的附带民事诉讼部分，提出上诉。

对被告人的上诉权，不得以任何借口加以剥夺。

第二百二十八条 地方各级人民检察院认为本级人民法院第一审的判决、裁定确有错误的时候，应当向上一级人民法院提出抗诉。

第二百二十九条 被害人及其法定代理人不服地方各级人民法院第一审的判决的，自收到判决书后五日以内，有权请求人民检察院提出抗诉。人民检察院自收到被害人及其法定代理人的请求后五日以内，应当作出是否抗诉的决定并且答复请求人。

第二百三十条 不服判决的上诉和抗诉的期限为十日，不服裁定的上诉和抗诉的期限为五日，从接到判决书、裁定书的第二日起算。

第二百三十一条 被告人、自诉人、附带民事诉讼的原告人和被告人通过原审人民法院提出上诉的，原审人民法院应当在三日以内将上诉状连同案卷、证据移送上一级人民法院，同时将上诉状副本送交同级人民检察院和对方当事人。

被告人、自诉人、附带民事诉讼的原告人和被告人直接向第二审人民法院提出上诉的，第二审人民法院应当在三日以内将上诉状交原审人民法院送交同级人民检察院和对方当事人。

第二百三十二条 地方各级人民检察院对同级人民法院第一审判决、裁定的抗诉，应当通过原审人民法院提出抗诉书，并且将抗诉书抄送上一级人民检察院。原审人民法院应当将抗诉书连同案卷、证据移送上一级人民法院，并且将抗诉书副本送交当事人。

上级人民检察院如果认为抗诉不当，可以向同级人民法院撤回抗诉，并且通知下级人民检察院。

第二百三十三条 第二审人民法院应当就第一审判决认定的事实和适用法律进行全面审查，不受上诉或者抗诉范围的限制。

共同犯罪的案件只有部分被告人上诉的，应当对全案进行审查，一并处理。

第二百三十四条 第二审人民法院对于下列案件，应当组成合议庭，开庭审理：

（一）被告人、自诉人及其法定代理人对第一审认定的事实、证据提出异议，可能影响定罪量刑的上诉案件；

（二）被告人被判处死刑的上诉案件；

（三）人民检察院抗诉的案件；

（四）其他应当开庭审理的案件。

第二审人民法院决定不开庭审理的，应当讯问被告人，听取其他当事人、辩护人、诉讼代理人的意见。

第二审人民法院开庭审理上诉、抗诉案件，可以到案件发生地或者原审人民法院所在地进行。

第二百三十五条 人民检察院提出抗诉的案件或者第二审人民法院开庭审理的公诉案件，同级人民检察院都应当派员出席法庭。第二审人民法院应当在决定开庭审理后及时通知人民检察院查阅案卷。人民检察院应当在一个月以内查阅完毕。人民检察院查阅案卷的时间不计入审理期限。

第二百三十六条 第二审人民法院对不服第一审判决的上诉、抗诉案件，经过审理后，应当按照下列情形分别处理：

（一）原判决认定事实和适用法律正确、量刑适当的，应当裁定驳回上诉或者抗诉，维持原判；

（二）原判决认定事实没有错误，但适用法律有错误，或者量刑不当的，应当改判；

（三）原判决事实不清楚或者证据不足的，可以在查清事实后改判；也可以裁定撤销原判，发回原审人民法院重新审判。

原审人民法院对于依照前款第三项规定发回重新审判的案件作出判决后，被告人提出上诉或者人民检察院提出抗诉的，第二审人民法院应当依法作出判决或者裁定，不得再发回原审人民法院重新审判。

第二百三十七条 第二审人民法院审理被告人或者他的法定代理人、辩护人、近亲属上诉的案件，不得加重被告人的刑罚。第二审人民法院发回原审人民法院重新审判的案件，除有新的犯罪事实，人民检察院补充起诉的以外，原审人民法院也不得加重被告人的刑罚。

人民检察院提出抗诉或者自诉人提出上诉的，不受前款规定的限制。

第二百三十八条 第二审人民法院发现第一审人民法院的审理有下列违反法律规定的诉讼程序的情形之一的，应当裁定撤销原判，发回原审人民法院重新审判：

（一）违反本法有关公开审判的规定的；

（二）违反回避制度的；

（三）剥夺或者限制了当事人的法定诉讼权利，可能影响公正审判的；

（四）审判组织的组成不合法的；

（五）其他违反法律规定的诉讼程序，可能影响公正审判的。

第二百三十九条 原审人民法院对于发回重新审判的案件，应当另行组成合议庭，依照第一审程序进行审判。对于重新审判后的判决，依照本法第二百二十七条、第二百二十八条、第二百二十九条的规定可以上诉、抗诉。

第二百四十条 第二审人民法院对不服第一审裁定的上诉或者抗诉，经过审查后，应当参照本法第二百三十六条、第二百三十八条和第二百三十九条的规定，分别情形用裁定驳回上诉、抗诉，或者撤销、变更原裁定。

第二百四十一条 第二审人民法院发回原审人民法院重新审判的案件，原审人民法院从收到发回的案件之日起，重新计算审理期限。

第二百四十二条 第二审人民法院审判上诉或者抗诉案件的程序，除本章已有规定的以外，参照第一审程序的规定进行。

第二百四十三条 第二审人民法院受理上诉、抗诉案件，应当在二个月以内审结。对于可能判处死刑的案件或者附带民事诉讼的案件，以及有本法第一百五十八条规定情形之一的，经省、自治区、直辖市高级人民法院批准或者决定，可以延长二个月；因特殊情况还需要延长的，报请最高人民法院批准。

最高人民法院受理上诉、抗诉案件的审理期限，由最高人民法院决定。

第二百四十四条 第二审的判决、裁定和最高人民法院的判决、裁定，都是终审的判决、裁定。

第二百四十五条 公安机关、人民检察院和人民法院对查封、扣押、冻结的犯罪嫌疑人、被告人的财物及其孳息，应当妥善保管，以供核查，并制作清单，随案移送。任何单位和个人不得挪用或者自行处理。对被害人的合法财产，应当及时返还。对违禁品或者不宜长期保存的物品，应当依照国家有关规定处理。

对作为证据使用的实物应当随案移送，对不宜移送的，应当将其清单、照片或者其他证明文件随案移送。

人民法院作出的判决，应当对查封、扣押、冻结的财物及其孳息作出处理。

人民法院作出的判决生效以后，有关机关应当根据判决对查封、扣押、冻结的财物及其孳息进行处理。对查封、扣押、冻结的赃款赃物及其孳息，除依法返还被害人的以外，一律上缴国库。

司法工作人员贪污、挪用或者私自处理查封、扣押、冻结的财物及其孳息的，依法追究刑事责任；不构成犯罪的，给予处分。

第四章　死刑复核程序

第二百四十六条　死刑由最高人民法院核准。

第二百四十七条　中级人民法院判处死刑的第一审案件，被告人不上诉的，应当由高级人民法院复核后，报请最高人民法院核准。高级人民法院不同意判处死刑的，可以提审或者发回重新审判。

高级人民法院判处死刑的第一审案件被告人不上诉的，和判处死刑的第二审案件，都应当报请最高人民法院核准。

第二百四十八条　中级人民法院判处死刑缓期二年执行的案件，由高级人民法院核准。

第二百四十九条　最高人民法院复核死刑案件，高级人民法院复核死刑缓期执行的案件，应当由审判员三人组成合议庭进行。

第二百五十条　最高人民法院复核死刑案件，应当作出核准或者不核准死刑的裁定。对于不核准死刑的，最高人民法院可以发回重新审判或者予以改判。

第二百五十一条　最高人民法院复核死刑案件，应当讯问被告人，辩护律师提出要求的，应当听取辩护律师的意见。

在复核死刑案件过程中，最高人民检察院可以向最高人民法院提出意见。最高人民法院应当将死刑复核结果通报最高人民检察院。

第五章　审判监督程序

第二百五十二条　当事人及其法定代理人、近亲属，对已经发生法律效力的判决、裁定，可以向人民法院或者人民检察院提出申诉，但是不能停止判决、裁定的执行。

第二百五十三条　当事人及其法定代理人、近亲属的申诉符合下列情形之一的，人民法院应当重新审判：

（一）有新的证据证明原判决、裁定认定的事实确有错误，可能影响定罪量刑的；

（二）据以定罪量刑的证据不确实、不充分、依法应当予以排除，或者证明案件事实的主要证据之间存在矛盾的；

（三）原判决、裁定适用法律确有错误的；

（四）违反法律规定的诉讼程序，可能影响公正审判的；

（五）审判人员在审理该案件的时候，有贪污受贿，徇私舞弊，枉法裁判行为的。

第二百五十四条 各级人民法院院长对本院已经发生法律效力的判决和裁定，如果发现在认定事实上或者在适用法律上确有错误，必须提交审判委员会处理。

最高人民法院对各级人民法院已经发生法律效力的判决和裁定，上级人民法院对下级人民法院已经发生法律效力的判决和裁定，如果发现确有错误，有权提审或者指令下级人民法院再审。

最高人民检察院对各级人民法院已经发生法律效力的判决和裁定，上级人民检察院对下级人民法院已经发生法律效力的判决和裁定，如果发现确有错误，有权按照审判监督程序向同级人民法院提出抗诉。

人民检察院抗诉的案件，接受抗诉的人民法院应当组成合议庭重新审理，对于原判决事实不清楚或者证据不足的，可以指令下级人民法院再审。

第二百五十五条 上级人民法院指令下级人民法院再审的，应当指令原审人民法院以外的下级人民法院审理；由原审人民法院审理更为适宜的，也可以指令原审人民法院审理。

第二百五十六条 人民法院按照审判监督程序重新审判的案件，由原审人民法院审理的，应当另行组成合议庭进行。如果原来是第一审案件，应当依照第一审程序进行审判，所作的判决、裁定，可以上诉、抗诉；如果原来是第二审案件，或者是上级人民法院提审的案件，应当依照第二审程序进行审判，所作的判决、裁定，是终审的判决、裁定。

人民法院开庭审理的再审案件，同级人民检察院应当派员出席法庭。

第二百五十七条 人民法院决定再审的案件，需要对被告人采取强制措施的，由人民法院依法决定；人民检察院提出抗诉的再审案件，需要对被告人采取强制措施的，由人民检察院依法决定。

人民法院按照审判监督程序审判的案件，可以决定中止原判决、裁定的执行。

第二百五十八条 人民法院按照审判监督程序重新审判的案件，应当在作出提审、再审决定之日起三个月以内审结，需要延长期限的，不得超过六个月。

接受抗诉的人民法院按照审判监督程序审判抗诉的案件，审理期限适用前款规定；对需要指令下级人民法院再审的，应当自接受抗诉之日起一个月以内作出决定，下级人民法院审理案件的期限适用前款规定。

第四编　执　　行

第二百五十九条 判决和裁定在发生法律效力后执行。

下列判决和裁定是发生法律效力的判决和裁定：

（一）已过法定期限没有上诉、抗诉的判决和裁定；

（二）终审的判决和裁定；

（三）最高人民法院核准的死刑的判决和高级人民法院核准的死刑缓期二年执行的判决。

第二百六十条 第一审人民法院判决被告人无罪、免除刑事处罚的，如果被告人在押，在宣判后应当立即释放。

第二百六十一条 最高人民法院判处和核准的死刑立即执行的判决，应当由最高人民法院院长签发执行死刑的命令。

被判处死刑缓期二年执行的罪犯，在死刑缓期执行期间，如果没有故意犯罪，死刑缓期执行期满，应当予以减刑的，由执行机关提出书面意见，报请高级人民法院裁定；如果故意犯罪，情节恶劣，查证属实，应当执行死刑的，由高级人民法院报请最高人民法院核准；对于故意犯罪未执行死刑的，死刑缓期执行的期间重新计算，并报最高人民法院备案。

第二百六十二条 下级人民法院接到最高人民法院执行死刑的命令后，应当在七日以内交付执行。但是发现有下列情形之一的，应当停止执行，并且立即报告最高人民法院，由最高人民法院作出裁定：

（一）在执行前发现判决可能有错误的；

（二）在执行前罪犯揭发重大犯罪事实或者有其他重大立功表现，可能需要改判的；

（三）罪犯正在怀孕。

前款第一项、第二项停止执行的原因消失后，必须报请最高人民法院院长再签发执行死刑的命令才能执行；由于前款第三项原因停止执行的，应当报请最高人民法院依法改判。

第二百六十三条 人民法院在交付执行死刑前，应当通知同级人民检察院派员临场监督。

死刑采用枪决或者注射等方法执行。

死刑可以在刑场或者指定的羁押场所内执行。

指挥执行的审判人员，对罪犯应当验明正身，讯问有无遗言、信札，然后交付执行人员执行死刑。在执行前，如果发现可能有错误，应当暂停执行，报请最高人民法院裁定。

执行死刑应当公布，不应示众。

执行死刑后，在场书记员应当写成笔录。交付执行的人民法院应当将执行死刑情况报告最高人民法院。

执行死刑后，交付执行的人民法院应当通知罪犯家属。

第二百六十四条 罪犯被交付执行刑罚的时候，应当由交付执行的人民法院在判决生效后十日以内将有关的法律文书送达公安机关、监狱或者其他执行机关。

对被判处死刑缓期二年执行、无期徒刑、有期徒刑的罪犯，由公安机关依法将该罪犯送交监狱执行刑罚。对被判处有期徒刑的罪犯，在被交付执行刑罚前，剩余刑期在三个月以下的，由看守所代为执行。对被判处拘役的罪犯，由公安机关执行。

对未成年犯应当在未成年犯管教所执行刑罚。

执行机关应当将罪犯及时收押，并且通知罪犯家属。

判处有期徒刑、拘役的罪犯，执行期满，应当由执行机关发给释放证明书。

第二百六十五条 对被判处有期徒刑或者拘役的罪犯，有下列情形之一的，可以暂予监外执行：

（一）有严重疾病需要保外就医的；

（二）怀孕或者正在哺乳自己婴儿的妇女；

（三）生活不能自理，适用暂予监外执行不致危害社会的。

对被判处无期徒刑的罪犯，有前款第二项规定情形的，可以暂予监外执行。

对适用保外就医可能有社会危险性的罪犯，或者自伤自残的罪犯，不得保外就医。

对罪犯确有严重疾病，必须保外就医的，由省级人民政府指定的医院诊断并开具证明文件。

在交付执行前，暂予监外执行由交付执行的人民法院决定；在交付执行后，暂予监外执行由监狱或者看守所提出书面意见，报省级以上监狱管理机关或者设区的市一级以上公安机关批准。

第二百六十六条 监狱、看守所提出暂予监外执行的书面意见的，应当将书面意见的副本抄送人民检察院。人民检察院可以向决定或者批准机关提出书面意见。

第二百六十七条 决定或者批准暂予监外执行的机关应当将暂予监外执行决定抄送人民检察院。人民检察院认为暂予监外执行不当的，应当自接到通知之日起一个月以内将书面意见送交决定或者批准暂予监外执行的机关，决定或者批准暂予监外执行的机关接到人民检察院的书面意见后，应当立即对该决定进行重新核查。

第二百六十八条 对暂予监外执行的罪犯，有下列情形之一的，应当及时收监：

（一）发现不符合暂予监外执行条件的；

（二）严重违反有关暂予监外执行监督管理规定的；

（三）暂予监外执行的情形消失后，罪犯刑期未满的。

对于人民法院决定暂予监外执行的罪犯应当予以收监的，由人民法院作出决定，将有关的法律文书送达公安机关、监狱或者其他执行机关。

不符合暂予监外执行条件的罪犯通过贿赂等非法手段被暂予监外执行的，在监外执行的期间不计入执行刑期。罪犯在暂予监外执行期间脱逃的，脱逃的期间不计入执行刑期。

罪犯在暂予监外执行期间死亡的，执行机关应当及时通知监狱或者看守所。

第二百六十九条 对被判处管制、宣告缓刑、假释或者暂予监外执行的罪犯，依法实行社区矫正，由社区矫正机构负责执行。

第二百七十条 对被判处剥夺政治权利的罪犯，由公安机关执行。执行期满，应当由执行机关书面通知本人及其所在单位、居住地基层组织。

第二百七十一条 被判处罚金的罪犯，期满不缴纳的，人民法院应当强制缴纳；如果由于遭遇不能抗拒的灾祸等原因缴纳确实有困难的，经人民法院裁定，可以延期缴纳、酌情减少或者免除。

第二百七十二条 没收财产的判决，无论附加适用或者独立适用，都由人民法院执行；在必要的时候，可以会同公安机关执行。

第二百七十三条 罪犯在服刑期间又犯罪的，或者发现了判决的时候所没有发现的罪行，由执行机关移送人民检察院处理。

被判处管制、拘役、有期徒刑或者无期徒刑的罪犯，在执行期间确有悔改或者立功表现，应当依法予以减刑、假释的时候，由执行机关提出建议书，报请人民法院审核裁定，并将建议书副本抄送人民检察院。人民检察院可以向人民法院提出书面意见。

第二百七十四条 人民检察院认为人民法院减刑、假释的裁定不当，应当在收到裁定书副本后二十日以内，向人民法院提出书面纠正意见。人民法院应当在收到纠正意见后一个月以内重新组成合议庭进行审理，作出最终裁定。

第二百七十五条 监狱和其他执行机关在刑罚执行中，如果认为判决有错误或者罪犯提出申诉，应当转请人民检察院或者原判人民法院处理。

第二百七十六条 人民检察院对执行机关执行刑罚的活动是否合法实行监督。如果发现有违法的情况，应当通知执行机关纠正。

第五编 特别程序

第一章 未成年人刑事案件诉讼程序

第二百七十七条 对犯罪的未成年人实行教育、感化、挽救的方针，坚持教育为主、惩罚为辅的原则。

人民法院、人民检察院和公安机关办理未成年人刑事案件，应当保障未成年人行使其诉讼权利，保障未成年人得到法律帮助，并由熟悉未成年人身心特点的审判人员、检察人员、侦查人员承办。

第二百七十八条 未成年犯罪嫌疑人、被告人没有委托辩护人的，人民法院、人民检察院、公安机关应当通知法律援助机构指派律师为其提供辩护。

第二百七十九条 公安机关、人民检察院、人民法院办理未成年人刑事案件，根据情况可以对未成年犯罪嫌疑人、被告人的成长经历、犯罪原因、监护教育等情况进行调查。

第二百八十条 对未成年犯罪嫌疑人、被告人应当严格限制适用逮捕措施。人民检察院审查批准逮捕和人民法院决定逮捕，应当讯问未成年犯罪嫌疑人、被告人，听取辩护律师的意见。

对被拘留、逮捕和执行刑罚的未成年人与成年人应当分别关押、分别管理、分别教育。

第二百八十一条 对于未成年人刑事案件，在讯问和审判的时候，应当通知未成年犯罪嫌疑人、被告人的法定代理人到场。无法通知、法定代理人不能到场或者法定代理人是共犯的，也可以通知未成年犯罪嫌疑人、被告人的其他成年亲属，所在学校、单位、居住地基层组织或者未成年人保护组织的代表到场，并将有关情况记录在案。到场的法定代理人可以代为行使未成年犯罪嫌疑人、被告人的诉讼权利。

到场的法定代理人或者其他人员认为办案人员在讯问、审判中侵犯未成年人合法权益的，可以提出意见。讯问笔录、法庭笔录应当交给到场的法定代理人或者其他人员阅读或者向他宣读。

讯问女性未成年犯罪嫌疑人，应当有女工作人员在场。

审判未成年人刑事案件，未成年被告人最后陈述后，其法定代理人可以进行补充陈述。

询问未成年被害人、证人，适用第一款、第二款、第三款的规定。

第二百八十二条 对于未成年人涉嫌刑法分则第四章、第五章、第六章规定的犯罪，可能判处一年有期徒刑以下刑罚，符合起诉条件，但有悔罪表现的，人民检察院可以作出附条件不起诉的决定。人民检察院在作出附条件不起诉的决定以前，应当听取公安机关、被害人的意见。

对附条件不起诉的决定，公安机关要求复议、提请复核或者被害人申诉的，适用本法第一百七十九条、第一百八十条的规定。

未成年犯罪嫌疑人及其法定代理人对人民检察院决定附条件不起诉有异议的，人民检察院应当作出起诉的决定。

第二百八十三条 在附条件不起诉的考验期内，由人民检察院对被附条件不起诉的未成年犯罪嫌疑人进行监督考察。未成年犯罪嫌疑人的监护人，应当对未成年犯罪嫌疑人加强管教，配合人民检察院做好监督考察工作。

附条件不起诉的考验期为六个月以上一年以下，从人民检察院作出附条件不起诉的决定之日起计算。

被附条件不起诉的未成年犯罪嫌疑人，应当遵守下列规定：

（一）遵守法律法规，服从监督；

（二）按照考察机关的规定报告自己的活动情况；

（三）离开所居住的市、县或者迁居，应当报经考察机关批准；

（四）按照考察机关的要求接受矫治和教育。

第二百八十四条 被附条件不起诉的未成年犯罪嫌疑人，在考验期内有下列情形之一的，人民检察院应当撤销附条件不起诉的决定，提起公诉：

（一）实施新的犯罪或者发现决定附条件不起诉以前还有其他犯罪需要追诉的；

（二）违反治安管理规定或者考察机关有关附条件不起诉的监督管理规定，情节严重的。

被附条件不起诉的未成年犯罪嫌疑人，在考验期内没有上述情形，考验期满的，人民检察院应当作出不起诉的决定。

第二百八十五条 审判的时候被告人不满十八周岁的案件，不公开审理。但是，经未成年被告人及其法定代理人同意，未成年被告人所在学校和未成年人保护组织可以派代表到场。

第二百八十六条 犯罪的时候不满十八周岁，被判处五年有期徒刑以下刑罚的，应当对相关犯罪记录予以封存。

犯罪记录被封存的，不得向任何单位和个人提供，但司法机关为办案需要或者有关单位根据国家规定进行查询的除外。依法进行查询的单位，应当对被封存的犯罪记录的情况予以保密。

第二百八十七条 办理未成年人刑事案件，除本章已有规定的以外，按照本法的其他规定进行。

第二章　当事人和解的公诉案件诉讼程序

第二百八十八条 下列公诉案件，犯罪嫌疑人、被告人真诚悔罪，通过向被害人赔偿损失、赔礼道歉等方式获得被害人谅解，被害人自愿和解的，双方当事人可以和解：

（一）因民间纠纷引起，涉嫌刑法分则第四章、第五章规定的犯罪案件，可能判处三年有期徒刑以下刑罚的；

（二）除渎职犯罪以外的可能判处七年有期徒刑以下刑罚的过失犯罪案件。

犯罪嫌疑人、被告人在五年以内曾经故意犯罪的，不适用本章规定的程序。

第二百八十九条 双方当事人和解的，公安机关、人民检察院、人民法院应当听取当事人和其他有关人员的意见，对和解的自愿性、合法性进行审查，并主持制作和解协议书。

第二百九十条 对于达成和解协议的案件，公安机关可以向人民检察院提出从宽处理的建议。人民检察院可以向人民法院提出从宽处罚的建议；对于犯罪情节轻微，不需要判处刑罚的，可以作出不起诉的决定。人民法院可以依法对被告人从宽处罚。

第三章 缺席审判程序

第二百九十一条 对于贪污贿赂犯罪案件，以及需要及时进行审判，经最高人民检察院核准的严重危害国家安全犯罪、恐怖活动犯罪案件，犯罪嫌疑人、被告人在境外，监察机关、公安机关移送起诉，人民检察院认为犯罪事实已经查清，证据确实、充分，依法应当追究刑事责任的，可以向人民法院提起公诉。人民法院进行审查后，对于起诉书中有明确的指控犯罪事实，符合缺席审判程序适用条件的，应当决定开庭审判。

前款案件，由犯罪地、被告人离境前居住地或者最高人民法院指定的中级人民法院组成合议庭进行审理。

第二百九十二条 人民法院应当通过有关国际条约规定的或者外交途径提出的司法协助方式，或者被告人所在地法律允许的其他方式，将传票和人民检察院的起诉书副本送达被告人。传票和起诉书副本送达后，被告人未按要求到案的，人民法院应当开庭审理，依法作出判决，并对违法所得及其他涉案财产作出处理。

第二百九十三条 人民法院缺席审判案件，被告人有权委托辩护人，被告人的近亲属可以代为委托辩护人。被告人及其近亲属没有委托辩护人的，人民法院应当通知法律援助机构指派律师为其提供辩护。

第二百九十四条 人民法院应当将判决书送达被告人及其近亲属、辩护人。被告人或者其近亲属不服判决的，有权向上一级人民法院上诉。辩护人经被告人或者其近亲属同意，可以提出上诉。

人民检察院认为人民法院的判决确有错误的，应当向上一级人民法院提出抗诉。

第二百九十五条 在审理过程中，被告人自动投案或者被抓获的，人民法院应当重新审理。

罪犯在判决、裁定发生法律效力后到案的，人民法院应当将罪犯交付执行刑罚。交付执行刑罚前，人民法院应当告知罪犯有权对判决、裁定提出异议。罪犯对判决、裁定提出异议的，人民法院应当重新审理。

依照生效判决、裁定对罪犯的财产进行的处理确有错误的，应当予以返还、赔偿。

第二百九十六条 因被告人患有严重疾病无法出庭，中止审理超过六个月，被告人仍无法出庭，被告人及其法定代理人、近亲属申请或者同意恢复审理的，人民法院可以在被告人不出庭的情况下缺席审理，依法作出判决。

第二百九十七条 被告人死亡的，人民法院应当裁定终止审理，但有证据证明被告人无罪，人民法院经缺席审理确认无罪的，应当依法作出判决。

人民法院按照审判监督程序重新审判的案件，被告人死亡的，人民法院可以缺席审理，依法作出判决。

第四章 犯罪嫌疑人、被告人逃匿、死亡案件违法所得的没收程序

第二百九十八条 对于贪污贿赂犯罪、恐怖活动犯罪等重大犯罪案件，犯罪嫌疑人、被告人逃匿，在通缉一年后不能到案，或者犯罪嫌疑人、被告人死亡，依照刑法规定应当追缴其违法所得及其他涉案财产的，人民检察院可以向人民法院提出没收违法所得的申请。

公安机关认为有前款规定情形的，应当写出没收违法所得意见书，移送人民检察院。

没收违法所得的申请应当提供与犯罪事实、违法所得相关的证据材料，并列明财产的种类、数量、所在地及查封、扣押、冻结的情况。

人民法院在必要的时候，可以查封、扣押、冻结申请没收的财产。

第二百九十九条 没收违法所得的申请，由犯罪地或者犯罪嫌疑人、被告人居住地的中级人民法院组成合议庭进行审理。

人民法院受理没收违法所得的申请后，应当发出公告。公告期间为六个月。犯罪嫌疑人、被告人的近亲属和其他利害关系人有权申请参加诉讼，也可以委托诉讼代理人参加诉讼。

人民法院在公告期满后对没收违法所得的申请进行审理。利害关系人参加诉讼的，人民法院应当开庭审理。

第三百条 人民法院经审理，对经查证属于违法所得及其他涉案财产，除依法返还被害人的以外，应当裁定予以没收；对不属于应当追缴的财产的，应当裁定驳

回申请，解除查封、扣押、冻结措施。

对于人民法院依照前款规定作出的裁定，犯罪嫌疑人、被告人的近亲属和其他利害关系人或者人民检察院可以提出上诉、抗诉。

第三百零一条 在审理过程中，在逃的犯罪嫌疑人、被告人自动投案或者被抓获的，人民法院应当终止审理。

没收犯罪嫌疑人、被告人财产确有错误的，应当予以返还、赔偿。

第五章 依法不负刑事责任的精神病人的强制医疗程序

第三百零二条 实施暴力行为，危害公共安全或者严重危害公民人身安全，经法定程序鉴定依法不负刑事责任的精神病人，有继续危害社会可能的，可以予以强制医疗。

第三百零三条 根据本章规定对精神病人强制医疗的，由人民法院决定。

公安机关发现精神病人符合强制医疗条件的，应当写出强制医疗意见书，移送人民检察院。对于公安机关移送的或者在审查起诉过程中发现的精神病人符合强制医疗条件的，人民检察院应当向人民法院提出强制医疗的申请。人民法院在审理案件过程中发现被告人符合强制医疗条件的，可以作出强制医疗的决定。

对实施暴力行为的精神病人，在人民法院决定强制医疗前，公安机关可以采取临时的保护性约束措施。

第三百零四条 人民法院受理强制医疗的申请后，应当组成合议庭进行审理。

人民法院审理强制医疗案件，应当通知被申请人或者被告人的法定代理人到场。被申请人或者被告人没有委托诉讼代理人的，人民法院应当通知法律援助机构指派律师为其提供法律帮助。

第三百零五条 人民法院经审理，对于被申请人或者被告人符合强制医疗条件的，应当在一个月以内作出强制医疗的决定。

被决定强制医疗的人、被害人及其法定代理人、近亲属对强制医疗决定不服的，可以向上一级人民法院申请复议。

第三百零六条 强制医疗机构应当定期对被强制医疗的人进行诊断评估。对于已不具有人身危险性，不需要继续强制医疗的，应当及时提出解除意见，报决定强制医疗的人民法院批准。

被强制医疗的人及其近亲属有权申请解除强制医疗。

第三百零七条 人民检察院对强制医疗的决定和执行实行监督。

附　　则

第三百零八条 军队保卫部门对军队内部发生的刑事案件行使侦查权。

中国海警局履行海上维权执法职责，对海上发生的刑事案件行使侦查权。

对罪犯在监狱内犯罪的案件由监狱进行侦查。

军队保卫部门、中国海警局、监狱办理刑事案件，适用本法的有关规定。

图书在版编目（CIP）数据

中华人民共和国刑事诉讼法逐条解读与适用指引 / 缪树权主编. —北京：中国法制出版社，2019.7
ISBN 978 - 7 - 5216 - 0402 - 3

Ⅰ. ①中… Ⅱ. ①缪… Ⅲ. ①刑事诉讼法 - 法律解释 - 中国 Ⅳ. ①D925.205

中国版本图书馆 CIP 数据核字（2019）第 154836 号

策划/责任编辑 陈兴（cx_legal@163.com） 封面设计：李 宁

中华人民共和国刑事诉讼法逐条解读与适用指引

ZHONGHUA RENMIN GONGHEGUO XINGSHI SUSONGFA ZHUTIAO JIEDU YU SHIYONG ZHIYIN

主编/缪树权
经销/新华书店
印刷/三河市紫恒印装有限公司
开本/730 毫米×1030 毫米 16 开 印张/30.25 字数/444 千
版次/2019 年 7 月第 1 版 2019 年 7 月第 1 次印刷

中国法制出版社出版
书号 ISBN 978 - 7 - 5216 - 0402 - 3 定价：108.00 元

北京西单横二条 2 号
邮政编码 100031 传真：010 - 66031119
网址：http：//www.zgfzs.com **编辑部电话：010 - 66010405**
市场营销部电话：010 - 66033393 **邮购部电话：010 - 66033288**

（如有印装质量问题，请与本社印务部联系调换。电话：010 - 66032926）